中国国内生产总值
历史数据汇编

▼

（1952—2021）

国家统计局国民经济核算司　编

中国统计出版社
China Statistics Press

图书在版编目（CIP）数据

中国国内生产总值历史数据汇编：1952-2021 / 国家统计局国民经济核算司编. -- 北京：中国统计出版社，2022.6
ISBN 978-7-5037-9800-9

Ⅰ. ①中… Ⅱ. ①国… Ⅲ. ①国内生产总值－国民经济核算－统计资料－中国－1952-2021 Ⅳ. ①F222.33-66

中国版本图书馆 CIP 数据核字(2022)第 062287 号

中国国内生产总值历史数据汇编（1952-2021）

作　　者／国家统计局国民经济核算司
责任编辑／许立舫
执行编辑／周小睿
封面设计／李　静
出版发行／中国统计出版社有限公司
通信地址／北京市丰台区西三环南路甲 6 号　邮政编码/100073
电　　话／邮购（010）63376909　书店（010）68783171
网　　址／http://www.zgtjcbs.com
印　　刷／河北鑫兆源印刷有限公司
经　　销／新华书店
开　　本／787 × 1092mm　1/16
字　　数／696 千字
印　　张／21.75
版　　别／2022 年 6 月第 1 版
版　　次／2022 年 6 月第 1 次印刷
定　　价／320.00 元

中国国内生产总值历史数据汇编（1952-2021）

编辑委员会

编 者 说 明

随着历次全国经济普查的开展和我国统计制度方法改革的不断深化，以及国民经济核算国际标准的修订，我国 GDP 核算所需的基础资料来源不断丰富，核算方法不断改进和完善。《中国国内生产总值历史数据汇编（1952-2021）》汇集了经过修订后的最新资料，其中许多数据都是首次对外公布。

本书共分三部分：第一部分为 GDP 历史数据；第二部分为地区生产总值历史数据；第三部分为附录，包括 GDP 核算方法和主要指标解释。

为使读者更好地使用本书，需要特别说明几个问题：

一、本书中的全国数据，没有包括香港、澳门特别行政区和台湾省的数据。

二、由于资料来源和核算方法的原因，支出法 GDP 和生产法 GDP 并不相等，两者间的差额为统计误差。

三、本书中所有指标的绝对数和构成比重都按当年价格计算，指数按不变价格计算。

四、本书中 2021 年的数据为初步核算数，其余年份数据为最终核实数。

五、由于 GDP 数据今后还会进行必要的修订，本书提供的数据以后可能会有变化。原则上，以最新出版的资料为准，请读者在使用数据时加以注意。

六、2019 年以前，我国 GDP 核算采用分级核算制度，国家统计局核算全国 GDP，各地区统计局核算本地区生产总值。自 2019 年起，我国正式实施地区生产总值统一核算改革，各地区生产总值数据由国家统计局与各省（区、市）统计局统一核算得到。地区生产总值统一核算改革后，由于部分活动仅在全国核算，不在地区核算，因此各地区数据相加之和略小于全国。

七、本书采用的三次产业分类依据国家统计局 2018 年修订的《三次产业划分规定》。

八、本书采用的行业分类为我国 2017 年修订的《国民经济行业分类》(GB/T 4754-2017)。

九、本书中部分数据合计数或相对数由于单位取舍不同而产生的计算误差，均未作机械调整。

感谢读者对我们工作的关注，欢迎批评指正。

编　者

2022 年 6 月

目 录

国 家 篇

一、年度数据表

二、经济普查年度数据表

三、季度数据表

地 区 篇

一、地区并列表

附录

国 家 篇

一、年度数据表

1-1 1952-2021年年度国民总收入及指数

年 份	国民总收入(亿元)	人均国民总收入(元)	国民总收入指数(上年=100)	人均国民总收入指数(上年=100)	国民总收入指数(1978年=100)	人均国民总收入指数(1978年=100)
1952	679.1	119				
1953	824.4	142	115.6	113.1		
1954	859.8	144	104.3	101.8		
1955	911.6	150	106.9	104.6		
1956	1030.7	166	115.0	112.7		
1957	1071.4	168	105.1	102.4		
1958	1312.3	201	121.3	118.4		
1959	1447.5	217	109.0	106.9		
1960	1470.1	220	100.0	99.8		
1961	1232.3	187	72.7	73.5		
1962	1162.2	175	94.4	93.7		
1963	1248.3	183	110.3	107.6		
1964	1469.9	210	118.2	115.5		
1965	1734.0	242	117.0	114.2		
1966	1888.7	257	110.7	107.6		
1967	1794.2	238	94.3	91.9		
1968	1744.1	225	95.9	93.5		
1969	1962.2	247	116.9	113.8		
1970	2279.7	279	119.3	116.1		
1971	2456.9	292	107.1	104.2		
1972	2552.4	296	103.8	101.3		
1973	2756.2	313	107.8	105.3		
1974	2827.7	314	102.3	100.2		
1975	3039.5	332	108.7	106.8		
1976	2988.6	321	98.4	96.9		
1977	3250.0	344	107.6	106.1		
1978	3678.7	385	111.7	110.2	100.0	100.0
1979	4100.5	423	107.6	106.2	107.6	106.2
1980	4586.1	467	107.8	106.5	116.0	113.0
1981	4933.7	496	105.1	103.8	121.9	117.3
1982	5380.5	533	109.2	107.6	133.1	126.2
1983	6043.8	591	111.0	109.5	147.8	138.1
1984	7314.2	705	115.3	113.8	170.5	157.2
1985	9123.6	868	113.2	111.7	192.9	175.5
1986	10375.4	973	108.6	107.0	209.6	187.9

注：2021年数据为初步核算数，下表同。

1-1 续表

年　份	国民总收入(亿元)	人均国民总收入(元)	国民总收入指数(上年=100)	人均国民总收入指数(上年=100)	国民总收入指数(1978年=100)	人均国民总收入指数(1978年=100)
1987	12166.6	1122	111.6	109.8	233.9	206.3
1988	15174.4	1377	111.3	109.5	260.3	225.9
1989	17188.4	1537	104.3	102.7	271.4	232.0
1990	18923.3	1667	104.1	102.6	282.7	238.1
1991	22050.3	1916	109.2	107.7	308.7	256.5
1992	27208.2	2336	114.1	112.7	352.1	289.0
1993	35599.2	3021	113.6	112.3	399.9	324.5
1994	48548.2	4073	113.1	111.8	452.1	362.7
1995	60356.6	5009	109.4	108.2	494.5	392.5
1996	70779.6	5813	110.1	109.0	544.5	427.6
1997	78802.9	6406	109.6	108.4	596.6	463.7
1998	83817.6	6749	107.3	106.3	640.3	493.0
1999	89366.5	7134	108.0	107.1	691.4	527.7
2000	99066.1	7846	108.6	107.8	751.0	568.7
2001	109276.2	8592	108.1	107.3	811.8	610.3
2002	120480.4	9410	109.6	108.9	889.7	664.4
2003	136576.3	10600	110.5	109.8	982.9	729.5
2004	161415.4	12454	110.5	109.9	1086.2	801.3
2005	185998.9	14267	110.9	110.3	1204.6	883.5
2006	219028.5	16707	113.3	112.7	1364.9	995.5
2007	270704.0	20541	114.7	114.1	1565.6	1135.9
2008	321229.5	24250	110.1	109.5	1723.4	1244.0
2009	347934.9	26136	108.5	108.0	1870.6	1343.6
2010	410354.1	30676	110.3	109.8	2064.2	1475.4
2011	483392.8	35939	109.0	108.4	2249.9	1599.4
2012	537329.0	39679	108.6	107.9	2444.0	1725.6
2013	588141.2	43143	107.1	106.4	2618.4	1836.5
2014	644380.2	46971	108.4	107.8	2839.5	1979.1
2015	685571.2	49684	106.4	105.8	3021.1	2093.5
2016	742694.1	53516	106.8	106.2	3227.4	2223.6
2017	830945.7	59514	107.3	106.7	3464.3	2372.4
2018	915243.5	65246	106.4	105.9	3686.7	2513.0
2019	983751.2	69881	106.1	105.7	3912.3	2657.3
2020	1005451.3	71253	101.7	101.5	3979.0	2696.2
2021	1133239.8	80237	108.0	107.9	4296.9	2909.0

1-2 1952-2021年年度国内生产总值

年 份	国内生产总值	第一产业	第二产业	第三产业	农、林、牧、渔业	工业	建筑业
1952	679.1	342.9	141.1	195.1	345.9	119.5	22.0
1953	824.4	378.0	191.6	254.8	381.4	163.2	29.0
1954	859.8	392.0	210.8	257.0	395.5	184.5	27.0
1955	911.6	421.0	221.5	269.1	424.7	191.2	31.0
1956	1030.7	443.9	280.4	306.5	447.8	225.2	56.0
1957	1071.4	430.0	316.6	324.8	433.8	271.6	46.0
1958	1312.3	445.9	483.6	382.8	449.9	415.9	69.1
1959	1447.5	383.8	616.7	447.0	387.2	541.3	77.2
1960	1470.1	340.7	652.6	476.8	343.8	574.1	80.3
1961	1232.3	441.1	393.5	397.7	445.0	367.7	27.0
1962	1162.2	453.1	363.9	345.1	457.1	330.9	34.1
1963	1248.3	497.5	412.8	337.9	501.9	371.7	42.3
1964	1469.9	559.0	519.3	391.6	564.0	468.1	52.7
1965	1734.0	651.1	608.5	474.4	656.9	554.2	56.0
1966	1888.7	702.2	715.4	471.1	708.5	656.3	61.2
1967	1794.2	714.2	608.0	472.0	720.6	551.6	58.2
1968	1744.1	726.3	542.6	475.3	732.8	496.9	47.3
1969	1962.2	736.2	695.0	531.0	742.8	633.7	63.3
1970	2279.7	793.3	918.1	568.3	800.4	836.3	84.5
1971	2456.9	826.3	1029.9	600.6	833.7	936.3	96.6
1972	2552.4	827.4	1091.6	633.3	834.8	1000.0	94.8
1973	2756.2	907.5	1180.3	668.4	915.6	1082.8	101.0
1974	2827.7	945.2	1199.8	682.7	953.6	1094.4	108.9
1975	3039.5	971.2	1378.7	689.6	979.8	1256.6	126.1
1976	2988.6	967.1	1346.0	675.6	975.6	1216.7	133.1
1977	3250.0	942.2	1517.8	790.1	950.5	1384.9	137.3
1978	3678.7	1018.5	1755.1	905.1	1027.5	1621.4	138.9
1979	4100.5	1259.0	1925.3	916.1	1270.2	1786.5	144.6
1980	4587.6	1359.5	2204.7	1023.4	1371.6	2014.8	196.3
1981	4935.8	1545.7	2269.0	1121.1	1559.4	2067.7	208.0
1982	5373.4	1761.7	2397.6	1214.0	1777.3	2183.0	221.6
1983	6020.9	1960.9	2663.0	1397.1	1978.3	2399.0	271.7
1984	7278.5	2295.6	3124.7	1858.2	2316.0	2815.8	317.9
1985	9098.9	2541.7	3886.4	2670.8	2564.3	3478.2	419.3
1986	10376.2	2764.1	4515.1	3097.0	2788.6	4000.7	527.3

注：本表按当年价格计算。

（分三次产业和9个行业）

单位：亿元

批发和零售业	交通运输、仓储和邮政业	住宿和餐饮业	金融业	房地产业	其他	人均国内生产总值（元）
70.1	29.0	14.7	11.7	14.0	52.1	119
102.4	35.0	18.0	11.9	13.2	70.3	142
106.6	38.0	18.6	11.8	13.5	64.4	144
104.9	39.0	20.1	13.8	17.9	68.9	150
115.3	46.0	21.9	14.1	17.2	87.2	166
116.2	49.0	23.3	16.1	18.6	96.7	168
121.0	71.0	27.0	24.2	17.9	116.4	201
129.3	94.0	30.0	38.1	21.6	128.7	217
120.3	104.0	27.7	61.6	20.9	137.4	220
96.5	69.2	23.1	61.2	23.6	118.9	187
67.6	57.4	21.4	48.4	25.3	120.0	175
64.5	55.0	20.7	36.8	27.0	128.4	183
81.8	58.4	21.7	59.1	25.0	139.2	210
104.6	77.4	23.7	85.2	30.5	145.3	242
132.1	85.1	26.4	35.8	32.4	150.8	257
138.6	72.3	25.6	41.5	38.3	147.6	238
126.1	70.5	23.8	48.3	41.7	156.8	225
149.0	84.9	26.3	54.0	45.3	163.0	247
162.9	100.2	26.9	56.7	47.5	164.3	279
162.5	108.4	28.2	65.3	49.8	176.1	292
176.7	123.0	30.7	52.8	55.1	184.6	296
192.0	131.0	32.6	52.7	54.7	193.7	313
188.2	132.2	33.4	56.5	58.7	201.8	314
160.2	148.4	31.2	61.2	64.6	211.4	332
134.4	147.1	30.0	62.2	69.0	220.4	321
195.2	165.2	37.5	68.8	73.4	237.1	344
242.4	182.0	44.6	76.5	79.7	265.6	385
200.9	193.7	44.0	75.9	86.2	298.5	423
193.8	213.4	47.4	85.8	96.2	368.2	468
231.2	220.8	54.1	91.7	99.8	403.3	497
171.5	246.9	62.3	130.6	110.6	469.5	533
198.7	275.0	72.5	168.9	121.6	535.2	588
363.6	338.6	96.8	230.6	162.0	637.3	702
802.5	421.8	138.3	293.9	214.8	765.8	866
852.7	499.0	163.2	401.2	297.5	846.1	973

1-2 续表

年 份	国内生产总值	第一产业	第二产业	第三产业	农、林、牧、渔业	工业	建筑业
1987	12174.6	3204.5	5273.8	3696.3	3232.9	4621.1	667.5
1988	15180.4	3831.2	6607.2	4742.0	3865.2	5814.0	811.8
1989	17179.7	4228.2	7300.7	5650.8	4265.8	6525.5	796.1
1990	18872.9	5017.2	7744.1	6111.6	5061.8	6904.5	861.7
1991	22005.6	5288.8	9129.6	7587.2	5341.9	8137.9	1017.7
1992	27194.5	5800.3	11725.0	9669.2	5866.2	10340.2	1417.9
1993	35673.2	6887.6	16472.7	12313.0	6963.3	14248.4	2269.9
1994	48637.5	9471.8	22452.5	16713.1	9572.1	19546.3	2968.8
1995	61339.9	12020.5	28676.7	20642.7	12135.1	25023.2	3733.7
1996	71813.6	13878.3	33827.3	24108.0	14014.7	29528.9	4393.0
1997	79715.0	14265.2	37545.0	27904.8	14440.8	33022.6	4628.3
1998	85195.5	14618.7	39017.5	31559.3	14816.4	34133.9	4993.0
1999	90564.4	14549.0	41079.9	34935.5	14768.7	36014.4	5180.9
2000	100280.1	14717.4	45663.7	39899.1	14943.6	40258.5	5534.0
2001	110863.1	15502.5	49659.4	45701.2	15780.0	43854.3	5945.5
2002	121717.4	16190.2	54104.1	51423.1	16535.7	47774.9	6482.1
2003	137422.0	16970.2	62695.8	57756.0	17380.6	55362.2	7510.8
2004	161840.2	20904.3	74285.0	66650.9	21410.7	65774.9	8720.5
2005	187318.9	21806.7	88082.2	77430.0	22416.2	77958.3	10400.5
2006	219438.5	23317.0	104359.2	91762.2	24036.4	92235.8	12450.1
2007	270092.3	27674.1	126630.5	115787.7	28483.7	111690.8	15348.0
2008	319244.6	32464.1	149952.9	136827.5	33428.1	131724.0	18807.6
2009	348517.7	33583.8	160168.8	154765.1	34659.7	138092.6	22681.5
2010	412119.3	38430.8	191626.5	182061.9	39619.0	165123.1	27259.3
2011	487940.2	44781.5	227035.1	216123.6	46122.6	195139.1	32926.5
2012	538580.0	49084.6	244639.1	244856.2	50581.2	208901.4	36896.1
2013	592963.2	53028.1	261951.6	277983.5	54692.4	222333.2	40896.8
2014	643563.1	55626.3	277282.8	310654.0	57472.2	233197.4	45401.7
2015	688858.2	57774.6	281338.9	349744.7	59852.6	234968.9	47761.3
2016	746395.1	60139.2	295427.8	390828.1	62451.0	245406.4	51498.9
2017	832035.9	62099.5	331580.5	438355.9	64660.0	275119.3	57905.6
2018	919281.1	64745.2	364835.2	489700.8	67558.7	301089.3	65493.0
2019	986515.2	70473.6	380670.6	535371.0	73576.9	311858.7	70648.1
2020	1013567.0	78030.9	383562.4	551973.7	81396.5	312902.9	72444.7
2021	1143669.7	83085.5	450904.5	609679.7	86775.0	372575.3	80138.5

单位：亿元

批发和零售业	交通运输、仓储和邮政业	住宿和餐饮业	金融业	房地产业	其他	人均国内生产总值(元)
1059.7	568.5	187.1	506.2	381.9	949.8	1123
1483.6	685.9	241.4	658.9	472.8	1146.8	1378
1536.4	812.9	277.4	1079.9	565.1	1320.7	1536
1269.2	1167.2	301.9	1144.1	660.9	1501.7	1663
1834.8	1420.5	442.3	1195.2	762.2	1853.1	1912
2405.4	1689.2	584.6	1482.1	1099.1	2309.8	2334
2817.0	2174.3	712.1	1903.5	1376.9	3207.8	3027
3774.0	2788.2	1008.5	2557.9	1905.6	4516.1	4081
4779.4	3244.7	1200.1	3211.5	2349.4	5662.8	5091
5600.5	3782.6	1336.8	3700.7	2611.9	6844.5	5898
6328.4	4149.1	1561.3	4179.2	2914.5	8490.9	6481
6914.3	4661.5	1786.9	4318.2	3427.7	10143.7	6860
7492.2	5175.9	1941.2	4489.7	3674.5	11827.0	7229
8159.8	6161.9	2146.3	4842.2	4140.9	14092.9	7942
9120.8	6871.3	2400.1	5202.8	4705.8	16982.6	8717
9996.8	7494.3	2724.8	5555.8	5334.5	19818.6	9506
11171.2	7914.8	3126.1	6045.7	6157.0	22753.8	10666
12455.8	9306.5	3664.8	6600.2	7152.1	26754.6	12487
13968.5	10668.8	4195.7	7486.0	8482.7	31742.1	14368
16533.4	12186.3	4792.6	9972.3	10320.9	36910.8	16738
20941.1	14605.1	5548.1	15200.0	13714.0	44561.5	20494
26186.2	16367.6	6616.1	18345.6	14600.3	53169.3	24100
29004.6	16522.4	6957.0	21836.8	18760.5	60002.6	26180
35907.9	18783.6	7712.0	25733.1	23326.6	68654.7	30808
43734.5	21842.0	8565.4	30747.2	27780.7	81082.2	36277
49835.5	23763.2	9536.9	35272.2	30751.9	93041.6	39771
56288.9	26042.7	10228.3	41293.4	35340.4	105847.3	43497
63170.4	28534.4	11228.7	46853.4	38086.4	119618.5	46912
67719.6	30519.5	12306.1	56299.8	42573.8	136856.5	49922
73724.5	33028.7	13607.8	59964.0	49969.4	156744.3	53783
81156.6	37121.9	15056.0	64844.3	57086.0	179086.3	59592
88903.7	40337.2	16520.6	70610.3	64623.0	204145.2	65534
95650.9	42466.3	17903.1	76250.6	70444.8	227715.8	70078
96086.1	40582.9	15285.4	83617.7	73425.3	237825.3	71828
110492.7	47061.2	17852.6	91205.6	77560.8	260008.0	80976

1-3　1952-2021年年度国内生产总值构成

年　份	国内生产总值	第一产业	第二产业	第三产业	农、林、牧、渔业	工业
1952	100.0	50.5	20.8	28.7	50.9	17.6
1953	100.0	45.9	23.2	30.9	46.3	19.8
1954	100.0	45.6	24.5	29.9	46.0	21.5
1955	100.0	46.2	24.3	29.5	46.6	21.0
1956	100.0	43.1	27.2	29.7	43.4	21.8
1957	100.0	40.1	29.6	30.3	40.5	25.3
1958	100.0	34.0	36.9	29.2	34.3	31.7
1959	100.0	26.5	42.6	30.9	26.8	37.4
1960	100.0	23.2	44.4	32.4	23.4	39.1
1961	100.0	35.8	31.9	32.3	36.1	29.8
1962	100.0	39.0	31.3	29.7	39.3	28.5
1963	100.0	39.9	33.1	27.1	40.2	29.8
1964	100.0	38.0	35.3	26.6	38.4	31.8
1965	100.0	37.5	35.1	27.4	37.9	32.0
1966	100.0	37.2	37.9	24.9	37.5	34.7
1967	100.0	39.8	33.9	26.3	40.2	30.7
1968	100.0	41.6	31.1	27.2	42.0	28.5
1969	100.0	37.5	35.4	27.1	37.9	32.3
1970	100.0	34.8	40.3	24.9	35.1	36.7
1971	100.0	33.6	41.9	24.4	33.9	38.1
1972	100.0	32.4	42.8	24.8	32.7	39.2
1973	100.0	32.9	42.8	24.2	33.2	39.3
1974	100.0	33.4	42.4	24.1	33.7	38.7
1975	100.0	32.0	45.4	22.7	32.2	41.3
1976	100.0	32.4	45.0	22.6	32.6	40.7
1977	100.0	29.0	46.7	24.3	29.2	42.6
1978	100.0	27.7	47.7	24.6	27.9	44.1
1979	100.0	30.7	47.0	22.3	31.0	43.6
1980	100.0	29.6	48.1	22.3	29.9	43.9
1981	100.0	31.3	46.0	22.7	31.6	41.9
1982	100.0	32.8	44.6	22.6	33.1	40.6
1983	100.0	32.6	44.2	23.2	32.9	39.8
1984	100.0	31.5	42.9	25.5	31.8	38.7
1985	100.0	27.9	42.7	29.4	28.2	38.2
1986	100.0	26.6	43.5	29.8	26.9	38.6

注：本表按当年价格计算。

（分三次产业和9个行业）

单位：%

建筑业	批发和零售业	交通运输、仓储和邮政业	住宿和餐饮业	金融业	房地产业	其他
3.2	10.3	4.3	2.2	1.7	2.1	7.7
3.5	12.4	4.2	2.2	1.4	1.6	8.5
3.1	12.4	4.4	2.2	1.4	1.6	7.5
3.4	11.5	4.3	2.2	1.5	2.0	7.6
5.4	11.2	4.5	2.1	1.4	1.7	8.5
4.3	10.8	4.6	2.2	1.5	1.7	9.0
5.3	9.2	5.4	2.1	1.8	1.4	8.9
5.3	8.9	6.5	2.1	2.6	1.5	8.9
5.5	8.2	7.1	1.9	4.2	1.4	9.3
2.2	7.8	5.6	1.9	5.0	1.9	9.7
2.9	5.8	4.9	1.8	4.2	2.2	10.3
3.4	5.2	4.4	1.7	2.9	2.2	10.3
3.6	5.6	4.0	1.5	4.0	1.7	9.5
3.2	6.0	4.5	1.4	4.9	1.8	8.4
3.2	7.0	4.5	1.4	1.9	1.7	8.0
3.2	7.7	4.0	1.4	2.3	2.1	8.2
2.7	7.2	4.0	1.4	2.8	2.4	9.0
3.2	7.6	4.3	1.3	2.8	2.3	8.3
3.7	7.1	4.4	1.2	2.5	2.1	7.2
3.9	6.6	4.4	1.1	2.7	2.0	7.2
3.7	6.9	4.8	1.2	2.1	2.2	7.2
3.7	7.0	4.8	1.2	1.9	2.0	7.0
3.9	6.7	4.7	1.2	2.0	2.1	7.1
4.1	5.3	4.9	1.0	2.0	2.1	7.0
4.5	4.5	4.9	1.0	2.1	2.3	7.4
4.2	6.0	5.1	1.2	2.1	2.3	7.3
3.8	6.6	4.9	1.2	2.1	2.2	7.2
3.5	4.9	4.7	1.1	1.9	2.1	7.3
4.3	4.2	4.7	1.0	1.9	2.1	8.0
4.2	4.7	4.5	1.1	1.9	2.0	8.2
4.1	3.2	4.6	1.2	2.4	2.1	8.7
4.5	3.3	4.6	1.2	2.8	2.0	8.9
4.4	5.0	4.7	1.3	3.2	2.2	8.8
4.6	8.8	4.6	1.5	3.2	2.4	8.4
5.1	8.2	4.8	1.6	3.9	2.9	8.2

1-3 续表

年 份	国内生产总值	第一产业	第二产业	第三产业	农、林、牧、渔业	工业
1987	100.0	26.3	43.3	30.4	26.6	38.0
1988	100.0	25.2	43.5	31.2	25.5	38.3
1989	100.0	24.6	42.5	32.9	24.8	38.0
1990	100.0	26.6	41.0	32.4	26.8	36.6
1991	100.0	24.0	41.5	34.5	24.3	37.0
1992	100.0	21.3	43.1	35.6	21.6	38.0
1993	100.0	19.3	46.2	34.5	19.5	39.9
1994	100.0	19.5	46.2	34.4	19.7	40.2
1995	100.0	19.6	46.8	33.7	19.8	40.8
1996	100.0	19.3	47.1	33.6	19.5	41.1
1997	100.0	17.9	47.1	35.0	18.1	41.4
1998	100.0	17.2	45.8	37.0	17.4	40.1
1999	100.0	16.1	45.4	38.6	16.3	39.8
2000	100.0	14.7	45.5	39.8	14.9	40.1
2001	100.0	14.0	44.8	41.2	14.2	39.6
2002	100.0	13.3	44.5	42.2	13.6	39.3
2003	100.0	12.3	45.6	42.0	12.6	40.3
2004	100.0	12.9	45.9	41.2	13.2	40.6
2005	100.0	11.6	47.0	41.3	12.0	41.6
2006	100.0	10.6	47.6	41.8	11.0	42.0
2007	100.0	10.2	46.9	42.9	10.5	41.4
2008	100.0	10.2	47.0	42.9	10.5	41.3
2009	100.0	9.6	46.0	44.4	9.9	39.6
2010	100.0	9.3	46.5	44.2	9.6	40.1
2011	100.0	9.2	46.5	44.3	9.5	40.0
2012	100.0	9.1	45.4	45.5	9.4	38.8
2013	100.0	8.9	44.2	46.9	9.2	37.5
2014	100.0	8.6	43.1	48.3	8.9	36.2
2015	100.0	8.4	40.8	50.8	8.7	34.1
2016	100.0	8.1	39.6	52.4	8.4	32.9
2017	100.0	7.5	39.9	52.7	7.8	33.1
2018	100.0	7.0	39.7	53.3	7.3	32.8
2019	100.0	7.1	38.6	54.3	7.5	31.6
2020	100.0	7.7	37.8	54.5	8.0	30.9
2021	100.0	7.3	39.4	53.3	7.6	32.6

单位：%

建筑业	批发和零售业	交通运输、仓储和邮政业	住宿和餐饮业	金融业	房地产业	其他
5.5	8.7	4.7	1.5	4.2	3.1	7.8
5.3	9.8	4.5	1.6	4.3	3.1	7.6
4.6	8.9	4.7	1.6	6.3	3.3	7.7
4.6	6.7	6.2	1.6	6.1	3.5	8.0
4.6	8.3	6.5	2.0	5.4	3.5	8.4
5.2	8.8	6.2	2.1	5.5	4.0	8.5
6.4	7.9	6.1	2.0	5.3	3.9	9.0
6.1	7.8	5.7	2.1	5.3	3.9	9.3
6.1	7.8	5.3	2.0	5.2	3.8	9.2
6.1	7.8	5.3	1.9	5.2	3.6	9.5
5.8	7.9	5.2	2.0	5.2	3.7	10.7
5.9	8.1	5.5	2.1	5.1	4.0	11.9
5.7	8.3	5.7	2.1	5.0	4.1	13.1
5.5	8.1	6.1	2.1	4.8	4.1	14.1
5.4	8.2	6.2	2.2	4.7	4.2	15.3
5.3	8.2	6.2	2.2	4.6	4.4	16.3
5.5	8.1	5.8	2.3	4.4	4.5	16.6
5.4	7.7	5.8	2.3	4.1	4.4	16.5
5.6	7.5	5.7	2.2	4.0	4.5	16.9
5.7	7.5	5.6	2.2	4.5	4.7	16.8
5.7	7.8	5.4	2.1	5.6	5.1	16.5
5.9	8.2	5.1	2.1	5.7	4.6	16.7
6.5	8.3	4.7	2.0	6.3	5.4	17.2
6.6	8.7	4.6	1.9	6.2	5.7	16.7
6.7	9.0	4.5	1.8	6.3	5.7	16.6
6.9	9.3	4.4	1.8	6.5	5.7	17.3
6.9	9.5	4.4	1.7	7.0	6.0	17.9
7.1	9.8	4.4	1.7	7.3	5.9	18.6
6.9	9.8	4.4	1.8	8.2	6.2	19.9
6.9	9.9	4.4	1.8	8.0	6.7	21.0
7.0	9.8	4.5	1.8	7.8	6.9	21.5
7.1	9.7	4.4	1.8	7.7	7.0	22.2
7.2	9.7	4.3	1.8	7.7	7.1	23.1
7.1	9.5	4.0	1.5	8.2	7.2	23.5
7.0	9.7	4.1	1.6	8.0	6.8	22.7

1-4　1952-2021年年度不变价

年　份	国内生产总值	第一产业	第二产业	第三产业	农、林、牧、渔业	工业
						按1952年价格计算
1952	679.1	342.9	141.1	195.1	345.9	119.5
1953	784.7	349.3	191.8	243.6	352.5	162.3
1954	818.3	355.2	220.1	242.9	358.4	191.7
1955	874.8	383.4	237.0	254.5	386.8	204.6
1956	1006.4	401.2	318.8	286.3	404.8	263.5
1957	1057.2	413.6	344.8	298.8	417.2	293.6
						按1957年价格计算
1957	1071.4	430.0	316.6	324.8	433.8	271.6
1958	1300.0	431.9	484.9	383.2	435.7	417.1
1959	1416.8	363.4	610.9	442.5	366.6	539.5
1960	1416.5	303.9	647.8	464.7	306.6	575.5
1961	1030.4	308.3	376.6	345.6	311.0	351.8
1962	973.2	322.3	336.6	314.4	325.2	305.6
1963	1073.2	358.7	385.5	329.0	361.9	346.4
1964	1268.4	405.1	483.6	379.7	408.7	434.5
1965	1483.8	444.3	599.7	439.8	448.3	545.7
1966	1642.5	476.4	732.7	433.3	480.7	673.9
1967	1548.3	485.4	628.0	434.9	489.7	571.9
1968	1485.5	477.6	570.3	437.5	481.9	525.0
1969	1736.8	481.6	758.5	496.6	485.9	697.6
1970	2072.7	518.8	1020.8	533.2	523.4	941.5
						按1970年价格计算
1970	2279.7	793.3	918.1	568.3	800.4	836.3
1971	2441.0	808.3	1031.5	601.2	815.5	939.7
1972	2534.4	801.1	1100.5	632.7	808.3	1011.0
1973	2731.4	873.3	1191.4	666.8	881.0	1099.0
1974	2795.2	909.0	1208.4	677.8	917.0	1110.1
1975	3038.4	927.5	1398.7	712.3	935.7	1286.9
1976	2991.1	911.1	1364.6	715.5	919.2	1247.8
1977	3217.7	890.9	1544.4	782.4	898.8	1426.1
1978	3593.0	927.8	1776.4	888.8	936.0	1659.5
1979	3865.8	984.7	1922.5	958.5	993.4	1803.6
1980	4168.6	970.1	2181.9	1016.6	978.7	2030.5
						按1980年价格计算
1980	4587.6	1359.5	2204.7	1023.4	1371.6	2014.8
1981	4822.1	1454.4	2246.2	1121.5	1467.3	2050.0
1982	5257.0	1622.1	2371.4	1263.4	1636.5	2168.6
1983	5823.1	1757.1	2617.7	1448.3	1772.7	2379.8
1984	6707.8	1983.5	2995.3	1729.0	2001.1	2731.8
1985	7608.7	2020.0	3546.4	2042.2	2038.0	3224.4
1986	8289.6	2087.1	3908.8	2293.8	2105.6	3535.1
1987	9256.0	2185.3	4440.2	2630.6	2204.7	3999.4
1988	10294.7	2240.8	5076.9	2977.0	2260.8	4603.1
1989	10727.8	2309.8	5267.2	3150.8	2330.3	4835.4
1990	11148.3	2479.0	5434.4	3234.9	2501.0	4997.8

国内生产总值(分段基期)

单位：亿元

建筑业	批发和零售业	交通运输、仓储和邮政业	住宿和餐饮业	金融业	房地产业	其他
22.0	70.1	29.0	14.7	11.7	14.0	52.1
30.0	98.2	36.0	17.3	11.6	13.3	63.6
29.0	99.9	39.9	17.5	11.4	13.3	57.2
33.0	98.7	40.9	18.9	13.2	17.8	60.9
56.1	107.4	49.8	20.5	13.5	17.4	73.5
52.1	105.7	53.4	21.4	15.5	19.2	79.1
46.0	116.2	49.0	23.3	16.1	18.6	96.7
69.1	122.0	71.9	27.1	23.8	17.2	116.0
73.0	129.5	94.2	29.9	37.5	19.4	127.1
74.2	120.3	104.0	27.1	59.2	17.6	131.9
25.8	84.6	67.6	19.9	51.1	19.4	99.2
31.9	78.3	54.8	21.7	39.1	20.1	96.6
40.1	85.6	53.9	23.0	31.3	21.5	109.5
50.4	99.3	56.8	23.2	52.8	19.7	123.0
55.7	100.5	76.4	22.2	78.9	23.9	132.3
60.9	122.0	84.3	24.2	33.4	25.0	138.1
57.8	128.6	72.5	23.6	38.9	29.2	136.0
46.9	117.3	70.8	21.9	45.4	31.7	144.5
63.1	140.2	86.9	24.6	51.9	34.2	152.3
82.2	154.0	101.5	25.3	55.1	35.4	154.4
84.5	162.9	100.2	26.9	56.7	47.5	164.3
94.6	162.2	108.6	28.2	66.3	48.5	177.3
92.7	176.0	124.9	30.7	54.3	52.0	184.6
95.8	192.2	132.8	32.7	53.2	50.7	194.0
101.7	188.4	133.7	33.3	57.2	53.5	200.2
115.7	188.2	148.7	33.8	62.4	57.2	209.8
120.6	181.5	147.0	34.3	63.8	59.1	217.9
122.7	205.9	165.1	37.9	69.9	61.4	229.9
122.0	253.4	179.7	44.8	77.0	64.8	255.7
124.5	275.5	194.6	49.8	75.5	67.5	281.4
157.7	270.4	202.9	51.7	81.0	72.8	322.9
196.3	193.8	213.4	47.4	85.8	96.2	368.2
202.6	251.0	217.4	55.7	89.8	92.8	395.4
209.5	249.2	242.1	73.3	128.5	101.3	447.9
245.2	302.1	265.1	87.5	162.7	106.5	501.5
271.8	376.8	304.6	94.6	212.7	136.0	578.4
331.9	503.1	346.6	100.6	249.1	170.0	645.0
384.6	550.6	394.6	116.3	324.4	214.0	664.4
453.1	631.7	432.6	127.5	397.6	276.7	732.7
489.2	706.0	486.7	159.5	477.9	311.7	799.7
448.0	630.4	507.2	175.4	601.3	361.4	838.4
453.4	597.2	549.5	181.5	614.3	384.0	869.6

1-4 续表

年 份	国内生产总 值	第一产业	第二产业	第三产业	农、林、牧、渔业	工业
						按1990年价格计算
1990	18872.9	5017.2	7744.1	6111.6	5061.8	6904.5
1991	20621.0	5135.3	8811.6	6674.1	5183.2	7892.0
1992	23554.3	5374.1	10665.1	7515.0	5426.9	9552.4
1993	26824.5	5624.0	12770.9	8429.6	5682.0	11458.9
1994	30321.5	5845.9	15087.7	9387.9	5909.3	13611.4
1995	33642.9	6134.8	17173.6	10334.5	6204.7	15515.4
1996	36981.2	6444.0	19250.3	11286.9	6521.2	17453.4
1997	40397.0	6665.5	21267.3	12464.2	6749.4	19429.3
1998	43566.6	6894.3	23160.8	13511.5	6985.5	21157.0
1999	46904.5	7082.6	25060.7	14761.2	7181.1	22969.1
2000	50886.7	7247.5	27434.9	16204.3	7353.5	25233.3
						按2000年价格计算
2000	100280.1	14717.4	45663.7	39899.1	14943.6	40258.5
2001	108639.2	15105.6	49541.1	43992.5	15362.0	43768.0
2002	118561.9	15513.5	54443.1	48605.4	15807.4	48163.1
2003	130463.2	15881.4	61339.5	53242.3	16202.5	54304.5
2004	143657.8	16851.0	68176.3	58630.4	17223.2	60578.7
2005	160027.0	17706.0	76445.0	65875.9	18124.5	67633.9
						按2005年价格计算
2005	187318.9	21806.7	88082.2	77430.0	22416.2	77958.3
2006	211147.7	22843.7	99929.8	88374.1	23537.2	88037.2
2007	241195.8	23648.6	114970.0	102577.2	24418.7	101196.3
2008	264472.8	24867.9	126281.9	113323.0	25732.2	111288.0
2009	289329.9	25863.3	139279.8	124186.8	26809.9	121401.5
2010	320102.6	26962.7	156945.5	136194.4	27954.2	136671.7
						按2010年价格计算
2010	412119.3	38430.8	191626.5	182061.9	39619.0	165123.1
2011	451480.1	40035.1	212108.9	199336.2	41303.3	183193.8
2012	486983.3	41823.2	229848.9	215311.2	43181.0	198078.1
2013	524803.1	43415.5	248207.4	233180.2	44891.2	213397.7
2014	563773.8	45174.1	265968.0	252631.7	46773.7	227776.8
2015	603470.9	46935.2	281731.3	274804.4	48667.5	240736.1
						按2015年价格计算
2015	688858.2	57774.6	281338.9	349744.7	59852.6	234968.9
2016	736036.5	59668.4	298307.8	378060.3	61918.9	248317.4
2017	787170.4	62032.0	315813.4	409325.0	64459.4	263770.4
2018	840302.6	64192.5	334106.6	442003.5	66811.6	279848.2
2019	890304.8	66167.6	350393.0	473744.2	68982.9	293252.3
2020	910235.6	68239.4	359027.6	482968.6	71265.6	300215.5
						按2020年价格计算
2020	1013567.0	78030.9	383562.4	551973.7	81396.5	312902.9
2021	1095771.2	83533.0	415113.8	597124.4	87139.7	342993.0

单位：亿元

建筑业	批发和零售业	交通运输、仓储和邮政业	住宿和餐饮业	金融业	房地产业	其他
861.7	1269.2	1167.2	301.9	1144.1	660.9	1501.7
944.0	1334.9	1290.4	326.5	1176.5	739.9	1733.6
1142.1	1475.2	1420.2	414.7	1252.6	936.9	1933.3
1347.3	1601.8	1598.2	448.9	1393.9	1037.7	2255.8
1531.2	1733.1	1734.4	570.7	1529.6	1161.8	2540.1
1720.8	1875.7	1924.8	629.1	1664.6	1306.4	2801.4
1867.2	2018.9	2137.3	672.1	1796.3	1358.9	3155.8
1916.4	2195.9	2333.9	745.7	1958.6	1414.9	3652.9
2089.1	2338.9	2581.0	828.2	2058.9	1523.9	4003.9
2179.1	2542.6	2895.2	892.1	2169.3	1614.4	4461.5
2303.4	2782.1	3143.7	975.4	2320.6	1729.1	5045.7
5534.0	8159.8	6161.9	2146.3	4842.2	4140.9	14092.9
5910.3	8901.9	6704.6	2310.4	5182.0	4596.0	15904.0
6431.0	9686.2	7182.5	2590.9	5572.0	5050.2	18078.6
7208.2	10648.9	7622.6	2911.0	5986.5	5543.5	20035.5
7795.6	11348.3	8726.1	3270.2	6267.2	5867.4	22581.1
9043.2	12826.5	9703.9	3671.2	7152.7	6578.9	25292.2
10400.5	13968.5	10668.8	4195.7	7486.0	8482.7	31742.1
12192.3	16687.2	11732.4	4723.0	9262.6	9786.1	35189.6
14166.5	20060.5	13117.2	5177.3	11652.1	12137.8	39269.5
15514.3	23240.1	14078.2	5674.3	13060.6	12212.1	43673.1
18453.8	26005.6	14552.9	5887.4	15195.1	13610.4	47413.2
21005.1	29801.8	15930.6	6371.4	16555.6	14585.8	51226.4
27259.3	35907.9	18783.6	7712.0	25733.1	23326.6	68654.7
29910.4	40383.5	20598.3	8106.2	27710.1	24975.0	75299.4
32827.7	44542.3	21852.4	8629.3	30329.6	26060.7	81482.2
36004.7	49225.9	23294.2	8966.1	33534.6	27844.8	87643.7
39476.5	54275.6	24907.1	9521.6	37059.8	28434.0	95548.8
42372.3	57925.7	26014.1	10146.8	43263.1	29528.0	104817.2
47761.3	67719.6	30519.5	12306.1	56299.8	42573.8	136856.5
51442.4	72916.2	32620.3	13256.1	59007.1	46313.9	150244.2
53463.7	78615.8	35737.5	14338.1	61815.6	49534.8	165435.2
56041.8	83869.1	38691.8	15296.5	64771.8	51254.3	183717.5
58979.8	88572.0	41205.0	16136.3	69077.2	52576.4	201523.0
60586.6	87783.9	41545.2	13423.0	73150.0	53246.0	209019.8
72444.7	96086.1	40582.9	15285.4	83617.7	73425.3	237825.3
73999.3	106911.8	45507.4	17495.3	87593.4	77216.0	256915.2

1-5　1953-2021年年度国内生产总值指数

年　份	国内生产总　值	第一产业	第二产业	第三产业	农、林、牧、渔业	工业	建筑业
1953	115.6	101.9	135.9	124.9	101.9	135.7	136.4
1954	104.3	101.7	114.8	99.7	101.7	118.2	96.7
1955	106.9	107.9	107.6	104.8	107.9	106.7	113.8
1956	115.0	104.7	134.5	112.5	104.7	128.8	170.0
1957	105.1	103.1	108.2	104.4	103.1	111.4	92.9
1958	121.3	100.4	153.1	118.0	100.4	153.6	150.0
1959	109.0	84.1	126.0	115.5	84.1	129.4	105.7
1960	100.0	83.6	106.0	105.0	83.6	106.7	101.5
1961	72.7	101.4	58.1	74.4	101.4	61.1	34.8
1962	94.4	104.5	89.4	91.0	104.5	86.9	123.6
1963	110.3	111.3	114.5	104.7	111.3	113.4	125.8
1964	118.2	112.9	125.5	115.4	112.9	125.4	125.5
1965	117.0	109.7	124.0	115.8	109.7	125.6	110.6
1966	110.7	107.2	122.2	98.5	107.2	123.5	109.4
1967	94.3	101.9	85.7	100.4	101.9	84.9	95.0
1968	95.9	98.4	90.8	100.6	98.4	91.8	81.1
1969	116.9	100.8	133.0	113.5	100.8	132.9	134.4
1970	119.3	107.7	134.6	107.4	107.7	135.0	130.3
1971	107.1	101.9	112.4	105.8	101.9	112.4	112.0
1972	103.8	99.1	106.7	105.2	99.1	107.6	97.9
1973	107.8	109.0	108.3	105.4	109.0	108.7	103.4
1974	102.3	104.1	101.4	101.7	104.1	101.0	106.2
1975	108.7	102.0	115.7	105.1	102.0	115.9	113.8
1976	98.4	98.2	97.6	100.4	98.2	97.0	104.2
1977	107.6	97.8	113.2	109.3	97.8	114.3	101.7
1978	111.7	104.1	115.0	113.6	104.1	116.4	99.5
1979	107.6	106.1	108.2	107.8	106.1	108.7	102.0
1980	107.8	98.5	113.5	106.1	98.5	112.6	126.6
1981	105.1	107.0	101.9	109.6	107.0	101.7	103.2
1982	109.0	111.5	105.6	112.7	111.5	105.8	103.4
1983	110.8	108.3	110.4	114.6	108.3	109.7	117.0
1984	115.2	112.9	114.4	119.4	112.9	114.8	110.8
1985	113.4	101.8	118.4	118.1	101.8	118.0	122.1
1986	108.9	103.3	110.2	112.3	103.3	109.6	115.8
1987	111.7	104.7	113.6	114.7	104.7	113.1	117.8

注：本表按不变价格计算。

（上年=100，分三次产业和9个行业）

批发和零售业	交通运输、仓储和邮政业	住宿和餐饮业	金融业	房地产业	其他	人均国内生产总值
140.0	124.1	117.6	99.0	95.0	122.1	113.1
101.7	110.8	101.2	98.0	100.0	90.0	101.8
98.8	102.5	107.9	116.7	133.8	106.5	104.6
108.7	121.8	108.4	101.6	97.8	120.6	112.7
98.4	107.2	104.5	115.1	110.3	107.7	102.4
105.0	146.7	116.1	147.9	92.4	119.9	118.4
106.1	131.0	110.1	157.1	112.7	109.6	106.9
92.9	110.4	90.8	158.0	91.0	103.8	99.8
70.3	65.0	73.2	86.2	109.9	75.2	73.5
92.5	81.1	109.5	76.6	103.4	97.3	93.7
109.3	98.4	105.9	80.0	107.1	113.4	107.6
116.1	105.4	100.5	168.7	91.8	112.3	115.5
101.2	134.5	95.9	149.5	121.1	107.6	114.2
121.5	110.3	109.0	42.3	104.6	104.4	107.6
105.4	86.0	97.5	116.7	116.7	98.5	91.9
91.2	97.7	93.0	116.5	108.6	106.3	93.5
119.5	122.7	112.0	114.4	108.0	105.4	113.8
109.8	116.8	102.7	106.1	103.5	101.3	116.1
99.6	108.3	104.7	117.0	102.1	107.9	104.2
108.5	115.1	108.7	81.8	107.2	104.1	101.3
109.2	106.3	106.6	98.0	97.6	105.1	105.3
98.0	100.7	101.9	107.5	105.5	103.2	100.2
99.9	111.2	101.6	109.1	106.8	104.8	106.8
96.5	98.8	101.4	102.2	103.4	103.8	96.9
113.4	112.4	110.5	109.7	103.8	105.5	106.1
123.1	108.9	118.1	110.1	105.7	111.2	110.2
108.7	108.3	111.1	98.0	104.1	110.1	106.2
98.1	104.3	103.9	107.3	107.9	114.8	106.5
129.5	101.9	117.5	104.7	96.5	107.4	103.8
99.3	111.4	131.6	143.1	109.1	113.3	107.4
121.2	109.5	119.4	126.5	105.2	112.0	109.2
124.7	114.9	108.1	130.7	127.7	115.3	113.7
133.5	113.8	106.3	117.1	125.0	111.5	111.9
109.4	113.9	115.6	130.2	125.9	103.0	107.3
114.7	109.6	109.7	122.6	129.3	110.3	109.9

1-5　续表

年　份	国内生产总　值	第一产业	第二产业	第三产业	农、林、牧、渔业	工业	建筑业
1988	111.2	102.5	114.3	113.2	102.5	115.1	108.0
1989	104.2	103.1	103.7	105.8	103.1	105.0	91.6
1990	103.9	107.3	103.2	102.7	107.3	103.4	101.2
1991	109.3	102.4	113.8	109.2	102.4	114.3	109.6
1992	114.2	104.7	121.0	112.6	104.7	121.0	121.0
1993	113.9	104.6	119.7	112.2	104.7	120.0	118.0
1994	113.0	103.9	118.1	111.4	104.0	118.8	113.6
1995	111.0	104.9	113.8	110.1	105.0	114.0	112.4
1996	109.9	105.0	112.1	109.2	105.1	112.5	108.5
1997	109.2	103.4	110.5	110.4	103.5	111.3	102.6
1998	107.8	103.4	108.9	108.4	103.5	108.9	109.0
1999	107.7	102.7	108.2	109.2	102.8	108.6	104.3
2000	108.5	102.3	109.5	109.8	102.4	109.9	105.7
2001	108.3	102.6	108.5	110.3	102.8	108.7	106.8
2002	109.1	102.7	109.9	110.5	102.9	110.0	108.8
2003	110.0	102.4	112.7	109.5	102.5	112.8	112.1
2004	110.1	106.1	111.1	110.1	106.3	111.6	108.2
2005	111.4	105.1	112.1	112.4	105.2	111.6	116.0
2006	112.7	104.8	113.5	114.1	105.0	112.9	117.2
2007	114.2	103.5	115.1	116.1	103.7	114.9	116.2
2008	109.7	105.2	109.8	110.5	105.4	110.0	109.5
2009	109.4	104.0	110.3	109.6	104.2	109.1	118.9
2010	110.6	104.3	112.7	109.7	104.3	112.6	113.8
2011	109.6	104.2	110.7	109.5	104.3	110.9	109.7
2012	107.9	104.5	108.4	108.0	104.5	108.1	109.8
2013	107.8	103.8	108.0	108.3	104.0	107.7	109.7
2014	107.4	104.1	107.2	108.3	104.2	106.7	109.6
2015	107.0	103.9	105.9	108.8	104.0	105.7	107.3
2016	106.8	103.3	106.0	108.1	103.5	105.7	107.7
2017	106.9	104.0	105.9	108.3	104.1	106.2	103.9
2018	106.7	103.5	105.8	108.0	103.6	106.1	104.8
2019	106.0	103.1	104.9	107.2	103.2	104.8	105.2
2020	102.2	103.1	102.5	101.9	103.3	102.4	102.7
2021	108.1	107.1	108.2	108.2	107.1	109.6	102.1

批发和零售业	交通运输、仓储和邮政业	住宿和餐饮业	金融业	房地产业	其他	人均国内生产总值
111.8	112.5	125.1	120.2	112.7	109.1	109.4
89.3	104.2	109.9	125.8	115.9	104.8	102.6
94.7	108.3	103.5	102.2	106.2	103.7	102.4
105.2	110.6	108.2	102.8	112.0	115.4	107.8
110.5	110.1	127.0	106.5	126.6	111.5	112.8
108.6	112.5	108.2	111.3	110.8	116.7	112.6
108.2	108.5	127.1	109.7	112.0	112.6	111.8
108.2	111.0	110.2	108.8	112.4	110.3	109.8
107.6	111.0	106.8	107.9	104.0	112.7	108.8
108.8	109.2	110.9	109.0	104.1	115.8	108.1
106.5	110.6	111.1	105.1	107.7	109.6	106.8
108.7	112.2	107.7	105.4	105.9	111.4	106.7
109.4	108.6	109.3	107.0	107.1	113.1	107.6
109.1	108.8	107.6	107.0	111.0	112.9	107.6
108.8	107.1	112.1	107.5	109.9	113.7	108.4
109.9	106.1	112.4	107.4	109.8	110.8	109.4
106.6	114.5	112.3	104.7	105.8	112.7	109.5
113.0	111.2	112.3	114.1	112.1	112.0	110.7
119.5	110.0	112.6	123.7	115.4	110.9	112.1
120.2	111.8	109.6	125.8	124.0	111.6	113.6
115.9	107.3	109.6	112.1	100.6	111.2	109.1
111.9	103.4	103.8	116.3	111.5	108.6	108.9
114.6	109.5	108.2	109.0	107.2	108.0	110.1
112.5	109.7	105.1	107.7	107.1	109.7	109.0
110.3	106.1	106.5	109.5	104.3	108.2	107.1
110.5	106.6	103.9	110.6	106.8	107.6	107.1
110.3	106.9	106.2	110.5	102.1	109.0	106.8
106.7	104.4	106.6	116.7	103.8	109.7	106.4
107.7	106.9	107.7	104.8	108.8	109.8	106.2
107.8	109.6	108.2	104.8	107.0	110.1	106.3
106.7	108.3	106.7	104.8	103.5	111.1	106.3
105.6	106.5	105.5	106.6	102.6	109.7	105.6
99.1	100.8	83.2	105.9	101.3	103.7	102.0
111.3	112.1	114.5	104.8	105.2	108.0	108.0

1-6 1978-2021年年度国内生产总值指数

年份	国内生产总值	第一产业	第二产业	第三产业	农、林、牧、渔业	工业
1978	100.0	100.0	100.0	100.0	100.0	100.0
1979	107.6	106.1	108.2	107.8	106.1	108.7
1980	116.0	104.6	122.8	114.4	104.6	122.4
1981	122.0	111.9	125.1	125.3	111.9	124.5
1982	132.9	124.8	132.1	141.2	124.8	131.7
1983	147.3	135.1	145.8	161.9	135.1	144.5
1984	169.6	152.6	166.9	193.2	152.6	165.9
1985	192.4	155.4	197.6	228.3	155.4	195.8
1986	209.6	160.5	217.8	256.4	160.5	214.7
1987	234.1	168.1	247.4	294.0	168.1	242.9
1988	260.4	172.3	282.8	332.7	172.3	279.5
1989	271.3	177.6	293.4	352.2	177.6	293.6
1990	281.9	190.7	302.8	361.6	190.7	303.5
1991	308.1	195.2	344.5	394.8	195.2	346.9
1992	351.9	204.2	416.9	444.6	204.4	419.9
1993	400.7	213.7	499.3	498.7	214.0	503.7
1994	453.0	222.2	589.8	555.4	222.6	598.3
1995	502.6	233.1	671.4	611.4	233.7	682.0
1996	552.5	244.9	752.6	667.7	245.6	767.2
1997	603.5	253.3	831.4	737.4	254.2	854.1
1998	650.8	262.0	905.5	799.3	263.1	930.0
1999	700.7	269.2	979.7	873.3	270.5	1009.7
2000	760.2	275.4	1072.6	958.6	277.0	1109.2
2001	823.6	282.7	1163.6	1057.0	284.7	1205.9
2002	898.8	290.3	1278.8	1167.8	293.0	1327.0
2003	989.0	297.2	1440.8	1279.2	300.3	1496.2
2004	1089.0	315.4	1601.3	1408.7	319.2	1669.1
2005	1213.1	331.4	1795.6	1582.8	336.0	1863.5
2006	1367.4	347.1	2037.1	1806.5	352.8	2104.4
2007	1562.0	359.3	2343.7	2096.8	366.0	2418.9
2008	1712.8	377.9	2574.3	2316.5	385.6	2660.1
2009	1873.8	393.0	2839.2	2538.5	401.8	2901.9
2010	2073.1	409.7	3199.3	2784.0	418.9	3266.9
2011	2271.1	426.8	3541.3	3048.1	436.8	3624.4
2012	2449.6	445.9	3837.5	3292.4	456.6	3918.9
2013	2639.9	462.8	4144.0	3565.7	474.7	4222.0
2014	2835.9	481.6	4440.5	3863.1	494.6	4506.5
2015	3035.6	500.4	4703.7	4202.2	514.6	4762.9
2016	3243.5	516.8	4987.4	4542.4	532.4	5033.4
2017	3468.8	537.2	5280.1	4918.0	554.2	5346.7
2018	3703.0	555.9	5585.9	5310.7	574.5	5672.6
2019	3923.3	573.1	5858.2	5692.0	593.1	5944.3
2020	4011.2	591.0	6002.6	5802.9	612.8	6085.4
2021	4336.5	632.7	6496.3	6277.5	656.0	6670.6

注：本表按不变价格计算。

（1978年=100，分三次产业和9个行业）

建筑业	批发和零售业	交通运输、仓储和邮政业	住宿和餐饮业	金融业	房地产业	其他	人均国内生产总值
100.0	100.0	100.0	100.0	100.0	100.0	100.0	100.0
102.0	108.7	108.3	111.1	98.0	104.1	110.1	106.2
129.2	106.7	112.9	115.5	105.2	112.3	126.3	113.1
133.3	138.2	115.0	135.6	110.2	108.4	135.6	117.3
137.9	137.2	128.1	178.5	157.7	118.2	153.6	126.0
161.3	166.3	140.2	213.1	199.5	124.3	172.0	137.6
178.8	207.4	161.1	230.3	260.8	158.7	198.4	156.4
218.4	277.0	183.3	244.8	305.5	198.4	221.2	175.1
253.0	303.1	208.8	283.1	397.9	249.7	227.9	187.9
298.1	347.7	228.8	310.5	487.8	322.9	251.3	206.5
321.8	388.7	257.5	388.5	586.2	363.8	274.3	226.0
294.8	347.1	268.3	426.9	737.6	421.8	287.6	231.9
298.3	328.8	290.7	441.8	753.5	448.2	298.3	237.5
326.8	345.8	321.4	477.9	774.9	501.7	344.3	256.0
395.4	382.2	353.7	607.0	825.0	635.3	384.0	288.8
466.4	415.0	398.0	657.0	918.1	703.6	448.1	325.1
530.0	449.0	432.0	835.3	1007.5	787.8	504.5	363.4
595.7	485.9	479.4	920.8	1096.4	885.8	556.4	398.9
646.4	523.0	532.3	983.8	1183.2	921.4	626.8	433.9
663.4	568.9	581.3	1091.4	1290.1	959.4	725.5	469.1
723.2	605.9	642.8	1212.2	1356.1	1033.3	795.3	501.1
754.3	658.7	721.1	1305.7	1428.8	1094.7	886.1	534.8
797.3	720.7	782.9	1427.7	1528.4	1172.5	1002.2	575.7
851.5	786.3	851.9	1536.8	1635.7	1301.4	1131.0	619.1
926.6	855.5	912.6	1723.4	1758.8	1430.0	1285.6	671.2
1038.5	940.6	968.5	1936.4	1889.6	1569.7	1424.8	734.0
1123.2	1002.3	1108.8	2175.3	1978.2	1661.4	1605.8	803.4
1302.9	1132.9	1233.0	2442.0	2257.7	1862.8	1798.6	889.7
1527.4	1353.4	1355.9	2748.9	2793.5	2149.1	1993.9	997.3
1774.7	1627.0	1516.0	3013.3	3514.2	2665.5	2225.1	1133.3
1943.5	1884.9	1627.0	3302.6	3939.0	2681.8	2474.6	1236.3
2311.8	2109.2	1681.9	3426.6	4582.7	2988.9	2686.5	1345.8
2631.4	2417.0	1841.1	3708.3	4993.1	3203.1	2902.6	1481.8
2887.3	2718.3	2019.0	3897.9	5376.7	3429.4	3183.5	1614.5
3168.9	2998.2	2141.9	4149.4	5884.9	3578.5	3444.9	1729.6
3475.6	3313.5	2283.2	4311.4	6506.8	3823.5	3705.4	1851.6
3810.8	3653.4	2441.3	4578.5	7190.8	3904.4	4039.6	1976.6
4090.3	3899.1	2549.8	4879.1	8394.5	4054.6	4431.5	2103.5
4405.6	4198.3	2725.3	5255.8	8798.1	4410.8	4864.9	2234.7
4578.7	4526.5	2985.7	5684.8	9216.9	4717.6	5356.8	2375.6
4799.5	4829.0	3232.6	6064.8	9657.6	4881.3	5948.8	2524.1
5051.1	5099.7	3442.5	6397.7	10299.6	5007.2	6525.4	2664.8
5188.7	5054.4	3471.0	5322.0	10906.8	5071.0	6768.1	2718.0
5300.0	5623.8	3892.1	6091.4	11425.4	5332.8	7311.4	2935.8

1-7 国内生产总值分时期年均指数

年 份	国内生产总值	第一产业	第二产业	第三产业	农、林、牧、渔业	工业
“一五”时期 (1953–1957)	109.3	103.8	119.6	108.9	103.8	119.7
“二五”时期 (1958–1962)	98.1	94.4	101.2	99.3	94.4	102.4
调整时期 (1963–1965)	115.1	111.3	121.2	111.8	111.3	121.3
“三五”时期 (1966–1970)	106.9	103.1	111.2	103.9	103.1	111.5
“四五”时期 (1971–1975)	105.9	103.2	108.8	104.6	103.2	109.0
“五五”时期 (1976–1980)	106.5	100.9	109.3	107.4	100.9	109.5
“六五”时期 (1981–1985)	110.6	108.2	110.0	114.8	108.2	109.9
“七五”时期 (1986–1990)	107.9	104.2	108.9	109.6	104.2	109.2
“八五”时期 (1991–1995)	112.3	104.1	117.3	111.1	104.2	117.6
“九五”时期 (1996–2000)	108.6	103.4	109.8	109.4	103.5	110.2
“十五”时期 (2001–2005)	109.8	103.8	110.9	110.5	103.9	110.9
“十一五”时期 (2006–2010)	111.3	104.3	112.2	112.0	104.5	111.9
“十二五”时期 (2011–2015)	107.9	104.1	108.0	108.6	104.2	107.8
“十三五”时期 (2016–2020)	105.7	103.4	105.0	106.7	103.6	105.0
1953–1978	106.2	102.1	111.0	105.4	102.1	111.5
1979–2021	109.2	104.4	110.2	110.1	104.5	110.3

（分三次产业和9个行业）

建筑业	批发和零售业	交通运输、仓储和邮政业	住宿和餐饮业	金融业	房地产业	其他
118.8	108.5	113.0	107.8	105.8	106.5	108.7
92.9	92.4	102.3	98.6	119.4	101.5	100.0
120.4	108.7	111.7	100.7	126.3	106.0	111.1
108.1	108.9	105.8	102.6	93.1	108.2	103.1
106.5	102.9	108.2	104.7	101.9	103.8	105.0
106.4	107.5	106.4	108.9	105.4	105.0	109.0
111.1	121.0	110.2	116.2	123.8	112.1	111.9
106.4	103.5	109.7	112.5	119.8	117.7	106.2
114.8	108.1	110.5	115.8	107.8	114.6	113.3
106.0	108.2	110.3	109.2	106.9	105.8	112.5
110.3	109.5	109.5	111.3	108.1	109.7	112.4
115.1	116.4	108.3	108.7	117.2	111.4	110.0
109.2	110.0	106.7	105.6	110.9	104.8	108.8
104.9	105.3	106.4	101.8	105.4	104.6	108.8
107.2	104.5	107.7	103.8	107.2	105.0	105.2
109.7	109.8	108.9	110.0	111.6	109.7	110.5

1-8　2010-2020年年度分行业

行　业	2010	2011	2012	2013
国内生产总值	**412119.3**	**487940.2**	**538580.0**	**592963.2**
农、林、牧、渔业	39619.0	46122.6	50581.2	54692.4
采矿业	20998.7	26296.2	25093.0	25467.6
制造业	132887.0	156459.4	169809.5	181871.1
电力、热力、燃气及水生产和供应业	11237.4	12383.6	13998.9	14994.5
建筑业	27259.3	32926.5	36896.1	40896.8
批发和零售业	35907.9	43734.5	49835.5	56288.9
交通运输、仓储和邮政业	18783.6	21842.0	23763.2	26042.7
住宿和餐饮业	7712.0	8565.4	9536.9	10228.3
信息传输、软件和信息技术服务业	9049.7	10304.8	11928.7	13729.7
金融业	25733.1	30747.2	35272.2	41293.4
房地产业	23326.6	27780.7	30751.9	35340.4
租赁和商务服务业	7259.8	9150.2	10887.4	12904.9
科学研究和技术服务业	6464.3	7944.8	9456.1	11023.2
水利、环境和公共设施管理业	2035.1	2499.3	3024.7	3665.1
居民服务、修理和其他服务业	6458.0	7574.7	8227.8	8707.7
教育	12367.9	14774.6	16645.7	18951.4
卫生和社会工作	5889.4	7428.8	9011.2	11034.4
文化、体育和娱乐业	2827.7	3325.9	3758.2	4137.9
公共管理、社会保障和社会组织	16302.7	18079.0	20101.7	21693.0

注：本表按当年价格计算。

增加值(分19个门类)

单位：亿元

2014	2015	2016	2017	2018	2019	2020
643563.1	**688858.2**	**746395.1**	**832035.9**	**919281.1**	**986515.2**	**1013567.0**
57472.2	59852.6	62451.0	64660.0	67558.7	73576.9	81396.5
23550.5	19243.1	18514.8	21380.1	22592.3	23695.5	22011.5
194189.7	199436.0	209508.9	233876.5	255937.2	264136.7	266417.8
15457.2	16289.8	17382.7	19862.7	22559.8	24026.4	24473.6
45401.7	47761.3	51498.9	57905.6	65493.0	70648.1	72444.7
63170.4	67719.6	73724.5	81156.6	88903.7	95650.9	96086.1
28534.4	30519.5	33028.7	37121.9	40337.2	42466.3	40582.9
11228.7	12306.1	13607.8	15056.0	16520.6	17903.1	15285.4
15470.6	17516.8	20124.1	23808.9	28733.5	33391.8	38244.1
46853.4	56299.8	59964.0	64844.3	70610.3	76250.6	83617.7
38086.4	42573.8	49969.4	57086.0	64623.0	70444.8	73425.3
15451.3	18089.7	21528.6	25273.3	29468.5	32638.0	32467.6
12476.0	13887.2	15394.2	17444.7	20175.3	22624.3	24166.2
3940.9	4128.6	4354.6	4602.6	5096.1	5861.3	5863.1
9633.5	10586.7	12183.5	13725.4	14793.3	16983.4	16353.2
21211.0	24370.5	26964.9	30208.4	34001.4	37934.1	40091.9
12653.3	14765.4	16766.8	18548.8	20652.6	22354.6	24396.1
4480.7	5063.8	5579.8	6625.4	7301.3	8137.8	6981.2
24301.2	28447.8	33847.8	38848.8	43923.1	47790.5	49261.9

1-9　1978-2021年年度三次产业和分行业增加值

年　份	国内生产总　值	第一产业	第二产业	第三产业	农、林、牧、渔业	工业
1978	100.0	9.8	61.8	28.4	9.9	62.2
1979	100.0	20.9	53.6	25.6	21.1	52.8
1980	100.0	-4.8	85.6	19.2	-4.9	74.9
1981	100.0	40.5	17.7	41.8	40.8	15.0
1982	100.0	38.6	28.8	32.6	38.9	27.3
1983	100.0	23.9	43.5	32.7	24.1	37.3
1984	100.0	25.6	42.7	31.7	25.8	39.8
1985	100.0	4.1	61.2	34.8	4.1	54.7
1986	100.0	9.8	53.2	36.9	9.9	45.6
1987	100.0	10.2	55.0	34.8	10.3	48.0
1988	100.0	5.4	61.3	33.4	5.4	58.1
1989	100.0	15.9	44.0	40.1	16.1	53.6
1990	100.0	40.2	39.8	20.0	40.6	38.6
1991	100.0	6.8	61.1	32.2	6.9	56.5
1992	100.0	8.1	63.2	28.7	8.3	56.6
1993	100.0	7.6	64.4	28.0	7.8	58.3
1994	100.0	6.3	66.3	27.4	6.5	61.6
1995	100.0	8.7	62.8	28.5	8.9	57.3
1996	100.0	9.3	62.2	28.5	9.5	58.1
1997	100.0	6.5	59.0	34.5	6.7	57.8
1998	100.0	7.2	59.7	33.0	7.5	54.5
1999	100.0	5.6	56.9	37.4	5.9	54.3
2000	100.0	4.1	59.6	36.2	4.3	56.9
2001	100.0	4.6	46.4	49.0	5.0	42.0
2002	100.0	4.1	49.4	46.5	4.5	44.3
2003	100.0	3.1	57.9	39.0	3.3	51.6
2004	100.0	7.3	51.8	40.8	7.7	47.6
2005	100.0	5.2	50.5	44.3	5.5	43.1
2006	100.0	4.4	49.7	45.9	4.7	42.3
2007	100.0	2.7	50.1	47.3	2.9	43.8
2008	100.0	5.2	48.6	46.2	5.6	43.4
2009	100.0	4.0	52.3	43.7	4.3	40.7
2010	100.0	3.6	57.4	39.0	3.7	49.6
2011	100.0	4.1	52.0	43.9	4.3	45.9
2012	100.0	5.0	50.0	45.0	5.3	41.9
2013	100.0	4.2	48.5	47.2	4.5	40.5
2014	100.0	4.5	45.6	49.9	4.8	36.9
2015	100.0	4.4	39.7	55.9	4.8	32.6
2016	100.0	4.0	36.0	60.0	4.4	28.3
2017	100.0	4.6	34.2	61.1	5.0	30.2
2018	100.0	4.1	34.4	61.5	4.4	30.3
2019	100.0	3.9	32.6	63.5	4.3	26.8
2020	100.0	10.4	43.3	46.3	11.5	34.9
2021	100.0	6.7	38.4	54.9	7.0	36.6

注：本表按不变价格计算。

对国内生产总值增长的贡献率(分三次产业和9个行业)

单位：%

建筑业	批发和零售业	交通运输、仓储和邮政业	住宿和餐饮业	金融业	房地产业	其他
-0.2	12.7	3.9	1.8	1.9	0.9	6.9
0.9	8.1	5.4	1.8	-0.6	1.0	9.4
10.9	-1.7	2.8	0.6	1.8	1.8	13.7
2.7	24.4	1.7	3.5	1.7	-1.4	11.6
1.6	-0.4	5.7	4.1	8.9	1.9	12.1
6.3	9.3	4.1	2.5	6.0	0.9	9.5
3.0	8.4	4.5	0.8	5.6	3.3	8.7
6.7	14.0	4.7	0.7	4.0	3.8	7.4
7.7	7.0	7.1	2.3	11.1	6.5	2.9
7.1	8.4	3.9	1.2	7.6	6.5	7.1
3.5	7.2	5.2	3.1	7.7	3.4	6.5
-9.5	-17.5	4.7	3.7	28.5	11.5	8.9
1.3	-7.9	10.1	1.5	3.1	5.4	7.4
4.7	3.8	7.0	1.4	1.9	4.5	13.3
6.8	4.8	4.4	3.0	2.6	6.7	6.8
6.3	3.9	5.4	1.0	4.3	3.1	9.9
5.3	3.8	3.9	3.5	3.9	3.5	8.1
5.7	4.3	5.7	1.8	4.1	4.4	7.9
4.4	4.3	6.4	1.3	3.9	1.6	10.6
1.4	5.2	5.8	2.2	4.8	1.6	14.6
5.4	4.5	7.8	2.6	3.2	3.4	11.1
2.7	6.1	9.4	1.9	3.3	2.7	13.7
3.1	6.0	6.2	2.1	3.8	2.9	14.7
4.5	8.9	6.5	2.0	4.1	5.4	21.7
5.2	7.9	4.8	2.8	3.9	4.6	21.9
6.5	8.1	3.7	2.7	3.5	4.1	16.4
4.5	5.3	8.4	2.7	2.1	2.5	19.3
7.6	9.0	6.0	2.4	5.4	4.3	16.6
7.5	11.4	4.5	2.2	7.5	5.5	14.5
6.6	11.2	4.6	1.5	8.0	7.8	13.6
5.8	13.7	4.1	2.1	6.1	0.3	18.9
11.8	11.1	1.9	0.9	8.6	5.6	15.0
8.3	12.3	4.5	1.6	4.4	3.2	12.4
6.7	11.4	4.6	1.0	5.0	4.2	16.9
8.2	11.7	3.5	1.5	7.4	3.1	17.4
8.4	12.4	3.8	0.9	8.5	4.7	16.3
8.9	13.0	4.1	1.4	9.0	1.5	20.3
7.3	9.2	2.8	1.6	15.6	2.8	23.3
7.8	11.0	4.5	2.0	5.7	7.9	28.4
4.0	11.1	6.1	2.1	5.5	6.3	29.7
4.9	9.9	5.6	1.8	5.6	3.2	34.4
5.9	9.4	5.0	1.7	8.6	2.6	35.6
8.1	-4.0	1.7	-13.6	20.4	3.4	37.6
1.9	13.2	6.0	2.7	4.8	4.6	23.2

1-10 1978-2021年年度三次产业和分行业对

年 份	国内生产总值	第一产业	第二产业	第三产业	农、林、牧、渔业	工业
1978	11.7	1.1	7.2	3.3	1.2	7.3
1979	7.6	1.6	4.1	1.9	1.6	4.0
1980	7.8	-0.4	6.7	1.5	-0.4	5.9
1981	5.1	2.1	0.9	2.1	2.1	0.8
1982	9.0	3.5	2.6	2.9	3.5	2.5
1983	10.8	2.6	4.7	3.5	2.6	4.0
1984	15.2	3.9	6.5	4.8	3.9	6.0
1985	13.4	0.5	8.2	4.7	0.6	7.3
1986	8.9	0.9	4.8	3.3	0.9	4.1
1987	11.7	1.2	6.4	4.1	1.2	5.6
1988	11.2	0.6	6.9	3.7	0.6	6.5
1989	4.2	0.7	1.8	1.7	0.7	2.3
1990	3.9	1.6	1.6	0.8	1.6	1.5
1991	9.3	0.6	5.7	3.0	0.6	5.2
1992	14.2	1.2	9.0	4.1	1.2	8.1
1993	13.9	1.1	8.9	3.9	1.1	8.1
1994	13.0	0.8	8.6	3.6	0.8	8.0
1995	11.0	1.0	6.9	3.1	1.0	6.3
1996	9.9	0.9	6.2	2.8	0.9	5.8
1997	9.2	0.6	5.5	3.2	0.6	5.3
1998	7.8	0.6	4.7	2.6	0.6	4.3
1999	7.7	0.4	4.4	2.9	0.4	4.2
2000	8.5	0.4	5.1	3.1	0.4	4.8
2001	8.3	0.4	3.9	4.1	0.4	3.5
2002	9.1	0.4	4.5	4.2	0.4	4.0
2003	10.0	0.3	5.8	3.9	0.3	5.2
2004	10.1	0.7	5.2	4.1	0.8	4.8
2005	11.4	0.6	5.8	5.0	0.6	4.9
2006	12.7	0.6	6.3	5.8	0.6	5.4
2007	14.2	0.4	7.1	6.7	0.4	6.2
2008	9.7	0.5	4.7	4.5	0.5	4.2
2009	9.4	0.4	4.9	4.1	0.4	3.8
2010	10.6	0.4	6.1	4.2	0.4	5.3
2011	9.6	0.4	5.0	4.2	0.4	4.4
2012	7.9	0.4	3.9	3.5	0.4	3.3
2013	7.8	0.3	3.8	3.7	0.4	3.1
2014	7.4	0.3	3.4	3.7	0.4	2.7
2015	7.0	0.3	2.8	3.9	0.3	2.3
2016	6.8	0.3	2.5	4.1	0.3	1.9
2017	6.9	0.3	2.4	4.2	0.3	2.1
2018	6.7	0.3	2.3	4.2	0.3	2.0
2019	6.0	0.2	1.9	3.8	0.3	1.6
2020	2.2	0.2	1.0	1.0	0.3	0.8
2021	8.1	0.5	3.1	4.5	0.6	3.0

注：本表按不变价格计算。

国内生产总值增长的拉动(分三次产业和9个行业)

单位：百分点

建筑业	批发和零售业	交通运输、仓储和邮政业	住宿和餐饮业	金融业	房地产业	其他
0.0	1.5	0.5	0.2	0.2	0.1	0.8
0.1	0.6	0.4	0.1	0.0	0.1	0.7
0.9	-0.1	0.2	0.1	0.1	0.1	1.1
0.1	1.2	0.1	0.2	0.1	-0.1	0.6
0.1	0.0	0.5	0.4	0.8	0.2	1.1
0.7	1.0	0.4	0.3	0.6	0.1	1.0
0.5	1.3	0.7	0.1	0.9	0.5	1.3
0.9	1.9	0.6	0.1	0.5	0.5	1.0
0.7	0.6	0.6	0.2	1.0	0.6	0.3
0.8	1.0	0.5	0.1	0.9	0.8	0.8
0.4	0.8	0.6	0.3	0.9	0.4	0.7
-0.4	-0.7	0.2	0.2	1.2	0.5	0.4
0.0	-0.3	0.4	0.1	0.1	0.2	0.3
0.4	0.3	0.7	0.1	0.2	0.4	1.2
1.0	0.7	0.6	0.4	0.4	1.0	1.0
0.9	0.5	0.8	0.1	0.6	0.4	1.4
0.7	0.5	0.5	0.5	0.5	0.5	1.1
0.6	0.5	0.6	0.2	0.4	0.5	0.9
0.4	0.4	0.6	0.1	0.4	0.2	1.1
0.1	0.5	0.5	0.2	0.4	0.2	1.3
0.4	0.4	0.6	0.2	0.2	0.3	0.9
0.2	0.5	0.7	0.1	0.3	0.2	1.1
0.3	0.5	0.5	0.2	0.3	0.2	1.2
0.4	0.7	0.5	0.2	0.3	0.5	1.8
0.5	0.7	0.4	0.3	0.4	0.4	2.0
0.7	0.8	0.4	0.3	0.3	0.4	1.7
0.5	0.5	0.8	0.3	0.2	0.2	2.0
0.9	1.0	0.7	0.3	0.6	0.5	1.9
1.0	1.5	0.6	0.3	0.9	0.7	1.8
0.9	1.6	0.7	0.2	1.1	1.1	1.9
0.6	1.3	0.4	0.2	0.6	0.0	1.8
1.1	1.0	0.2	0.1	0.8	0.5	1.4
0.9	1.3	0.5	0.2	0.5	0.3	1.3
0.6	1.1	0.4	0.1	0.5	0.4	1.6
0.6	0.9	0.3	0.1	0.6	0.2	1.4
0.7	1.0	0.3	0.1	0.7	0.4	1.3
0.7	1.0	0.3	0.1	0.7	0.1	1.5
0.5	0.6	0.2	0.1	1.1	0.2	1.6
0.5	0.8	0.3	0.1	0.4	0.5	1.9
0.3	0.8	0.4	0.1	0.4	0.4	2.1
0.3	0.7	0.4	0.1	0.4	0.2	2.3
0.3	0.6	0.3	0.1	0.5	0.2	2.1
0.2	-0.1	0.0	-0.3	0.5	0.1	0.8
0.2	1.1	0.5	0.2	0.4	0.4	1.9

1-11 1952-2021年年度第三产业增加值构成

单位：%

年 份	第三产业	#批发和零售业	交通运输、仓储和邮政业	住宿和餐饮业	金融业	房地产业	其他
1952	100.0	36.0	14.9	7.5	6.0	7.2	26.7
1953	100.0	40.2	13.7	7.1	4.7	5.2	27.6
1954	100.0	41.5	14.8	7.2	4.6	5.2	25.1
1955	100.0	39.0	14.5	7.5	5.1	6.7	25.6
1956	100.0	37.6	15.0	7.1	4.6	5.6	28.4
1957	100.0	35.8	15.1	7.2	5.0	5.7	29.8
1958	100.0	31.6	18.5	7.1	6.3	4.7	30.4
1959	100.0	28.9	21.0	6.7	8.5	4.8	28.8
1960	100.0	25.2	21.8	5.8	12.9	4.4	28.8
1961	100.0	24.3	17.4	5.8	15.4	5.9	29.9
1962	100.0	19.6	16.6	6.2	14.0	7.3	34.8
1963	100.0	19.1	16.3	6.1	10.9	8.0	38.0
1964	100.0	20.9	14.9	5.5	15.1	6.4	35.5
1965	100.0	22.1	16.3	5.0	18.0	6.4	30.6
1966	100.0	28.0	18.1	5.6	7.6	6.9	32.0
1967	100.0	29.4	15.3	5.4	8.8	8.1	31.3
1968	100.0	26.5	14.8	5.0	10.2	8.8	33.0
1969	100.0	28.1	16.0	5.0	10.2	8.5	30.7
1970	100.0	28.7	17.6	4.7	10.0	8.4	28.9
1971	100.0	27.1	18.1	4.7	10.9	8.3	29.3
1972	100.0	27.9	19.4	4.8	8.3	8.7	29.1
1973	100.0	28.7	19.6	4.9	7.9	8.2	29.0
1974	100.0	27.6	19.4	4.9	8.3	8.6	29.6
1975	100.0	23.2	21.5	4.5	8.9	9.4	30.7
1976	100.0	19.9	21.8	4.4	9.2	10.2	32.6
1977	100.0	24.7	20.9	4.7	8.7	9.3	30.0
1978	100.0	26.8	20.1	4.9	8.5	8.8	29.3
1979	100.0	21.9	21.1	4.8	8.3	9.4	32.6
1980	100.0	18.9	20.9	4.6	8.4	9.4	36.0
1981	100.0	20.6	19.7	4.8	8.2	8.9	36.0
1982	100.0	14.1	20.3	5.1	10.8	9.1	38.7
1983	100.0	14.2	19.7	5.2	12.1	8.7	38.3
1984	100.0	19.6	18.2	5.2	12.4	8.7	34.3
1985	100.0	30.0	15.8	5.2	11.0	8.0	28.7
1986	100.0	27.5	16.1	5.3	13.0	9.6	27.3

注：1.其他中不包括农林牧渔专业及辅助性活动，开采专业及辅助性活动，金属制品、机械和设备修理业（下同）。
2.本表按当年价格计算。

1-11 续表

单位：%

年 份	第三产业	#批发和零售业	交通运输、仓储和邮政业	住宿和餐饮业	金融业	房地产业	其他
1987	100.0	28.7	15.4	5.1	13.7	10.3	25.7
1988	100.0	31.3	14.5	5.1	13.9	10.0	24.2
1989	100.0	27.2	14.4	4.9	19.1	10.0	23.4
1990	100.0	20.8	19.1	4.9	18.7	10.8	24.6
1991	100.0	24.2	18.7	5.8	15.8	10.0	24.4
1992	100.0	24.9	17.5	6.0	15.3	11.4	23.9
1993	100.0	22.9	17.7	5.8	15.5	11.2	26.1
1994	100.0	22.6	16.7	6.0	15.3	11.4	27.0
1995	100.0	23.2	15.7	5.8	15.6	11.4	27.4
1996	100.0	23.2	15.7	5.5	15.4	10.8	28.4
1997	100.0	22.7	14.9	5.6	15.0	10.4	30.4
1998	100.0	21.9	14.8	5.7	13.7	10.9	32.1
1999	100.0	21.4	14.8	5.6	12.9	10.5	33.9
2000	100.0	20.5	15.4	5.4	12.1	10.4	35.3
2001	100.0	20.0	15.0	5.3	11.4	10.3	37.2
2002	100.0	19.4	14.6	5.3	10.8	10.4	38.5
2003	100.0	19.3	13.7	5.4	10.5	10.7	39.4
2004	100.0	18.7	14.0	5.5	9.9	10.7	40.1
2005	100.0	18.0	13.8	5.4	9.7	11.0	41.0
2006	100.0	18.0	13.3	5.2	10.9	11.2	40.2
2007	100.0	18.1	12.6	4.8	13.1	11.8	38.5
2008	100.0	19.1	12.0	4.8	13.4	10.7	38.9
2009	100.0	18.7	10.7	4.5	14.1	12.1	38.8
2010	100.0	19.7	10.3	4.2	14.1	12.8	37.7
2011	100.0	20.2	10.1	4.0	14.2	12.9	37.5
2012	100.0	20.4	9.7	3.9	14.4	12.6	38.0
2013	100.0	20.2	9.4	3.7	14.9	12.7	38.1
2014	100.0	20.3	9.2	3.6	15.1	12.3	38.5
2015	100.0	19.4	8.7	3.5	16.1	12.2	39.1
2016	100.0	18.9	8.5	3.5	15.3	12.8	40.1
2017	100.0	18.5	8.5	3.4	14.8	13.0	40.9
2018	100.0	18.2	8.2	3.4	14.4	13.2	41.7
2019	100.0	17.9	7.9	3.3	14.2	13.2	42.5
2020	100.0	17.4	7.4	2.8	15.1	13.3	43.1
2021	100.0	18.1	7.7	2.9	15.0	12.7	42.6

1-12 2004-2020年年度

年 份	第三产业	#批发和零售业	交通运输、仓储和邮政业	住宿和餐饮业	信息传输、软件和信息技术服务业	金融业	房地产业
2004	100.0	18.7	14.0	5.5	6.1	9.9	10.7
2005	100.0	18.0	13.8	5.4	6.1	9.7	11.0
2006	100.0	18.0	13.3	5.2	5.9	10.9	11.2
2007	100.0	18.1	12.6	4.8	5.5	13.1	11.8
2008	100.0	19.1	12.0	4.8	5.5	13.4	10.7
2009	100.0	18.7	10.7	4.5	5.2	14.1	12.1
2010	100.0	19.7	10.3	4.2	5.0	14.1	12.8
2011	100.0	20.2	10.1	4.0	4.8	14.2	12.9
2012	100.0	20.4	9.7	3.9	4.9	14.4	12.6
2013	100.0	20.2	9.4	3.7	4.9	14.9	12.7
2014	100.0	20.3	9.2	3.6	5.0	15.1	12.3
2015	100.0	19.4	8.7	3.5	5.0	16.1	12.2
2016	100.0	18.9	8.5	3.5	5.1	15.3	12.8
2017	100.0	18.5	8.5	3.4	5.4	14.8	13.0
2018	100.0	18.2	8.2	3.4	5.9	14.4	13.2
2019	100.0	17.9	7.9	3.3	6.2	14.2	13.2
2020	100.0	17.4	7.4	2.8	6.9	15.1	13.3

注：本表按当年价格计算。

第三产业增加值构成

单位：%

租赁和商务服务业	科学研究和技术服务业	水利、环境和公共设施管理业	居民服务、修理和其他服务业	教育	卫 生 和社会工作	文化、体育和娱乐业	公共管理、社会保障和社会组织
3.3	3.0	1.2	4.1	7.5	3.8	1.9	9.4
3.4	3.2	1.1	4.4	7.6	3.7	1.8	9.7
3.5	3.3	1.1	4.2	7.2	3.5	1.8	9.8
3.4	3.4	1.0	3.8	6.8	3.4	1.7	9.5
3.5	3.3	1.0	3.7	6.7	3.3	1.7	10.2
3.6	3.5	1.1	3.7	6.9	3.2	1.7	9.9
4.0	3.6	1.1	3.5	6.8	3.2	1.6	9.0
4.2	3.7	1.2	3.5	6.8	3.4	1.5	8.4
4.4	3.9	1.2	3.4	6.8	3.7	1.5	8.2
4.6	4.0	1.3	3.1	6.8	4.0	1.5	7.8
5.0	4.0	1.3	3.1	6.8	4.1	1.4	7.8
5.2	4.0	1.2	3.0	7.0	4.2	1.4	8.1
5.5	3.9	1.1	3.1	6.9	4.3	1.4	8.7
5.8	4.0	1.0	3.1	6.9	4.2	1.5	8.9
6.0	4.1	1.0	3.0	6.9	4.2	1.5	9.0
6.1	4.2	1.1	3.2	7.1	4.2	1.5	8.9
5.9	4.4	1.1	3.0	7.3	4.4	1.3	8.9

1-13　1952-2021年年度支出法国内生产总值

单位：亿元

年份	支出法国内生产总值	最终消费支出	资本形成总额	货物和服务净出口
1952	690	546	152	-8
1953	832	644	196	-8
1954	875	654	224	-3
1955	932	722	219	-9
1956	1030	771	255	4
1957	1099	815	278	6
1958	1286	850	430	7
1959	1446	817	621	8
1960	1507	925	582	0
1961	1279	993	281	5
1962	1182	986	183	13
1963	1298	1013	272	14
1964	1447	1076	358	13
1965	1634	1156	470	9
1966	1831	1249	575	6
1967	1712	1277	428	6
1968	1713	1271	435	7
1969	1861	1358	491	12
1970	2208	1457	749	2
1971	2395	1553	826	16
1972	2457	1641	798	18
1973	2672	1749	908	15
1974	2740	1808	939	-7
1975	2950	1884	1065	1
1976	2969	1967	993	9
1977	3166	2055	1101	10
1978	3606	2234	1383	-11
1979	4047	2579	1488	-20
1980	4541	2968	1588	-15
1981	4922	3278	1626	17
1982	5386	3577	1718	91
1983	6034	4061	1922	51
1984	7290	4787	2502	1
1985	9108	5921	3554	-367
1986	10390	6731	3915	-255

注：本表按当年价格计算。

1-13 续表 单位：亿元

年份	支出法国内生产总值	最终消费支出	资本形成总额	货物和服务净出口
1987	12198	7644	4544	11
1988	15210	9429	5932	-151
1989	17250	11044	6392	-186
1990	18969	12012	6447	510
1991	21997	13626	7754	618
1992	27140	16239	10625	276
1993	35576	20815	15440	-679
1994	48410	28297	19479	634
1995	61050	36229	23823	999
1996	71541	43122	26960	1459
1997	79416	47549	28317	3550
1998	84791	51502	29660	3629
1999	90095	56667	30891	2537
2000	99799	63749	33667	2383
2001	110388	68661	39403	2325
2002	121327	74227	44005	3094
2003	137147	79735	54447	2965
2004	161356	89394	67726	4236
2005	187658	101873	75576	10209
2006	219598	115364	87579	16655
2007	270499	137737	109339	23423
2008	318068	158899	134942	24227
2009	347650	174539	158075	15037
2010	408505	201581	191867	15057
2011	484109	244747	227673	11688
2012	539040	275444	248960	14636
2013	596344	306664	275129	14552
2014	646548	338031	294906	13611
2015	692094	371921	297827	22346
2016	745981	410806	318198	16976
2017	828983	456518	357886	14578
2018	915774	506135	402585	7054
2019	990708	552632	426679	11398
2020	1025628	560811	439550	25267
2021	1140340	620921	489897	29522

1-14 1952-2021年年度支出法国内生产总值支出项

单位：亿元

年份	最终消费支出				资本形成总额		货物和服务净出口	
	居民消费支出	城镇居民	农村居民	政府消费支出	固定资本形成总额	存货变动	出口	进口
1952	453	141	312	93	79	73	24	32
1953	529	183	347	115	113	83	30	39
1954	550	187	363	104	138	86	35	38
1955	603	196	406	119	143	76	42	51
1956	647	233	414	125	217	38	49	45
1957	687	256	431	129	185	93	47	42
1958	724	270	454	126	331	99	58	52
1959	691	329	363	126	435	186	68	60
1960	742	372	370	183	480	102	55	55
1961	817	372	445	176	234	47	42	36
1962	839	352	486	147	180	3	41	28
1963	844	331	513	169	222	50	43	30
1964	890	327	563	186	298	60	48	35
1965	952	343	608	204	358	112	55	46
1966	1021	357	665	228	412	163	57	51
1967	1082	371	711	196	326	102	51	45
1968	1077	373	704	194	303	132	50	43
1969	1128	387	741	230	412	79	52	40
1970	1207	405	802	250	550	199	49	47
1971	1262	419	843	291	610	216	60	44
1972	1334	469	865	307	629	169	72	54
1973	1433	496	937	316	669	239	102	87
1974	1467	513	954	341	751	188	121	128
1975	1529	542	987	356	883	182	124	124
1976	1589	577	1011	379	868	125	117	109
1977	1648	627	1021	408	914	187	122	111
1978	1759	667	1092	475	1079	304	146	157
1979	2014	759	1255	565	1163	326	212	232
1980	2337	922	1415	631	1310	277	272	286
1981	2628	1017	1610	651	1345	281	375	358
1982	2867	1050	1817	710	1517	201	428	337
1983	3221	1197	2024	840	1697	226	434	383
1984	3690	1438	2251	1097	2134	368	576	575
1985	4627	1841	2787	1293	2769	786	758	1125
1986	5294	2180	3113	1437	3212	702	905	1160

注：本表按当年价格计算。

1-14 续表

单位：亿元

年份	最终消费支出				资本形成总额		货物和服务净出口	
	居民消费支出	城镇居民	农村居民	政府消费支出	固定资本形成总额	存货变动	出口	进口
1987	6048	2576	3472	1596	3720	823	1268	1257
1988	7532	3381	4152	1897	4714	1218	1672	1823
1989	8778	3913	4865	2266	4399	1993	1551	1736
1990	9435	4194	5241	2577	4527	1919	2350	1840
1991	10544	4971	5573	3081	5656	2098	2957	2339
1992	12312	6366	5947	3927	8253	2373	3686	3411
1993	15695	8694	7001	5120	13232	2209	4280	4959
1994	21443	12271	9172	6854	16751	2728	9016	8382
1995	28066	16528	11538	8163	19838	3985	11012	10013
1996	33644	19489	14155	9478	22723	4237	12871	11412
1997	36586	21625	14961	10963	24714	3603	15539	11989
1998	38768	23894	14875	12733	28014	1645	15627	11998
1999	41846	27035	14811	14821	29467	1424	16449	13912
2000	46863	31251	15612	16886	32669	998	20952	18569
2001	50465	34167	16297	18196	37088	2315	22518	20194
2002	54667	37650	17017	19561	42672	1333	27563	24468
2003	58690	40915	17775	21045	52574	1872	37078	34113
2004	65725	46492	19233	23670	63975	3751	50270	46034
2005	74154	53242	20912	27719	73852	1724	63350	53141
2006	82842	60203	22640	32522	84979	2600	79059	62404
2007	98231	72643	25589	39506	102345	6995	95586	72163
2008	112655	84414	28241	46245	124701	10241	109858	85631
2009	123122	93198	29924	51417	152691	5383	91076	76039
2010	141465	108938	32527	60116	181041	10826	112036	96979
2011	170391	131555	38836	74357	214017	13656	129637	117948
2012	190585	148273	42312	84859	238321	10639	137298	122662
2013	212477	165890	46588	94186	263980	11149	145865	131312
2014	236238	184739	51500	101793	282242	12664	151302	137691
2015	260202	203780	56423	111718	289970	7856	147099	124753
2016	288668	226960	61708	122138	310145	8054	146177	129201
2017	320690	252083	68606	135829	348300	9586	163847	149268
2018	354124	277365	76759	152011	393848	8737	175694	168640
2019	387188	305131	82057	165444	422451	4227	182470	171072
2020	387186	304086	83099	173625	430625	8925	187926	162659
2021	438849	345073	93776	182072	478901	10996	228245	198723

1-15 1952-2021年年度最终消费率和资本形成率

单位：%

年份	最终消费率（消费率）	资本形成率（投资率）	年份	最终消费率（消费率）	资本形成率（投资率）
1952	79.2	22.0	1987	62.7	37.2
1953	77.5	23.5	1988	62.0	39.0
1954	74.7	25.6	1989	64.0	37.1
1955	77.5	23.5	1990	63.3	34.0
1956	74.9	24.7	1991	61.9	35.2
1957	74.2	25.3	1992	59.8	39.1
1958	66.1	33.4	1993	58.5	43.4
1959	56.5	42.9	1994	58.5	40.2
1960	61.4	38.6	1995	59.3	39.0
1961	77.6	22.0	1996	60.3	37.7
1962	83.5	15.5	1997	59.9	35.7
1963	78.0	20.9	1998	60.7	35.0
1964	74.4	24.7	1999	62.9	34.3
1965	70.7	28.8	2000	63.9	33.7
1966	68.2	31.4	2001	62.2	35.7
1967	74.6	25.0	2002	61.2	36.3
1968	74.2	25.4	2003	58.1	39.7
1969	73.0	26.4	2004	55.4	42.0
1970	66.0	33.9	2005	54.3	40.3
1971	64.8	34.5	2006	52.5	39.9
1972	66.8	32.5	2007	50.9	40.4
1973	65.5	34.0	2008	50.0	42.4
1974	66.0	34.3	2009	50.2	45.5
1975	63.9	36.1	2010	49.3	47.0
1976	66.3	33.4	2011	50.6	47.0
1977	64.9	34.8	2012	51.1	46.2
1978	61.9	38.4	2013	51.4	46.1
1979	63.7	36.8	2014	52.3	45.6
1980	65.4	35.0	2015	53.7	43.0
1981	66.6	33.0	2016	55.1	42.7
1982	66.4	31.9	2017	55.1	43.2
1983	67.3	31.9	2018	55.3	44.0
1984	65.7	34.3	2019	55.8	43.1
1985	65.0	39.0	2020	54.7	42.9
1986	64.8	37.7	2021	54.5	43.0

注：本表按当年价格计算。

1-16 1952-2021年年度支出法国内生产总值支出项内部结构

年份	最终消费支出=100		居民消费支出=100		资本形成总额=100	
	居民消费支出	政府消费支出	城镇居民	农村居民	固定资本形成总额	存货变动
1952	82.9	17.1	31.1	68.9	51.9	48.1
1953	82.1	17.9	34.5	65.5	57.6	42.4
1954	84.1	15.9	34.0	66.0	61.6	38.4
1955	83.5	16.5	32.6	67.4	65.3	34.7
1956	83.9	16.1	36.0	64.0	85.1	14.9
1957	84.2	15.8	37.3	62.7	66.6	33.4
1958	85.2	14.8	37.3	62.7	77.0	23.0
1959	84.6	15.4	47.5	52.5	70.1	29.9
1960	80.2	19.8	50.1	49.9	82.5	17.5
1961	82.3	17.7	45.5	54.5	83.3	16.7
1962	85.0	15.0	42.0	58.0	98.4	1.6
1963	83.3	16.7	39.2	60.8	81.6	18.4
1964	82.7	17.3	36.7	63.3	83.2	16.8
1965	82.3	17.7	36.1	63.9	76.2	23.8
1966	81.7	18.3	34.9	65.1	71.7	28.3
1967	84.7	15.3	34.3	65.7	76.2	23.8
1968	84.7	15.3	34.6	65.4	69.6	30.4
1969	83.0	17.0	34.3	65.7	83.9	16.1
1970	82.8	17.2	33.5	66.5	73.4	26.6
1971	81.3	18.7	33.2	66.8	73.9	26.1
1972	81.3	18.7	35.2	64.8	78.8	21.2
1973	81.9	18.1	34.6	65.4	73.7	26.3
1974	81.2	18.8	34.9	65.1	80.0	20.0
1975	81.1	18.9	35.4	64.6	82.9	17.1
1976	80.7	19.3	36.3	63.7	87.4	12.6
1977	80.2	19.8	38.0	62.0	83.0	17.0
1978	78.8	21.2	37.9	62.1	78.0	22.0
1979	78.1	21.9	37.7	62.3	78.1	21.9
1980	78.7	21.3	39.5	60.5	82.5	17.5
1981	80.2	19.8	38.7	61.3	82.7	17.3
1982	80.2	19.8	36.6	63.4	88.3	11.7
1983	79.3	20.7	37.1	62.9	88.3	11.7
1984	77.1	22.9	39.0	61.0	85.3	14.7
1985	78.2	21.8	39.8	60.2	77.9	22.1
1986	78.6	21.4	41.2	58.8	82.1	17.9

注：本表按当年价格计算。

1-16　续表

年份	最终消费支出=100		居民消费支出=100		资本形成总额=100	
	居民消费支出	政府消费支出	城镇居民	农村居民	固定资本形成总额	存货变动
1987	79.1	20.9	42.6	57.4	81.9	18.1
1988	79.9	20.1	44.9	55.1	79.5	20.5
1989	79.5	20.5	44.6	55.4	68.8	31.2
1990	78.5	21.5	44.5	55.5	70.2	29.8
1991	77.4	22.6	47.1	52.9	72.9	27.1
1992	75.8	24.2	51.7	48.3	77.7	22.3
1993	75.4	24.6	55.4	44.6	85.7	14.3
1994	75.8	24.2	57.2	42.8	86.0	14.0
1995	77.5	22.5	58.9	41.1	83.3	16.7
1996	78.0	22.0	57.9	42.1	84.3	15.7
1997	76.9	23.1	59.1	40.9	87.3	12.7
1998	75.3	24.7	61.6	38.4	94.5	5.5
1999	73.8	26.2	64.6	35.4	95.4	4.6
2000	73.5	26.5	66.7	33.3	97.0	3.0
2001	73.5	26.5	67.7	32.3	94.1	5.9
2002	73.6	26.4	68.9	31.1	97.0	3.0
2003	73.6	26.4	69.7	30.3	96.6	3.4
2004	73.5	26.5	70.7	29.3	94.5	5.5
2005	72.8	27.2	71.8	28.2	97.7	2.3
2006	71.8	28.2	72.7	27.3	97.0	3.0
2007	71.3	28.7	74.0	26.0	93.6	6.4
2008	70.9	29.1	74.9	25.1	92.4	7.6
2009	70.5	29.5	75.7	24.3	96.6	3.4
2010	70.2	29.8	77.0	23.0	94.4	5.6
2011	69.6	30.4	77.2	22.8	94.0	6.0
2012	69.2	30.8	77.8	22.2	95.7	4.3
2013	69.3	30.7	78.1	21.9	95.9	4.1
2014	69.9	30.1	78.2	21.8	95.7	4.3
2015	70.0	30.0	78.3	21.7	97.4	2.6
2016	70.3	29.7	78.6	21.4	97.5	2.5
2017	70.2	29.8	78.6	21.4	97.3	2.7
2018	70.0	30.0	78.3	21.7	97.8	2.2
2019	70.1	29.9	78.8	21.2	99.0	1.0
2020	69.0	31.0	78.5	21.5	98.0	2.0
2021	70.7	29.3	78.6	21.4	97.8	2.2

1-17 2015-2021年年度支出法国内生产总值(按支出项目分类)

单位：亿元

项　目	2015年	2016年	2017年	2018年	2019年	2020年	2021年
支出法国内生产总值	**692094**	**745981**	**828983**	**915774**	**990708**	**1025628**	**1140340**
最终消费支出	**371921**	**410806**	**456518**	**506135**	**552632**	**560811**	**620921**
居民消费支出	260202	288668	320690	354124	387188	387186	438849
食品烟酒	74195	82447	89583	95995	103889	107556	120911
衣着	17105	18419	19904	21591	22290	20036	23031
居住	45196	48407	55006	60410	70677	74080	80210
生活用品及服务	15407	17566	19772	21845	22303	21314	24219
交通和通信	32611	38102	43382	48464	53066	49813	57190
教育、文化和娱乐	23416	25928	29201	33653	42236	38181	48298
医疗保健	21304	24174	27181	30337	31225	32167	36586
金融中介服务	16922	17195	19198	22664	23733	25927	28350
保险服务	8142	10154	10260	11793	10284	11333	11833
其他用品及服务	5903	6275	7204	7373	7486	6780	8221
政府消费支出	111718	122138	135829	152011	165444	173625	182072
资本形成总额	**297827**	**318198**	**357886**	**402585**	**426679**	**439550**	**489897**
固定资本形成总额	289970	310145	348300	393848	422451	430625	478901
建筑物	185549	193023	215030	250001	269972	276058	305389
机器和设备	78369	88601	96993	97323	97989	98353	112420
知识产权产品	24466	26825	34372	44370	52180	53859	58472
其他	1586	1696	1905	2154	2311	2355	2620
存货变动	7856	8054	9586	8737	4227	8925	10996
货物和服务净出口	**22346**	**16976**	**14578**	**7054**	**11398**	**25267**	**29522**
货物和服务出口	147099	146177	163847	175694	182470	187926	228245
货物出口	133551	132324	149470	160237	165612	171737	206793
服务出口	13548	13853	14377	15457	16858	16189	21451
货物和服务进口	124753	129201	149268	168640	171072	162659	198723
货物进口	97610	99834	117393	133871	136207	136426	170833
服务进口	27142	29368	31875	34769	34864	26233	27890

注：本表按当年价格计算。

1-18 1952-2020年年度实际最终消费及构成

年份	实物社会转移（亿元）	实际最终消费（亿元）		构成（实际最终消费=100）	
		居民实际最终消费（亿元）	政府实际最终消费（亿元）	居民实际最终消费	政府实际最终消费
1952	15	468	78	85.6	14.4
1953	21	550	95	85.3	14.7
1954	23	573	81	87.7	12.3
1955	22	625	97	86.6	13.4
1956	27	674	98	87.3	12.7
1957	30	717	99	87.9	12.1
1958	29	753	97	88.6	11.4
1959	37	728	89	89.1	10.9
1960	53	795	130	86.0	14.0
1961	46	863	130	86.9	13.1
1962	41	879	107	89.2	10.8
1963	44	888	125	87.6	12.4
1964	54	944	132	87.7	12.3
1965	51	1003	153	86.7	13.3
1966	55	1076	173	86.1	13.9
1967	51	1133	144	88.7	11.3
1968	42	1119	152	88.1	11.9
1969	43	1171	187	86.2	13.8
1970	46	1252	204	86.0	14.0
1971	54	1316	237	84.7	15.3
1972	64	1398	243	85.2	14.8
1973	73	1505	244	86.1	13.9
1974	78	1545	263	85.5	14.5
1975	85	1614	270	85.7	14.3
1976	99	1688	280	85.8	14.2
1977	99	1747	309	85.0	15.0
1978	119	1878	355	84.1	15.9
1979	140	2154	425	83.5	16.5
1980	160	2497	470	84.2	15.8
1981	175	2803	475	85.5	14.5
1982	199	3066	511	85.7	14.3
1983	225	3446	615	84.9	15.1
1984	262	3952	835	82.6	17.4
1985	316	4944	977	83.5	16.5
1986	378	5672	1059	84.3	15.7

注：本表按当年价格计算。

1-18 续表

年份	实物社会转移(亿元)	实际最终消费(亿元)		构成(实际最终消费=100)	
		居民实际最终消费(亿元)	政府实际最终消费(亿元)	居民实际最终消费	政府实际最终消费
1987	401	6448	1195	84.4	15.6
1988	480	8013	1417	85.0	15.0
1989	549	9327	1717	84.5	15.5
1990	612	10047	1965	83.6	16.4
1991	705	11250	2376	82.6	17.4
1992	782	13095	3145	80.6	19.4
1993	941	16635	4180	79.9	20.1
1994	1251	22694	5603	80.2	19.8
1995	1441	29506	6722	81.4	18.6
1996	1669	35313	7810	81.9	18.1
1997	1863	38449	9100	80.9	19.1
1998	2117	40886	10616	79.4	20.6
1999	2357	44202	12465	78.0	22.0
2000	2686	49549	14200	77.7	22.3
2001	3303	53768	14894	78.3	21.7
2002	3960	58627	15600	79.0	21.0
2003	4551	63241	16494	79.3	20.7
2004	5190	70915	18480	79.3	20.7
2005	6201	80354	21518	78.9	21.1
2006	7575	90417	24947	78.4	21.6
2007	9499	107731	30006	78.2	21.8
2008	12685	125340	33559	78.9	21.1
2009	15210	138331	36207	79.3	20.7
2010	18279	159745	41836	79.2	20.8
2011	23222	193613	51134	79.1	20.9
2012	29101	219686	55758	79.8	20.2
2013	32093	244570	62094	79.8	20.2
2014	35274	271512	66519	80.3	19.7
2015	41927	302130	69791	81.2	18.8
2016	46095	334763	76043	81.5	18.5
2017	50654	371343	85175	81.3	18.7
2018	55619	409743	96392	81.0	19.0
2019	62458	449646	102986	81.4	18.6
2020	68019	455205	105606	81.2	18.8

1-19　1952-2021年年度居民消费水平

年份	全体居民 (元)	城镇居民 (元)	农村居民 (元)	城乡消费 水平对比 (农村居民=1)
1952	80	204	62	3.3
1953	91	244	68	3.6
1954	92	232	71	3.3
1955	99	238	77	3.1
1956	104	266	78	3.4
1957	108	268	79	3.4
1958	111	261	83	3.2
1959	104	285	66	4.3
1960	111	292	69	4.3
1961	124	288	84	3.4
1962	126	289	89	3.2
1963	124	284	91	3.1
1964	127	266	98	2.7
1965	133	264	104	2.5
1966	139	271	110	2.5
1967	143	276	115	2.4
1968	139	272	110	2.5
1969	142	277	113	2.4
1970	147	284	119	2.4
1971	150	288	121	2.4
1972	155	316	121	2.6
1973	162	328	128	2.6
1974	163	331	128	2.6
1975	167	342	130	2.6
1976	171	357	132	2.7
1977	175	380	131	2.9
1978	184	393	139	2.8
1979	208	425	159	2.7
1980	238	490	178	2.7
1981	264	517	202	2.6
1982	284	504	227	2.2
1983	315	547	252	2.2
1984	356	621	280	2.2
1985	440	750	346	2.2
1986	496	847	385	2.2

注：本表按当年价格计算。

1-19 续表

年份	全体居民(元)	城镇居民(元)	农村居民(元)	城乡消费水平对比(农村居民=1)
1987	558	953	427	2.2
1988	684	1200	506	2.4
1989	785	1345	588	2.3
1990	831	1404	627	2.2
1991	916	1619	661	2.5
1992	1057	2009	701	2.9
1993	1332	2661	822	3.2
1994	1799	3644	1073	3.4
1995	2329	4767	1344	3.5
1996	2763	5378	1655	3.2
1997	2974	5635	1768	3.2
1998	3122	5896	1778	3.3
1999	3340	6335	1793	3.5
2000	3712	6972	1917	3.6
2001	3968	7272	2032	3.6
2002	4270	7662	2157	3.6
2003	4555	7977	2292	3.5
2004	5071	8718	2521	3.5
2005	5688	9637	2784	3.5
2006	6319	10516	3066	3.4
2007	7454	12217	3538	3.5
2008	8504	13722	3981	3.4
2009	9249	14687	4295	3.4
2010	10575	16570	4782	3.5
2011	12668	19218	5880	3.3
2012	14074	20869	6573	3.2
2013	15586	22620	7397	3.1
2014	17220	24430	8365	2.9
2015	18857	26119	9409	2.8
2016	20801	28154	10609	2.7
2017	22968	30323	12145	2.5
2018	25245	32483	13985	2.3
2019	27504	34900	15382	2.3
2020	27439	34043	16046	2.1
2021	31072	37994	18601	2.0

1-20 1952-2021年年度居民消费水平指数

年份	指数(上年=100)			指数(1952年=100)			指数(1978年=100)		
	全体居民	城镇居民	农村居民	全体居民	城镇居民	农村居民	全体居民	城镇居民	农村居民
1952				100.0	100.0	100.0			
1953	108.5	112.5	104.4	108.5	112.5	104.4			
1954	100.6	94.4	102.3	109.2	106.2	106.7			
1955	106.8	102.1	109.0	116.6	108.4	116.3			
1956	105.0	112.2	100.2	122.4	121.7	116.5			
1957	102.7	98.3	102.6	125.7	119.7	119.5			
1958	101.7	97.8	101.8	127.8	117.0	121.6			
1959	91.7	103.7	79.7	117.1	121.3	96.9			
1960	94.7	87.3	95.5	110.8	105.9	92.6			
1961	93.7	81.9	103.1	103.8	86.7	95.5			
1962	103.7	103.3	107.1	107.6	89.6	102.3			
1963	106.2	109.3	107.5	114.3	97.9	109.9			
1964	108.8	106.5	108.8	124.4	104.2	119.6			
1965	109.8	106.0	110.8	136.5	110.5	132.4			
1966	103.1	103.1	103.7	140.8	113.9	137.4			
1967	103.3	101.9	104.3	145.4	116.1	143.4			
1968	96.8	98.6	96.0	140.7	114.5	137.6			
1969	102.7	102.2	103.2	144.5	117.0	142.0			
1970	104.0	102.8	105.0	150.2	120.3	149.1			
1971	101.3	101.7	101.3	152.2	122.3	151.0			
1972	102.8	109.5	99.7	156.5	134.0	150.5			
1973	104.7	103.4	105.4	163.8	138.5	158.7			
1974	99.9	100.7	99.4	163.6	139.4	157.8			
1975	102.2	102.9	101.7	167.2	143.5	160.4			
1976	102.1	103.9	100.9	170.7	149.0	161.8			
1977	101.3	103.5	99.8	173.0	154.3	161.5			
1978	104.1	102.9	104.4	180.1	158.7	168.5	100.0	100.0	100.0
1979	107.0	106.0	105.9	192.7	168.3	178.6	107.0	106.0	105.9
1980	109.1	107.3	108.6	210.3	180.6	193.9	116.8	113.8	115.0
1981	108.0	103.1	110.0	227.2	186.2	213.2	126.1	117.3	126.5
1982	105.5	95.4	110.5	239.8	177.7	235.6	133.1	111.9	139.8
1983	109.1	106.4	109.6	261.8	189.0	258.1	145.3	119.1	153.1
1984	110.7	110.8	109.2	289.8	209.3	281.8	160.9	131.9	167.2
1985	112.7	107.4	114.4	326.6	224.8	322.4	181.3	141.6	191.3
1986	105.7	106.1	104.3	345.2	238.4	336.4	191.6	150.2	199.6

注：本表按不变价格计算。

1-20 续表

年份	指数(上年=100)			指数(1952年=100)			指数(1978年=100)		
	全体居民	城镇居民	农村居民	全体居民	城镇居民	农村居民	全体居民	城镇居民	农村居民
1987	106.0	104.4	105.9	365.9	248.8	356.1	203.1	156.8	211.3
1988	104.6	105.1	103.4	383.0	261.5	368.2	212.6	164.7	218.5
1989	104.1	101.0	105.7	398.6	264.0	389.3	221.3	166.3	231.0
1990	102.8	101.4	103.4	409.8	267.6	402.6	227.5	168.6	238.8
1991	106.5	110.8	102.3	436.4	296.4	411.9	242.2	186.7	244.4
1992	109.7	117.1	101.8	478.7	347.2	419.5	265.8	218.7	248.9
1993	110.5	114.9	104.5	529.2	398.8	438.2	293.8	251.3	260.0
1994	106.8	106.9	105.1	565.2	426.4	460.4	313.7	268.6	273.1
1995	108.3	109.5	105.0	612.0	466.9	483.6	339.7	294.2	286.9
1996	109.6	104.0	113.8	670.7	485.6	550.4	372.3	305.9	326.6
1997	104.5	101.7	104.0	701.0	494.0	572.5	389.2	311.2	339.7
1998	105.6	105.6	101.4	740.4	521.5	580.3	411.0	328.6	344.3
1999	108.3	109.1	102.2	801.9	569.2	593.3	445.2	358.6	352.0
2000	110.5	109.6	106.6	886.0	623.8	632.5	491.9	393.0	375.2
2001	105.9	103.4	104.6	938.0	645.3	661.8	520.7	406.5	392.7
2002	108.1	105.9	106.6	1014.4	683.5	705.3	563.1	430.6	418.5
2003	105.4	103.0	104.6	1068.9	703.9	737.7	593.4	443.4	437.7
2004	106.6	105.2	103.9	1139.7	740.7	766.8	632.7	466.6	454.9
2005	109.5	108.3	106.8	1248.4	802.2	818.8	693.0	505.4	485.8
2006	108.0	105.9	107.3	1348.0	850.0	878.7	748.3	535.4	521.4
2007	112.4	111.2	108.7	1515.8	945.3	955.4	841.4	595.5	566.8
2008	107.5	106.2	104.8	1628.9	1003.6	1000.8	904.2	632.2	593.8
2009	110.5	108.6	110.1	1800.3	1089.9	1102.3	999.4	686.6	654.0
2010	107.5	105.9	105.4	1936.1	1153.9	1161.7	1074.7	726.9	689.2
2011	109.8	106.8	110.8	2125.2	1232.2	1287.7	1179.7	776.3	764.0
2012	109.1	107.1	108.1	2318.3	1319.1	1392.4	1286.9	831.0	826.1
2013	107.9	105.7	109.4	2502.0	1394.0	1523.4	1388.9	878.2	903.9
2014	108.4	105.9	110.9	2711.3	1476.7	1689.3	1505.1	930.3	1002.3
2015	109.5	106.9	112.7	2969.4	1578.3	1903.0	1648.4	994.3	1129.1
2016	108.2	105.6	110.8	3212.2	1667.4	2109.1	1783.2	1050.4	1251.4
2017	106.6	104.0	110.8	3425.8	1733.5	2337.1	1901.7	1092.0	1386.6
2018	107.4	104.7	112.4	3678.3	1814.4	2627.3	2041.9	1143.0	1558.8
2019	106.1	104.6	107.0	3901.9	1898.4	2811.7	2166.0	1195.9	1668.2
2020	97.5	95.4	101.8	3804.3	1810.7	2861.7	2111.9	1140.7	1697.9
2021	111.9	110.3	114.6	4257.6	1996.9	3279.1	2363.5	1258.0	1945.5

1-21 1953-2021年年度三大需求对国内生产总值增长的贡献率

单位：%

年份	最终消费支出贡献率	居民消费支出贡献率	政府消费支出贡献率	资本形成总额贡献率	货物和服务净出口贡献率
1953	62.0	41.9	20.1	38.4	-0.4
1954	19.5	37.2	-17.7	66.7	13.8
1955	104.2	74.5	29.7	5.5	-9.7
1956	42.2	39.0	3.3	45.3	12.4
1957	57.4	48.4	9.0	40.4	2.2
1958	14.8	16.1	-1.3	84.7	0.6
1959	-41.2	-41.9	0.7	139.7	1.5
1960	-74.3	131.2	-205.5	144.8	29.5
1961	19.1	13.5	5.6	82.4	-1.5
1962	-0.2	-26.6	26.4	107.4	-7.2
1963	50.1	39.4	10.6	49.3	0.6
1964	55.1	43.4	11.7	45.2	-0.3
1965	56.7	47.0	9.7	45.5	-2.2
1966	36.4	24.8	11.6	64.8	-1.2
1967	-21.7	-50.6	28.9	121.9	-0.2
1968	-51.2	-36.8	-14.4	144.7	6.5
1969	57.6	33.7	23.9	39.1	3.3
1970	26.1	20.5	5.6	77.0	-3.0
1971	51.6	28.3	23.3	40.8	7.6
1972	164.2	132.6	31.6	-69.7	5.5
1973	49.0	44.9	4.1	52.8	-1.7
1974	91.3	49.1	42.3	46.7	-38.0
1975	37.5	30.3	7.2	58.5	4.0
1976	465.6	325.7	139.9	-412.8	47.2
1977	42.8	26.0	16.8	56.4	0.8
1978	38.7	22.2	16.5	66.7	-5.4
1979	84.0	52.6	31.4	19.2	-3.2
1980	78.1	65.5	12.6	20.1	1.8
1981	89.4	83.2	6.2	-1.7	12.3
1982	56.7	42.4	14.3	22.6	20.7
1983	75.0	51.9	23.1	33.0	-8.0
1984	69.3	41.4	27.9	41.3	-10.6
1985	71.9	54.3	17.6	79.6	-51.5
1986	50.6	41.8	8.8	15.2	34.2
1987	41.5	33.3	8.2	25.9	32.6

注：本表按不变价格计算。

1-21　续表

单位：%

年份	最终消费支出贡献率	居民消费支出贡献率	政府消费支出贡献率	资本形成总额贡献率	货物和服务净出口贡献率
1988	43.8	28.0	15.8	55.3	0.9
1989	79.4	62.6	16.9	0.0	20.6
1990	89.0	49.9	39.0	-69.4	80.5
1991	61.2	41.8	19.4	37.2	1.6
1992	56.9	39.3	17.6	52.3	-9.2
1993	58.5	42.6	15.9	54.8	-13.3
1994	35.1	28.9	6.2	33.7	31.2
1995	46.7	38.5	8.2	46.1	7.2
1996	62.3	47.3	15.0	33.8	3.8
1997	42.6	26.3	16.3	14.5	42.9
1998	65.6	38.7	26.9	27.7	6.7
1999	88.7	54.3	34.3	21.2	-9.9
2000	78.8	57.4	21.4	21.7	-0.5
2001	50.0	36.6	13.3	63.5	-13.5
2002	58.1	43.8	14.3	40.0	1.9
2003	36.1	27.1	9.0	68.8	-4.9
2004	42.9	31.2	11.6	62.0	-4.9
2005	56.8	38.1	18.7	33.1	10.1
2006	43.2	26.5	16.7	42.5	14.3
2007	47.9	34.6	13.3	44.2	7.8
2008	44.0	31.8	12.2	53.3	2.7
2009	57.6	43.5	14.1	85.3	-42.8
2010	47.4	28.0	19.4	63.4	-10.8
2011	65.7	37.9	27.8	41.1	-6.8
2012	55.4	44.1	11.3	42.1	2.5
2013	50.2	39.3	10.9	53.1	-3.3
2014	56.3	44.8	11.5	45.0	-1.3
2015	69.0	53.7	15.2	22.6	8.4
2016	66.0	50.9	15.1	45.7	-11.7
2017	55.9	40.4	15.5	39.5	4.7
2018	64.0	44.7	19.3	43.2	-7.2
2019	58.6	41.7	16.9	28.9	12.6
2020	-6.8	-41.2	34.4	81.5	25.3
2021	65.4	57.8	7.6	13.7	20.9

1-22 1953-2021年年度三大需求对国内生产总值增长的拉动

单位：百分点

年份	最终消费支出拉动	居民消费支出拉动	政府消费支出拉动	资本形成总额拉动	货物和服务净出口拉动
1953	9.6	6.5	3.1	6.0	-0.1
1954	0.8	1.6	-0.8	2.9	0.6
1955	7.2	5.1	2.1	0.4	-0.7
1956	6.4	5.9	0.5	6.8	1.9
1957	2.9	2.4	0.5	2.0	0.1
1958	3.2	3.4	-0.3	18.1	0.1
1959	-3.7	-3.8	0.1	12.5	0.1
1960	0.0	0.0	0.0	0.0	0.0
1961	-5.2	-3.7	-1.5	-22.5	0.4
1962	0.0	1.5	-1.5	-6.0	0.4
1963	5.1	4.0	1.1	5.1	0.1
1964	10.0	7.9	2.1	8.2	-0.1
1965	9.6	8.0	1.6	7.7	-0.4
1966	3.9	2.6	1.2	6.9	-0.1
1967	1.2	2.9	-1.7	-7.0	0.0
1968	2.1	1.5	0.6	-5.9	-0.3
1969	9.7	5.7	4.0	6.6	0.6
1970	5.0	4.0	1.1	14.9	-0.6
1971	3.7	2.0	1.6	2.9	0.5
1972	6.3	5.1	1.2	-2.7	0.2
1973	3.8	3.5	0.3	4.1	-0.1
1974	2.1	1.1	1.0	1.1	-0.9
1975	3.3	2.6	0.6	5.1	0.3
1976	-7.3	-5.1	-2.2	6.4	-0.7
1977	3.2	2.0	1.3	4.3	0.1
1978	4.5	2.6	1.9	7.8	-0.6
1979	6.4	4.0	2.4	1.5	-0.2
1980	6.1	5.1	1.0	1.6	0.1
1981	4.6	4.3	0.3	-0.1	0.6
1982	5.1	3.8	1.3	2.0	1.9
1983	8.1	5.6	2.5	3.6	-0.9
1984	10.5	6.3	4.2	6.3	-1.6
1985	9.7	7.3	2.4	10.7	-6.9
1986	4.5	3.7	0.8	1.4	3.1
1987	4.8	3.9	1.0	3.0	3.8

注：本表按不变价格计算。

1-22 续表

单位：百分点

年份	最终消费支出拉动	居民消费支出拉动	政府消费支出拉动	资本形成总额拉动	货物和服务净出口拉动
1988	4.9	3.1	1.8	6.2	0.1
1989	3.3	2.6	0.7	0.0	0.9
1990	3.5	2.0	1.5	-2.7	3.2
1991	5.7	3.9	1.8	3.4	0.2
1992	8.1	5.6	2.5	7.4	-1.3
1993	8.1	5.9	2.2	7.6	-1.9
1994	4.6	3.8	0.8	4.4	4.1
1995	5.1	4.2	0.9	5.0	0.8
1996	6.2	4.7	1.5	3.4	0.4
1997	3.9	2.4	1.5	1.3	4.0
1998	5.1	3.0	2.1	2.2	0.5
1999	6.8	4.2	2.6	1.6	-0.8
2000	6.7	4.9	1.8	1.8	0.0
2001	4.2	3.1	1.1	5.3	-1.1
2002	5.3	4.0	1.3	3.7	0.2
2003	3.6	2.7	0.9	6.9	-0.5
2004	4.3	3.2	1.2	6.3	-0.5
2005	6.5	4.3	2.1	3.8	1.1
2006	5.5	3.4	2.1	5.4	1.8
2007	6.8	4.9	1.9	6.3	1.1
2008	4.2	3.1	1.2	5.1	0.3
2009	5.4	4.1	1.3	8.0	-4.0
2010	5.0	3.0	2.1	6.7	-1.1
2011	6.3	3.6	2.7	3.9	-0.6
2012	4.4	3.5	0.9	3.3	0.2
2013	3.9	3.1	0.8	4.1	-0.3
2014	4.2	3.3	0.9	3.3	-0.1
2015	4.9	3.8	1.1	1.6	0.6
2016	4.5	3.5	1.0	3.1	-0.8
2017	3.9	2.8	1.1	2.7	0.3
2018	4.3	3.0	1.3	2.9	-0.5
2019	3.5	2.5	1.0	1.7	0.7
2020	-0.2	-0.9	0.8	1.8	0.6
2021	5.3	4.7	0.6	1.1	1.7

1-23 1953-2021年年度支出法国内生产总值指数

上年=100

年份	最终消费支出			资本形成总额
		居民消费支出	政府消费支出	
1953	113.3	110.9	125.4	129.8
1954	101.3	103.0	93.8	113.9
1955	110.6	109.2	117.3	101.6
1956	106.3	107.2	102.6	120.7
1957	105.2	105.3	104.5	109.8
1958	103.2	104.2	98.2	154.4
1959	94.5	93.4	100.6	136.4
1960	102.5	94.8	142.7	93.5
1961	92.0	92.7	89.4	48.3
1962	100.0	104.5	83.7	59.4
1963	109.2	108.9	110.8	143.5
1964	111.7	111.3	113.5	134.9
1965	112.2	112.4	111.2	129.5
1966	107.3	106.1	112.5	133.7
1967	102.1	105.9	85.9	75.8
1968	99.2	99.3	98.7	106.1
1969	107.9	105.5	120.1	114.1
1970	107.2	106.9	108.5	153.0
1971	106.2	104.1	116.4	109.6
1972	105.4	105.4	105.5	95.7
1973	106.3	107.1	102.8	114.0
1974	103.0	102.0	107.6	103.0
1975	104.0	104.0	104.1	112.1
1976	104.3	103.7	106.8	93.1
1977	103.6	102.7	107.2	109.5
1978	107.7	105.5	116.3	125.2
1979	110.5	108.4	118.1	103.9
1980	109.6	110.5	106.7	104.3
1981	108.0	109.4	102.6	99.7
1982	107.6	107.1	109.5	106.1
1983	112.3	110.7	118.4	111.1
1984	116.0	112.2	129.7	119.8
1985	114.3	114.2	114.4	131.7
1986	106.7	107.3	104.8	103.5

注：本表按不变价格计算。

1-23 续表

上年=100

年份	最终消费支出	居民消费支出	政府消费支出	资本形成总额
1987	107.3	107.7	106.1	108.2
1988	107.6	106.3	111.6	117.1
1989	105.5	105.7	104.7	100.0
1990	105.8	104.3	110.6	92.1
1991	109.1	107.9	113.5	110.3
1992	112.5	111.1	117.3	121.1
1993	112.5	111.8	114.6	120.0
1994	107.4	108.0	105.6	111.5
1995	108.8	109.5	106.7	113.5
1996	110.9	110.7	111.5	108.8
1997	107.0	105.6	111.6	103.6
1998	108.5	106.6	114.7	105.6
1999	111.3	109.3	117.3	104.3
2000	111.4	111.4	111.6	105.4
2001	106.7	106.6	106.7	116.0
2002	108.6	108.9	108.0	110.3
2003	105.9	106.0	105.6	119.3
2004	107.3	107.3	107.6	116.2
2005	111.2	110.2	114.0	109.2
2006	110.2	108.6	114.5	113.5
2007	112.9	113.0	112.7	115.6
2008	108.0	108.0	107.8	112.3
2009	110.5	111.1	109.1	119.2
2010	109.8	108.1	114.5	115.0
2011	112.6	110.4	117.9	108.3
2012	108.5	109.8	105.5	107.1
2013	107.7	108.6	105.5	109.0
2014	108.0	109.0	105.5	107.0
2015	109.2	110.2	107.0	103.3
2016	108.0	108.8	106.1	106.9
2017	107.1	107.3	106.7	106.3
2018	108.0	107.9	108.2	106.8
2019	106.4	106.5	106.3	104.1
2020	99.7	97.7	104.5	104.2
2021	109.4	112.0	103.5	102.5

二、经济普查年度数据表

2-1 第一次全国经济普查年度(2004年)分行业增加值及构成(分行业大类)

行　业	增加值(亿元)	增加值构成(%)
总　计	**161840.2**	**100.0**
农、林、牧、渔业	**21410.7**	**13.2**
农业	11933.8	7.4
林业	913.7	0.6
畜牧业	5957.1	3.7
渔业	2099.8	1.3
农、林、牧、渔专业及辅助性活动	506.4	0.3
采矿业	**8213.6**	**5.1**
煤炭开采和洗选业	2712.1	1.7
石油和天然气开采业	4322.4	2.7
黑色金属矿采选业	396.6	0.2
有色金属矿采选业	336.5	0.2
非金属矿采选业	290.6	0.2
开采专业及辅助性活动	155.0	0.1
其他采矿业	0.3	0.0
制造业	**51164.6**	**31.6**
农副食品加工业	1875.8	1.2
食品制造业	955.1	0.6
酒、饮料和精制茶制造业	1062.4	0.7
烟草制品业	2670.2	1.6
纺织业	2152.4	1.3
纺织服装、服饰业	1278.5	0.8
皮革、毛皮、羽毛及其制品和制鞋业	862.5	0.5
木材加工和木、竹、藤、棕、草制品业	439.1	0.3
家具制造业	345.0	0.2
造纸和纸制品业	1027.5	0.6
印刷和记录媒介复制业	475.3	0.3
文教、工美、体育和娱乐用品制造业	563.5	0.3
石油、煤炭及其他燃料加工业	2331.5	1.4
化学原料和化学制品制造业	3940.4	2.4
医药制造业	1219.9	0.8
化学纤维制造业	377.3	0.2
橡胶和塑料制品业	1658.1	1.0
非金属矿物制品业	2842.6	1.8
黑色金属冶炼和压延加工业	4865.3	3.0
有色金属冶炼和压延加工业	1519.7	0.9
金属制品业	2130.4	1.3
通用设备制造业	2423.2	1.5
专用设备制造业	1440.2	0.9

2-1 续表 1

行　　业	增加值 (亿元)	增加值构成 (%)
汽车制造业	3017.5	1.9
铁路、船舶、航空航天和其他运输设备制造业	1081.3	0.7
电气机械和器材制造业	2888.8	1.8
计算机、通信和其他电子设备制造业	4865.6	3.0
仪器仪表制造业	536.3	0.3
其他制造业	217.1	0.1
废弃资源综合利用业	46.6	0.0
金属制品、机械和设备修理业	55.4	0.0
电力、热力、燃气及水生产和供应业	**6396.7**	**4.0**
电力、热力生产和供应业	5754.6	3.6
燃气生产和供应业	209.3	0.1
水的生产和供应业	432.9	0.3
建筑业	**8720.5**	**5.4**
房屋建筑业	4916.9	3.0
土木工程建筑业	2117.0	1.3
建筑安装业	722.1	0.4
建筑装饰、装修和其他建筑业	964.6	0.6
批发和零售业	**12455.8**	**7.7**
批发业	7511.2	4.6
零售业	4944.6	3.1
交通运输、仓储和邮政业	**9306.5**	**5.8**
铁路运输业	1744.7	1.1
道路运输业	3427.2	2.1
水上运输业	2079.6	1.3
航空运输业	419.2	0.3
管道运输业	52.5	0.0
多式联运和运输代理业	760.9	0.5
装卸搬运和仓储业	543.6	0.3
邮政业	278.7	0.2
住宿和餐饮业	**3664.8**	**2.3**
住宿业	868.8	0.5
餐饮业	2796.1	1.7
信息传输、软件和信息技术服务业	**4049.5**	**2.5**
电信、广播电视和卫星传输服务	3201.5	2.0
互联网和相关服务	532.5	0.3
软件和信息技术服务业	315.5	0.2
金融业	**6600.2**	**4.1**
货币金融服务	5216.7	3.2
资本市场服务	399.5	0.2
保险业	595.8	0.4
其他金融业	388.2	0.2

2-1 续表 2

行　业	增加值(亿元)	增加值构成(%)
房地产业	**7152.1**	**4.4**
房地产业	7152.1	4.4
房地产开发经营	2271.8	1.4
物业管理	397.5	0.2
房地产中介服务	163.7	0.1
房地产租赁经营	103.6	0.1
其他房地产业	154.7	0.1
居民自有住房	4060.8	2.5
租赁和商务服务业	**2202.8**	**1.4**
租赁业	74.4	0.0
商务服务业	2128.5	1.3
科学研究和技术服务业	**2001.1**	**1.2**
研究和试验发展	473.7	0.3
专业技术服务业	1262.9	0.8
科技推广和应用服务业	264.6	0.2
水利、环境和公共设施管理业	**791.1**	**0.5**
水利管理业	219.0	0.1
生态保护和环境治理业	91.4	0.1
公共设施管理业	458.6	0.3
土地管理业	22.0	0.0
居民服务、修理和其他服务业	**2706.6**	**1.7**
居民服务业	1427.6	0.9
机动车、电子产品和日用产品修理业	931.7	0.6
其他服务业	347.2	0.2
教育	**4994.8**	**3.1**
教育	4994.8	3.1
卫生和社会工作	**2542.9**	**1.6**
卫生	2451.1	1.5
社会工作	91.8	0.1
文化、体育和娱乐业	**1233.2**	**0.8**
新闻和出版业	268.3	0.2
广播、电视、电影和录音制作业	264.4	0.2
文化艺术业	142.5	0.1
体育	84.0	0.1
娱乐业	474.0	0.3
公共管理、社会保障和社会组织	**6232.6**	**3.9**

2-2 第二次全国经济普查年度(2008年)分行业增加值及构成(分行业大类)

行　　业	增加值 (亿元)	增加值构成 (%)
总　计	**319244.6**	**100.0**
农、林、牧、渔业	**33428.1**	**10.5**
农业	17985.9	5.6
林业	1482.9	0.5
畜牧业	9867.4	3.1
渔业	3128.0	1.0
农、林、牧、渔专业及辅助性活动	964.0	0.3
采矿业	**21131.7**	**6.6**
煤炭开采和洗选业	8602.7	2.7
石油和天然气开采业	9050.3	2.8
黑色金属矿采选业	1505.3	0.5
有色金属矿采选业	965.8	0.3
非金属矿采选业	545.8	0.2
开采专业及辅助性活动	458.5	0.1
其他采矿业	3.1	0.0
制造业	**101708.1**	**31.9**
农副食品加工业	4457.8	1.4
食品制造业	2093.0	0.7
酒、饮料和精制茶制造业	2225.4	0.7
烟草制品业	4354.7	1.4
纺织业	4161.3	1.3
纺织服装、服饰业	2550.0	0.8
皮革、毛皮、羽毛及其制品和制鞋业	1697.8	0.5
木材加工和木、竹、藤、棕、草制品业	979.2	0.3
家具制造业	694.4	0.2
造纸和纸制品业	1767.9	0.6
印刷和记录媒介复制业	707.7	0.2
文教、工美、体育和娱乐用品制造业	911.6	0.3
石油、煤炭及其他燃料加工业	3408.2	1.1
化学原料和化学制品制造业	7594.7	2.4
医药制造业	2587.4	0.8
化学纤维制造业	633.0	0.2
橡胶和塑料制品业	2883.0	0.9
非金属矿物制品业	5187.8	1.6
黑色金属冶炼和压延加工业	9773.7	3.1
有色金属冶炼和压延加工业	4117.9	1.3
金属制品业	4414.8	1.4
通用设备制造业	5121.6	1.6
专用设备制造业	3406.5	1.1

2-2 续表 1

行　　业	增加值(亿元)	增加值构成(%)
汽车制造业	6336.6	2.0
铁路、船舶、航空航天和其他运输设备制造业	2349.1	0.7
电气机械和器材制造业	6512.5	2.0
计算机、通信和其他电子设备制造业	9128.6	2.9
仪器仪表制造业	935.8	0.3
其他制造业	391.5	0.1
废弃资源综合利用业	204.7	0.1
金属制品、机械和设备修理业	120.1	0.0
电力、热力、燃气及水生产和供应业	**8884.1**	**2.8**
电力、热力生产和供应业	7846.7	2.5
燃气生产和供应业	468.2	0.1
水的生产和供应业	569.2	0.2
建筑业	**18807.6**	**5.9**
房屋建筑业	10336.3	3.2
土木工程建筑业	4798.0	1.5
建筑安装业	1616.3	0.5
建筑装饰、装修和其他建筑业	2056.9	0.6
批发和零售业	**26186.2**	**8.2**
批发业	17490.7	5.5
零售业	8695.5	2.7
交通运输、仓储和邮政业	**16367.6**	**5.1**
铁路运输业	2296.4	0.7
道路运输业	8462.4	2.7
水上运输业	2509.1	0.8
航空运输业	480.7	0.2
管道运输业	164.8	0.1
多式联运和运输代理业	954.2	0.3
装卸搬运和仓储业	1113.5	0.3
邮政业	386.5	0.1
住宿和餐饮业	**6616.1**	**2.1**
住宿业	1512.1	0.5
餐饮业	5104.0	1.6
信息传输、软件和信息技术服务业	**7532.2**	**2.4**
电信、广播电视和卫星传输服务	5120.2	1.6
互联网和相关服务	868.6	0.3
软件和信息技术服务业	1543.4	0.5
金融业	**18345.6**	**5.7**
货币金融服务	12630.0	4.0
资本市场服务	2986.7	0.9
保险业	1076.7	0.3
其他金融业	1652.2	0.5

2-2 续表 2

行　　业	增加值 (亿元)	增加值构成 (%)
房地产业	**14600.3**	**4.6**
房地产业	14600.3	4.6
房地产开发经营	6196.1	1.9
物业管理	1030.9	0.3
房地产中介服务	275.1	0.1
房地产租赁经营	368.2	0.1
其他房地产业	187.5	0.1
居民自有住房	6542.4	2.0
租赁和商务服务业	**4722.6**	**1.5**
租赁业	300.2	0.1
商务服务业	4422.3	1.4
科学研究和技术服务业	**4579.6**	**1.4**
研究和试验发展	924.8	0.3
专业技术服务业	2928.6	0.9
科技推广和应用服务业	726.2	0.2
水利、环境和公共设施管理业	**1402.1**	**0.4**
水利管理业	302.9	0.1
生态保护和环境治理业	151.7	0.0
公共设施管理业	812.1	0.3
土地管理业	135.3	0.0
居民服务、修理和其他服务业	**5072.1**	**1.6**
居民服务业	2928.8	0.9
机动车、电子产品和日用产品修理业	1582.2	0.5
其他服务业	561.1	0.2
教育	**9130.7**	**2.9**
教育	9130.7	2.9
卫生和社会工作	**4495.3**	**1.4**
卫生	4340.2	1.4
社会工作	155.1	0.0
文化、体育和娱乐业	**2284.8**	**0.7**
新闻和出版业	404.4	0.1
广播、电视、电影和录音制作业	487.9	0.2
文化艺术业	299.7	0.1
体育	165.1	0.1
娱乐业	927.7	0.3
公共管理、社会保障和社会组织	**13950.0**	**4.4**

2-3 第三次全国经济普查年度(2013年)分行业增加值及构成(分行业大类)

行业	增加值(亿元)	增加值构成(%)
总 计	**592963.2**	**100.0**
农、林、牧、渔业	**54692.4**	**9.2**
农业	31498.1	5.3
林业	2534.8	0.4
畜牧业	13394.9	2.3
渔业	5600.2	0.9
农、林、牧、渔专业及辅助性活动	1664.4	0.3
采矿业	**25467.6**	**4.3**
煤炭开采和洗选业	11543.5	1.9
石油和天然气开采业	7782.6	1.3
黑色金属矿采选业	2427.0	0.4
有色金属矿采选业	1358.0	0.2
非金属矿采选业	1472.9	0.2
开采专业及辅助性活动	864.3	0.1
其他采矿业	19.4	0.0
制造业	**181871.1**	**30.7**
农副食品加工业	8931.3	1.5
食品制造业	3982.1	0.7
酒、饮料和精制茶制造业	4117.8	0.7
烟草制品业	6928.9	1.2
纺织业	7063.0	1.2
纺织服装、服饰业	6055.9	1.0
皮革、毛皮、羽毛及其制品和制鞋业	3615.7	0.6
木材加工和木、竹、藤、棕、草制品业	2920.0	0.5
家具制造业	1871.5	0.3
造纸和纸制品业	2717.6	0.5
印刷和记录媒介复制业	1861.1	0.3
文教、工美、体育和娱乐用品制造业	3104.1	0.5
石油、煤炭及其他燃料加工业	7439.6	1.3
化学原料和化学制品制造业	12836.0	2.2
医药制造业	4709.3	0.8
化学纤维制造业	952.9	0.2
橡胶和塑料制品业	6016.6	1.0
非金属矿物制品业	11568.2	2.0
黑色金属冶炼和压延加工业	9513.9	1.6
有色金属冶炼和压延加工业	5421.8	0.9
金属制品业	8748.3	1.5
通用设备制造业	9843.0	1.7
专用设备制造业	7405.2	1.2

2-3　续表 1

行　　业	增加值 (亿元)	增加值构成 (%)
汽车制造业	12121.2	2.0
铁路、船舶、航空航天和其他运输设备制造业	3593.2	0.6
电气机械和器材制造业	11288.4	1.9
计算机、通信和其他电子设备制造业	13822.8	2.3
仪器仪表制造业	1816.8	0.3
其他制造业	657.5	0.1
废弃资源综合利用业	533.1	0.1
金属制品、机械和设备修理业	414.0	0.1
电力、热力、燃气及水生产和供应业	**14994.5**	**2.5**
电力、热力生产和供应业	13303.2	2.2
燃气生产和供应业	805.4	0.1
水的生产和供应业	885.9	0.1
建筑业	**40896.8**	**6.9**
房屋建筑业	25719.6	4.3
土木工程建筑业	8410.1	1.4
建筑安装业	2561.1	0.4
建筑装饰、装修和其他建筑业	4206.0	0.7
批发和零售业	**56288.9**	**9.5**
批发业	32687.1	5.5
零售业	23601.8	4.0
交通运输、仓储和邮政业	**26042.7**	**4.4**
铁路运输业	3545.5	0.6
道路运输业	14459.1	2.4
水上运输业	1689.9	0.3
航空运输业	1467.7	0.2
管道运输业	399.5	0.1
多式联运和运输代理业	1484.2	0.3
装卸搬运和仓储业	1687.5	0.3
邮政业	1309.2	0.2
住宿和餐饮业	**10228.3**	**1.7**
住宿业	2187.0	0.4
餐饮业	8041.3	1.4
信息传输、软件和信息技术服务业	**13729.7**	**2.3**
电信、广播电视和卫星传输服务	7729.9	1.3
互联网和相关服务	1428.4	0.2
软件和信息技术服务业	4571.3	0.8
金融业	**41293.4**	**7.0**
货币金融服务	30532.9	5.1
资本市场服务	3252.9	0.5
保险业	2670.6	0.5
其他金融业	4837.0	0.8

2-3 续表 2

行　　业	增加值（亿元）	增加值构成（%）
房地产业	**35340.4**	**6.0**
房地产业	35340.4	6.0
房地产开发经营	14886.0	2.5
物业管理	2089.4	0.4
房地产中介服务	756.0	0.1
房地产租赁经营	1149.4	0.2
其他房地产业	411.6	0.1
居民自有住房	16048.0	2.7
租赁和商务服务业	**12904.9**	**2.2**
租赁业	842.1	0.1
商务服务业	12062.9	2.0
科学研究和技术服务业	**11023.2**	**1.9**
研究和试验发展	1413.4	0.2
专业技术服务业	7580.5	1.3
科技推广和应用服务业	2029.3	0.3
水利、环境和公共设施管理业	**3665.1**	**0.6**
水利管理业	509.4	0.1
生态保护和环境治理业	368.9	0.1
公共设施管理业	2178.0	0.4
土地管理业	608.8	0.1
居民服务、修理和其他服务业	**8707.7**	**1.5**
居民服务业	5165.0	0.9
机动车、电子产品和日用产品修理业	2616.1	0.4
其他服务业	926.6	0.2
教育	**18951.4**	**3.2**
教育	18951.4	3.2
卫生和社会工作	**11034.4**	**1.9**
卫生	10655.8	1.8
社会工作	378.7	0.1
文化、体育和娱乐业	**4137.9**	**0.7**
新闻和出版业	698.3	0.1
广播、电视、电影和录音制作业	1014.6	0.2
文化艺术业	740.0	0.1
体育	257.4	0.0
娱乐业	1427.6	0.2
公共管理、社会保障和社会组织	**21693.0**	**3.7**

2-4 第四次全国经济普查年度(2018年)分行业增加值及构成(分行业大类)

行　　业	增加值（亿元）	增加值构成（%）
总　计	**919281.1**	**100.0**
农、林、牧、渔业	**67558.7**	**7.3**
农业	39613.3	4.3
林业	3544.2	0.4
畜牧业	14254.9	1.6
渔业	7332.7	0.8
农、林、牧、渔专业及辅助性活动	2813.6	0.3
采矿业	**22592.3**	**2.5**
煤炭开采和洗选业	11347.2	1.2
石油和天然气开采业	6370.2	0.7
黑色金属矿采选业	924.2	0.1
有色金属矿采选业	1447.0	0.2
非金属矿采选业	1620.1	0.2
开采专业及辅助性活动	856.8	0.1
其他采矿业	26.9	0.0
制造业	**255937.2**	**27.8**
农副食品加工业	9303.6	1.0
食品制造业	5686.7	0.6
酒、饮料和精制茶制造业	6327.3	0.7
烟草制品业	7927.3	0.9
纺织业	8007.1	0.9
纺织服装、服饰业	8430.1	0.9
皮革、毛皮、羽毛及其制品和制鞋业	4680.4	0.5
木材加工和木、竹、藤、棕、草制品业	3655.3	0.4
家具制造业	2983.9	0.3
造纸和纸制品业	3772.8	0.4
印刷和记录媒介复制业	2544.0	0.3
文教、工美、体育和娱乐用品制造业	4659.9	0.5
石油、煤炭及其他燃料加工业	11333.7	1.2
化学原料和化学制品制造业	16678.9	1.8
医药制造业	8407.1	0.9
化学纤维制造业	1489.3	0.2
橡胶和塑料制品业	7785.9	0.8
非金属矿物制品业	17101.0	1.9
黑色金属冶炼和压延加工业	12941.5	1.4
有色金属冶炼和压延加工业	7513.4	0.8
金属制品业	11611.8	1.3
通用设备制造业	13328.1	1.4
专用设备制造业	10552.6	1.1

2-4 续表 1

行 业	增加值(亿元)	增加值构成(%)
汽车制造业	19378.9	2.1
铁路、船舶、航空航天和其他运输设备制造业	4434.9	0.5
电气机械和器材制造业	15585.3	1.7
计算机、通信和其他电子设备制造业	24312.0	2.6
仪器仪表制造业	2679.0	0.3
其他制造业	1022.0	0.1
废弃资源综合利用业	913.1	0.1
金属制品、机械和设备修理业	890.4	0.1
电力、热力、燃气及水生产和供应业	**22559.8**	**2.5**
电力、热力生产和供应业	19112.2	2.1
燃气生产和供应业	1597.8	0.2
水的生产和供应业	1849.8	0.2
建筑业	**65493.0**	**7.1**
房屋建筑业	38489.9	4.2
土木工程建筑业	15789.8	1.7
建筑安装业	4840.9	0.5
建筑装饰、装修和其他建筑业	6372.5	0.7
批发和零售业	**88903.7**	**9.7**
批发业	48702.5	5.3
零售业	40201.3	4.4
交通运输、仓储和邮政业	**40337.2**	**4.4**
铁路运输业	5878.6	0.6
道路运输业	22390.6	2.4
水上运输业	2174.3	0.2
航空运输业	2202.3	0.2
管道运输业	804.7	0.1
多式联运和运输代理业	1941.3	0.2
装卸搬运和仓储业	2548.3	0.3
邮政业	2397.1	0.3
住宿和餐饮业	**16520.6**	**1.8**
住宿业	3333.7	0.4
餐饮业	13186.9	1.4
信息传输、软件和信息技术服务业	**28733.5**	**3.1**
电信、广播电视和卫星传输服务	10976.4	1.2
互联网和相关服务	5208.9	0.6
软件和信息技术服务业	12548.3	1.4
金融业	**70610.3**	**7.7**
货币金融服务	57314.0	6.2
资本市场服务	3544.9	0.4
保险业	7819.5	0.9
其他金融业	1931.9	0.2

2-4 续表 2

行　　业	增加值 (亿元)	增加值构成 (%)
房地产业	**64623.0**	**7.0**
房地产业	64623.0	7.0
房地产开发经营	27411.2	3.0
物业管理	4442.1	0.5
房地产中介服务	1580.1	0.2
房地产租赁经营	2620.7	0.3
其他房地产业	251.9	0.0
居民自有住房	28317.0	3.1
租赁和商务服务业	**29468.5**	**3.2**
租赁业	2541.1	0.3
商务服务业	26927.4	2.9
科学研究和技术服务业	**20175.3**	**2.2**
研究和试验发展	4922.4	0.5
专业技术服务业	11938.5	1.3
科技推广和应用服务业	3314.4	0.4
水利、环境和公共设施管理业	**5096.1**	**0.6**
水利管理业	715.3	0.1
生态保护和环境治理业	505.8	0.1
公共设施管理业	2899.8	0.3
土地管理业	975.1	0.1
居民服务、修理和其他服务业	**14793.3**	**1.6**
居民服务业	8986.3	1.0
机动车、电子产品和日用产品修理业	4597.5	0.5
其他服务业	1209.5	0.1
教育	**34001.4**	**3.7**
教育	34001.4	3.7
卫生和社会工作	**20652.6**	**2.2**
卫生	19848.6	2.2
社会工作	804.0	0.1
文化、体育和娱乐业	**7301.3**	**0.8**
新闻和出版业	752.9	0.1
广播、电视、电影和录音制作业	1269.5	0.1
文化艺术业	1452.3	0.2
体育	891.5	0.1
娱乐业	2935.2	0.3
公共管理、社会保障和社会组织	**43923.1**	**4.8**

三、季度数据表

3-1 1992-2021年季度国内生产总值

季 度	国内生产总值	第一产业	第二产业	第三产业	农、林、牧、渔业	工业
1992Q1	5262.8	649.3	2400.8	2212.7	658.8	2225.4
Q2	6484.3	1257.9	2799.1	2427.3	1271.9	2487.9
Q3	7192.6	1709.1	3141.1	2342.5	1726.8	2809.6
Q4	8254.8	2184.0	3384.0	2686.8	2208.8	2817.3
1993Q1	6834.6	730.1	3306.2	2798.4	740.9	3018.1
Q2	8357.0	1415.8	3938.2	3003.0	1431.0	3418.3
Q3	9385.8	2010.2	4403.2	2972.3	2030.2	3852.6
Q4	11095.9	2731.5	4825.1	3539.2	2761.4	3959.5
1994Q1	9375.1	980.5	4568.7	3825.9	994.8	4171.3
Q2	11481.0	1913.6	5459.1	4108.2	1933.8	4767.9
Q3	12868.0	2808.8	5971.1	4088.0	2835.2	5255.9
Q4	14913.3	3768.8	6453.6	4690.9	3808.4	5351.2
1995Q1	12111.7	1343.8	5901.4	4866.5	1360.4	5394.8
Q2	14612.9	2498.6	7036.2	5078.1	2522.3	6157.5
Q3	16164.1	3551.0	7586.6	5026.5	3581.1	6678.7
Q4	18451.2	4627.1	8152.5	5671.6	4671.3	6792.2
1996Q1	14628.0	1638.4	7171.5	5818.1	1658.8	6591.6
Q2	17147.5	3006.6	8219.9	5921.0	3036.2	7180.7
Q3	18605.8	3948.4	8837.0	5820.4	3983.0	7744.6
Q4	21432.4	5285.0	9598.9	6548.5	5336.7	8012.0
1997Q1	16689.1	1752.9	8047.0	6889.1	1780.6	7415.6
Q2	19163.6	3127.6	9207.9	6828.0	3168.1	8114.1
Q3	20500.9	4036.7	9721.0	6743.1	4079.8	8592.3
Q4	23361.5	5348.0	10569.0	7444.5	5412.3	8900.6
1998Q1	18049.1	1855.4	8374.4	7819.3	1888.2	7714.2
Q2	20296.6	3147.6	9459.7	7689.2	3192.2	8310.5
Q3	21775.6	4089.3	10045.3	7640.9	4136.9	8809.0
Q4	25074.2	5526.3	11138.0	8409.8	5599.1	9300.2
1999Q1	19361.9	1878.2	8767.2	8716.6	1915.8	8054.4
Q2	21567.7	3143.7	9982.7	8441.3	3194.4	8749.4
Q3	23050.8	4068.2	10549.6	8433.0	4122.2	9288.7
Q4	26583.9	5458.8	11780.4	9344.7	5536.2	9921.8
2000Q1	21329.9	1908.3	9547.8	9873.9	1947.5	8798.5
Q2	24043.4	3158.2	11127.2	9758.0	3209.7	9799.6
Q3	25712.5	4140.6	11886.6	9685.3	4196.1	10502.8
Q4	29194.3	5510.2	13102.0	10582.0	5590.2	11157.7
2001Q1	24086.4	2015.3	10641.4	11429.7	2061.6	9838.0
Q2	26726.6	3235.0	12312.6	11179.0	3297.0	10874.8
Q3	28333.3	4453.8	12790.0	11089.6	4524.0	11294.0
Q4	31716.8	5798.4	13915.4	12003.0	5897.5	11847.5

注：1.Q为Quarter(季度)的缩写，下表同。
2.本表按当年价格计算。

（分三次产业和9个行业，当季）

单位：亿元

建筑业	批发和零售业	交通运输、仓储和邮政业	住宿和餐饮业	金融业	房地产业	其他
182.3	536.8	393.3	127.2	357.2	200.9	581.1
319.3	679.7	411.0	155.2	354.0	243.0	562.3
340.4	568.6	363.8	148.2	368.0	306.8	560.4
575.9	620.3	521.2	153.9	402.9	348.4	606.1
297.6	644.0	471.9	160.8	455.5	271.9	773.9
531.1	764.6	525.8	183.1	433.3	293.6	776.2
563.0	657.6	476.2	177.0	476.4	365.9	786.9
878.2	750.9	700.3	191.1	538.3	445.3	870.8
410.9	830.7	650.0	217.9	620.3	384.3	1095.0
706.6	1010.9	722.4	251.7	591.4	409.8	1086.5
731.7	915.5	601.3	252.6	645.1	505.6	1125.2
1119.6	1016.9	814.5	286.3	701.0	605.9	1209.4
523.6	1098.7	737.3	282.4	765.7	511.4	1437.3
898.8	1281.6	793.1	305.0	744.3	524.1	1386.3
929.0	1168.0	717.6	288.5	811.2	605.0	1385.1
1382.3	1231.1	996.6	324.2	890.4	708.9	1454.1
600.7	1336.0	882.5	314.8	903.9	581.7	1757.9
1062.6	1490.7	918.9	333.5	863.7	580.1	1681.1
1116.8	1355.6	828.8	322.4	910.6	678.8	1665.2
1612.9	1418.2	1152.3	366.2	1022.4	771.3	1740.4
654.8	1606.6	958.8	384.0	1054.5	649.3	2184.8
1120.3	1671.2	1005.2	399.3	962.6	639.9	2082.9
1155.8	1529.2	912.8	375.3	1024.8	760.4	2070.5
1697.3	1521.4	1272.3	402.7	1137.3	864.9	2152.6
684.5	1759.9	1079.8	453.0	1090.4	766.7	2612.4
1176.2	1801.4	1133.2	451.1	987.6	757.0	2487.4
1264.1	1676.6	1020.0	435.8	1058.2	898.3	2476.8
1868.3	1676.4	1428.5	447.0	1182.1	1005.7	2567.0
737.9	1917.3	1210.8	506.3	1152.3	814.4	3052.7
1261.5	1917.6	1289.4	481.9	1040.2	800.3	2833.0
1290.8	1800.1	1140.3	470.1	1080.2	937.9	2920.6
1890.6	1857.2	1535.4	483.0	1217.1	1121.9	3020.7
777.1	2101.2	1379.4	570.5	1237.7	931.4	3586.7
1359.0	2073.3	1571.7	536.5	1125.2	903.0	3465.5
1417.4	1943.5	1370.0	523.2	1171.8	1068.9	3518.7
1980.5	2041.8	1840.8	516.1	1307.6	1237.6	3522.1
834.2	2351.9	1604.1	638.6	1343.4	1071.9	4342.6
1472.7	2307.7	1764.6	599.6	1209.2	1012.9	4188.1
1532.2	2161.4	1521.2	588.0	1264.6	1213.0	4234.9
2106.3	2299.6	1981.4	574.0	1385.6	1408.0	4216.9

3-1　续表 1

季　度	国内生产总　　值	第一产业	第二产业	第三产业	农、林、牧、渔业	工业
2002Q1	26295.0	2147.6	11319.7	12827.6	2206.3	10438.0
Q2	29194.8	3385.8	13299.8	12509.2	3463.1	11716.1
Q3	31257.3	4731.2	14024.0	12502.1	4820.1	12378.4
Q4	34970.3	5925.6	15460.6	13584.2	6046.2	13242.3
2003Q1	29825.5	2222.5	13146.2	14456.8	2292.1	12127.9
Q2	32537.3	3447.2	15219.6	13870.6	3537.3	13398.5
Q3	35291.9	5046.1	16298.4	13947.3	5154.5	14303.9
Q4	39767.4	6254.4	18031.6	15481.4	6396.6	15531.9
2004Q1	34544.6	2615.6	15292.1	16637.0	2698.4	14093.6
Q2	38700.8	4250.5	18085.4	16364.9	4360.7	15965.7
Q3	41855.0	6358.6	19372.1	16124.3	6494.9	17019.6
Q4	46739.8	7679.7	21535.5	17524.6	7856.8	18696.0
2005Q1	40453.3	2884.0	18159.0	19410.3	2986.8	16766.2
Q2	44793.1	4438.6	21425.3	18929.2	4571.0	18925.0
Q3	48047.8	6527.7	22774.0	18746.0	6690.4	20073.1
Q4	54024.8	7956.4	25723.9	20344.5	8168.0	22194.0
2006Q1	47078.9	3012.7	21418.2	22648.0	3133.1	19734.7
Q2	52673.3	4750.0	25574.7	22348.5	4907.4	22619.9
Q3	56064.7	6937.7	26936.6	22190.4	7129.6	23720.7
Q4	63621.6	8616.6	30429.8	24575.3	8866.2	26160.5
2007Q1	57159.3	3473.0	25983.1	27703.2	3606.9	23903.3
Q2	64781.6	5510.1	31126.2	28145.3	5683.1	27482.4
Q3	69482.1	8352.6	32660.2	28469.4	8572.0	28741.8
Q4	78669.3	10338.4	36861.1	31469.8	10621.8	31563.3
2008Q1	69373.6	4367.5	31613.2	33392.9	4536.9	29039.5
Q2	78711.8	6831.2	38248.4	33632.3	7046.5	33719.7
Q3	82460.1	9825.3	38895.0	33739.9	10084.2	34146.8
Q4	88699.0	11440.1	41196.4	36062.5	11760.5	34818.1
2009Q1	73979.2	4364.8	32549.0	37065.4	4544.7	29382.8
Q2	83865.8	6868.3	39378.6	37618.9	7104.3	33842.3
Q3	89846.9	9994.8	41313.0	38539.1	10281.5	35371.7
Q4	100825.8	12355.9	46928.2	41541.7	12729.1	39495.8
2010Q1	87501.3	4826.0	39364.2	43311.1	5020.8	35588.2
Q2	99347.4	7785.6	47422.3	44139.5	8044.6	40837.7
Q3	105963.7	11633.8	48906.4	45423.5	11957.0	41795.8
Q4	119306.8	14185.4	55933.6	49187.8	14596.6	46901.5
2011Q1	104469.9	5592.8	47194.0	51683.2	5808.3	42670.3
Q2	118895.9	9143.3	56884.0	52868.6	9440.9	48964.6
Q3	126562.2	13855.6	58622.5	54084.0	14219.6	49915.8
Q4	138012.1	16189.7	64334.6	57487.8	16653.8	53588.5

单位：亿元

建筑业	批发和零售业	交通运输、仓储和邮政业	住宿和餐饮业	金融业	房地产业	其他
914.6	2576.7	1722.5	728.6	1434.3	1201.4	5072.7
1621.2	2516.2	1901.9	674.9	1291.3	1142.3	4867.7
1685.3	2361.2	1677.5	669.2	1340.4	1381.9	4943.4
2261.1	2542.7	2192.3	652.1	1489.8	1609.0	4934.8
1056.5	2818.0	1840.5	817.9	1588.8	1390.2	5893.4
1864.0	2784.6	1941.0	738.8	1407.4	1351.2	5514.4
2040.4	2752.9	1793.6	801.2	1461.2	1557.5	5426.7
2549.8	2815.7	2339.6	768.1	1588.2	1858.1	5919.3
1242.8	2969.4	2159.8	898.1	1764.3	1628.1	7090.2
2170.6	3128.7	2375.7	896.7	1515.3	1603.0	6684.4
2406.8	3084.0	2137.3	927.6	1571.9	1800.2	6412.7
2900.3	3273.6	2633.7	942.4	1748.7	2120.9	6567.4
1451.8	3339.7	2554.9	1048.4	1935.9	1988.4	8381.2
2568.9	3459.1	2867.6	1035.4	1681.5	1945.6	7739.0
2773.6	3446.8	2540.5	1052.5	1802.4	2098.7	7569.6
3606.1	3722.9	2705.7	1059.4	2066.2	2450.1	8052.3
1753.1	3940.4	2868.8	1178.2	2466.3	2410.3	9594.0
3036.7	4094.7	3161.8	1158.1	2269.7	2401.4	9023.6
3301.6	4088.1	2899.7	1212.2	2381.0	2489.8	8842.0
4358.7	4410.3	3256.0	1244.1	2855.2	3019.4	9451.2
2167.4	4865.2	3354.3	1322.3	3730.7	2986.9	11222.3
3745.1	5136.7	3814.9	1295.8	3689.4	3227.7	10706.5
4024.2	5186.4	3448.8	1366.5	3898.1	3419.3	10825.1
5411.4	5752.9	3987.1	1563.5	3881.7	4080.1	11807.5
2699.7	6031.9	3892.4	1602.3	4516.8	3514.9	13539.4
4677.4	6459.0	4383.3	1535.2	4401.7	3615.0	12874.0
4898.1	6613.8	3984.7	1647.8	4607.4	3445.7	13031.6
6532.4	7081.5	4107.2	1830.8	4819.6	4024.6	13724.3
3294.1	6737.0	3702.5	1689.5	5277.7	4098.8	15252.1
5684.8	7011.1	4137.7	1616.3	5275.5	4691.5	14502.3
6096.7	7259.1	4266.8	1722.7	5550.0	4643.5	14654.8
7605.8	7997.4	4415.3	1928.6	5733.7	5326.8	15593.3
3939.0	8258.4	4200.0	1814.8	6282.9	5289.4	17107.9
6771.5	8646.5	4763.8	1768.8	6183.8	5624.9	16705.8
7302.0	9001.5	4853.8	1956.7	6519.6	5623.2	16954.3
9246.8	10001.6	4966.1	2171.7	6746.8	6789.1	17886.7
4749.0	9975.3	4865.6	1996.0	7805.7	6541.9	20057.7
8178.0	10534.6	5518.1	1961.9	7565.9	6809.9	19922.1
8970.4	11040.3	5685.7	2186.3	7588.4	6773.7	20181.9
11029.2	12184.3	5772.6	2421.2	7787.2	7655.2	20920.4

3-1　续表 2

季　度	国内生产总　值	第一产业	第二产业	第三产业	农、林、牧、渔业	工业
2012Q1	117357.6	6446.0	52316.2	58595.5	6685.4	47151.0
Q2	131320.6	9911.4	61433.2	59976.1	10238.5	52495.9
Q3	138089.6	14656.0	62256.2	61177.4	15070.2	52451.1
Q4	151812.0	18071.3	68633.5	65107.2	18587.1	56803.4
2013Q1	129449.6	6869.1	55861.2	66719.3	7130.2	50127.3
Q2	143518.7	10389.7	65130.3	67998.6	10748.2	55266.2
Q3	152222.7	15904.9	66748.7	69569.1	16367.0	55882.1
Q4	167772.3	19864.3	74211.4	73696.6	20447.1	61057.5
2014Q1	140759.8	7140.0	59127.4	74492.4	7428.5	52659.5
Q2	156489.6	11109.4	69458.3	75921.9	11500.6	58432.3
Q3	165484.7	16854.9	70971.1	77658.7	17371.0	58904.0
Q4	180828.9	20522.1	77725.9	82580.9	21172.1	63201.5
2015Q1	151137.9	7373.2	60505.9	83258.8	7686.8	53471.1
Q2	168549.7	11852.2	70950.0	85747.4	12296.2	59327.9
Q3	176597.7	17173.1	71526.7	87897.9	17739.2	58993.0
Q4	192572.9	21376.1	78356.3	92840.6	22130.4	63176.9
2016Q1	162410.0	8312.7	61106.8	92990.5	8665.5	53666.4
Q2	181408.2	12555.9	73416.5	95435.8	13045.5	60839.2
Q3	191010.6	17542.4	75400.5	98067.8	18162.2	61902.5
Q4	211566.2	21728.2	85504.1	104334.0	22577.8	68998.4
2017Q1	181867.7	8205.9	69315.5	104346.3	8595.8	60909.3
Q2	201950.3	12644.9	82323.0	106982.4	13204.2	68099.8
Q3	212789.3	18255.8	84574.1	109959.5	18944.2	69327.2
Q4	235428.7	22992.9	95368.0	117067.8	23915.8	76782.9
2018Q1	202035.7	8575.7	76598.2	116861.8	9005.8	66905.6
Q2	223962.2	13003.8	91100.6	119857.8	13662.2	75122.1
Q3	234474.3	18226.9	93112.5	123134.9	18961.8	76239.6
Q4	258808.9	24938.7	104023.9	129846.2	25929.0	82822.1
2019Q1	217168.3	8768.3	80596.7	127803.3	9248.7	69892.4
Q2	241502.6	14439.9	95923.7	131139.0	15111.7	78490.1
Q3	251046.3	19801.0	96420.1	134825.2	20632.8	78196.3
Q4	276798.0	27464.4	107730.1	141603.5	28583.8	85279.9
2020Q1	205244.8	10222.5	72415.9	122606.3	10747.7	63517.6
Q2	248347.7	15934.5	97529.8	134883.4	16668.1	79015.9
Q3	264355.7	22158.1	99897.5	142300.1	23065.3	80570.6
Q4	295618.8	29715.7	113719.2	152183.9	30915.4	89798.9
2021Q1	247985.0	11373.8	92432.2	144179.0	11932.0	80867.1
Q2	281528.0	17139.0	114300.6	150088.4	17936.2	93559.9
Q3	289919.3	23100.5	113521.9	153296.9	24084.5	92925.0
Q4	324237.4	31472.2	130649.8	162115.4	32822.4	105223.3

单位：亿元

建筑业	批发和零售业	交通运输、仓储和邮政业	住宿和餐饮业	金融业	房地产业	其他
5426.7	11527.6	5284.2	2230.9	8846.7	6890.2	23314.8
9228.4	12014.9	6030.5	2181.6	8707.0	7397.6	23026.4
10096.0	12452.9	6117.8	2433.5	8809.0	7677.6	22981.5
12145.1	13840.0	6330.8	2690.9	8909.4	8786.5	23718.8
6022.1	12980.3	5816.3	2394.5	10406.7	8214.8	26357.4
10181.8	13512.2	6529.6	2341.1	10186.0	8513.5	26240.1
11188.0	14094.2	6768.6	2608.7	10319.9	8761.3	26233.0
13504.9	15702.2	6928.1	2884.0	10380.8	9850.9	27016.9
6764.7	14635.5	6317.1	2634.1	11815.1	8876.9	29628.4
11355.4	15265.1	7197.0	2577.1	11377.7	9188.6	29595.8
12400.0	15812.2	7411.0	2858.0	11620.7	9332.5	29775.4
14881.5	17457.6	7609.3	3159.6	12039.9	10688.4	30618.9
7350.9	15649.5	6810.5	2876.2	14110.4	9457.4	33725.1
11972.9	16318.6	7702.4	2815.2	13978.0	10459.3	33679.2
12883.5	16978.4	7909.4	3145.9	14057.5	10651.9	34239.0
15553.9	18773.1	8097.3	3468.8	14153.9	12005.3	35213.2
7763.0	16847.5	7180.5	3181.6	15340.4	11283.0	38482.2
12943.8	17679.8	8295.0	3112.3	14811.7	12209.7	38471.2
13870.6	18513.0	8591.6	3473.2	14945.4	12615.3	38936.8
16921.5	20684.1	8961.6	3840.7	14866.4	13861.4	40854.2
8725.3	18608.9	8094.5	3536.5	16758.8	13047.0	43591.4
14574.4	19473.6	9397.7	3440.9	15856.3	14059.0	43844.4
15590.1	20342.9	9688.7	3838.5	16290.4	14054.9	44712.4
19015.8	22731.1	9940.9	4240.1	15938.8	15925.1	46938.1
10073.8	20485.5	8806.5	3887.8	18050.6	14863.5	49956.6
16404.3	21374.2	10174.9	3779.6	17401.0	16176.1	49867.9
17294.5	22334.1	10582.3	4212.6	17780.6	15914.0	51154.8
21720.4	24710.0	10773.5	4640.6	17378.1	17669.5	53165.8
11102.8	21911.1	9316.3	4203.2	19423.0	16180.1	55890.9
17889.3	23053.1	10771.2	4091.8	18864.5	17692.2	55538.8
18666.9	23947.1	11231.6	4575.5	19186.0	17576.3	57033.7
22989.0	26739.6	11147.2	5032.6	18777.1	18996.2	59252.5
9273.4	18758.7	7669.7	2614.6	20979.0	15260.3	56423.8
18943.4	23746.3	10266.4	3303.7	20576.2	18522.5	57305.1
19760.1	25182.8	10938.5	4281.6	21435.4	19086.9	60034.5
24467.8	28398.4	11708.2	5085.5	20627.1	20555.5	64061.9
11926.4	24108.9	9891.5	3795.2	22932.2	19212.5	63319.3
21157.2	26987.5	12321.8	3981.4	22402.7	19978.8	63202.5
21042.2	28116.4	12473.4	4648.5	23297.6	18635.8	64695.9
26012.7	31279.9	12374.6	5427.5	22573.1	19733.7	68790.3

3-2 1992-2021年季度国内生产总值

季度	国内生产总值	第一产业	第二产业	第三产业	农、林、牧、渔业	工业
1992Q1	5262.8	649.3	2400.8	2212.7	658.8	2225.4
Q1-2	11747.1	1907.2	5199.9	4640.0	1930.7	4713.3
Q1-3	18939.8	3616.3	8341.0	6982.5	3657.4	7522.9
Q1-4	27194.5	5800.3	11725.0	9669.2	5866.2	10340.2
1993Q1	6834.6	730.1	3306.2	2798.4	740.9	3018.1
Q1-2	15191.6	2145.9	7244.3	5801.4	2171.8	6436.4
Q1-3	24577.4	4156.1	11647.6	8773.7	4202.0	10288.9
Q1-4	35673.2	6887.6	16472.7	12313.0	6963.3	14248.4
1994Q1	9375.1	980.5	4568.7	3825.9	994.8	4171.3
Q1-2	20856.1	2894.2	10027.8	7934.2	2928.5	8939.2
Q1-3	33724.1	5703.0	15998.9	12022.2	5763.7	14195.1
Q1-4	48637.5	9471.8	22452.5	16713.1	9572.1	19546.3
1995Q1	12111.7	1343.8	5901.4	4866.5	1360.4	5394.8
Q1-2	26724.6	3842.4	12937.6	9944.6	3882.8	11552.3
Q1-3	42888.7	7393.4	20524.3	14971.1	7463.8	18231.0
Q1-4	61339.9	12020.5	28676.7	20642.7	12135.1	25023.2
1996Q1	14628.0	1638.4	7171.5	5818.1	1658.8	6591.6
Q1-2	31775.5	4645.0	15391.4	11739.1	4695.0	13772.4
Q1-3	50381.3	8593.4	24228.4	17559.5	8678.0	21516.9
Q1-4	71813.6	13878.3	33827.3	24108.0	14014.7	29528.9
1997Q1	16689.1	1752.9	8047.0	6889.1	1780.6	7415.6
Q1-2	35852.7	4880.5	17255.0	13717.2	4948.7	15529.7
Q1-3	56353.6	8917.3	26976.0	20460.3	9028.5	24122.0
Q1-4	79715.0	14265.2	37545.0	27904.8	14440.8	33022.6
1998Q1	18049.1	1855.4	8374.4	7819.3	1888.2	7714.2
Q1-2	38345.7	5003.1	17834.2	15508.5	5080.3	16024.7
Q1-3	60121.3	9092.4	27879.5	23149.4	9217.3	24833.7
Q1-4	85195.5	14618.7	39017.5	31559.3	14816.4	34133.9
1999Q1	19361.9	1878.2	8767.2	8716.6	1915.8	8054.4
Q1-2	40929.6	5021.9	18749.8	17157.9	5110.3	16803.8
Q1-3	63980.4	9090.1	29299.4	25590.9	9232.5	26092.6
Q1-4	90564.4	14549.0	41079.9	34935.5	14768.7	36014.4
2000Q1	21329.9	1908.3	9547.8	9873.9	1947.5	8798.5
Q1-2	45373.3	5066.5	20675.0	19631.8	5157.2	18598.1
Q1-3	71085.9	9207.2	32561.6	29317.1	9353.4	29100.9
Q1-4	100280.1	14717.4	45663.7	39899.1	14943.6	40258.5
2001Q1	24086.4	2015.3	10641.4	11429.7	2061.6	9838.0
Q1-2	50813.0	5250.4	22954.0	22608.7	5358.5	20712.8
Q1-3	79146.3	9704.1	35743.9	33698.3	9882.5	32006.8
Q1-4	110863.1	15502.5	49659.4	45701.2	15780.0	43854.3

注：1.Q1-2表示一、二季度累计，下表同。
2.本表按当年价格计算。

(分三次产业和9个行业，累计)

单位：亿元

建筑业	批发和零售业	交通运输、仓储和邮政业	住宿和餐饮业	金融业	房地产业	其他
182.3	536.8	393.3	127.2	357.2	200.9	581.1
501.6	1216.5	804.2	282.4	711.2	443.9	1143.4
842.0	1785.0	1168.1	430.6	1079.2	750.7	1703.7
1417.9	2405.4	1689.2	584.6	1482.1	1099.1	2309.8
297.6	644.0	471.9	160.8	455.5	271.9	773.9
828.7	1408.6	997.7	344.0	888.8	565.6	1550.1
1391.7	2066.1	1473.9	521.0	1365.2	931.5	2337.0
2269.9	2817.0	2174.3	712.1	1903.5	1376.9	3207.8
410.9	830.7	650.0	217.9	620.3	384.3	1095.0
1117.6	1841.6	1372.4	469.6	1211.7	794.1	2181.4
1849.2	2757.1	1973.7	722.2	1856.9	1299.7	3306.6
2968.8	3774.0	2788.2	1008.5	2557.9	1905.6	4516.1
523.6	1098.7	737.3	282.4	765.7	511.4	1437.3
1422.4	2380.3	1530.4	587.4	1510.0	1035.5	2823.6
2351.4	3548.2	2248.1	875.9	2321.2	1640.5	4208.7
3733.7	4779.4	3244.7	1200.1	3211.5	2349.4	5662.8
600.7	1336.0	882.5	314.8	903.9	581.7	1757.9
1663.2	2826.7	1801.4	648.3	1767.7	1161.8	3439.0
2780.1	4182.3	2630.3	970.7	2678.3	1840.6	5104.1
4393.0	5600.5	3782.6	1336.8	3700.7	2611.9	6844.5
654.8	1606.6	958.8	384.0	1054.5	649.3	2184.8
1775.1	3277.8	1964.0	783.3	2017.1	1289.2	4267.7
2930.9	4807.0	2876.8	1158.6	3041.9	2049.6	6338.2
4628.3	6328.4	4149.1	1561.3	4179.2	2914.5	8490.9
684.5	1759.9	1079.8	453.0	1090.4	766.7	2612.4
1860.7	3561.3	2213.0	904.2	2078.0	1523.7	5099.9
3124.8	5237.9	3233.0	1339.9	3136.1	2422.0	7576.7
4993.0	6914.3	4661.5	1786.9	4318.2	3427.7	10143.7
737.9	1917.3	1210.8	506.3	1152.3	814.4	3052.7
1999.4	3834.9	2500.2	988.2	2192.4	1614.7	5885.7
3290.2	5635.0	3640.5	1458.2	3272.6	2552.6	8806.2
5180.9	7492.2	5175.9	1941.2	4489.7	3674.5	11827.0
777.1	2101.2	1379.4	570.5	1237.7	931.4	3586.7
2136.1	4174.6	2951.1	1107.0	2362.8	1834.4	7052.1
3553.5	6118.0	4321.1	1630.2	3534.7	2903.3	10570.9
5534.0	8159.8	6161.9	2146.3	4842.2	4140.9	14092.9
834.2	2351.9	1604.1	638.6	1343.4	1071.9	4342.6
2307.0	4659.7	3368.7	1238.2	2552.6	2084.8	8530.7
3839.2	6821.1	4889.9	1826.2	3817.2	3297.8	12765.6
5945.5	9120.8	6871.3	2400.1	5202.8	4705.8	16982.6

3-2 续表 1

季 度	国内生产总 值	第一产业	第二产业	第三产业	农、林、牧、渔业	工业
2002Q1	26295.0	2147.6	11319.7	12827.6	2206.3	10438.0
Q1-2	55489.8	5533.4	24619.5	25336.8	5669.5	22154.1
Q1-3	86747.1	10264.7	38643.5	37838.9	10489.5	34532.5
Q1-4	121717.4	16190.2	54104.1	51423.1	16535.7	47774.9
2003Q1	29825.5	2222.5	13146.2	14456.8	2292.1	12127.9
Q1-2	62362.8	5669.7	28365.8	28327.3	5829.5	25526.4
Q1-3	97654.7	10715.9	44664.1	42274.7	10984.0	39830.3
Q1-4	137422.0	16970.2	62695.8	57756.0	17380.6	55362.2
2004Q1	34544.6	2615.6	15292.1	16637.0	2698.4	14093.6
Q1-2	73245.4	6866.1	33377.4	33001.9	7059.1	30059.3
Q1-3	115100.4	13224.7	52749.5	49126.2	13554.0	47078.9
Q1-4	161840.2	20904.3	74285.0	66650.9	21410.7	65774.9
2005Q1	40453.3	2884.0	18159.0	19410.3	2986.8	16766.2
Q1-2	85246.4	7322.6	39584.3	38339.5	7557.8	35691.1
Q1-3	133294.1	13850.3	62358.3	57085.5	14248.3	55764.3
Q1-4	187318.9	21806.7	88082.2	77430.0	22416.2	77958.3
2006Q1	47078.9	3012.7	21418.2	22648.0	3133.1	19734.7
Q1-2	99752.2	7762.7	46992.9	44996.5	8040.5	42354.6
Q1-3	155816.8	14700.4	73929.5	67187.0	15170.2	66075.3
Q1-4	219438.5	23317.0	104359.2	91762.2	24036.4	92235.8
2007Q1	57159.3	3473.0	25983.1	27703.2	3606.9	23903.3
Q1-2	121940.9	8983.1	57109.3	55848.5	9290.0	51385.7
Q1-3	191423.1	17335.7	89769.5	84317.9	17862.0	80127.6
Q1-4	270092.3	27674.1	126630.5	115787.7	28483.7	111690.8
2008Q1	69373.6	4367.5	31613.2	33392.9	4536.9	29039.5
Q1-2	148085.5	11198.7	69861.6	67025.2	11583.4	62759.2
Q1-3	230545.6	21024.0	108756.6	100765.1	21667.6	96905.9
Q1-4	319244.6	32464.1	149952.9	136827.5	33428.1	131724.0
2009Q1	73979.2	4364.8	32549.0	37065.4	4544.7	29382.8
Q1-2	157845.0	11233.1	71927.6	74684.3	11649.0	63225.1
Q1-3	247691.9	21227.9	113240.6	113223.4	21930.6	98596.8
Q1-4	348517.7	33583.8	160168.8	154765.1	34659.7	138092.6
2010Q1	87501.3	4826.0	39364.2	43311.1	5020.8	35588.2
Q1-2	186848.7	12611.6	86786.5	87450.6	13065.4	76425.9
Q1-3	292812.4	24245.4	135693.0	132874.0	25022.4	118221.6
Q1-4	412119.3	38430.8	191626.5	182061.9	39619.0	165123.1
2011Q1	104469.9	5592.8	47194.0	51683.2	5808.3	42670.3
Q1-2	223365.8	14736.1	104077.9	104551.8	15249.2	91634.9
Q1-3	349928.0	28591.7	162700.5	158635.9	29468.8	141550.7
Q1-4	487940.2	44781.5	227035.1	216123.6	46122.6	195139.1

单位：亿元

建筑业	批发和零售业	交通运输、仓储和邮政业	住宿和餐饮业	金融业	房地产业	其他
914.6	2576.7	1722.5	728.6	1434.3	1201.4	5072.7
2535.8	5092.9	3624.4	1403.5	2725.6	2343.7	9940.3
4221.1	7454.1	5301.9	2072.7	4066.0	3725.5	14883.7
6482.1	9996.8	7494.3	2724.8	5555.8	5334.5	19818.6
1056.5	2818.0	1840.5	817.9	1588.8	1390.2	5893.4
2920.5	5602.6	3781.6	1556.7	2996.2	2741.4	11407.9
4960.9	8355.5	5575.2	2357.9	4457.5	4298.9	16834.6
7510.8	11171.2	7914.8	3126.1	6045.7	6157.0	22753.8
1242.8	2969.4	2159.8	898.1	1764.3	1628.1	7090.2
3413.4	6098.2	4535.4	1794.9	3279.6	3231.0	13774.5
5820.2	9182.2	6672.8	2722.4	4851.5	5031.2	20187.3
8720.5	12455.8	9306.5	3664.8	6600.2	7152.1	26754.6
1451.8	3339.7	2554.9	1048.4	1935.9	1988.4	8381.2
4020.8	6798.8	5422.5	2083.8	3617.4	3933.9	16120.2
6794.4	10245.6	7963.0	3136.3	5419.8	6032.6	23689.9
10400.5	13968.5	10668.8	4195.7	7486.0	8482.7	31742.1
1753.1	3940.4	2868.8	1178.2	2466.3	2410.3	9594.0
4789.8	8035.1	6030.5	2336.3	4736.0	4811.7	18617.6
8091.4	12123.1	8930.2	3548.5	7117.0	7301.5	27459.6
12450.1	16533.4	12186.3	4792.6	9972.3	10320.9	36910.8
2167.4	4865.2	3354.3	1322.3	3730.7	2986.9	11222.3
5912.5	10001.9	7169.2	2618.1	7420.2	6214.6	21928.8
9936.7	15188.2	10618.0	3984.6	11318.2	9633.9	32754.0
15348.0	20941.1	14605.1	5548.1	15200.0	13714.0	44561.5
2699.7	6031.9	3892.4	1602.3	4516.8	3514.9	13539.4
7377.1	12490.9	8275.6	3137.5	8918.5	7129.9	26413.4
12275.1	19104.7	12260.4	4785.3	13526.0	10575.6	39445.0
18807.6	26186.2	16367.6	6616.1	18345.6	14600.3	53169.3
3294.1	6737.0	3702.5	1689.5	5277.7	4098.8	15252.1
8978.9	13748.1	7840.3	3305.7	10553.2	8790.3	29754.4
15075.6	21007.2	12107.1	5028.4	16103.1	13433.8	44409.3
22681.5	29004.6	16522.4	6957.0	21836.8	18760.5	60002.6
3939.0	8258.4	4200.0	1814.8	6282.9	5289.4	17107.9
10710.5	16904.9	8963.8	3583.6	12466.7	10914.3	33813.7
18012.5	25906.4	13817.6	5540.3	18986.3	16537.5	50768.0
27259.3	35907.9	18783.6	7712.0	25733.1	23326.6	68654.7
4749.0	9975.3	4865.6	1996.0	7805.7	6541.9	20057.7
12927.0	20509.9	10383.7	3957.9	15371.6	13351.8	39979.8
21897.4	31550.2	16069.4	6144.2	22960.1	20125.5	60161.7
32926.5	43734.5	21842.0	8565.4	30747.2	27780.7	81082.2

3-2 续表 2

季　度	国内生产总　　值	第一产业	第二产业	第三产业	农、林、牧、渔业	工业
2012Q1	117357.6	6446.0	52316.2	58595.5	6685.4	47151.0
Q1-2	248678.3	16357.3	113749.4	118571.6	16923.9	99647.0
Q1-3	386767.9	31013.4	176005.6	179749.0	31994.1	152098.0
Q1-4	538580.0	49084.6	244639.1	244856.2	50581.2	208901.4
2013Q1	129449.6	6869.1	55861.2	66719.3	7130.2	50127.3
Q1-2	272968.2	17258.8	120991.5	134717.9	17878.4	105393.6
Q1-3	425190.9	33163.7	187740.2	204287.0	34245.4	161275.6
Q1-4	592963.2	53028.1	261951.6	277983.5	54692.4	222333.2
2014Q1	140759.8	7140.0	59127.4	74492.4	7428.5	52659.5
Q1-2	297249.5	18249.4	128585.8	150414.3	18929.1	111091.8
Q1-3	462734.2	35104.3	199556.9	228073.0	36300.1	169995.8
Q1-4	643563.1	55626.3	277282.8	310654.0	57472.2	233197.4
2015Q1	151137.9	7373.2	60505.9	83258.8	7686.8	53471.1
Q1-2	319687.6	19225.5	131455.9	169006.2	19983.0	112799.0
Q1-3	496285.3	36398.5	202982.7	256904.1	37722.2	171792.0
Q1-4	688858.2	57774.6	281338.9	349744.7	59852.6	234968.9
2016Q1	162410.0	8312.7	61106.8	92990.5	8665.5	53666.4
Q1-2	343818.2	20868.7	134523.3	188426.3	21711.0	114505.6
Q1-3	534828.9	38411.0	209923.7	286494.1	39873.2	176408.1
Q1-4	746395.1	60139.2	295427.8	390828.1	62451.0	245406.4
2017Q1	181867.7	8205.9	69315.5	104346.3	8595.8	60909.3
Q1-2	383818.0	20850.8	151638.4	211328.7	21800.0	129009.1
Q1-3	596607.3	39106.6	236212.5	321288.2	40744.2	198336.3
Q1-4	832035.9	62099.5	331580.5	438355.9	64660.0	275119.3
2018Q1	202035.7	8575.7	76598.2	116861.8	9005.8	66905.6
Q1-2	425997.9	21579.5	167698.8	236719.7	22668.0	142027.7
Q1-3	660472.2	39806.4	260811.3	359854.5	41629.8	218267.2
Q1-4	919281.1	64745.2	364835.2	489700.8	67558.7	301089.3
2019Q1	217168.3	8768.3	80596.7	127803.3	9248.7	69892.4
Q1-2	458670.9	23208.2	176520.4	258942.3	24360.4	148382.4
Q1-3	709717.2	43009.1	272940.5	393767.5	44993.2	226578.8
Q1-4	986515.2	70473.6	380670.6	535371.0	73576.9	311858.7
2020Q1	205244.8	10222.5	72415.9	122606.3	10747.7	63517.6
Q1-2	453592.5	26157.1	169945.7	257489.7	27415.8	142533.5
Q1-3	717948.2	48315.2	269843.2	399789.9	50481.1	223104.0
Q1-4	1013567.0	78030.9	383562.4	551973.7	81396.5	312902.9
2021Q1	247985.0	11373.8	92432.2	144179.0	11932.0	80867.1
Q1-2	529513.0	28512.8	206732.7	294267.4	29868.1	174427.1
Q1-3	819432.3	51613.3	320254.7	447564.3	53952.6	267352.0
Q1-4	1143669.7	83085.5	450904.5	609679.7	86775.0	372575.3

单位：亿元

建筑业	批发和零售业	交通运输、仓储和邮政业	住宿和餐饮业	金融业	房地产业	其他
5426.7	11527.6	5284.2	2230.9	8846.7	6890.2	23314.8
14655.0	23542.5	11314.7	4412.5	17553.7	14287.8	46341.2
24751.0	35995.4	17432.5	6846.0	26362.8	21965.3	69322.8
36896.1	49835.5	23763.2	9536.9	35272.2	30751.9	93041.6
6022.1	12980.3	5816.3	2394.5	10406.7	8214.8	26357.4
16203.9	26492.5	12345.9	4735.6	20592.7	16728.3	52597.4
27391.9	40586.7	19114.5	7344.3	30912.6	25489.5	78830.4
40896.8	56288.9	26042.7	10228.3	41293.4	35340.4	105847.3
6764.7	14635.5	6317.1	2634.1	11815.1	8876.9	29628.4
18120.1	29900.6	13514.1	5211.2	23192.8	18065.5	59224.2
30520.2	45712.8	20925.1	8069.2	34813.5	27398.0	88999.6
45401.7	63170.4	28534.4	11228.7	46853.4	38086.4	119618.5
7350.9	15649.5	6810.5	2876.2	14110.4	9457.4	33725.1
19323.9	31968.1	14512.8	5691.4	28088.4	19916.7	67404.3
32207.4	48946.5	22422.2	8837.3	42145.9	30568.5	101643.2
47761.3	67719.6	30519.5	12306.1	56299.8	42573.8	136856.5
7763.0	16847.5	7180.5	3181.6	15340.4	11283.0	38482.2
20706.8	34527.4	15475.5	6293.8	30152.1	23492.7	76953.4
34577.4	53040.3	24067.1	9767.1	45097.5	36108.0	115890.1
51498.9	73724.5	33028.7	13607.8	59964.0	49969.4	156744.3
8725.3	18608.9	8094.5	3536.5	16758.8	13047.0	43591.4
23299.7	38082.6	17492.3	6977.4	32615.1	27106.0	87435.8
38889.8	58425.5	27181.0	10815.9	48905.5	41160.8	132148.2
57905.6	81156.6	37121.9	15056.0	64844.3	57086.0	179086.3
10073.8	20485.5	8806.5	3887.8	18050.6	14863.5	49956.6
26478.2	41859.7	18981.4	7667.4	35451.6	31039.5	99824.6
43772.7	64193.8	29563.7	11880.0	53232.2	46953.5	150979.3
65493.0	88903.7	40337.2	16520.6	70610.3	64623.0	204145.2
11102.8	21911.1	9316.3	4203.2	19423.0	16180.1	55890.9
28992.1	44964.1	20087.4	8295.0	38287.5	33872.3	111429.6
47659.0	68911.2	31319.1	12870.5	57473.5	51448.6	168463.4
70648.1	95650.9	42466.3	17903.1	76250.6	70444.8	227715.8
9273.4	18758.7	7669.7	2614.6	20979.0	15260.3	56423.8
28216.8	42505.0	17936.1	5918.3	41555.3	33782.9	113728.9
47976.9	67687.8	28874.6	10199.9	62990.6	52869.8	173763.4
72444.7	96086.1	40582.9	15285.4	83617.7	73425.3	237825.3
11926.4	24108.9	9891.5	3795.2	22932.2	19212.5	63319.3
33083.6	51096.3	22213.2	7776.6	45334.9	39191.3	126521.9
54125.8	79212.8	34686.7	12425.1	68632.5	57827.1	191217.7
80138.5	110492.7	47061.2	17852.6	91205.6	77560.8	260008.0

3-3　1992-2021年季度国内生产总值构成

年　份	国内生产总　　值	第一产业	第二产业	第三产业	农、林、牧、渔业	工业
1992Q1	100.0	12.3	45.6	42.0	12.5	42.3
Q2	100.0	19.4	43.2	37.4	19.6	38.4
Q3	100.0	23.8	43.7	32.6	24.0	39.1
Q4	100.0	26.5	41.0	32.5	26.8	34.1
1993Q1	100.0	10.7	48.4	40.9	10.8	44.2
Q2	100.0	16.9	47.1	35.9	17.1	40.9
Q3	100.0	21.4	46.9	31.7	21.6	41.0
Q4	100.0	24.6	43.5	31.9	24.9	35.7
1994Q1	100.0	10.5	48.7	40.8	10.6	44.5
Q2	100.0	16.7	47.5	35.8	16.8	41.5
Q3	100.0	21.8	46.4	31.8	22.0	40.8
Q4	100.0	25.3	43.3	31.5	25.5	35.9
1995Q1	100.0	11.1	48.7	40.2	11.2	44.5
Q2	100.0	17.1	48.2	34.8	17.3	42.1
Q3	100.0	22.0	46.9	31.1	22.2	41.3
Q4	100.0	25.1	44.2	30.7	25.3	36.8
1996Q1	100.0	11.2	49.0	39.8	11.3	45.1
Q2	100.0	17.5	47.9	34.5	17.7	41.9
Q3	100.0	21.2	47.5	31.3	21.4	41.6
Q4	100.0	24.7	44.8	30.6	24.9	37.4
1997Q1	100.0	10.5	48.2	41.3	10.7	44.4
Q2	100.0	16.3	48.0	35.6	16.5	42.3
Q3	100.0	19.7	47.4	32.9	19.9	41.9
Q4	100.0	22.9	45.2	31.9	23.2	38.1
1998Q1	100.0	10.3	46.4	43.3	10.5	42.7
Q2	100.0	15.5	46.6	37.9	15.7	40.9
Q3	100.0	18.8	46.1	35.1	19.0	40.5
Q4	100.0	22.0	44.4	33.5	22.3	37.1
1999Q1	100.0	9.7	45.3	45.0	9.9	41.6
Q2	100.0	14.6	46.3	39.1	14.8	40.6
Q3	100.0	17.6	45.8	36.6	17.9	40.3
Q4	100.0	20.5	44.3	35.2	20.8	37.3
2000Q1	100.0	8.9	44.8	46.3	9.1	41.2
Q2	100.0	13.1	46.3	40.6	13.3	40.8
Q3	100.0	16.1	46.2	37.7	16.3	40.8
Q4	100.0	18.9	44.9	36.2	19.1	38.2
2001Q1	100.0	8.4	44.2	47.5	8.6	40.8
Q2	100.0	12.1	46.1	41.8	12.3	40.7
Q3	100.0	15.7	45.1	39.1	16.0	39.9
Q4	100.0	18.3	43.9	37.8	18.6	37.4

注：本表按当年价格计算。

（分三次产业和9个行业，当季）

单位：%

建筑业	批发和零售业	交通运输、仓储和邮政业	住宿和餐饮业	金融业	房地产业	其他
3.5	10.2	7.5	2.4	6.8	3.8	11.0
4.9	10.5	6.3	2.4	5.5	3.7	8.7
4.7	7.9	5.1	2.1	5.1	4.3	7.8
7.0	7.5	6.3	1.9	4.9	4.2	7.3
4.4	9.4	6.9	2.4	6.7	4.0	11.3
6.4	9.1	6.3	2.2	5.2	3.5	9.3
6.0	7.0	5.1	1.9	5.1	3.9	8.4
7.9	6.8	6.3	1.7	4.9	4.0	7.8
4.4	8.9	6.9	2.3	6.6	4.1	11.7
6.2	8.8	6.3	2.2	5.2	3.6	9.5
5.7	7.1	4.7	2.0	5.0	3.9	8.7
7.5	6.8	5.5	1.9	4.7	4.1	8.1
4.3	9.1	6.1	2.3	6.3	4.2	11.9
6.2	8.8	5.4	2.1	5.1	3.6	9.5
5.7	7.2	4.4	1.8	5.0	3.7	8.6
7.5	6.7	5.4	1.8	4.8	3.8	7.9
4.1	9.1	6.0	2.2	6.2	4.0	12.0
6.2	8.7	5.4	1.9	5.0	3.4	9.8
6.0	7.3	4.5	1.7	4.9	3.6	8.9
7.5	6.6	5.4	1.7	4.8	3.6	8.1
3.9	9.6	5.7	2.3	6.3	3.9	13.1
5.8	8.7	5.2	2.1	5.0	3.3	10.9
5.6	7.5	4.5	1.8	5.0	3.7	10.1
7.3	6.5	5.4	1.7	4.9	3.7	9.2
3.8	9.8	6.0	2.5	6.0	4.2	14.5
5.8	8.9	5.6	2.2	4.9	3.7	12.3
5.8	7.7	4.7	2.0	4.9	4.1	11.4
7.5	6.7	5.7	1.8	4.7	4.0	10.2
3.8	9.9	6.3	2.6	6.0	4.2	15.8
5.8	8.9	6.0	2.2	4.8	3.7	13.1
5.6	7.8	4.9	2.0	4.7	4.1	12.7
7.1	7.0	5.8	1.8	4.6	4.2	11.4
3.6	9.9	6.5	2.7	5.8	4.4	16.8
5.7	8.6	6.5	2.2	4.7	3.8	14.4
5.5	7.6	5.3	2.0	4.6	4.2	13.7
6.8	7.0	6.3	1.8	4.5	4.2	12.1
3.5	9.8	6.7	2.7	5.6	4.5	18.0
5.5	8.6	6.6	2.2	4.5	3.8	15.7
5.4	7.6	5.4	2.1	4.5	4.3	14.9
6.6	7.3	6.2	1.8	4.4	4.4	13.3

3-3 续表 1

年 份	国内生产总 值	第一产业	第二产业	第三产业	农、林、牧、渔业	工业
2002Q1	100.0	8.2	43.0	48.8	8.4	39.7
Q2	100.0	11.6	45.6	42.8	11.9	40.1
Q3	100.0	15.1	44.9	40.0	15.4	39.6
Q4	100.0	16.9	44.2	38.8	17.3	37.9
2003Q1	100.0	7.5	44.1	48.5	7.7	40.7
Q2	100.0	10.6	46.8	42.6	10.9	41.2
Q3	100.0	14.3	46.2	39.5	14.6	40.5
Q4	100.0	15.7	45.3	38.9	16.1	39.1
2004Q1	100.0	7.6	44.3	48.2	7.8	40.8
Q2	100.0	11.0	46.7	42.3	11.3	41.3
Q3	100.0	15.2	46.3	38.5	15.5	40.7
Q4	100.0	16.4	46.1	37.5	16.8	40.0
2005Q1	100.0	7.1	44.9	48.0	7.4	41.4
Q2	100.0	9.9	47.8	42.3	10.2	42.2
Q3	100.0	13.6	47.4	39.0	13.9	41.8
Q4	100.0	14.7	47.6	37.7	15.1	41.1
2006Q1	100.0	6.4	45.5	48.1	6.7	41.9
Q2	100.0	9.0	48.6	42.4	9.3	42.9
Q3	100.0	12.4	48.0	39.6	12.7	42.3
Q4	100.0	13.5	47.8	38.6	13.9	41.1
2007Q1	100.0	6.1	45.5	48.5	6.3	41.8
Q2	100.0	8.5	48.0	43.4	8.8	42.4
Q3	100.0	12.0	47.0	41.0	12.3	41.4
Q4	100.0	13.1	46.9	40.0	13.5	40.1
2008Q1	100.0	6.3	45.6	48.1	6.5	41.9
Q2	100.0	8.7	48.6	42.7	9.0	42.8
Q3	100.0	11.9	47.2	40.9	12.2	41.4
Q4	100.0	12.9	46.4	40.7	13.3	39.3
2009Q1	100.0	5.9	44.0	50.1	6.1	39.7
Q2	100.0	8.2	47.0	44.9	8.5	40.4
Q3	100.0	11.1	46.0	42.9	11.4	39.4
Q4	100.0	12.3	46.5	41.2	12.6	39.2
2010Q1	100.0	5.5	45.0	49.5	5.7	40.7
Q2	100.0	7.8	47.7	44.4	8.1	41.1
Q3	100.0	11.0	46.2	42.9	11.3	39.4
Q4	100.0	11.9	46.9	41.2	12.2	39.3
2011Q1	100.0	5.4	45.2	49.5	5.6	40.8
Q2	100.0	7.7	47.8	44.5	7.9	41.2
Q3	100.0	10.9	46.3	42.7	11.2	39.4
Q4	100.0	11.7	46.6	41.7	12.1	38.8

单位：%

建筑业	批发和零售业	交通运输、仓储和邮政业	住宿和餐饮业	金融业	房地产业	其他
3.5	9.8	6.6	2.8	5.5	4.6	19.3
5.6	8.6	6.5	2.3	4.4	3.9	16.7
5.4	7.6	5.4	2.1	4.3	4.4	15.8
6.5	7.3	6.3	1.9	4.3	4.6	14.1
3.5	9.4	6.2	2.7	5.3	4.7	19.8
5.7	8.6	6.0	2.3	4.3	4.2	16.9
5.8	7.8	5.1	2.3	4.1	4.4	15.4
6.4	7.1	5.9	1.9	4.0	4.7	14.9
3.6	8.6	6.3	2.6	5.1	4.7	20.5
5.6	8.1	6.1	2.3	3.9	4.1	17.3
5.8	7.4	5.1	2.2	3.8	4.3	15.3
6.2	7.0	5.6	2.0	3.7	4.5	14.1
3.6	8.3	6.3	2.6	4.8	4.9	20.7
5.7	7.7	6.4	2.3	3.8	4.3	17.3
5.8	7.2	5.3	2.2	3.8	4.4	15.8
6.7	6.9	5.0	2.0	3.8	4.5	14.9
3.7	8.4	6.1	2.5	5.2	5.1	20.4
5.8	7.8	6.0	2.2	4.3	4.6	17.1
5.9	7.3	5.2	2.2	4.2	4.4	15.8
6.9	6.9	5.1	2.0	4.5	4.7	14.9
3.8	8.5	5.9	2.3	6.5	5.2	19.6
5.8	7.9	5.9	2.0	5.7	5.0	16.5
5.8	7.5	5.0	2.0	5.6	4.9	15.6
6.9	7.3	5.1	2.0	4.9	5.2	15.0
3.9	8.7	5.6	2.3	6.5	5.1	19.5
5.9	8.2	5.6	2.0	5.6	4.6	16.4
5.9	8.0	4.8	2.0	5.6	4.2	15.8
7.4	8.0	4.6	2.1	5.4	4.5	15.5
4.5	9.1	5.0	2.3	7.1	5.5	20.6
6.8	8.4	4.9	1.9	6.3	5.6	17.3
6.8	8.1	4.7	1.9	6.2	5.2	16.3
7.5	7.9	4.4	1.9	5.7	5.3	15.5
4.5	9.4	4.8	2.1	7.2	6.0	19.6
6.8	8.7	4.8	1.8	6.2	5.7	16.8
6.9	8.5	4.6	1.8	6.2	5.3	16.0
7.8	8.4	4.2	1.8	5.7	5.7	15.0
4.5	9.5	4.7	1.9	7.5	6.3	19.2
6.9	8.9	4.6	1.7	6.4	5.7	16.8
7.1	8.7	4.5	1.7	6.0	5.4	15.9
8.0	8.8	4.2	1.8	5.6	5.5	15.2

3-3 续表 2

年 份	国内生产总 值	第一产业	第二产业	第三产业	农、林、牧、渔业	工业
2012Q1	100.0	5.5	44.6	49.9	5.7	40.2
Q2	100.0	7.5	46.8	45.7	7.8	40.0
Q3	100.0	10.6	45.1	44.3	10.9	38.0
Q4	100.0	11.9	45.2	42.9	12.2	37.4
2013Q1	100.0	5.3	43.2	51.5	5.5	38.7
Q2	100.0	7.2	45.4	47.4	7.5	38.5
Q3	100.0	10.4	43.8	45.7	10.8	36.7
Q4	100.0	11.8	44.2	43.9	12.2	36.4
2014Q1	100.0	5.1	42.0	52.9	5.3	37.4
Q2	100.0	7.1	44.4	48.5	7.3	37.3
Q3	100.0	10.2	42.9	46.9	10.5	35.6
Q4	100.0	11.3	43.0	45.7	11.7	35.0
2015Q1	100.0	4.9	40.0	55.1	5.1	35.4
Q2	100.0	7.0	42.1	50.9	7.3	35.2
Q3	100.0	9.7	40.5	49.8	10.0	33.4
Q4	100.0	11.1	40.7	48.2	11.5	32.8
2016Q1	100.0	5.1	37.6	57.3	5.3	33.0
Q2	100.0	6.9	40.5	52.6	7.2	33.5
Q3	100.0	9.2	39.5	51.3	9.5	32.4
Q4	100.0	10.3	40.4	49.3	10.7	32.6
2017Q1	100.0	4.5	38.1	57.4	4.7	33.5
Q2	100.0	6.3	40.8	53.0	6.5	33.7
Q3	100.0	8.6	39.7	51.7	8.9	32.6
Q4	100.0	9.8	40.5	49.7	10.2	32.6
2018Q1	100.0	4.2	37.9	57.8	4.5	33.1
Q2	100.0	5.8	40.7	53.5	6.1	33.5
Q3	100.0	7.8	39.7	52.5	8.1	32.5
Q4	100.0	9.6	40.2	50.2	10.0	32.0
2019Q1	100.0	4.0	37.1	58.8	4.3	32.2
Q2	100.0	6.0	39.7	54.3	6.3	32.5
Q3	100.0	7.9	38.4	53.7	8.2	31.1
Q4	100.0	9.9	38.9	51.2	10.3	30.8
2020Q1	100.0	5.0	35.3	59.7	5.2	30.9
Q2	100.0	6.4	39.3	54.3	6.7	31.8
Q3	100.0	8.4	37.8	53.8	8.7	30.5
Q4	100.0	10.1	38.5	51.5	10.5	30.4
2021Q1	100.0	4.6	37.3	58.1	4.8	32.6
Q2	100.0	6.1	40.6	53.3	6.4	33.2
Q3	100.0	8.0	39.2	52.9	8.3	32.1
Q4	100.0	9.7	40.3	50.0	10.1	32.5

单位：%

建筑业	批发和零售业	交通运输、仓储和邮政业	住宿和餐饮业	金融业	房地产业	其他
4.6	9.8	4.5	1.9	7.5	5.9	19.9
7.0	9.1	4.6	1.7	6.6	5.6	17.5
7.3	9.0	4.4	1.8	6.4	5.6	16.6
8.0	9.1	4.2	1.8	5.9	5.8	15.6
4.7	10.0	4.5	1.8	8.0	6.3	20.4
7.1	9.4	4.5	1.6	7.1	5.9	18.3
7.3	9.3	4.4	1.7	6.8	5.8	17.2
8.0	9.4	4.1	1.7	6.2	5.9	16.1
4.8	10.4	4.5	1.9	8.4	6.3	21.0
7.3	9.8	4.6	1.6	7.3	5.9	18.9
7.5	9.6	4.5	1.7	7.0	5.6	18.0
8.2	9.7	4.2	1.7	6.7	5.9	16.9
4.9	10.4	4.5	1.9	9.3	6.3	22.3
7.1	9.7	4.6	1.7	8.3	6.2	20.0
7.3	9.6	4.5	1.8	8.0	6.0	19.4
8.1	9.7	4.2	1.8	7.3	6.2	18.3
4.8	10.4	4.4	2.0	9.4	6.9	23.7
7.1	9.7	4.6	1.7	8.2	6.7	21.2
7.3	9.7	4.5	1.8	7.8	6.6	20.4
8.0	9.8	4.2	1.8	7.0	6.6	19.3
4.8	10.2	4.5	1.9	9.2	7.2	24.0
7.2	9.6	4.7	1.7	7.9	7.0	21.7
7.3	9.6	4.6	1.8	7.7	6.6	21.0
8.1	9.7	4.2	1.8	6.8	6.8	19.9
5.0	10.1	4.4	1.9	8.9	7.4	24.7
7.3	9.5	4.5	1.7	7.8	7.2	22.3
7.4	9.5	4.5	1.8	7.6	6.8	21.8
8.4	9.5	4.2	1.8	6.7	6.8	20.5
5.1	10.1	4.3	1.9	8.9	7.5	25.7
7.4	9.5	4.5	1.7	7.8	7.3	23.0
7.4	9.5	4.5	1.8	7.6	7.0	22.7
8.3	9.7	4.0	1.8	6.8	6.9	21.4
4.5	9.1	3.7	1.3	10.2	7.4	27.5
7.6	9.6	4.1	1.3	8.3	7.5	23.1
7.5	9.5	4.1	1.6	8.1	7.2	22.7
8.3	9.6	4.0	1.7	7.0	7.0	21.7
4.8	9.7	4.0	1.5	9.2	7.7	25.5
7.5	9.6	4.4	1.4	8.0	7.1	22.4
7.3	9.7	4.3	1.6	8.0	6.4	22.3
8.0	9.6	3.8	1.7	7.0	6.1	21.2

3-4　1992-2021年季度国内生产总值构成

年　份	国内生产总　值	第一产业	第二产业	第三产业	农、林、牧、渔业	工业
1992Q1	100.0	12.3	45.6	42.0	12.5	42.3
Q1-2	100.0	16.2	44.3	39.5	16.4	40.1
Q1-3	100.0	19.1	44.0	36.9	19.3	39.7
Q1-4	100.0	21.3	43.1	35.6	21.6	38.0
1993Q1	100.0	10.7	48.4	40.9	10.8	44.2
Q1-2	100.0	14.1	47.7	38.2	14.3	42.4
Q1-3	100.0	16.9	47.4	35.7	17.1	41.9
Q1-4	100.0	19.3	46.2	34.5	19.5	39.9
1994Q1	100.0	10.5	48.7	40.8	10.6	44.5
Q1-2	100.0	13.9	48.1	38.0	14.0	42.9
Q1-3	100.0	16.9	47.4	35.6	17.1	42.1
Q1-4	100.0	19.5	46.2	34.4	19.7	40.2
1995Q1	100.0	11.1	48.7	40.2	11.2	44.5
Q1-2	100.0	14.4	48.4	37.2	14.5	43.2
Q1-3	100.0	17.2	47.9	34.9	17.4	42.5
Q1-4	100.0	19.6	46.8	33.7	19.8	40.8
1996Q1	100.0	11.2	49.0	39.8	11.3	45.1
Q1-2	100.0	14.6	48.4	36.9	14.8	43.3
Q1-3	100.0	17.1	48.1	34.9	17.2	42.7
Q1-4	100.0	19.3	47.1	33.6	19.5	41.1
1997Q1	100.0	10.5	48.2	41.3	10.7	44.4
Q1-2	100.0	13.6	48.1	38.3	13.8	43.3
Q1-3	100.0	15.8	47.9	36.3	16.0	42.8
Q1-4	100.0	17.9	47.1	35.0	18.1	41.4
1998Q1	100.0	10.3	46.4	43.3	10.5	42.7
Q1-2	100.0	13.0	46.5	40.4	13.2	41.8
Q1-3	100.0	15.1	46.4	38.5	15.3	41.3
Q1-4	100.0	17.2	45.8	37.0	17.4	40.1
1999Q1	100.0	9.7	45.3	45.0	9.9	41.6
Q1-2	100.0	12.3	45.8	41.9	12.5	41.1
Q1-3	100.0	14.2	45.8	40.0	14.4	40.8
Q1-4	100.0	16.1	45.4	38.6	16.3	39.8
2000Q1	100.0	8.9	44.8	46.3	9.1	41.2
Q1-2	100.0	11.2	45.6	43.3	11.4	41.0
Q1-3	100.0	13.0	45.8	41.2	13.2	40.9
Q1-4	100.0	14.7	45.5	39.8	14.9	40.1
2001Q1	100.0	8.4	44.2	47.5	8.6	40.8
Q1-2	100.0	10.3	45.2	44.5	10.5	40.8
Q1-3	100.0	12.3	45.2	42.6	12.5	40.4
Q1-4	100.0	14.0	44.8	41.2	14.2	39.6

注：本表按当年价格计算。

（分三次产业和9个行业，累计）

单位：%

建筑业	批发和零售业	交通运输、仓储和邮政业	住宿和餐饮业	金融业	房地产业	其他
3.5	10.2	7.5	2.4	6.8	3.8	11.0
4.3	10.4	6.8	2.4	6.1	3.8	9.7
4.4	9.4	6.2	2.3	5.7	4.0	9.0
5.2	8.8	6.2	2.1	5.5	4.0	8.5
4.4	9.4	6.9	2.4	6.7	4.0	11.3
5.5	9.3	6.6	2.3	5.9	3.7	10.2
5.7	8.4	6.0	2.1	5.6	3.8	9.5
6.4	7.9	6.1	2.0	5.3	3.9	9.0
4.4	8.9	6.9	2.3	6.6	4.1	11.7
5.4	8.8	6.6	2.3	5.8	3.8	10.5
5.5	8.2	5.9	2.1	5.5	3.9	9.8
6.1	7.8	5.7	2.1	5.3	3.9	9.3
4.3	9.1	6.1	2.3	6.3	4.2	11.9
5.3	8.9	5.7	2.2	5.7	3.9	10.6
5.5	8.3	5.2	2.0	5.4	3.8	9.8
6.1	7.8	5.3	2.0	5.2	3.8	9.2
4.1	9.1	6.0	2.2	6.2	4.0	12.0
5.2	8.9	5.7	2.0	5.6	3.7	10.8
5.5	8.3	5.2	1.9	5.3	3.7	10.1
6.1	7.8	5.3	1.9	5.2	3.6	9.5
3.9	9.6	5.7	2.3	6.3	3.9	13.1
5.0	9.1	5.5	2.2	5.6	3.6	11.9
5.2	8.5	5.1	2.1	5.4	3.6	11.2
5.8	7.9	5.2	2.0	5.2	3.7	10.7
3.8	9.8	6.0	2.5	6.0	4.2	14.5
4.9	9.3	5.8	2.4	5.4	4.0	13.3
5.2	8.7	5.4	2.2	5.2	4.0	12.6
5.9	8.1	5.5	2.1	5.1	4.0	11.9
3.8	9.9	6.3	2.6	6.0	4.2	15.8
4.9	9.4	6.1	2.4	5.4	3.9	14.4
5.1	8.8	5.7	2.3	5.1	4.0	13.8
5.7	8.3	5.7	2.1	5.0	4.1	13.1
3.6	9.9	6.5	2.7	5.8	4.4	16.8
4.7	9.2	6.5	2.4	5.2	4.0	15.5
5.0	8.6	6.1	2.3	5.0	4.1	14.9
5.5	8.1	6.1	2.1	4.8	4.1	14.1
3.5	9.8	6.7	2.7	5.6	4.5	18.0
4.5	9.2	6.6	2.4	5.0	4.1	16.8
4.9	8.6	6.2	2.3	4.8	4.2	16.1
5.4	8.2	6.2	2.2	4.7	4.2	15.3

3-4 续表 1

年 份	国内生产总 值	第一产业	第二产业	第三产业	农、林、牧、渔业	工业
2002Q1	100.0	8.2	43.0	48.8	8.4	39.7
Q1-2	100.0	10.0	44.4	45.7	10.2	39.9
Q1-3	100.0	11.8	44.5	43.6	12.1	39.8
Q1-4	100.0	13.3	44.5	42.2	13.6	39.3
2003Q1	100.0	7.5	44.1	48.5	7.7	40.7
Q1-2	100.0	9.1	45.5	45.4	9.3	40.9
Q1-3	100.0	11.0	45.7	43.3	11.2	40.8
Q1-4	100.0	12.3	45.6	42.0	12.6	40.3
2004Q1	100.0	7.6	44.3	48.2	7.8	40.8
Q1-2	100.0	9.4	45.6	45.1	9.6	41.0
Q1-3	100.0	11.5	45.8	42.7	11.8	40.9
Q1-4	100.0	12.9	45.9	41.2	13.2	40.6
2005Q1	100.0	7.1	44.9	48.0	7.4	41.4
Q1-2	100.0	8.6	46.4	45.0	8.9	41.9
Q1-3	100.0	10.4	46.8	42.8	10.7	41.8
Q1-4	100.0	11.6	47.0	41.3	12.0	41.6
2006Q1	100.0	6.4	45.5	48.1	6.7	41.9
Q1-2	100.0	7.8	47.1	45.1	8.1	42.5
Q1-3	100.0	9.4	47.4	43.1	9.7	42.4
Q1-4	100.0	10.6	47.6	41.8	11.0	42.0
2007Q1	100.0	6.1	45.5	48.5	6.3	41.8
Q1-2	100.0	7.4	46.8	45.8	7.6	42.1
Q1-3	100.0	9.1	46.9	44.0	9.3	41.9
Q1-4	100.0	10.2	46.9	42.9	10.5	41.4
2008Q1	100.0	6.3	45.6	48.1	6.5	41.9
Q1-2	100.0	7.6	47.2	45.3	7.8	42.4
Q1-3	100.0	9.1	47.2	43.7	9.4	42.0
Q1-4	100.0	10.2	47.0	42.9	10.5	41.3
2009Q1	100.0	5.9	44.0	50.1	6.1	39.7
Q1-2	100.0	7.1	45.6	47.3	7.4	40.1
Q1-3	100.0	8.6	45.7	45.7	8.9	39.8
Q1-4	100.0	9.6	46.0	44.4	9.9	39.6
2010Q1	100.0	5.5	45.0	49.5	5.7	40.7
Q1-2	100.0	6.7	46.4	46.8	7.0	40.9
Q1-3	100.0	8.3	46.3	45.4	8.5	40.4
Q1-4	100.0	9.3	46.5	44.2	9.6	40.1
2011Q1	100.0	5.4	45.2	49.5	5.6	40.8
Q1-2	100.0	6.6	46.6	46.8	6.8	41.0
Q1-3	100.0	8.2	46.5	45.3	8.4	40.5
Q1-4	100.0	9.2	46.5	44.3	9.5	40.0

单位：%

建筑业	批发和零售业	交通运输、仓储和邮政业	住宿和餐饮业	金融业	房地产业	其他
3.5	9.8	6.6	2.8	5.5	4.6	19.3
4.6	9.2	6.5	2.5	4.9	4.2	17.9
4.9	8.6	6.1	2.4	4.7	4.3	17.2
5.3	8.2	6.2	2.2	4.6	4.4	16.3
3.5	9.4	6.2	2.7	5.3	4.7	19.8
4.7	9.0	6.1	2.5	4.8	4.4	18.3
5.1	8.6	5.7	2.4	4.6	4.4	17.2
5.5	8.1	5.8	2.3	4.4	4.5	16.6
3.6	8.6	6.3	2.6	5.1	4.7	20.5
4.7	8.3	6.2	2.5	4.5	4.4	18.8
5.1	8.0	5.8	2.4	4.2	4.4	17.5
5.4	7.7	5.8	2.3	4.1	4.4	16.5
3.6	8.3	6.3	2.6	4.8	4.9	20.7
4.7	8.0	6.4	2.4	4.2	4.6	18.9
5.1	7.7	6.0	2.4	4.1	4.5	17.8
5.6	7.5	5.7	2.2	4.0	4.5	16.9
3.7	8.4	6.1	2.5	5.2	5.1	20.4
4.8	8.1	6.0	2.3	4.7	4.8	18.7
5.2	7.8	5.7	2.3	4.6	4.7	17.6
5.7	7.5	5.6	2.2	4.5	4.7	16.8
3.8	8.5	5.9	2.3	6.5	5.2	19.6
4.8	8.2	5.9	2.1	6.1	5.1	18.0
5.2	7.9	5.5	2.1	5.9	5.0	17.1
5.7	7.8	5.4	2.1	5.6	5.1	16.5
3.9	8.7	5.6	2.3	6.5	5.1	19.5
5.0	8.4	5.6	2.1	6.0	4.8	17.8
5.3	8.3	5.3	2.1	5.9	4.6	17.1
5.9	8.2	5.1	2.1	5.7	4.6	16.7
4.5	9.1	5.0	2.3	7.1	5.5	20.6
5.7	8.7	5.0	2.1	6.7	5.6	18.9
6.1	8.5	4.9	2.0	6.5	5.4	17.9
6.5	8.3	4.7	2.0	6.3	5.4	17.2
4.5	9.4	4.8	2.1	7.2	6.0	19.6
5.7	9.0	4.8	1.9	6.7	5.8	18.1
6.2	8.8	4.7	1.9	6.5	5.6	17.3
6.6	8.7	4.6	1.9	6.2	5.7	16.7
4.5	9.5	4.7	1.9	7.5	6.3	19.2
5.8	9.2	4.6	1.8	6.9	6.0	17.9
6.3	9.0	4.6	1.8	6.6	5.8	17.2
6.7	9.0	4.5	1.8	6.3	5.7	16.6

3-4 续表 2

年份	国内生产总值	第一产业	第二产业	第三产业	农、林、牧、渔业	工业
2012Q1	100.0	5.5	44.6	49.9	5.7	40.2
Q1-2	100.0	6.6	45.7	47.7	6.8	40.1
Q1-3	100.0	8.0	45.5	46.5	8.3	39.3
Q1-4	100.0	9.1	45.4	45.5	9.4	38.8
2013Q1	100.0	5.3	43.2	51.5	5.5	38.7
Q1-2	100.0	6.3	44.3	49.4	6.5	38.6
Q1-3	100.0	7.8	44.2	48.0	8.1	37.9
Q1-4	100.0	8.9	44.2	46.9	9.2	37.5
2014Q1	100.0	5.1	42.0	52.9	5.3	37.4
Q1-2	100.0	6.1	43.3	50.6	6.4	37.4
Q1-3	100.0	7.6	43.1	49.3	7.8	36.7
Q1-4	100.0	8.6	43.1	48.3	8.9	36.2
2015Q1	100.0	4.9	40.0	55.1	5.1	35.4
Q1-2	100.0	6.0	41.1	52.9	6.3	35.3
Q1-3	100.0	7.3	40.9	51.8	7.6	34.6
Q1-4	100.0	8.4	40.8	50.8	8.7	34.1
2016Q1	100.0	5.1	37.6	57.3	5.3	33.0
Q1-2	100.0	6.1	39.1	54.8	6.3	33.3
Q1-3	100.0	7.2	39.3	53.6	7.5	33.0
Q1-4	100.0	8.1	39.6	52.4	8.4	32.9
2017Q1	100.0	4.5	38.1	57.4	4.7	33.5
Q1-2	100.0	5.4	39.5	55.1	5.7	33.6
Q1-3	100.0	6.6	39.6	53.9	6.8	33.2
Q1-4	100.0	7.5	39.9	52.7	7.8	33.1
2018Q1	100.0	4.2	37.9	57.8	4.5	33.1
Q1-2	100.0	5.1	39.4	55.6	5.3	33.3
Q1-3	100.0	6.0	39.5	54.5	6.3	33.0
Q1-4	100.0	7.0	39.7	53.3	7.3	32.8
2019Q1	100.0	4.0	37.1	58.8	4.3	32.2
Q1-2	100.0	5.1	38.5	56.5	5.3	32.4
Q1-3	100.0	6.1	38.5	55.5	6.3	31.9
Q1-4	100.0	7.1	38.6	54.3	7.5	31.6
2020Q1	100.0	5.0	35.3	59.7	5.2	30.9
Q1-2	100.0	5.8	37.5	56.8	6.0	31.4
Q1-3	100.0	6.7	37.6	55.7	7.0	31.1
Q1-4	100.0	7.7	37.8	54.5	8.0	30.9
2021Q1	100.0	4.6	37.3	58.1	4.8	32.6
Q1-2	100.0	5.4	39.0	55.6	5.6	32.9
Q1-3	100.0	6.3	39.1	54.6	6.6	32.6
Q1-4	100.0	7.3	39.4	53.3	7.6	32.6

单位：%

建筑业	批发和零售业	交通运输、仓储和邮政业	住宿和餐饮业	金融业	房地产业	其他
4.6	9.8	4.5	1.9	7.5	5.9	19.9
5.9	9.5	4.5	1.8	7.1	5.7	18.6
6.4	9.3	4.5	1.8	6.8	5.7	17.9
6.9	9.3	4.4	1.8	6.5	5.7	17.3
4.7	10.0	4.5	1.8	8.0	6.3	20.4
5.9	9.7	4.5	1.7	7.5	6.1	19.3
6.4	9.5	4.5	1.7	7.3	6.0	18.5
6.9	9.5	4.4	1.7	7.0	6.0	17.9
4.8	10.4	4.5	1.9	8.4	6.3	21.0
6.1	10.1	4.5	1.8	7.8	6.1	19.9
6.6	9.9	4.5	1.7	7.5	5.9	19.2
7.1	9.8	4.4	1.7	7.3	5.9	18.6
4.9	10.4	4.5	1.9	9.3	6.3	22.3
6.0	10.0	4.5	1.8	8.8	6.2	21.1
6.5	9.9	4.5	1.8	8.5	6.2	20.5
6.9	9.8	4.4	1.8	8.2	6.2	19.9
4.8	10.4	4.4	2.0	9.4	6.9	23.7
6.0	10.0	4.5	1.8	8.8	6.8	22.4
6.5	9.9	4.5	1.8	8.4	6.8	21.7
6.9	9.9	4.4	1.8	8.0	6.7	21.0
4.8	10.2	4.5	1.9	9.2	7.2	24.0
6.1	9.9	4.6	1.8	8.5	7.1	22.8
6.5	9.8	4.6	1.8	8.2	6.9	22.1
7.0	9.8	4.5	1.8	7.8	6.9	21.5
5.0	10.1	4.4	1.9	8.9	7.4	24.7
6.2	9.8	4.5	1.8	8.3	7.3	23.4
6.6	9.7	4.5	1.8	8.1	7.1	22.9
7.1	9.7	4.4	1.8	7.7	7.0	22.2
5.1	10.1	4.3	1.9	8.9	7.5	25.7
6.3	9.8	4.4	1.8	8.3	7.4	24.3
6.7	9.7	4.4	1.8	8.1	7.2	23.7
7.2	9.7	4.3	1.8	7.7	7.1	23.1
4.5	9.1	3.7	1.3	10.2	7.4	27.5
6.2	9.4	4.0	1.3	9.2	7.4	25.1
6.7	9.4	4.0	1.4	8.8	7.4	24.2
7.1	9.5	4.0	1.5	8.2	7.2	23.5
4.8	9.7	4.0	1.5	9.2	7.7	25.5
6.2	9.6	4.2	1.5	8.6	7.4	23.9
6.6	9.7	4.2	1.5	8.4	7.1	23.3
7.0	9.7	4.1	1.6	8.0	6.8	22.7

3-5 1992-2021年季度不变价国内生产总值

季 度	国内生产总值	第一产业	第二产业	第三产业	农、林、牧、渔业	工业
						按1990年价格计算
1992Q1	4698.8	627.9	2242.2	1828.6	635.8	2092.5
Q2	5667.2	1186.4	2587.2	1893.7	1197.5	2317.2
Q3	6248.6	1587.2	2875.3	1786.1	1601.1	2606.7
Q4	6939.7	1972.6	2960.5	2006.5	1992.5	2535.9
1993Q1	5416.6	659.3	2711.6	2045.7	667.9	2527.6
Q2	6429.8	1233.9	3103.9	2092.0	1245.9	2776.0
Q3	7057.4	1654.5	3403.4	1999.5	1669.6	3086.1
Q4	7920.7	2076.3	3551.9	2292.5	2098.5	3069.2
1994Q1	6180.2	692.8	3202.8	2284.6	702.3	2991.2
Q2	7285.7	1283.7	3681.8	2320.2	1296.6	3303.2
Q3	7980.8	1717.5	4031.4	2231.9	1733.2	3675.2
Q4	8874.8	2151.9	4171.7	2551.2	2177.1	3641.8
1995Q1	6915.8	730.1	3661.1	2524.5	740.4	3424.4
Q2	8085.1	1357.7	4198.9	2528.5	1372.3	3774.1
Q3	8811.4	1799.4	4575.3	2436.7	1817.2	4179.6
Q4	9830.7	2247.6	4738.2	2844.8	2274.9	4137.3
1996Q1	7669.8	768.2	4134.1	2767.5	779.6	3886.0
Q2	8844.7	1422.8	4654.4	2767.5	1439.2	4179.9
Q3	9624.5	1884.6	5095.1	2644.8	1904.0	4661.8
Q4	10842.2	2368.4	5366.6	3107.2	2398.3	4725.8
1997Q1	8445.8	805.2	4555.7	3084.9	818.2	4291.7
Q2	9730.2	1487.4	5172.9	3070.0	1505.3	4690.3
Q3	10451.3	1937.3	5580.3	2933.7	1958.4	5149.1
Q4	11769.7	2435.6	5958.5	3375.7	2467.5	5298.2
1998Q1	9058.9	833.6	4895.2	3330.1	847.8	4622.8
Q2	10402.5	1515.6	5577.5	3309.4	1534.6	5065.8
Q3	11265.8	1995.1	6083.5	3187.1	2018.0	5603.3
Q4	12839.4	2550.0	6604.6	3684.8	2585.1	5865.2
1999Q1	9864.2	864.4	5362.7	3637.0	880.0	5066.2
Q2	11219.8	1555.3	6071.3	3593.2	1575.8	5516.2
Q3	12121.4	2057.1	6572.4	3491.9	2082.3	6078.5
Q4	13699.1	2605.7	7054.3	4039.1	2643.1	6308.1
2000Q1	10720.2	885.9	5837.1	3997.3	902.8	5523.7
Q2	12244.3	1574.7	6685.0	3984.6	1596.6	6084.8
Q3	13193.5	2111.1	7235.7	3846.7	2138.6	6705.8
Q4	14728.7	2675.9	7677.1	4375.7	2715.5	6919.0
						按2000年价格计算
2000Q1	21721.4	1887.8	9673.8	10159.9	1925.5	8916.1
Q2	24181.3	3141.9	11182.0	9857.4	3192.4	9848.1
Q3	25591.4	4142.8	11849.4	9599.2	4198.6	10467.1
Q4	28786.1	5544.9	12958.6	10282.7	5627.0	11027.3
2001Q1	23779.0	1952.2	10562.7	11264.1	1994.9	9768.2
Q2	26255.8	3177.3	12262.9	10815.6	3233.3	10822.6
Q3	27648.3	4282.6	12777.0	10588.7	4347.4	11284.0
Q4	30956.1	5693.6	13938.4	11324.1	5786.4	11893.2
2002Q1	25892.8	2003.7	11487.2	12402.0	2053.0	10619.8
Q2	28572.0	3230.1	13484.4	11857.4	3293.7	11906.2
Q3	30313.1	4451.1	14115.0	11747.0	4526.7	12472.9
Q4	33784.0	5828.5	15356.5	12599.1	5934.0	13164.1

(分段基期，分三次产业和9个行业，当季)

单位：亿元

建筑业	批发和零售业	交通运输、仓储和邮政业	住宿和餐饮业	金融业	房地产业	其他
156.2	367.3	353.5	101.4	309.3	176.4	506.3
277.2	430.7	348.4	115.7	299.3	209.3	471.9
276.5	329.5	306.3	101.3	304.4	260.2	462.5
432.3	347.8	411.9	96.3	339.5	290.8	492.6
192.0	402.2	391.4	112.5	340.5	207.2	575.2
336.6	461.0	387.0	122.9	324.6	227.0	548.8
326.6	354.4	348.6	106.7	341.6	278.1	545.7
492.1	384.2	471.2	106.8	387.2	325.3	586.1
224.0	424.6	440.9	132.6	374.0	240.2	650.5
391.9	496.4	418.9	153.4	357.5	255.0	612.9
370.9	383.2	375.0	140.4	379.3	311.3	612.3
544.4	428.9	499.7	144.3	418.8	355.3	664.4
250.9	448.8	485.9	156.3	420.8	268.9	719.5
440.2	541.8	448.0	167.7	378.1	290.6	672.2
412.4	413.6	405.0	151.8	400.2	347.1	684.4
617.3	471.6	585.9	153.3	465.5	399.7	725.3
264.2	490.6	533.1	168.5	448.9	286.4	812.5
491.6	589.5	495.8	175.3	413.3	299.5	760.5
452.0	438.9	448.6	162.9	426.3	360.0	770.0
659.5	499.9	659.8	165.4	507.8	412.9	812.7
281.7	552.0	573.2	194.3	494.6	296.8	943.3
501.7	646.6	542.9	198.8	442.4	319.7	882.5
451.8	479.1	493.5	179.5	467.7	376.1	896.1
681.2	518.3	724.3	173.1	553.9	422.3	931.0
291.5	578.9	633.2	220.3	513.1	318.4	1032.8
532.4	683.6	599.4	219.3	462.4	342.4	962.6
502.7	514.3	543.6	202.0	496.1	404.8	981.0
762.5	562.2	804.9	186.5	587.4	458.2	1027.5
316.4	626.6	714.2	242.7	544.0	331.4	1142.7
576.0	731.4	686.1	232.6	490.7	360.1	1050.8
516.9	556.5	622.4	216.8	517.6	421.9	1108.5
769.8	628.1	872.5	199.9	617.0	501.0	1159.5
336.2	694.3	766.6	271.2	583.3	360.5	1281.6
624.7	797.4	752.4	258.4	524.3	384.1	1221.6
557.1	603.7	671.0	238.0	555.7	457.1	1266.6
785.4	686.7	953.7	207.8	657.2	527.4	1275.9
784.5	2094.0	1482.5	575.1	1245.2	970.6	3727.9
1364.9	2071.0	1613.2	537.9	1127.7	917.1	3509.0
1416.2	1945.8	1343.0	521.6	1169.5	1058.5	3471.1
1968.5	2049.0	1723.3	511.7	1299.8	1194.7	3384.9
823.7	2295.1	1635.9	617.7	1345.4	1089.3	4208.9
1473.5	2242.2	1755.1	575.9	1206.0	1012.1	3935.1
1528.6	2104.6	1473.5	563.7	1257.8	1175.4	3913.2
2084.4	2260.1	1840.1	553.0	1372.8	1319.2	3846.9
898.9	2490.6	1753.3	694.2	1439.6	1179.2	4764.1
1614.8	2434.1	1823.5	641.0	1292.4	1101.9	4464.2
1681.4	2279.7	1598.8	634.4	1346.8	1302.5	4469.8
2235.9	2481.8	2006.8	621.2	1493.1	1466.6	4380.4

3-5 续表 1

季 度	国内生产总 值	第一产业	第二产业	第三产业	农、林、牧、渔业	工业
2003Q1	28760.7	2058.8	13001.1	13700.8	2113.1	12005.9
Q2	31179.8	3283.9	15007.6	12888.4	3352.0	13223.7
Q3	33357.1	4597.9	15981.0	12778.3	4681.9	14070.9
Q4	37165.6	5940.9	17349.9	13874.8	6055.6	15004.1
2004Q1	31799.5	2143.7	14600.7	15055.1	2204.8	13523.5
Q2	34783.4	3439.0	16818.0	14526.5	3517.8	14896.5
Q3	36630.2	4931.6	17663.4	14035.1	5030.9	15572.6
Q4	40444.7	6336.7	19094.2	15013.8	6469.6	16586.1
2005Q1	35334.0	2244.6	16237.9	16851.5	2314.2	15026.7
Q2	38637.0	3611.8	18821.5	16203.8	3699.1	16607.4
Q3	40597.0	5176.6	19645.7	15774.7	5287.8	17304.3
Q4	45459.0	6673.1	21740.0	17045.9	6823.4	18695.5
						按2005年价格计算
2005Q1	41786.0	2863.1	19005.8	19917.0	2972.3	17582.1
Q2	45301.3	4424.6	21789.8	19086.9	4560.5	19262.8
Q3	47643.9	6530.7	22526.8	18586.3	6692.2	19831.2
Q4	52587.8	7988.3	24759.8	19839.7	8191.1	21282.3
2006Q1	47004.4	2988.2	21491.9	22524.3	3111.0	19792.9
Q2	51499.7	4646.6	25085.7	21767.4	4802.5	22151.5
Q3	53477.4	6835.4	25444.8	21197.2	7018.8	22286.4
Q4	59166.2	8373.5	27907.5	22885.2	8604.9	23806.5
2007Q1	53480.3	3109.5	24673.7	25697.1	3247.4	22687.3
Q2	59216.8	4821.1	29151.0	25244.7	4993.1	25704.3
Q3	61099.4	7112.3	29198.8	24788.3	7320.3	25584.6
Q4	67399.2	8605.7	31946.5	26847.0	8857.9	27220.1
2008Q1	59640.3	3192.6	27811.4	28636.3	3346.6	25638.5
Q2	65699.9	5007.0	32554.2	28138.7	5198.9	28819.2
Q3	66919.4	7504.5	31906.1	27508.9	7738.8	28042.2
Q4	72213.3	9163.9	34010.2	29039.2	9447.8	28788.1
2009Q1	63431.9	3313.1	29412.3	30706.5	3480.1	26814.9
Q2	71090.4	5193.3	35250.9	30646.2	5403.7	30745.3
Q3	74022.5	7813.0	35621.0	30588.6	8064.6	30848.5
Q4	80785.1	9544.0	38995.6	32245.5	9861.5	32992.8
2010Q1	71168.0	3441.4	33944.9	33781.6	3613.4	30946.8
Q2	78746.9	5379.6	39780.3	33587.0	5598.8	34675.8
Q3	81366.7	8146.7	39701.9	33518.1	8414.5	34330.6
Q4	88821.1	9995.1	43518.4	35307.6	10327.5	36718.6
						按2010年价格计算
2010Q1	89776.4	4826.0	40326.2	44624.2	5020.8	36451.9
Q2	100255.2	7785.6	47863.7	44605.9	8044.6	41205.2
Q3	105292.0	11633.8	48633.1	45025.1	11957.0	41543.1
Q4	116795.6	14185.4	54803.5	47806.6	14596.6	45922.9
2011Q1	98902.8	4978.0	44870.1	49054.7	5184.1	40631.0
Q2	110314.2	7994.4	53147.1	49172.7	8267.1	45881.5
Q3	115223.5	12114.8	53851.7	49257.0	12459.9	46120.3
Q4	127039.6	14947.9	60239.9	51851.8	15392.2	50561.0
2012Q1	106938.5	5164.2	49128.1	52646.2	5383.5	44449.2
Q2	118757.4	8360.0	57383.1	53014.3	8652.3	49414.4

单位：亿元

建筑业	批发和零售业	交通运输、仓储和邮政业	住宿和餐饮业	金融业	房地产业	其他
1031.4	2697.8	1887.5	770.3	1601.7	1310.7	5342.3
1825.2	2685.5	1865.5	688.8	1392.4	1241.8	4905.0
1955.2	2595.1	1720.0	741.6	1444.4	1391.8	4756.3
2396.3	2670.5	2149.6	710.3	1548.0	1599.2	5032.0
1118.7	2720.3	2162.2	808.7	1705.8	1414.9	6140.6
1969.3	2906.7	2205.7	801.6	1424.1	1342.3	5719.3
2142.2	2733.5	1992.5	823.4	1483.3	1453.8	5398.0
2565.4	2987.8	2365.8	836.4	1653.9	1656.5	5323.2
1261.1	3041.8	2476.1	926.8	1872.0	1590.5	6824.8
2271.1	3300.9	2535.1	919.0	1602.1	1530.7	6171.6
2402.3	3087.0	2238.8	914.6	1724.7	1622.0	6015.4
3108.6	3396.8	2453.9	910.8	1953.8	1835.7	6280.5
1488.6	3319.6	2613.6	1063.9	1926.4	2078.2	8741.1
2597.9	3451.7	2889.4	1040.5	1678.6	1977.1	7842.7
2766.4	3453.0	2521.2	1047.4	1805.1	2073.6	7453.8
3547.5	3744.2	2644.6	1043.9	2075.9	2353.8	7704.5
1768.7	3942.0	2865.4	1166.3	2363.6	2395.7	9598.8
3012.5	4167.0	3067.0	1151.8	2121.2	2308.9	8717.3
3234.7	4151.5	2761.2	1195.5	2199.6	2328.6	8301.1
4176.4	4426.8	3038.8	1209.5	2578.1	2752.9	8572.4
2076.5	4733.7	3158.4	1270.9	2995.9	2797.0	10513.3
3550.8	5007.2	3466.1	1230.7	2789.7	2908.2	9566.7
3714.7	4966.5	3036.9	1268.5	2907.2	2958.2	9342.6
4824.5	5353.1	3455.8	1407.2	2959.3	3474.3	9846.9
2296.9	5372.4	3445.8	1406.5	3376.2	3038.2	11719.1
3876.7	5770.8	3810.7	1326.3	3115.2	3067.0	10715.1
3999.8	5846.3	3354.4	1402.0	3205.8	2848.0	10482.0
5340.8	6250.5	3467.4	1539.5	3363.4	3258.8	10756.8
2729.0	5984.9	3295.2	1430.6	3827.9	3255.0	12614.3
4659.0	6421.5	3711.5	1377.2	3651.0	3444.0	11677.2
4924.5	6572.7	3728.8	1461.6	3769.7	3270.1	11382.1
6141.3	7026.6	3817.3	1618.0	3946.6	3641.3	11739.7
3168.6	6952.2	3678.1	1519.2	4219.6	3608.8	13461.3
5300.3	7322.5	4108.0	1479.2	3954.8	3565.6	12742.0
5561.7	7493.2	4058.2	1613.4	4096.4	3411.9	12386.8
6974.5	8034.0	4086.3	1759.7	4284.8	3999.5	12636.3
4036.1	8514.3	4260.2	1834.6	6542.3	5611.2	17505.1
6844.9	8743.9	4788.6	1775.8	6269.5	5748.4	16834.3
7281.6	8924.6	4833.8	1951.0	6438.5	5533.3	16829.0
9096.7	9725.1	4901.0	2150.6	6482.7	6433.7	17486.2
4453.0	9564.8	4657.4	1921.0	7304.9	6086.3	19100.2
7512.0	9808.3	5235.7	1863.5	6920.0	6225.2	18600.8
7984.0	10006.0	5332.3	2051.8	6759.2	6002.2	18507.8
9961.4	11004.4	5372.9	2269.9	6726.0	6661.3	19090.5
4908.6	10527.4	4924.9	2039.5	7801.2	6091.7	20812.6
8229.2	10782.1	5553.1	1974.9	7563.8	6319.7	20268.0

3-5 续表 2

季 度	国内生产总 值	第一产业	第二产业	第三产业	农、林、牧、渔业	工业
Q3	123917.0	12607.4	58004.7	53304.9	12975.4	49513.5
Q4	137370.4	15691.7	65333.0	56345.7	16169.8	54701.1
2013Q1	115342.5	5319.2	52973.4	57049.9	5555.9	47838.6
Q2	127743.9	8580.5	61736.3	57427.1	8894.9	53001.8
Q3	133751.6	13094.1	62841.2	57816.3	13494.6	53509.3
Q4	147965.2	16421.7	70656.6	60886.8	16945.9	59048.0
2014Q1	124032.7	5490.2	56854.3	61688.2	5744.8	51202.4
Q2	137477.3	8921.4	66419.4	62136.4	9259.6	56802.0
Q3	143448.1	13698.0	67271.7	62478.4	14128.7	57040.9
Q4	158815.7	17064.4	75422.6	66328.7	17640.6	62731.5
2015Q1	132883.8	5661.2	60370.3	66852.3	5934.0	54190.9
Q2	147275.4	9247.1	70324.4	67703.8	9610.8	60092.0
Q3	153478.9	14266.1	71097.3	68115.5	14735.3	60213.8
Q4	169832.9	17760.8	79939.4	72132.7	18387.4	66239.5
						按2015年价格计算
2015Q1	151306.3	7370.9	59436.4	84499.0	7690.1	52488.5
Q2	168499.4	11851.1	70489.3	86159.0	12298.7	58929.9
Q3	176559.3	17173.6	71848.0	87537.7	17738.9	59294.6
Q4	192493.3	21379.1	79565.3	91548.9	22125.0	64255.9
2016Q1	161760.5	7584.5	62905.4	91270.6	7926.7	55319.2
Q2	179988.0	12221.0	74825.9	92941.2	12706.6	62272.6
Q3	188607.2	17859.6	76222.3	94525.2	18470.6	62761.8
Q4	205680.8	22003.3	84354.2	99323.3	22815.0	67963.7
2017Q1	173159.5	7815.1	66747.5	98597.0	8183.6	58759.1
Q2	192594.3	12683.9	79483.8	100426.7	13207.4	66264.5
Q3	201648.3	18558.5	80630.8	102459.1	19217.1	66624.1
Q4	219768.2	22974.6	88951.3	107842.3	23851.2	72122.7
2018Q1	185190.0	8065.0	70884.6	106240.4	8461.8	62520.9
Q2	205905.5	13110.2	84211.3	108584.0	13677.8	70493.1
Q3	215098.8	19228.5	84901.4	110969.0	19946.6	70587.4
Q4	234108.3	23788.9	94109.3	116210.1	24725.4	76246.7
2019Q1	196802.8	8281.8	74610.3	113910.7	8709.3	65744.9
Q2	218190.6	13540.5	88207.3	116442.7	14148.2	73834.7
Q3	227683.6	19756.9	88745.8	119181.0	20526.8	73587.0
Q4	247627.8	24588.4	98829.6	124209.9	25598.6	80085.7
2020Q1	183177.8	8026.2	67368.3	107783.3	8481.2	60151.4
Q2	224846.8	14014.4	92262.2	118570.1	14670.5	76838.2
Q3	238702.1	20561.5	93972.2	124168.4	21388.0	77665.6
Q4	263508.9	25637.3	105424.9	132446.7	26725.9	85560.3
						按2020年价格计算
2020Q1	206771.3	9560.8	73314.6	123895.8	10066.9	64637.8
Q2	248004.7	15984.8	96606.3	135413.7	16714.4	78069.2
Q3	264792.6	23171.4	99794.2	141827.0	24090.6	80191.9
Q4	293998.4	29313.9	113847.2	150837.3	30524.6	90004.1
2021Q1	244678.9	10337.6	91179.2	143162.1	10874.5	80433.8
Q2	267700.7	17204.4	103858.8	146637.5	17975.0	84978.2
Q3	277688.8	24814.3	103350.4	149524.1	25799.9	84136.1
Q4	305702.7	31176.7	116725.4	157800.6	32490.3	93445.0

单位：亿元

建筑业	批发和零售业	交通运输、仓储和邮政业	住宿和餐饮业	金融业	房地产业	其他
8757.4	11036.5	5623.6	2188.9	7460.2	6402.7	19958.7
10932.5	12196.3	5750.8	2426.0	7504.4	7246.5	20442.9
5394.4	11595.6	5236.1	2108.6	8648.5	6676.7	22288.2
9027.8	11912.1	5904.3	2047.4	8307.0	6773.7	21874.9
9633.9	12191.7	6019.8	2279.3	8285.0	6824.1	21513.9
11948.6	13526.5	6134.0	2530.9	8294.2	7570.3	21966.8
5931.4	12840.5	5573.9	2235.4	9445.3	6863.0	24196.1
9933.7	13162.5	6337.2	2179.3	8999.2	6948.7	23855.0
10555.8	13421.6	6417.0	2418.6	9083.5	6902.6	23479.6
13055.6	14851.0	6579.1	2688.3	9531.8	7719.8	24018.1
6479.5	13700.4	5861.6	2371.3	10957.8	6948.8	26439.5
10572.3	14014.1	6604.6	2313.5	10753.3	7287.2	26027.6
11230.8	14328.4	6702.9	2586.9	10596.4	7259.9	25824.5
14089.8	15882.8	6845.0	2875.1	10955.5	8032.2	26525.5
7261.2	15644.4	6886.4	2904.7	14421.6	9667.9	34341.5
11909.1	16317.3	7730.5	2825.4	14079.8	10555.5	33853.1
12904.0	16978.5	7885.6	3137.7	13954.5	10594.0	34071.6
15687.0	18779.4	8017.1	3438.3	13844.0	11756.3	34590.2
7909.3	16693.9	7131.1	3131.8	15482.0	10582.6	37584.0
12917.7	17552.4	8203.9	3041.1	14712.5	11500.0	37081.2
13827.3	18341.2	8455.5	3367.4	14604.0	11558.0	37221.3
16788.2	20328.6	8829.8	3715.8	14208.6	12673.3	38357.7
8288.7	18040.7	7795.0	3394.2	16251.4	11560.8	40886.1
13561.9	18928.1	9033.2	3286.0	15260.2	12380.7	40672.3
14345.0	19774.9	9273.7	3642.2	15464.5	12142.5	41164.2
17268.1	21872.1	9635.5	4015.7	14839.5	13450.7	42712.6
8751.7	19333.2	8398.8	3642.9	16676.6	12087.4	45316.9
14155.0	20271.2	9768.4	3515.9	16056.7	12875.3	45091.9
14759.1	21097.3	10045.9	3879.0	16274.3	12598.3	45911.0
18376.0	23167.4	10478.8	4258.7	15764.2	13693.4	47397.7
9255.3	20443.1	8969.8	3830.9	17755.3	12356.5	49737.8
14825.5	21471.9	10411.3	3711.2	17190.5	13149.5	49447.9
15620.9	22256.4	10743.8	4107.8	17336.9	13094.5	50409.5
19278.1	24400.6	11080.2	4486.4	16794.5	13975.9	51927.9
7570.6	16857.2	7751.6	2317.0	18624.9	11420.2	50003.8
15863.4	21818.6	10624.6	2905.7	18223.5	13464.0	50438.3
16757.7	23056.7	11204.1	3750.6	18510.8	13694.3	52674.2
20394.9	26051.5	11965.0	4449.7	17790.8	14667.5	55903.5
9052.3	18449.7	7784.6	2644.3	21296.7	15724.9	57114.1
18968.2	23884.6	10315.9	3313.3	20799.1	18566.4	57373.6
20037.5	25238.0	10984.6	4266.8	21166.4	18885.1	59931.7
24386.6	28513.9	11497.8	5061.0	20355.5	20249.0	63406.0
11119.5	23363.5	10285.9	3800.7	22452.7	19095.1	63253.0
19318.3	26180.5	11631.0	3881.3	21660.2	19879.2	62197.0
19674.9	27161.1	11633.6	4512.1	22005.3	18585.1	64180.7
23886.6	30206.7	11956.9	5301.2	21475.1	19656.6	67284.4

3-6 1992-2021年季度不变价国内生产总值

季 度	国内生产总值	第一产业	第二产业	第三产业	农、林、牧、渔业	工业
						按1990年价格计算
1992Q1	4698.8	627.9	2242.2	1828.6	635.8	2092.5
Q1-2	10366.0	1814.3	4829.4	3722.3	1833.4	4409.7
Q1-3	16614.6	3401.5	7704.6	5508.5	3434.4	7016.5
Q1-4	23554.3	5374.1	10665.1	7515.0	5426.9	9552.4
1993Q1	5416.6	659.3	2711.6	2045.7	667.9	2527.6
Q1-2	11846.4	1893.2	5815.6	4137.6	1913.9	5303.6
Q1-3	18903.8	3547.7	9219.0	6137.1	3583.4	8389.7
Q1-4	26824.5	5624.0	12770.9	8429.6	5682.0	11458.9
1994Q1	6180.2	692.8	3202.8	2284.6	702.3	2991.2
Q1-2	13466.0	1976.5	6884.6	4604.8	1998.9	6294.4
Q1-3	21446.7	3694.0	10916.1	6836.7	3732.1	9969.6
Q1-4	30321.5	5845.9	15087.7	9387.9	5909.3	13611.4
1995Q1	6915.8	730.1	3661.1	2524.5	740.4	3424.4
Q1-2	15000.9	2087.8	7860.0	5053.0	2112.6	7198.5
Q1-3	23812.3	3887.2	12435.4	7489.7	3929.9	11378.1
Q1-4	33642.9	6134.8	17173.6	10334.5	6204.7	15515.4
1996Q1	7669.8	768.2	4134.1	2767.5	779.6	3886.0
Q1-2	16514.5	2191.0	8788.6	5534.9	2218.8	8065.9
Q1-3	26139.0	4075.6	13883.7	8179.7	4122.8	12727.7
Q1-4	36981.2	6444.0	19250.3	11286.9	6521.2	17453.4
1997Q1	8445.8	805.2	4555.7	3084.9	818.2	4291.7
Q1-2	18176.0	2292.6	9728.6	6154.8	2323.5	8982.0
Q1-3	28627.3	4229.9	15308.9	9088.6	4281.9	14131.1
Q1-4	40397.0	6665.5	21267.3	12464.2	6749.4	19429.3
1998Q1	9058.9	833.6	4895.2	3330.1	847.8	4622.8
Q1-2	19461.4	2349.2	10472.7	6639.5	2382.4	9688.6
Q1-3	30727.2	4344.3	16556.2	9826.7	4400.4	15291.9
Q1-4	43566.6	6894.3	23160.8	13511.5	6985.5	21157.0
1999Q1	9864.2	864.4	5362.7	3637.0	880.0	5066.2
Q1-2	21084.0	2419.8	11434.0	7230.2	2455.8	10582.4
Q1-3	33205.3	4476.9	18006.4	10722.1	4538.1	16660.9
Q1-4	46904.5	7082.6	25060.7	14761.2	7181.1	22969.1
2000Q1	10720.2	885.9	5837.1	3997.3	902.8	5523.7
Q1-2	22964.5	2460.6	12522.0	7981.8	2499.4	11608.5
Q1-3	36158.0	4571.7	19757.8	11828.6	4638.0	18314.3
Q1-4	50886.7	7247.5	27434.9	16204.3	7353.5	25233.3
						按2000年价格计算
2000Q1	21721.4	1887.8	9673.8	10159.9	1925.5	8916.1
Q1-2	45902.7	5029.7	20855.7	20017.3	5118.0	18764.2
Q1-3	71494.1	9172.5	32705.1	29616.5	9316.6	29231.3
Q1-4	100280.1	14717.4	45663.7	39899.1	14943.6	40258.5
2001Q1	23779.0	1952.2	10562.7	11264.1	1994.9	9768.2
Q1-2	50034.8	5129.4	22825.7	22079.7	5228.2	20590.8
Q1-3	77683.1	9412.0	35602.7	32668.4	9575.6	31874.8
Q1-4	108639.2	15105.6	49541.1	43992.5	15362.0	43768.0
2002Q1	25892.8	2003.7	11487.2	12402.0	2053.0	10619.8
Q1-2	54464.8	5233.8	24971.6	24259.4	5346.8	22526.0
Q1-3	84777.9	9684.9	39086.6	36006.4	9873.5	34998.9
Q1-4	118561.9	15513.5	54443.1	48605.4	15807.4	48163.1

(分段基期，分三次产业和9个行业，累计)

单位：亿元

建筑业	批发和零售业	交通运输、仓储和邮政业	住宿和餐饮业	金融业	房地产业	其他
156.2	367.3	353.5	101.4	309.3	176.4	506.3
433.4	797.9	702.0	217.1	608.6	385.8	978.2
709.9	1127.5	1008.3	318.4	913.1	646.0	1440.7
1142.1	1475.2	1420.2	414.7	1252.6	936.9	1933.3
192.0	402.2	391.4	112.5	340.5	207.2	575.2
528.6	863.2	778.4	235.4	665.1	434.3	1124.1
855.2	1217.6	1127.0	342.1	1006.6	712.4	1669.7
1347.3	1601.8	1598.2	448.9	1393.9	1037.7	2255.8
224.0	424.6	440.9	132.6	374.0	240.2	650.5
615.9	921.0	859.8	286.0	731.5	495.2	1263.4
986.8	1304.1	1234.7	426.4	1110.8	806.5	1875.7
1531.2	1733.1	1734.4	570.7	1529.6	1161.8	2540.1
250.9	448.8	485.9	156.3	420.8	268.9	719.5
691.1	990.6	933.9	324.0	798.9	559.5	1391.7
1103.5	1404.1	1338.9	475.8	1199.2	906.7	2076.1
1720.8	1875.7	1924.8	629.1	1664.6	1306.4	2801.4
264.2	490.6	533.1	168.5	448.9	286.4	812.5
755.8	1080.1	1028.9	343.8	862.2	585.9	1573.0
1207.8	1519.0	1477.5	506.7	1288.5	945.9	2343.1
1867.2	2018.9	2137.3	672.1	1796.3	1358.9	3155.8
281.7	552.0	573.2	194.3	494.6	296.8	943.3
783.4	1198.6	1116.1	393.1	937.0	616.5	1825.8
1235.2	1677.7	1609.6	572.6	1404.7	992.6	2721.9
1916.4	2195.9	2333.9	745.7	1958.6	1414.9	3652.9
291.5	578.9	633.2	220.3	513.1	318.4	1032.8
823.9	1262.5	1232.6	439.6	975.5	660.9	1995.5
1326.7	1776.7	1776.2	641.6	1471.6	1065.7	2976.4
2089.1	2338.9	2581.0	828.2	2058.9	1523.9	4003.9
316.4	626.6	714.2	242.7	544.0	331.4	1142.7
892.4	1358.0	1400.3	475.4	1034.7	691.5	2193.5
1409.3	1914.5	2022.7	692.2	1552.4	1113.4	3302.0
2179.1	2542.6	2895.2	892.1	2169.3	1614.4	4461.5
336.2	694.3	766.6	271.2	583.3	360.5	1281.6
960.8	1491.7	1519.0	529.6	1107.6	744.7	2503.2
1518.0	2095.4	2190.0	767.6	1663.3	1201.7	3769.8
2303.4	2782.1	3143.7	975.4	2320.6	1729.1	5045.7
784.5	2094.0	1482.5	575.1	1245.2	970.6	3727.9
2149.4	4165.0	3095.7	1113.0	2372.9	1887.7	7236.9
3565.5	6110.8	4438.6	1634.6	3542.5	2946.2	10708.0
5534.0	8159.8	6161.9	2146.3	4842.2	4140.9	14092.9
823.7	2295.1	1635.9	617.7	1345.4	1089.3	4208.9
2297.2	4537.3	3391.0	1193.6	2551.4	2101.4	8143.9
3825.9	6641.9	4864.6	1757.3	3809.2	3276.8	12057.1
5910.3	8901.9	6704.6	2310.4	5182.0	4596.0	15904.0
898.9	2490.6	1753.3	694.2	1439.6	1179.2	4764.1
2513.7	4924.7	3576.8	1335.3	2732.0	2281.1	9228.4
4195.1	7204.4	5175.7	1969.6	4078.8	3583.6	13698.2
6431.0	9686.2	7182.5	2590.9	5572.0	5050.2	18078.6

3-6 续表 1

季 度	国内生产总 值	第一产业	第二产业	第三产业	农、林、牧、渔业	工业
2003Q1	28760.7	2058.8	13001.1	13700.8	2113.1	12005.9
Q1-2	59940.5	5342.7	28008.6	26589.2	5465.0	25229.6
Q1-3	93297.6	9940.6	43989.6	39367.5	10146.9	39300.4
Q1-4	130463.2	15881.4	61339.5	53242.3	16202.5	54304.5
2004Q1	31799.5	2143.7	14600.7	15055.1	2204.8	13523.5
Q1-2	66582.9	5582.7	31418.7	29581.5	5722.6	28420.0
Q1-3	103213.1	10514.3	49082.1	43616.7	10753.6	43992.6
Q1-4	143657.8	16851.0	68176.3	58630.4	17223.2	60578.7
2005Q1	35334.0	2244.6	16237.9	16851.5	2314.2	15026.7
Q1-2	73971.1	5856.4	35059.4	33055.3	6013.3	31634.1
Q1-3	114568.0	11032.9	54705.1	48830.0	11301.1	48938.4
Q1-4	160027.0	17706.0	76445.0	65875.9	18124.5	67633.9
						按2005年价格计算
2005Q1	41786.0	2863.1	19005.8	19917.0	2972.3	17582.1
Q1-2	87087.3	7287.7	40795.6	39003.9	7532.9	36844.9
Q1-3	134731.1	13818.5	63322.4	57590.3	14225.1	56676.1
Q1-4	187318.9	21806.7	88082.2	77430.0	22416.2	77958.3
2006Q1	47004.4	2988.2	21491.9	22524.3	3111.0	19792.9
Q1-2	98504.0	7634.8	46577.5	44291.7	7913.5	41944.4
Q1-3	151981.4	14470.2	72022.3	65488.9	14932.3	64230.8
Q1-4	211147.7	22843.7	99929.8	88374.1	23537.2	88037.2
2007Q1	53480.3	3109.5	24673.7	25697.1	3247.4	22687.3
Q1-2	112697.1	7930.6	53824.7	50941.9	8240.5	48391.5
Q1-3	173796.6	15042.9	83023.5	75730.1	15560.8	73976.2
Q1-4	241195.8	23648.6	114970.0	102577.2	24418.7	101196.3
2008Q1	59640.3	3192.6	27811.4	28636.3	3346.6	25638.5
Q1-2	125340.1	8199.6	60365.6	56775.0	8545.6	54457.7
Q1-3	192259.5	15704.0	92271.7	84283.8	16284.4	82499.9
Q1-4	264472.8	24867.9	126281.9	113323.0	25732.2	111288.0
2009Q1	63431.9	3313.1	29412.3	30706.5	3480.1	26814.9
Q1-2	134522.3	8506.3	64663.2	61352.7	8883.8	57560.2
Q1-3	208544.8	16319.3	100284.2	91941.3	16948.4	88408.7
Q1-4	289329.9	25863.3	139279.8	124186.8	26809.9	121401.5
2010Q1	71168.0	3441.4	33944.9	33781.6	3613.4	30946.8
Q1-2	149914.9	8821.0	73725.3	67368.6	9212.2	65622.6
Q1-3	231281.6	16967.6	113427.2	100886.8	17626.7	99953.1
Q1-4	320102.6	26962.7	156945.5	136194.4	27954.2	136671.7
						按2010年价格计算
2010Q1	89776.4	4826.0	40326.2	44624.2	5020.8	36451.9
Q1-2	190031.7	12611.6	88189.9	89230.2	13065.4	77657.1
Q1-3	295323.7	24245.4	136823.0	134255.3	25022.4	119200.2
Q1-4	412119.3	38430.8	191626.5	182061.9	39619.0	165123.1
2011Q1	98902.8	4978.0	44870.1	49054.7	5184.1	40631.0
Q1-2	209217.0	12972.4	98017.2	98227.4	13451.3	86512.5
Q1-3	324440.5	25087.2	151868.9	147484.3	25911.1	132632.8
Q1-4	451480.1	40035.1	212108.9	199336.2	41303.3	183193.8
2012Q1	106938.5	5164.2	49128.1	52646.2	5383.5	44449.2
Q1-2	225695.9	13524.2	106511.1	105660.6	14035.8	93863.5

单位：亿元

建筑业	批发和零售业	交通运输、仓储和邮政业	住宿和餐饮业	金融业	房地产业	其他
1031.4	2697.8	1887.5	770.3	1601.7	1310.7	5342.3
2856.6	5383.3	3753.0	1459.1	2994.2	2552.5	10247.2
4811.8	7978.3	5473.0	2200.8	4438.6	3944.3	15003.5
7208.2	10648.9	7622.6	2911.0	5986.5	5543.5	20035.5
1118.7	2720.3	2162.2	808.7	1705.8	1414.9	6140.6
3088.0	5626.9	4367.9	1610.3	3130.0	2757.2	11859.9
5230.2	8360.4	6360.4	2433.8	4613.3	4211.0	17257.9
7795.6	11348.3	8726.1	3270.2	6267.2	5867.4	22581.1
1261.1	3041.8	2476.1	926.8	1872.0	1590.5	6824.8
3532.2	6342.7	5011.2	1845.8	3474.1	3121.2	12996.3
5934.6	9429.7	7250.0	2760.4	5198.9	4743.2	19011.7
9043.2	12826.5	9703.9	3671.2	7152.7	6578.9	25292.2
1488.6	3319.6	2613.6	1063.9	1926.4	2078.2	8741.1
4086.6	6771.4	5503.0	2104.4	3605.0	4055.3	16583.9
6853.0	10224.3	8024.2	3151.8	5410.1	6128.9	24037.7
10400.5	13968.5	10668.8	4195.7	7486.0	8482.7	31742.1
1768.7	3942.0	2865.4	1166.3	2363.6	2395.7	9598.8
4781.2	8109.0	5932.5	2318.1	4484.8	4704.6	18316.1
8015.8	12260.5	8693.7	3513.5	6684.5	7033.2	26617.2
12192.3	16687.2	11732.4	4723.0	9262.6	9786.1	35189.6
2076.5	4733.7	3158.4	1270.9	2995.9	2797.0	10513.3
5627.3	9740.9	6624.5	2501.6	5785.6	5705.3	20080.0
9342.0	14707.4	9661.4	3770.0	8692.8	8663.5	29422.6
14166.5	20060.5	13117.2	5177.3	11652.1	12137.8	39269.5
2296.9	5372.4	3445.8	1406.5	3376.2	3038.2	11719.1
6173.6	11143.2	7256.5	2732.7	6491.5	6105.2	22434.2
10173.4	16989.5	10610.8	4134.7	9697.3	8953.2	32916.2
15514.3	23240.1	14078.2	5674.3	13060.6	12212.1	43673.1
2729.0	5984.9	3295.2	1430.6	3827.9	3255.0	12614.3
7388.1	12406.4	7006.7	2807.8	7478.9	6699.0	24291.4
12312.5	18979.1	10735.6	4269.4	11248.5	9969.1	35673.5
18453.8	26005.6	14552.9	5887.4	15195.1	13610.4	47413.2
3168.6	6952.2	3678.1	1519.2	4219.6	3608.8	13461.3
8468.9	14274.7	7786.0	2998.4	8174.4	7174.4	26203.3
14030.7	21767.8	11844.3	4611.8	12270.8	10586.3	38590.1
21005.1	29801.8	15930.6	6371.4	16555.6	14585.8	51226.4
4036.1	8514.3	4260.2	1834.6	6542.3	5611.2	17505.1
10881.0	17258.2	9048.8	3610.4	12811.8	11359.6	34339.5
18162.6	26182.8	13882.6	5561.4	19250.3	16892.9	51168.5
27259.3	35907.9	18783.6	7712.0	25733.1	23326.6	68654.7
4453.0	9564.8	4657.4	1921.0	7304.9	6086.3	19100.2
11965.0	19373.1	9893.2	3784.5	14224.9	12311.5	37701.0
19949.0	29379.1	15225.5	5836.3	20984.2	18313.7	56208.8
29910.4	40383.5	20598.3	8106.2	27710.1	24975.0	75299.4
4908.6	10527.4	4924.9	2039.5	7801.2	6091.7	20812.6
13137.7	21309.4	10477.9	4014.4	15364.9	12411.5	41080.6

3-6 续表 2

季 度	国内生产总值	第一产业	第二产业	第三产业	农、林、牧、渔业	工业
Q1-3	349612.9	26131.5	164515.9	158965.5	27011.2	143377.0
Q1-4	486983.3	41823.2	229848.9	215311.2	43181.0	198078.1
2013Q1	115342.5	5319.2	52973.4	57049.9	5555.9	47838.6
Q1-2	243086.3	13899.7	114709.6	114477.0	14450.8	100840.4
Q1-3	376837.9	26993.8	177550.8	172293.4	27945.3	154349.8
Q1-4	524803.1	43415.5	248207.4	233180.2	44891.2	213397.7
2014Q1	124032.7	5490.2	56854.3	61688.2	5744.8	51202.4
Q1-2	261510.0	14411.6	123273.8	123824.6	15004.4	108004.4
Q1-3	404958.1	28109.7	190545.5	186303.0	29133.1	165045.3
Q1-4	563773.8	45174.1	265968.0	252631.7	46773.7	227776.8
2015Q1	132883.8	5661.2	60370.3	66852.3	5934.0	54190.9
Q1-2	280159.2	14908.3	130694.7	134556.2	15544.8	114282.8
Q1-3	433638.1	29174.4	201792.0	202671.7	30280.1	174496.6
Q1-4	603470.9	46935.2	281731.3	274804.4	48667.5	240736.1
						按2015年价格计算
2015Q1	151306.3	7370.9	59436.4	84499.0	7690.1	52488.5
Q1-2	319805.7	19221.9	129925.7	170658.0	19988.7	111418.4
Q1-3	496364.9	36395.5	201773.7	258195.7	37727.6	170713.0
Q1-4	688858.2	57774.6	281338.9	349744.7	59852.6	234968.9
2016Q1	161760.5	7584.5	62905.4	91270.6	7926.7	55319.2
Q1-2	341748.6	19805.4	137731.3	184211.8	20633.2	117591.9
Q1-3	530355.7	37665.1	213953.6	278737.0	39103.9	180353.7
Q1-4	736036.5	59668.4	298307.8	378060.3	61918.9	248317.4
2017Q1	173159.5	7815.1	66747.5	98597.0	8183.6	58759.1
Q1-2	365753.9	20499.0	146231.3	199023.6	21391.0	125023.6
Q1-3	567402.2	39057.5	226862.1	301482.7	40608.1	191647.7
Q1-4	787170.4	62032.0	315813.4	409325.0	64459.4	263770.4
2018Q1	185190.0	8065.0	70884.6	106240.4	8461.8	62520.9
Q1-2	391095.5	21175.2	155095.9	214824.4	22139.7	133014.0
Q1-3	606194.4	40403.7	239997.3	325793.4	42086.3	203601.4
Q1-4	840302.6	64192.5	334106.6	442003.5	66811.6	279848.2
2019Q1	196802.8	8281.8	74610.3	113910.7	8709.3	65744.9
Q1-2	414993.4	21822.4	162817.7	230353.4	22857.5	139579.6
Q1-3	642677.0	41579.2	251563.5	349534.3	43384.3	213166.6
Q1-4	890304.8	66167.6	350393.0	473744.2	68982.9	293252.3
2020Q1	183177.8	8026.2	67368.3	107783.3	8481.2	60151.4
Q1-2	408024.6	22040.6	159630.6	226353.4	23151.7	136989.6
Q1-3	646726.6	42602.1	253602.7	350521.8	44539.7	214655.2
Q1-4	910235.6	68239.4	359027.6	482968.6	71265.6	300215.5
						按2020年价格计算
2020Q1	206771.3	9560.8	73314.6	123895.8	10066.9	64637.8
Q1-2	454776.0	25545.6	169920.9	259309.4	26781.3	142707.0
Q1-3	719568.6	48717.0	269715.2	401136.4	50871.9	222898.9
Q1-4	1013567.0	78030.9	383562.4	551973.7	81396.5	312902.9
2021Q1	244678.9	10337.6	91179.2	143162.1	10874.5	80433.8
Q1-2	512379.6	27542.0	195038.0	289799.6	28849.5	165412.0
Q1-3	790068.4	52356.3	298388.3	439323.7	54649.4	249548.1
Q1-4	1095771.2	83533.0	415113.8	597124.4	87139.7	342993.0

单位：亿元

建筑业	批发和零售业	交通运输、仓储和邮政业	住宿和餐饮业	金融业	房地产业	其他
21895.2	32346.0	16101.6	6203.3	22825.1	18814.2	61039.3
32827.7	44542.3	21852.4	8629.3	30329.6	26060.7	81482.2
5394.4	11595.6	5236.1	2108.6	8648.5	6676.7	22288.2
14422.2	23507.7	11140.4	4156.0	16955.5	13450.4	44163.0
24056.1	35699.4	17160.2	6435.3	25240.4	20274.5	65676.9
36004.7	49225.9	23294.2	8966.1	33534.6	27844.8	87643.7
5931.4	12840.5	5573.9	2235.4	9445.3	6863.0	24196.1
15865.2	26003.0	11911.1	4414.7	18444.5	13811.6	48051.1
26421.0	39424.6	18328.0	6833.3	27528.0	20714.2	71530.7
39476.5	54275.6	24907.1	9521.6	37059.8	28434.0	95548.8
6479.5	13700.4	5861.6	2371.3	10957.8	6948.8	26439.5
17051.8	27714.5	12466.2	4684.8	21711.1	14235.9	52467.2
28282.6	42042.9	19169.1	7271.7	32307.5	21495.8	78291.7
42372.3	57925.7	26014.1	10146.8	43263.1	29528.0	104817.2
7261.2	15644.4	6886.4	2904.7	14421.6	9667.9	34341.5
19170.3	31961.7	14616.8	5730.2	28501.4	20223.5	68194.6
32074.3	48940.2	22502.4	8867.9	42455.8	30817.5	102266.2
47761.3	67719.6	30519.5	12306.1	56299.8	42573.8	136856.5
7909.3	16693.9	7131.1	3131.8	15482.0	10582.6	37584.0
20826.9	34246.4	15335.0	6172.9	30194.5	22082.6	74665.2
34654.2	52587.6	23790.5	9540.3	44798.5	33640.6	111886.6
51442.4	72916.2	32620.3	13256.1	59007.1	46313.9	150244.2
8288.7	18040.7	7795.0	3394.2	16251.4	11560.8	40886.1
21850.7	36968.8	16828.2	6680.2	31511.5	23941.6	81558.4
36195.6	56743.7	26101.9	10322.4	46976.1	36084.1	122722.6
53463.7	78615.8	35737.5	14338.1	61815.6	49534.8	165435.2
8751.7	19333.2	8398.8	3642.9	16676.6	12087.4	45316.9
22906.7	39604.4	18167.2	7158.8	32733.3	24962.7	90408.8
37665.8	60701.7	28213.0	11037.8	49007.6	37561.0	136319.8
56041.8	83869.1	38691.8	15296.5	64771.8	51254.3	183717.5
9255.3	20443.1	8969.8	3830.9	17755.3	12356.5	49737.8
24080.8	41915.1	19381.0	7542.0	34945.8	25506.0	99185.6
39701.7	64171.4	30124.8	11649.9	52282.7	38600.4	149595.1
58979.8	88572.0	41205.0	16136.3	69077.2	52576.4	201523.0
7570.6	16857.2	7751.6	2317.0	18624.9	11420.2	50003.8
23434.0	38675.8	18376.1	5222.7	36848.4	24884.2	100442.1
40191.7	61732.5	29580.2	8973.3	55359.2	38578.5	153116.3
60586.6	87783.9	41545.2	13423.0	73150.0	53246.0	209019.8
9052.3	18449.7	7784.6	2644.3	21296.7	15724.9	57114.1
28020.6	42334.3	18100.5	5957.7	42095.8	34291.2	114487.7
48058.1	67572.3	29085.1	10224.4	63262.2	53176.3	174419.4
72444.7	96086.1	40582.9	15285.4	83617.7	73425.3	237825.3
11119.5	23363.5	10285.9	3800.7	22452.7	19095.1	63253.0
30437.8	49544.0	21916.9	7682.0	44112.9	38974.4	125450.1
50112.8	76705.1	33550.5	12194.1	66118.3	57559.4	189630.8
73999.3	106911.8	45507.4	17495.3	87593.4	77216.0	256915.2

3-7 1993-2021年季度国内生产总值指数

季度	国内生产总值	第一产业	第二产业	第三产业	农、林、牧、渔业	工业
1993Q1	115.3	105.0	120.9	111.9	105.0	120.8
Q2	113.5	104.0	120.0	110.5	104.0	119.8
Q3	112.9	104.2	118.4	111.9	104.3	118.4
Q4	114.1	105.3	120.0	114.3	105.3	121.0
1994Q1	114.1	105.1	118.1	111.7	105.1	118.3
Q2	113.3	104.0	118.6	110.9	104.1	119.0
Q3	113.1	103.8	118.5	111.6	103.8	119.1
Q4	112.0	103.6	117.4	111.3	103.7	118.7
1995Q1	111.9	105.4	114.3	110.5	105.4	114.5
Q2	111.0	105.8	114.0	109.0	105.8	114.3
Q3	110.4	104.8	113.5	109.2	104.8	113.7
Q4	110.8	104.4	113.6	111.5	104.5	113.6
1996Q1	110.9	105.2	112.9	109.6	105.3	113.5
Q2	109.4	104.8	110.8	109.5	104.9	110.8
Q3	109.2	104.7	111.4	108.5	104.8	111.5
Q4	110.3	105.4	113.3	109.2	105.4	114.2
1997Q1	110.1	104.8	110.2	111.5	105.0	110.4
Q2	110.0	104.5	111.1	110.9	104.6	112.2
Q3	108.6	102.8	109.5	110.9	102.9	110.5
Q4	108.6	102.8	111.0	108.6	102.9	112.1
1998Q1	107.3	103.5	107.5	107.9	103.6	107.7
Q2	106.9	101.9	107.8	107.8	101.9	108.0
Q3	107.8	103.0	109.0	108.6	103.0	108.8
Q4	109.1	104.7	110.8	109.2	104.8	110.7
1999Q1	108.9	103.7	109.6	109.2	103.8	109.6
Q2	107.9	102.6	108.9	108.6	102.7	108.9
Q3	107.6	103.1	108.0	109.6	103.2	108.5
Q4	106.7	102.2	106.8	109.6	102.2	107.6
2000Q1	108.7	102.5	108.8	109.9	102.6	109.0
Q2	109.1	101.2	110.1	110.9	101.3	110.3
Q3	108.8	102.6	110.1	110.2	102.7	110.3
Q4	107.5	102.7	108.8	108.3	102.7	109.7
2001Q1	109.5	103.4	109.2	110.9	103.6	109.6
Q2	108.6	101.1	109.7	109.7	101.3	109.9
Q3	108.0	103.4	107.8	110.3	103.5	107.8
Q4	107.5	102.7	107.6	110.1	102.8	107.9
2002Q1	108.9	102.6	108.8	110.1	102.9	108.7
Q2	108.8	101.7	110.0	109.6	101.9	110.0

注：本表按不变价格计算。

（上年同期=100，分三次产业和9个行业，当季）

建筑业	批发和零售业	交通运输、仓储和邮政业	住宿和餐饮业	金融业	房地产业	其他
122.9	109.5	110.7	111.0	110.1	117.4	113.6
121.4	107.0	111.1	106.3	108.4	108.5	116.3
118.1	107.5	113.8	105.3	112.2	106.9	118.0
113.8	110.5	114.4	110.8	114.0	111.8	119.0
116.7	105.5	112.7	117.8	109.8	115.9	113.1
116.4	107.7	108.2	124.8	110.1	112.3	111.7
113.6	108.1	107.6	131.5	111.1	111.9	112.2
110.6	111.6	106.0	135.2	108.1	109.2	113.4
112.0	105.7	110.2	117.9	112.5	111.9	110.6
112.3	109.1	107.0	109.3	105.8	114.0	109.7
111.2	107.9	108.0	108.1	105.5	111.5	111.8
113.4	109.9	117.2	106.3	111.1	112.5	109.2
105.3	109.3	109.7	107.8	106.7	106.5	112.9
111.7	108.8	110.7	104.5	109.3	103.1	113.1
109.6	106.1	110.8	107.4	106.5	103.7	112.5
106.8	106.0	112.6	107.9	109.1	103.3	112.1
106.6	112.5	107.5	115.3	110.2	103.6	116.1
102.1	109.7	109.5	113.4	107.0	106.7	116.0
100.0	109.1	110.0	110.2	109.7	104.5	116.4
103.3	103.7	109.8	104.6	109.1	102.3	114.6
103.5	104.9	110.5	113.4	103.7	107.3	109.5
106.1	105.7	110.4	110.3	104.5	107.1	109.1
111.3	107.3	110.1	112.5	106.1	107.6	109.5
111.9	108.5	111.1	107.8	106.0	108.5	110.4
108.5	108.2	112.8	110.2	106.0	104.1	110.6
108.2	107.0	114.5	106.1	106.1	105.2	109.2
102.8	108.2	114.5	107.3	104.3	104.2	113.0
101.0	111.7	108.4	107.2	105.0	109.3	112.8
106.3	110.8	107.3	111.7	107.2	108.8	112.2
108.4	109.0	109.7	111.1	106.8	106.7	116.3
107.8	108.5	107.8	109.8	107.4	108.3	114.3
102.0	109.3	109.3	103.9	106.5	105.3	110.0
105.0	109.6	110.4	107.4	108.0	112.2	112.9
108.0	108.3	108.8	107.1	106.9	110.4	112.1
107.9	108.2	109.7	108.1	107.5	111.1	112.7
105.9	110.3	106.8	108.1	105.6	110.4	113.7
109.1	108.5	107.2	112.4	107.0	108.3	113.2
109.6	108.6	103.9	111.3	107.2	108.9	113.4

3-7 续表 1

季　度	国内生产总　值	第一产业	第二产业	第三产业	农、林、牧、渔业	工业
Q3	109.6	103.9	110.5	110.9	104.1	110.5
Q4	109.1	102.4	110.2	111.3	102.6	110.7
2003Q1	111.1	102.8	113.2	110.5	102.9	113.1
Q2	109.1	101.7	111.3	108.7	101.8	111.1
Q3	110.0	103.3	113.2	108.8	103.4	112.8
Q4	110.0	101.9	113.0	110.1	102.0	114.0
2004Q1	110.6	104.1	112.3	109.9	104.3	112.6
Q2	111.6	104.7	112.1	112.7	104.9	112.7
Q3	109.8	107.3	110.5	109.8	107.5	110.7
Q4	108.8	106.7	110.1	108.2	106.8	110.5
2005Q1	111.1	104.7	111.2	111.9	105.0	111.1
Q2	111.1	105.0	111.9	111.5	105.2	111.5
Q3	110.8	105.0	111.2	112.4	105.1	111.1
Q4	112.4	105.3	113.9	113.5	105.5	112.7
2006Q1	112.5	104.4	113.1	113.1	104.7	112.6
Q2	113.7	105.0	115.1	114.0	105.3	115.0
Q3	112.2	104.7	113.0	114.0	104.9	112.4
Q4	112.5	104.8	112.7	115.4	105.1	111.9
2007Q1	113.8	104.1	114.8	114.1	104.4	114.6
Q2	115.0	103.8	116.2	116.0	104.0	116.0
Q3	114.3	104.1	114.8	116.9	104.3	114.8
Q4	113.9	102.8	114.5	117.3	102.9	114.3
2008Q1	111.5	102.7	112.7	111.4	103.1	113.0
Q2	110.9	103.9	111.7	111.5	104.1	112.1
Q3	109.5	105.5	109.3	111.0	105.7	109.6
Q4	107.1	106.5	106.5	108.2	106.7	105.8
2009Q1	106.4	103.8	105.8	107.2	104.0	104.6
Q2	108.2	103.7	108.3	108.9	103.9	106.7
Q3	110.6	104.1	111.6	111.2	104.2	110.0
Q4	111.9	104.1	114.7	111.0	104.4	114.6
2010Q1	112.2	103.9	115.4	110.0	103.8	115.4
Q2	110.8	103.6	112.8	109.6	103.6	112.8
Q3	109.9	104.3	111.5	109.6	104.3	111.3
Q4	109.9	104.7	111.6	109.5	104.7	111.3
2011Q1	110.2	103.1	111.3	109.9	103.3	111.5
Q2	110.0	102.7	111.0	110.2	102.8	111.3
Q3	109.4	104.1	110.7	109.4	104.2	111.0
Q4	108.8	105.4	109.9	108.5	105.5	110.1
2012Q1	108.1	103.7	109.5	107.3	103.8	109.4
Q2	107.7	104.6	108.0	107.8	104.7	107.7

建筑业	批发和零售业	交通运输、仓储和邮政业	住宿和餐饮业	金融业	房地产业	其他
110.0	108.3	108.5	112.5	107.1	110.8	114.2
107.3	109.8	109.1	112.3	108.8	111.2	113.9
114.7	108.3	107.7	111.0	111.3	111.1	112.1
113.0	110.3	102.3	107.4	107.7	112.7	109.9
116.3	113.8	107.6	116.9	107.2	106.9	106.4
107.2	107.6	107.1	114.3	103.7	109.0	114.9
108.5	100.8	114.5	105.0	106.5	108.0	114.9
107.9	108.2	118.2	116.4	102.3	108.1	116.6
109.6	105.3	115.8	111.0	102.7	104.5	113.5
107.1	111.9	110.1	117.8	106.8	103.6	105.8
112.7	111.8	114.5	114.6	109.7	112.4	111.1
115.3	113.6	114.9	114.6	112.5	114.0	107.9
112.1	112.9	112.4	111.1	116.3	111.6	111.4
121.2	113.7	103.7	108.9	118.1	110.8	118.0
118.8	118.7	109.6	109.6	122.7	115.3	109.8
116.0	120.7	106.1	110.7	126.4	116.8	111.2
116.9	120.2	109.5	114.1	121.9	112.3	111.4
117.7	118.2	114.9	115.9	124.2	117.0	111.3
117.4	120.1	110.2	109.0	126.7	116.8	109.5
117.9	120.2	113.0	106.8	131.5	126.0	109.7
114.8	119.6	110.0	106.1	132.2	127.0	112.5
115.5	120.9	113.7	116.3	114.8	126.2	114.9
110.6	113.5	109.1	110.7	112.7	108.6	111.5
109.2	115.2	109.9	107.8	111.7	105.5	112.0
107.7	117.7	110.5	110.5	110.3	96.3	112.2
110.7	116.8	100.3	109.4	113.7	93.8	109.2
118.8	111.4	95.6	101.7	113.4	107.1	107.6
120.2	111.3	97.4	103.8	117.2	112.3	109.0
123.1	112.4	111.2	104.3	117.6	114.8	108.6
115.0	112.4	110.1	105.1	117.3	111.7	109.1
116.1	116.2	111.6	106.2	110.2	110.9	106.7
113.8	114.0	110.7	107.4	108.3	103.5	109.1
112.9	114.0	108.8	110.4	108.7	104.3	108.8
113.6	114.3	107.0	108.8	108.6	109.8	107.6
110.3	112.3	109.3	104.7	111.7	108.5	109.1
109.7	112.2	109.3	104.9	110.4	108.3	110.5
109.6	112.1	110.3	105.2	105.0	108.5	110.0
109.5	113.2	109.6	105.5	103.8	103.5	109.2
110.2	110.1	105.7	106.2	106.8	100.1	109.0
109.5	109.9	106.1	106.0	109.3	101.5	109.0

3-7 续表 2

季 度	国内生产总值	第一产业	第二产业	第三产业	农、林、牧、渔业	工业
Q3	107.5	104.1	107.7	108.2	104.1	107.4
Q4	108.1	105.0	108.5	108.7	105.1	108.2
2013Q1	107.9	103.0	107.8	108.4	103.2	107.6
Q2	107.6	102.6	107.6	108.3	102.8	107.3
Q3	107.9	103.9	108.3	108.5	104.0	108.1
Q4	107.7	104.7	108.1	108.1	104.8	107.9
2014Q1	107.5	103.2	107.3	108.1	103.4	107.0
Q2	107.6	104.0	107.6	108.2	104.1	107.2
Q3	107.2	104.6	107.1	108.1	104.7	106.6
Q4	107.3	103.9	106.7	108.9	104.1	106.2
2015Q1	107.1	103.1	106.2	108.4	103.3	105.8
Q2	107.1	103.7	105.9	109.0	103.8	105.8
Q3	107.0	104.1	105.7	109.0	104.3	105.6
Q4	106.9	104.1	106.0	108.8	104.2	105.6
2016Q1	106.9	102.9	105.8	108.0	103.1	105.4
Q2	106.8	103.1	106.2	107.9	103.3	105.7
Q3	106.8	104.0	106.1	108.0	104.1	105.8
Q4	106.9	102.9	106.0	108.5	103.1	105.8
2017Q1	107.0	103.0	106.1	108.0	103.2	106.2
Q2	107.0	103.8	106.2	108.1	103.9	106.4
Q3	106.9	103.9	105.8	108.4	104.0	106.2
Q4	106.8	104.4	105.4	108.6	104.5	106.1
2018Q1	106.9	103.2	106.2	107.8	103.4	106.4
Q2	106.9	103.4	105.9	108.1	103.6	106.4
Q3	106.7	103.6	105.3	108.3	103.8	105.9
Q4	106.5	103.5	105.8	107.8	103.7	105.7
2019Q1	106.3	102.7	105.3	107.2	102.9	105.2
Q2	106.0	103.3	104.7	107.2	103.4	104.7
Q3	105.9	102.7	104.5	107.4	102.9	104.2
Q4	105.8	103.4	105.0	106.9	103.5	105.0
2020Q1	93.1	96.9	90.3	94.6	97.4	91.5
Q2	103.1	103.5	104.6	101.8	103.7	104.1
Q3	104.8	104.1	105.9	104.2	104.2	105.5
Q4	106.4	104.3	106.7	106.6	104.4	106.8
2021Q1	118.3	108.1	124.4	115.6	108.0	124.4
Q2	107.9	107.6	107.5	108.3	107.5	108.8
Q3	104.9	107.1	103.6	105.4	107.1	104.9
Q4	104.0	106.4	102.5	104.6	106.4	103.8

建筑业	批发和零售业	交通运输、仓储和邮政业	住宿和餐饮业	金融业	房地产业	其他
109.7	110.3	105.5	106.7	110.4	106.7	107.8
109.7	110.8	107.0	106.9	111.6	108.8	107.1
109.9	110.1	106.3	103.4	110.9	109.6	107.1
109.7	110.5	106.3	103.7	109.8	107.2	107.9
110.0	110.5	107.0	104.1	111.1	106.6	107.8
109.3	110.9	106.7	104.3	110.5	104.5	107.5
110.0	110.7	106.5	106.0	109.2	102.8	108.6
110.0	110.5	107.3	106.4	108.3	102.6	109.1
109.6	110.1	106.6	106.1	109.6	101.1	109.1
109.3	109.8	107.3	106.2	114.9	102.0	109.3
109.2	106.7	105.2	106.1	116.0	101.3	109.3
106.4	106.5	104.2	106.2	119.5	104.9	109.1
106.4	106.8	104.5	107.0	116.7	105.2	110.0
107.9	106.9	104.0	107.0	114.9	104.0	110.4
108.9	106.7	103.6	107.8	107.4	109.5	109.4
108.5	107.6	106.1	107.6	104.5	108.9	109.5
107.2	108.0	107.2	107.3	104.7	109.1	109.2
107.0	108.2	110.1	108.1	102.6	107.8	110.9
104.8	108.1	109.3	108.4	105.0	109.2	108.8
105.0	107.8	110.1	108.1	103.7	107.7	109.7
103.7	107.8	109.7	108.2	105.9	105.1	110.6
102.9	107.6	109.1	108.1	104.4	106.1	111.4
105.6	107.2	107.7	107.3	102.6	104.6	110.8
104.4	107.1	108.1	107.0	105.2	104.0	110.9
102.9	106.7	108.3	106.5	105.2	103.8	111.5
106.4	105.9	108.8	106.1	106.2	101.8	111.0
105.8	105.7	106.8	105.2	106.5	102.2	109.8
104.7	105.9	106.6	105.6	107.1	102.1	109.7
105.8	105.5	106.9	105.9	106.5	103.9	109.8
104.9	105.3	105.7	105.3	106.5	102.1	109.6
81.8	82.5	86.4	60.5	104.9	92.4	100.5
107.0	101.6	102.0	78.3	106.0	102.4	102.0
107.3	103.6	104.3	91.3	106.8	104.6	104.5
105.8	106.8	108.0	99.2	105.9	104.9	107.7
122.8	126.6	132.1	143.7	105.4	121.4	110.7
101.8	109.6	112.7	117.1	104.1	107.1	108.4
98.2	107.6	105.9	105.7	104.0	98.4	107.1
97.9	105.9	104.0	104.7	105.5	97.1	106.1

3-8 1993-2021年季度国内生产总值指数

季　度	国内生产总值	第一产业	第二产业	第三产业	农、林、牧、渔业	工业
1993Q1	115.3	105.0	120.9	111.9	105.0	120.8
Q1-2	114.3	104.4	120.4	111.2	104.4	120.3
Q1-3	113.8	104.3	119.7	111.4	104.3	119.6
Q1-4	113.9	104.6	119.7	112.2	104.7	120.0
1994Q1	114.1	105.1	118.1	111.7	105.1	118.3
Q1-2	113.7	104.4	118.4	111.3	104.4	118.7
Q1-3	113.5	104.1	118.4	111.4	104.1	118.8
Q1-4	113.0	103.9	118.1	111.4	104.0	118.8
1995Q1	111.9	105.4	114.3	110.5	105.4	114.5
Q1-2	111.4	105.6	114.2	109.7	105.7	114.4
Q1-3	111.0	105.2	113.9	109.6	105.3	114.1
Q1-4	111.0	104.9	113.8	110.1	105.0	114.0
1996Q1	110.9	105.2	112.9	109.6	105.3	113.5
Q1-2	110.1	104.9	111.8	109.5	105.0	112.0
Q1-3	109.8	104.8	111.6	109.2	104.9	111.9
Q1-4	109.9	105.0	112.1	109.2	105.1	112.5
1997Q1	110.1	104.8	110.2	111.5	105.0	110.4
Q1-2	110.1	104.6	110.7	111.2	104.7	111.4
Q1-3	109.5	103.8	110.3	111.1	103.9	111.0
Q1-4	109.2	103.4	110.5	110.4	103.5	111.3
1998Q1	107.3	103.5	107.5	107.9	103.6	107.7
Q1-2	107.1	102.5	107.6	107.9	102.5	107.9
Q1-3	107.3	102.7	108.1	108.1	102.8	108.2
Q1-4	107.8	103.4	108.9	108.4	103.5	108.9
1999Q1	108.9	103.7	109.6	109.2	103.8	109.6
Q1-2	108.3	103.0	109.2	108.9	103.1	109.2
Q1-3	108.1	103.1	108.8	109.1	103.1	109.0
Q1-4	107.7	102.7	108.2	109.2	102.8	108.6
2000Q1	108.7	102.5	108.8	109.9	102.6	109.0
Q1-2	108.9	101.7	109.5	110.4	101.8	109.7
Q1-3	108.9	102.1	109.7	110.3	102.2	109.9
Q1-4	108.5	102.3	109.5	109.8	102.4	109.9
2001Q1	109.5	103.4	109.2	110.9	103.6	109.6
Q1-2	109.0	102.0	109.4	110.3	102.2	109.7
Q1-3	108.7	102.6	108.9	110.3	102.8	109.0
Q1-4	108.3	102.6	108.5	110.3	102.8	108.7
2002Q1	108.9	102.6	108.8	110.1	102.9	108.7
Q1-2	108.9	102.0	109.4	109.9	102.3	109.4

注：本表按不变价格计算。

（上年同期=100，分三次产业和9个行业，累计）

建筑业	批发和零售业	交通运输、仓储和邮政业	住宿和餐饮业	金融业	房地产业	其他
122.9	109.5	110.7	111.0	110.1	117.4	113.6
122.0	108.2	110.9	108.4	109.3	112.6	114.9
120.5	108.0	111.8	107.5	110.2	110.3	115.9
118.0	108.6	112.5	108.2	111.3	110.8	116.7
116.7	105.5	112.7	117.8	109.8	115.9	113.1
116.5	106.7	110.5	121.5	110.0	114.0	112.4
115.4	107.1	109.6	124.6	110.3	113.2	112.3
113.6	108.2	108.5	127.1	109.7	112.0	112.6
112.0	105.7	110.2	117.9	112.5	111.9	110.6
112.2	107.6	108.6	113.3	109.2	113.0	110.2
111.8	107.7	108.4	111.6	108.0	112.4	110.7
112.4	108.2	111.0	110.2	108.8	112.4	110.3
105.3	109.3	109.7	107.8	106.7	106.5	112.9
109.4	109.0	110.2	106.1	107.9	104.7	113.0
109.5	108.2	110.3	106.5	107.4	104.3	112.9
108.5	107.6	111.0	106.8	107.9	104.0	112.7
106.6	112.5	107.5	115.3	110.2	103.6	116.1
103.7	111.0	108.5	114.3	108.7	105.2	116.1
102.3	110.4	108.9	113.0	109.0	104.9	116.2
102.6	108.8	109.2	110.9	109.0	104.1	115.8
103.5	104.9	110.5	113.4	103.7	107.3	109.5
105.2	105.3	110.4	111.9	104.1	107.2	109.3
107.4	105.9	110.3	112.1	104.8	107.4	109.4
109.0	106.5	110.6	111.1	105.1	107.7	109.6
108.5	108.2	112.8	110.2	106.0	104.1	110.6
108.3	107.6	113.6	108.1	106.1	104.6	109.9
106.2	107.8	113.9	107.9	105.5	104.5	110.9
104.3	108.7	112.2	107.7	105.4	105.9	111.4
106.3	110.8	107.3	111.7	107.2	108.8	112.2
107.7	109.8	108.5	111.4	107.0	107.7	114.1
107.7	109.4	108.3	110.9	107.1	107.9	114.2
105.7	109.4	108.6	109.3	107.0	107.1	113.1
105.0	109.6	110.4	107.4	108.0	112.2	112.9
106.9	108.9	109.5	107.2	107.5	111.3	112.5
107.3	108.7	109.6	107.5	107.5	111.2	112.6
106.8	109.1	108.8	107.6	107.0	111.0	112.9
109.1	108.5	107.2	112.4	107.0	108.3	113.2
109.4	108.5	105.5	111.9	107.1	108.6	113.3

3-8 续表 1

季 度	国内生产总 值	第一产业	第二产业	第三产业	农、林、牧、渔业	工业
Q1-3	109.1	102.9	109.8	110.2	103.1	109.8
Q1-4	109.1	102.7	109.9	110.5	102.9	110.0
2003Q1	111.1	102.8	113.2	110.5	102.9	113.1
Q1-2	110.1	102.1	112.2	109.6	102.2	112.0
Q1-3	110.0	102.6	112.5	109.3	102.8	112.3
Q1-4	110.0	102.4	112.7	109.5	102.5	112.8
2004Q1	110.6	104.1	112.3	109.9	104.3	112.6
Q1-2	111.1	104.5	112.2	111.3	104.7	112.6
Q1-3	110.6	105.8	111.6	110.8	106.0	111.9
Q1-4	110.1	106.1	111.1	110.1	106.3	111.6
2005Q1	111.1	104.7	111.2	111.9	105.0	111.1
Q1-2	111.1	104.9	111.6	111.7	105.1	111.3
Q1-3	111.0	104.9	111.5	112.0	105.1	111.2
Q1-4	111.4	105.1	112.1	112.4	105.2	111.6
2006Q1	112.5	104.4	113.1	113.1	104.7	112.6
Q1-2	113.1	104.8	114.2	113.6	105.1	113.8
Q1-3	112.8	104.7	113.7	113.7	105.0	113.3
Q1-4	112.7	104.8	113.5	114.1	105.0	112.9
2007Q1	113.8	104.1	114.8	114.1	104.4	114.6
Q1-2	114.4	103.9	115.6	115.0	104.1	115.4
Q1-3	114.4	104.0	115.3	115.6	104.2	115.2
Q1-4	114.2	103.5	115.1	116.1	103.7	114.9
2008Q1	111.5	102.7	112.7	111.4	103.1	113.0
Q1-2	111.2	103.4	112.2	111.5	103.7	112.5
Q1-3	110.6	104.4	111.1	111.3	104.7	111.5
Q1-4	109.7	105.2	109.8	110.5	105.4	110.0
2009Q1	106.4	103.8	105.8	107.2	104.0	104.6
Q1-2	107.3	103.7	107.1	108.1	104.0	105.7
Q1-3	108.5	103.9	108.7	109.1	104.1	107.2
Q1-4	109.4	104.0	110.3	109.6	104.2	109.1
2010Q1	112.2	103.9	115.4	110.0	103.8	115.4
Q1-2	111.4	103.7	114.0	109.8	103.7	114.0
Q1-3	110.9	104.0	113.1	109.7	104.0	113.1
Q1-4	110.6	104.3	112.7	109.7	104.3	112.6
2011Q1	110.2	103.1	111.3	109.9	103.3	111.5
Q1-2	110.1	102.9	111.1	110.1	103.0	111.4
Q1-3	109.9	103.5	111.0	109.9	103.6	111.3
Q1-4	109.6	104.2	110.7	109.5	104.3	110.9
2012Q1	108.1	103.7	109.5	107.3	103.8	109.4
Q1-2	107.9	104.3	108.7	107.6	104.3	108.5

建筑业	批发和零售业	交通运输、仓储和邮政业	住宿和餐饮业	金融业	房地产业	其他
109.7	108.5	106.4	112.1	107.1	109.4	113.6
108.8	108.8	107.1	112.1	107.5	109.9	113.7
114.7	108.3	107.7	111.0	111.3	111.1	112.1
113.6	109.3	104.9	109.3	109.6	111.9	111.0
114.7	110.7	105.7	111.7	108.8	110.1	109.5
112.1	109.9	106.1	112.4	107.4	109.8	110.8
108.5	100.8	114.5	105.0	106.5	108.0	114.9
108.1	104.5	116.4	110.4	104.5	108.0	115.7
108.7	104.8	116.2	110.6	103.9	106.8	115.0
108.2	106.6	114.5	112.3	104.7	105.8	112.7
112.7	111.8	114.5	114.6	109.7	112.4	111.1
114.4	112.7	114.7	114.6	111.0	113.2	109.6
113.5	112.8	114.0	113.4	112.7	112.6	110.2
116.0	113.0	111.2	112.3	114.1	112.1	112.0
118.8	118.7	109.6	109.6	122.7	115.3	109.8
117.0	119.8	107.8	110.2	124.4	116.0	110.4
117.0	119.9	108.3	111.5	123.6	114.8	110.7
117.2	119.5	110.0	112.6	123.7	115.4	110.9
117.4	120.1	110.2	109.0	126.7	116.8	109.5
117.7	120.1	111.7	107.9	129.0	121.3	109.6
116.5	120.0	111.1	107.3	130.0	123.2	110.5
116.2	120.2	111.8	109.6	125.8	124.0	111.6
110.6	113.5	109.1	110.7	112.7	108.6	111.5
109.7	114.4	109.5	109.2	112.2	107.0	111.7
108.9	115.5	109.8	109.7	111.6	103.3	111.9
109.5	115.9	107.3	109.6	112.1	100.6	111.2
118.8	111.4	95.6	101.7	113.4	107.1	107.6
119.7	111.3	96.6	102.7	115.2	109.7	108.3
121.0	111.7	101.2	103.3	116.0	111.3	108.4
118.9	111.9	103.4	103.8	116.3	111.5	108.6
116.1	116.2	111.6	106.2	110.2	110.9	106.7
114.6	115.1	111.1	106.8	109.3	107.1	107.9
114.0	114.7	110.3	108.0	109.1	106.2	108.2
113.8	114.6	109.5	108.2	109.0	107.2	108.0
110.3	112.3	109.3	104.7	111.7	108.5	109.1
110.0	112.3	109.3	104.8	111.0	108.4	109.8
109.8	112.2	109.7	104.9	109.0	108.4	109.9
109.7	112.5	109.7	105.1	107.7	107.1	109.7
110.2	110.1	105.7	106.2	106.8	100.1	109.0
109.8	110.0	105.9	106.1	108.0	100.8	109.0

3-8 续表 2

季　度	国内生产总　值	第一产业	第二产业	第三产业	农、林、牧、渔业	工业
Q1-3	107.8	104.2	108.3	107.8	104.2	108.1
Q1-4	107.9	104.5	108.4	108.0	104.5	108.1
2013Q1	107.9	103.0	107.8	108.4	103.2	107.6
Q1-2	107.7	102.8	107.7	108.3	103.0	107.4
Q1-3	107.8	103.3	107.9	108.4	103.5	107.7
Q1-4	107.8	103.8	108.0	108.3	104.0	107.7
2014Q1	107.5	103.2	107.3	108.1	103.4	107.0
Q1-2	107.6	103.7	107.5	108.2	103.8	107.1
Q1-3	107.5	104.1	107.3	108.1	104.3	106.9
Q1-4	107.4	104.1	107.2	108.3	104.2	106.7
2015Q1	107.1	103.1	106.2	108.4	103.3	105.8
Q1-2	107.1	103.4	106.0	108.7	103.6	105.8
Q1-3	107.1	103.8	105.9	108.8	103.9	105.7
Q1-4	107.0	103.9	105.9	108.8	104.0	105.7
2016Q1	106.9	102.9	105.8	108.0	103.1	105.4
Q1-2	106.9	103.0	106.0	107.9	103.2	105.5
Q1-3	106.8	103.5	106.0	108.0	103.6	105.6
Q1-4	106.8	103.3	106.0	108.1	103.5	105.7
2017Q1	107.0	103.0	106.1	108.0	103.2	106.2
Q1-2	107.0	103.5	106.2	108.0	103.7	106.3
Q1-3	107.0	103.7	106.0	108.2	103.8	106.3
Q1-4	106.9	104.0	105.9	108.3	104.1	106.2
2018Q1	106.9	103.2	106.2	107.8	103.4	106.4
Q1-2	106.9	103.3	106.1	107.9	103.5	106.4
Q1-3	106.8	103.4	105.8	108.1	103.6	106.2
Q1-4	106.7	103.5	105.8	108.0	103.6	106.1
2019Q1	106.3	102.7	105.3	107.2	102.9	105.2
Q1-2	106.1	103.1	105.0	107.2	103.2	104.9
Q1-3	106.0	102.9	104.8	107.3	103.1	104.7
Q1-4	106.0	103.1	104.9	107.2	103.2	104.8
2020Q1	93.1	96.9	90.3	94.6	97.4	91.5
Q1-2	98.3	101.0	98.0	98.3	101.3	98.1
Q1-3	100.6	102.5	100.8	100.3	102.7	100.7
Q1-4	102.2	103.1	102.5	101.9	103.3	102.4
2021Q1	118.3	108.1	124.4	115.6	108.0	124.4
Q1-2	112.7	107.8	114.8	111.8	107.7	115.9
Q1-3	109.8	107.5	110.6	109.5	107.4	112.0
Q1-4	108.1	107.1	108.2	108.2	107.1	109.6

建筑业	批发和零售业	交通运输、仓储和邮政业	住宿和餐饮业	金融业	房地产业	其他
109.8	110.1	105.8	106.3	108.8	102.7	108.6
109.8	110.3	106.1	106.5	109.5	104.3	108.2
109.9	110.1	106.3	103.4	110.9	109.6	107.1
109.8	110.3	106.3	103.5	110.4	108.4	107.5
109.9	110.4	106.6	103.7	110.6	107.8	107.6
109.7	110.5	106.6	103.9	110.6	106.8	107.6
110.0	110.7	106.5	106.0	109.2	102.8	108.6
110.0	110.6	106.9	106.2	108.8	102.7	108.8
109.8	110.4	106.8	106.2	109.1	102.2	108.9
109.6	110.3	106.9	106.2	110.5	102.1	109.0
109.2	106.7	105.2	106.1	116.0	101.3	109.3
107.5	106.6	104.7	106.1	117.7	103.1	109.2
107.0	106.6	104.6	106.4	117.4	103.8	109.5
107.3	106.7	104.4	106.6	116.7	103.8	109.7
108.9	106.7	103.6	107.8	107.4	109.5	109.4
108.6	107.1	104.9	107.7	105.9	109.2	109.5
108.0	107.5	105.7	107.6	105.5	109.2	109.4
107.7	107.7	106.9	107.7	104.8	108.8	109.8
104.8	108.1	109.3	108.4	105.0	109.2	108.8
104.9	107.9	109.7	108.2	104.4	108.4	109.2
104.4	107.9	109.7	108.2	104.9	107.3	109.7
103.9	107.8	109.6	108.2	104.8	107.0	110.1
105.6	107.2	107.7	107.3	102.6	104.6	110.8
104.8	107.1	108.0	107.2	103.9	104.3	110.9
104.1	107.0	108.1	106.9	104.3	104.1	111.1
104.8	106.7	108.3	106.7	104.8	103.5	111.1
105.8	105.7	106.8	105.2	106.5	102.2	109.8
105.1	105.8	106.7	105.4	106.8	102.2	109.7
105.4	105.7	106.8	105.5	106.7	102.8	109.7
105.2	105.6	106.5	105.5	106.6	102.6	109.7
81.8	82.5	86.4	60.5	104.9	92.4	100.5
97.3	92.3	94.8	69.2	105.4	97.6	101.3
101.2	96.2	98.2	77.0	105.9	99.9	102.4
102.7	99.1	100.8	83.2	105.9	101.3	103.7
122.8	126.6	132.1	143.7	105.4	121.4	110.7
108.6	117.0	121.1	128.9	104.8	113.7	109.6
104.3	113.5	115.4	119.3	104.5	108.2	108.7
102.1	111.3	112.1	114.5	104.8	105.2	108.0

3-9 1993-2021年季度三次产业和分行业增加值对

季 度	国内生产总值	第一产业	第二产业	第三产业	农、林、牧、渔业	工业
1993Q1	100.0	4.4	65.4	30.2	4.5	60.6
Q2	100.0	6.2	67.8	26.0	6.3	60.2
Q3	100.0	8.3	65.3	26.4	8.5	59.3
Q4	100.0	10.6	60.3	29.1	10.8	54.4
1994Q1	100.0	4.4	64.3	31.3	4.5	60.7
Q2	100.0	5.8	67.5	26.7	5.9	61.6
Q3	100.0	6.8	68.0	25.2	6.9	63.8
Q4	100.0	7.9	65.0	27.1	8.2	60.0
1995Q1	100.0	5.1	62.3	32.6	5.2	58.9
Q2	100.0	9.3	64.7	26.1	9.5	58.9
Q3	100.0	9.9	65.5	24.7	10.1	60.7
Q4	100.0	10.0	59.3	30.7	10.2	51.8
1996Q1	100.0	5.1	62.7	32.2	5.2	61.2
Q2	100.0	8.6	60.0	31.5	8.8	53.4
Q3	100.0	10.5	63.9	25.6	10.7	59.3
Q4	100.0	11.9	62.1	25.9	12.2	58.2
1997Q1	100.0	4.8	54.3	40.9	5.0	52.3
Q2	100.0	7.3	58.5	34.2	7.5	57.6
Q3	100.0	6.4	58.7	34.9	6.6	58.9
Q4	100.0	7.2	63.8	28.9	7.5	61.7
1998Q1	100.0	4.6	55.4	40.0	4.8	54.0
Q2	100.0	4.2	60.2	35.6	4.4	55.8
Q3	100.0	7.1	61.8	31.1	7.3	55.8
Q4	100.0	10.7	60.4	28.9	11.0	53.0
1999Q1	100.0	3.8	58.1	38.1	4.0	55.1
Q2	100.0	4.9	60.4	34.7	5.0	55.1
Q3	100.0	7.2	57.1	35.6	7.5	55.5
Q4	100.0	6.5	52.3	41.2	6.7	51.5
2000Q1	100.0	2.5	55.4	42.1	2.7	53.4
Q2	100.0	1.9	59.9	38.2	2.0	55.5
Q3	100.0	5.0	61.9	33.1	5.2	58.5
Q4	100.0	6.8	60.5	32.7	7.0	59.3
2001Q1	100.0	3.1	43.2	53.7	3.4	41.4
Q2	100.0	1.7	52.1	46.2	2.0	47.0
Q3	100.0	6.8	45.1	48.1	7.2	39.7
Q4	100.0	6.9	45.2	48.0	7.3	39.9
2002Q1	100.0	2.4	43.7	53.8	2.7	40.3
Q2	100.0	2.3	52.7	45.0	2.6	46.8

国内生产总值增长的贡献率(分三次产业和9个行业，当季)

单位：%

建筑业	批发和零售业	交通运输、仓储和邮政业	住宿和餐饮业	金融业	房地产业	其他
5.0	4.9	5.3	1.5	4.3	4.3	9.6
7.8	4.0	5.1	0.9	3.3	2.3	10.1
6.2	3.1	5.2	0.7	4.6	2.2	10.3
6.1	3.7	6.1	1.1	4.9	3.5	9.5
4.2	2.9	6.5	2.6	4.4	4.3	9.9
6.5	4.1	3.7	3.6	3.8	3.3	7.5
4.8	3.1	2.9	3.6	4.1	3.6	7.2
5.5	4.7	3.0	3.9	3.3	3.1	8.2
3.7	3.3	6.1	3.2	6.4	3.9	9.4
6.0	5.7	3.6	1.8	2.6	4.5	7.4
5.0	3.7	3.6	1.4	2.5	4.3	8.7
7.6	4.5	9.0	0.9	4.9	4.6	6.4
1.8	5.5	6.3	1.6	3.7	2.3	12.3
6.8	6.3	6.3	1.0	4.6	1.2	11.6
4.9	3.1	5.4	1.4	3.2	1.6	10.5
4.2	2.8	7.3	1.2	4.2	1.3	8.6
2.3	7.9	5.2	3.3	5.9	1.3	16.9
1.1	6.4	5.3	2.7	3.3	2.3	13.8
0.0	4.9	5.4	2.0	5.0	1.9	15.2
2.3	2.0	7.0	0.8	5.0	1.0	12.7
1.6	4.4	9.8	4.2	3.0	3.5	14.6
4.6	5.5	8.4	3.1	3.0	3.4	11.9
6.3	4.3	6.1	2.8	3.5	3.5	10.4
7.6	4.1	7.5	1.3	3.1	3.4	9.0
3.1	5.9	10.1	2.8	3.8	1.6	13.6
5.3	5.9	10.6	1.6	3.5	2.2	10.8
1.7	4.9	9.2	1.7	2.5	2.0	14.9
0.9	7.7	7.9	1.6	3.4	5.0	15.4
2.3	7.9	6.1	3.3	4.6	3.4	16.2
4.8	6.4	6.5	2.5	3.3	2.3	16.7
3.8	4.4	4.5	2.0	3.6	3.3	14.7
1.5	5.7	7.9	0.8	3.9	2.6	11.3
1.9	9.8	7.5	2.1	4.9	5.8	23.4
5.2	8.3	6.8	1.8	3.8	4.6	20.5
5.5	7.7	6.3	2.0	4.3	5.7	21.5
5.3	9.7	5.4	1.9	3.4	5.7	21.3
3.6	9.2	5.6	3.6	4.5	4.3	26.3
6.1	8.3	3.0	2.8	3.7	3.9	22.8

3-9 续表 1

季 度	国内生产总 值	第一产业	第二产业	第三产业	农、林、牧、渔业	工业
Q3	100.0	6.3	50.2	43.5	6.7	44.6
Q4	100.0	4.8	50.1	45.1	5.2	44.9
2003Q1	100.0	1.9	52.8	45.3	2.1	48.3
Q2	100.0	2.1	58.4	39.5	2.2	50.5
Q3	100.0	4.8	61.3	33.9	5.1	52.5
Q4	100.0	3.3	59.0	37.7	3.6	54.4
2004Q1	100.0	2.8	52.6	44.6	3.0	49.9
Q2	100.0	4.3	50.2	45.5	4.6	46.4
Q3	100.0	10.2	51.4	38.4	10.7	45.9
Q4	100.0	12.1	53.2	34.7	12.6	48.2
2005Q1	100.0	2.9	46.3	50.8	3.1	42.5
Q2	100.0	4.5	52.0	43.5	4.7	44.4
Q3	100.0	6.2	50.0	43.9	6.5	43.7
Q4	100.0	6.7	52.8	40.5	7.1	42.1
2006Q1	100.0	2.4	47.6	50.0	2.7	42.4
Q2	100.0	3.6	53.2	43.2	3.9	46.6
Q3	100.0	5.2	50.0	44.8	5.6	42.1
Q4	100.0	5.9	47.8	46.3	6.3	38.4
2007Q1	100.0	1.9	49.1	49.0	2.1	44.7
Q2	100.0	2.3	52.7	45.1	2.5	46.0
Q3	100.0	3.6	49.3	47.1	4.0	43.3
Q4	100.0	2.8	49.1	48.1	3.1	41.5
2008Q1	100.0	1.3	50.9	47.7	1.6	47.9
Q2	100.0	2.9	52.5	44.6	3.2	48.0
Q3	100.0	6.7	46.5	46.7	7.2	42.2
Q4	100.0	11.6	42.9	45.5	12.3	32.6
2009Q1	100.0	3.2	42.2	54.6	3.5	31.0
Q2	100.0	3.5	50.0	46.5	3.8	35.7
Q3	100.0	4.3	52.3	43.4	4.6	39.5
Q4	100.0	4.4	58.2	37.4	4.8	49.1
2010Q1	100.0	1.7	58.6	39.7	1.7	53.4
Q2	100.0	2.4	59.2	38.4	2.5	51.3
Q3	100.0	4.5	55.6	39.9	4.8	47.4
Q4	100.0	5.6	56.3	38.1	5.8	46.4
2011Q1	100.0	1.7	49.8	48.5	1.8	45.8
Q2	100.0	2.1	52.5	45.4	2.2	46.5
Q3	100.0	4.8	52.5	42.6	5.1	46.1
Q4	100.0	7.4	53.1	39.5	7.8	45.3
2012Q1	100.0	2.3	53.0	44.7	2.5	47.5
Q2	100.0	4.3	50.2	45.5	4.6	41.8

单位：%

建筑业	批发和零售业	交通运输、仓储和邮政业	住宿和餐饮业	金融业	房地产业	其他
5.7	6.6	4.7	2.7	3.3	4.8	20.9
5.4	7.8	5.9	2.4	4.3	5.2	18.9
4.6	7.2	4.7	2.7	5.7	4.6	20.2
8.1	9.6	1.6	1.8	3.8	5.4	16.9
9.0	10.4	4.0	3.5	3.2	2.9	9.4
4.7	5.6	4.2	2.6	1.6	3.9	19.3
2.9	0.7	9.0	1.3	3.4	3.4	26.3
4.0	6.1	9.4	3.1	0.9	2.8	22.6
5.7	4.2	8.3	2.5	1.2	1.9	19.6
5.2	9.7	6.6	3.8	3.2	1.7	8.9
4.0	9.1	8.9	3.3	4.7	5.0	19.4
7.8	10.2	8.5	3.0	4.6	4.9	11.7
6.6	8.9	6.2	2.3	6.1	4.2	15.6
10.8	8.2	1.8	1.5	6.0	3.6	19.1
5.4	11.9	4.8	2.0	8.4	6.1	16.4
6.7	11.5	2.9	1.8	7.1	5.4	14.1
8.0	12.0	4.1	2.5	6.8	4.4	14.5
9.6	10.4	6.0	2.5	7.6	6.1	13.2
4.8	12.2	4.5	1.6	9.8	6.2	14.1
7.0	10.9	5.2	1.0	8.7	7.8	11.0
6.3	10.7	3.6	1.0	9.3	8.3	13.7
7.9	11.3	5.1	2.4	4.6	8.8	15.5
3.6	10.4	4.7	2.2	6.2	3.9	19.6
5.0	11.8	5.3	1.5	5.0	2.4	17.7
4.9	15.1	5.5	2.3	5.1	-1.9	19.6
10.7	18.6	0.2	2.7	8.4	-4.5	18.9
11.4	16.2	-4.0	0.6	11.9	5.7	23.6
14.5	12.1	-1.8	0.9	9.9	7.0	17.8
13.0	10.2	5.3	0.8	7.9	5.9	12.7
9.3	9.1	4.1	0.9	6.8	4.5	11.5
5.7	12.5	4.9	1.1	5.1	4.6	10.9
8.4	11.8	5.2	1.3	4.0	1.6	13.9
8.7	12.5	4.5	2.1	4.4	1.9	13.7
10.4	12.5	3.3	1.8	4.2	4.5	11.2
4.6	11.5	4.4	0.9	8.4	5.2	17.5
6.6	10.6	4.4	0.9	6.5	4.7	17.6
7.1	10.9	5.0	1.0	3.2	4.7	16.9
8.4	12.5	4.6	1.2	2.4	2.2	15.7
5.7	12.0	3.3	1.5	6.2	0.1	21.3
8.5	11.5	3.8	1.3	7.6	1.1	19.7

3-9 续表 2

季 度	国内生产总值	第一产业	第二产业	第三产业	农、林、牧、渔业	工业
Q3	100.0	5.7	47.8	46.6	5.9	39.0
Q4	100.0	7.2	49.3	43.5	7.5	40.1
2013Q1	100.0	1.8	45.8	52.4	2.1	40.3
Q2	100.0	2.5	48.4	49.1	2.7	39.9
Q3	100.0	4.9	49.2	45.9	5.3	40.6
Q4	100.0	6.9	50.2	42.9	7.3	41.0
2014Q1	100.0	2.0	44.7	53.4	2.2	38.7
Q2	100.0	3.5	48.1	48.4	3.7	39.0
Q3	100.0	6.2	45.7	48.1	6.5	36.4
Q4	100.0	5.9	43.9	50.2	6.4	33.9
2015Q1	100.0	1.9	39.7	58.3	2.1	33.8
Q2	100.0	3.3	39.9	56.8	3.6	33.6
Q3	100.0	5.7	38.1	56.2	6.0	31.6
Q4	100.0	6.3	41.0	52.7	6.8	31.8
2016Q1	100.0	2.0	33.2	64.8	2.3	27.1
Q2	100.0	3.2	37.7	59.0	3.6	29.1
Q3	100.0	5.7	36.3	58.0	6.1	28.8
Q4	100.0	4.7	36.3	59.0	5.2	28.1
2017Q1	100.0	2.0	33.7	64.3	2.3	30.2
Q2	100.0	3.7	36.9	59.4	4.0	31.7
Q3	100.0	5.4	33.8	60.8	5.7	29.6
Q4	100.0	6.9	32.6	60.5	7.4	29.5
2018Q1	100.0	2.1	34.4	63.5	2.3	31.3
Q2	100.0	3.2	35.5	61.3	3.5	31.8
Q3	100.0	5.0	31.8	63.3	5.4	29.5
Q4	100.0	5.7	36.0	58.4	6.1	28.8
2019Q1	100.0	1.9	32.1	66.0	2.1	27.8
Q2	100.0	3.5	32.5	64.0	3.8	27.2
Q3	100.0	4.2	30.5	65.3	4.6	23.8
Q4	100.0	5.9	34.9	59.2	6.5	28.4
2020Q1	100.0	1.9	53.2	45.0	1.7	41.1
Q2	100.0	7.1	60.9	32.0	7.8	45.1
Q3	100.0	7.3	47.4	45.3	7.8	37.0
Q4	100.0	6.6	41.5	51.9	7.1	34.5
2021Q1	100.0	2.0	47.1	50.8	2.1	41.7
Q2	100.0	6.2	36.8	57.0	6.4	35.1
Q3	100.0	12.7	27.6	59.7	13.3	30.6
Q4	100.0	15.9	24.6	59.5	16.8	29.4

单位：%

建筑业	批发和零售业	交通运输、仓储和邮政业	住宿和餐饮业	金融业	房地产业	其他
8.9	11.9	3.4	1.6	8.1	4.6	16.7
9.4	11.5	3.7	1.5	7.5	5.7	13.1
5.8	12.7	3.7	0.8	10.1	7.0	17.6
8.9	12.6	3.9	0.8	8.3	5.1	17.9
8.9	11.7	4.0	0.9	8.4	4.3	15.8
9.6	12.6	3.6	1.0	7.5	3.1	14.4
6.2	14.3	3.9	1.5	9.2	2.1	22.0
9.3	12.8	4.4	1.4	7.1	1.8	20.3
9.5	12.7	4.1	1.4	8.2	0.8	20.3
10.2	12.2	4.1	1.5	11.4	1.4	18.9
6.2	9.7	3.3	1.5	17.1	1.0	25.3
6.5	8.7	2.7	1.4	17.9	3.5	22.2
6.7	9.0	2.9	1.7	15.1	3.6	23.4
9.4	9.4	2.4	1.7	12.9	2.8	22.8
6.2	10.0	2.3	2.2	10.1	8.7	31.0
8.8	10.8	4.1	1.9	5.5	8.2	28.1
7.7	11.3	4.7	1.9	5.4	8.0	26.1
8.4	11.7	6.2	2.1	2.8	7.0	28.6
3.3	11.8	5.8	2.3	6.7	8.6	29.0
5.1	10.9	6.6	1.9	4.3	7.0	28.5
4.0	11.0	6.3	2.1	6.6	4.5	30.2
3.4	11.0	5.7	2.1	4.5	5.5	30.9
3.8	10.7	5.0	2.1	3.5	4.4	36.8
4.5	10.1	5.5	1.7	6.0	3.7	33.2
3.1	9.8	5.7	1.8	6.0	3.4	35.3
7.7	9.0	5.9	1.7	6.4	1.7	32.7
4.3	9.6	4.9	1.6	9.3	2.3	38.1
5.5	9.8	5.2	1.6	9.2	2.2	35.5
6.8	9.2	5.5	1.8	8.4	3.9	35.7
6.7	9.1	4.4	1.7	7.6	2.1	33.5
12.4	26.3	8.9	11.1	-6.4	6.9	-2.0
15.6	5.2	3.2	-12.1	15.5	4.7	14.9
10.3	7.3	4.2	-3.2	10.7	5.4	20.6
7.0	10.4	5.6	-0.2	6.3	4.4	25.0
5.5	13.0	6.6	3.1	3.0	8.9	16.2
1.8	11.7	6.7	2.9	4.4	6.7	24.5
-2.8	14.9	5.0	1.9	6.5	-2.3	32.9
-4.3	14.5	3.9	2.1	9.6	-5.1	33.1

3-10 1993-2021年季度三次产业和分行业增加值对

季 度	国内生产总 值	第一产业	第二产业	第三产业	农、林、牧、渔业	工业
1993Q1	100.0	4.4	65.4	30.2	4.5	60.6
Q1-2	100.0	5.3	66.6	28.1	5.4	60.4
Q1-3	100.0	6.4	66.2	27.5	6.5	60.0
Q1-4	100.0	7.6	64.4	28.0	7.8	58.3
1994Q1	100.0	4.4	64.3	31.3	4.5	60.7
Q1-2	100.0	5.1	66.0	28.8	5.2	61.2
Q1-3	100.0	5.8	66.7	27.5	5.8	62.1
Q1-4	100.0	6.3	66.3	27.4	6.5	61.6
1995Q1	100.0	5.1	62.3	32.6	5.2	58.9
Q1-2	100.0	7.2	63.5	29.2	7.4	58.9
Q1-3	100.0	8.2	64.2	27.6	8.4	59.5
Q1-4	100.0	8.7	62.8	28.5	8.9	57.3
1996Q1	100.0	5.1	62.7	32.2	5.2	61.2
Q1-2	100.0	6.8	61.3	31.8	7.0	57.3
Q1-3	100.0	8.1	62.2	29.7	8.3	58.0
Q1-4	100.0	9.3	62.2	28.5	9.5	58.1
1997Q1	100.0	4.8	54.3	40.9	5.0	52.3
Q1-2	100.0	6.1	56.6	37.3	6.3	55.1
Q1-3	100.0	6.2	57.3	36.5	6.4	56.4
Q1-4	100.0	6.5	59.0	34.5	6.7	57.8
1998Q1	100.0	4.6	55.4	40.0	4.8	54.0
Q1-2	100.0	4.4	57.9	37.7	4.6	55.0
Q1-3	100.0	5.4	59.4	35.2	5.6	55.3
Q1-4	100.0	7.2	59.7	33.0	7.5	54.5
1999Q1	100.0	3.8	58.1	38.1	4.0	55.1
Q1-2	100.0	4.3	59.2	36.4	4.5	55.1
Q1-3	100.0	5.3	58.5	36.1	5.6	55.2
Q1-4	100.0	5.6	56.9	37.4	5.9	54.3
2000Q1	100.0	2.5	55.4	42.1	2.7	53.4
Q1-2	100.0	2.2	57.9	40.0	2.3	54.6
Q1-3	100.0	3.2	59.3	37.5	3.4	56.0
Q1-4	100.0	4.1	59.6	36.2	4.3	56.9
2001Q1	100.0	3.1	43.2	53.7	3.4	41.4
Q1-2	100.0	2.4	47.7	49.9	2.7	44.2
Q1-3	100.0	3.9	46.8	49.3	4.2	42.7
Q1-4	100.0	4.6	46.4	49.0	5.0	42.0
2002Q1	100.0	2.4	43.7	53.8	2.7	40.3
Q1-2	100.0	2.4	48.4	49.2	2.7	43.7

国内生产总值增长的贡献率(分三次产业和9个行业，累计)

单位：%

建筑业	批发和零售业	交通运输、仓储和邮政业	住宿和餐饮业	金融业	房地产业	其他
5.0	4.9	5.3	1.5	4.3	4.3	9.6
6.4	4.4	5.2	1.2	3.8	3.3	9.9
6.3	3.9	5.2	1.0	4.1	2.9	10.0
6.3	3.9	5.4	1.0	4.3	3.1	9.9
4.2	2.9	6.5	2.6	4.4	4.3	9.9
5.4	3.6	5.0	3.1	4.1	3.8	8.6
5.2	3.4	4.2	3.3	4.1	3.7	8.1
5.3	3.8	3.9	3.5	3.9	3.5	8.1
3.7	3.3	6.1	3.2	6.4	3.9	9.4
4.9	4.5	4.8	2.5	4.4	4.2	8.4
4.9	4.2	4.4	2.1	3.7	4.2	8.5
5.7	4.3	5.7	1.8	4.1	4.4	7.9
1.8	5.5	6.3	1.6	3.7	2.3	12.3
4.3	5.9	6.3	1.3	4.2	1.7	12.0
4.5	4.9	6.0	1.3	3.8	1.7	11.5
4.4	4.3	6.4	1.3	3.9	1.6	10.6
2.3	7.9	5.2	3.3	5.9	1.3	16.9
1.7	7.1	5.2	3.0	4.5	1.8	15.2
1.1	6.4	5.3	2.6	4.7	1.9	15.2
1.4	5.2	5.8	2.2	4.8	1.6	14.6
1.6	4.4	9.8	4.2	3.0	3.5	14.6
3.2	5.0	9.1	3.6	3.0	3.5	13.2
4.4	4.7	7.9	3.3	3.2	3.5	12.1
5.4	4.5	7.8	2.6	3.2	3.4	11.1
3.1	5.9	10.1	2.8	3.8	1.6	13.6
4.2	5.9	10.3	2.2	3.7	1.9	12.2
3.3	5.6	9.9	2.0	3.3	1.9	13.1
2.7	6.1	9.4	1.9	3.3	2.7	13.7
2.3	7.9	6.1	3.3	4.6	3.4	16.2
3.6	7.1	6.3	2.9	3.9	2.8	16.5
3.7	6.1	5.7	2.6	3.8	3.0	15.8
3.1	6.0	6.2	2.1	3.8	2.9	14.7
1.9	9.8	7.5	2.1	4.9	5.8	23.4
3.6	9.0	7.1	2.0	4.3	5.2	22.0
4.2	8.6	6.9	2.0	4.3	5.3	21.8
4.5	8.9	6.5	2.0	4.1	5.4	21.7
3.6	9.2	5.6	3.6	4.5	4.3	26.3
4.9	8.7	4.2	3.2	4.1	4.1	24.5

3-10 续表 1

季 度	国内生产总 值	第一产业	第二产业	第三产业	农、林、牧、渔业	工业
Q1-3	100.0	3.8	49.1	47.0	4.2	44.0
Q1-4	100.0	4.1	49.4	46.5	4.5	44.3
2003Q1	100.0	1.9	52.8	45.3	2.1	48.3
Q1-2	100.0	2.0	55.5	42.5	2.2	49.4
Q1-3	100.0	3.0	57.5	39.5	3.2	50.5
Q1-4	100.0	3.1	57.9	39.0	3.3	51.6
2004Q1	100.0	2.8	52.6	44.6	3.0	49.9
Q1-2	100.0	3.6	51.3	45.0	3.9	48.0
Q1-3	100.0	5.8	51.4	42.9	6.1	47.3
Q1-4	100.0	7.3	51.8	40.8	7.7	47.6
2005Q1	100.0	2.9	46.3	50.8	3.1	42.5
Q1-2	100.0	3.7	49.3	47.0	3.9	43.5
Q1-3	100.0	4.6	49.5	45.9	4.8	43.6
Q1-4	100.0	5.2	50.5	44.3	5.5	43.1
2006Q1	100.0	2.4	47.6	50.0	2.7	42.4
Q1-2	100.0	3.0	50.6	46.3	3.3	44.7
Q1-3	100.0	3.8	50.4	45.8	4.1	43.8
Q1-4	100.0	4.4	49.7	45.9	4.7	42.3
2007Q1	100.0	1.9	49.1	49.0	2.1	44.7
Q1-2	100.0	2.1	51.1	46.9	2.3	45.4
Q1-3	100.0	2.6	50.4	46.9	2.9	44.7
Q1-4	100.0	2.7	50.1	47.3	2.9	43.8
2008Q1	100.0	1.3	50.9	47.7	1.6	47.9
Q1-2	100.0	2.1	51.7	46.1	2.4	48.0
Q1-3	100.0	3.6	50.1	46.3	3.9	46.2
Q1-4	100.0	5.2	48.6	46.2	5.6	43.4
2009Q1	100.0	3.2	42.2	54.6	3.5	31.0
Q1-2	100.0	3.3	46.8	49.9	3.7	33.8
Q1-3	100.0	3.8	49.2	47.0	4.1	36.3
Q1-4	100.0	4.0	52.3	43.7	4.3	40.7
2010Q1	100.0	1.7	58.6	39.7	1.7	53.4
Q1-2	100.0	2.0	58.9	39.1	2.1	52.4
Q1-3	100.0	2.9	57.8	39.3	3.0	50.8
Q1-4	100.0	3.6	57.4	39.0	3.7	49.6
2011Q1	100.0	1.7	49.8	48.5	1.8	45.8
Q1-2	100.0	1.9	51.2	46.9	2.0	46.2
Q1-3	100.0	2.9	51.7	45.4	3.1	46.1
Q1-4	100.0	4.1	52.0	43.9	4.3	45.9
2012Q1	100.0	2.3	53.0	44.7	2.5	47.5
Q1-2	100.0	3.3	51.5	45.1	3.5	44.6

单位：%

建筑业	批发和零售业	交通运输、仓储和邮政业	住宿和餐饮业	金融业	房地产业	其他
5.2	7.9	4.4	3.0	3.8	4.3	23.1
5.2	7.9	4.8	2.8	3.9	4.6	21.9
4.6	7.2	4.7	2.7	5.7	4.6	20.2
6.3	8.4	3.2	2.3	4.8	5.0	18.6
7.2	9.1	3.5	2.7	4.2	4.2	15.3
6.5	8.1	3.7	2.7	3.5	4.1	16.4
2.9	0.7	9.0	1.3	3.4	3.4	26.3
3.5	3.7	9.3	2.3	2.0	3.1	24.3
4.2	3.9	8.9	2.4	1.8	2.7	22.7
4.5	5.3	8.4	2.7	2.1	2.5	19.3
4.0	9.1	8.9	3.3	4.7	5.0	19.4
6.0	9.7	8.7	3.2	4.7	4.9	15.4
6.2	9.4	7.8	2.9	5.2	4.7	15.4
7.6	9.0	6.0	2.4	5.4	4.3	16.6
5.4	11.9	4.8	2.0	8.4	6.1	16.4
6.1	11.7	3.8	1.9	7.7	5.7	15.2
6.7	11.8	3.9	2.1	7.4	5.2	15.0
7.5	11.4	4.5	2.2	7.5	5.5	14.5
4.8	12.2	4.5	1.6	9.8	6.2	14.1
6.0	11.5	4.9	1.3	9.2	7.1	12.4
6.1	11.2	4.4	1.2	9.2	7.5	12.9
6.6	11.2	4.6	1.5	8.0	7.8	13.6
3.6	10.4	4.7	2.2	6.2	3.9	19.6
4.3	11.1	5.0	1.8	5.6	3.2	18.6
4.5	12.4	5.1	2.0	5.4	1.6	18.9
5.8	13.7	4.1	2.1	6.1	0.3	18.9
11.4	16.2	-4.0	0.6	11.9	5.7	23.6
13.2	13.8	-2.7	0.8	10.8	6.5	20.2
13.1	12.2	0.8	0.8	9.5	6.2	16.9
11.8	11.1	1.9	0.9	8.6	5.6	15.0
5.7	12.5	4.9	1.1	5.1	4.6	10.9
7.0	12.1	5.1	1.2	4.5	3.1	12.4
7.6	12.3	4.9	1.5	4.5	2.7	12.8
8.3	12.3	4.5	1.6	4.4	3.2	12.4
4.6	11.5	4.4	0.9	8.4	5.2	17.5
5.7	11.0	4.4	0.9	7.4	5.0	17.5
6.1	11.0	4.6	0.9	6.0	4.9	17.3
6.7	11.4	4.6	1.0	5.0	4.2	16.9
5.7	12.0	3.3	1.5	6.2	0.1	21.3
7.1	11.8	3.5	1.4	6.9	0.6	20.5

3-10 续表 2

季 度	国内生产总值	第一产业	第二产业	第三产业	农、林、牧、渔业	工业
Q1-3	100.0	4.1	50.2	45.6	4.4	42.7
Q1-4	100.0	5.0	50.0	45.0	5.3	41.9
2013Q1	100.0	1.8	45.8	52.4	2.1	40.3
Q1-2	100.0	2.2	47.1	50.7	2.4	40.1
Q1-3	100.0	3.2	47.9	49.0	3.4	40.3
Q1-4	100.0	4.2	48.5	47.2	4.5	40.5
2014Q1	100.0	2.0	44.7	53.4	2.2	38.7
Q1-2	100.0	2.8	46.5	50.7	3.0	38.9
Q1-3	100.0	4.0	46.2	49.8	4.2	38.0
Q1-4	100.0	4.5	45.6	49.9	4.8	36.9
2015Q1	100.0	1.9	39.7	58.3	2.1	33.8
Q1-2	100.0	2.7	39.8	57.5	2.9	33.7
Q1-3	100.0	3.7	39.2	57.1	4.0	33.0
Q1-4	100.0	4.4	39.7	55.9	4.8	32.6
2016Q1	100.0	2.0	33.2	64.8	2.3	27.1
Q1-2	100.0	2.7	35.6	61.8	2.9	28.1
Q1-3	100.0	3.7	35.8	60.4	4.0	28.4
Q1-4	100.0	4.0	36.0	60.0	4.4	28.3
2017Q1	100.0	2.0	33.7	64.3	2.3	30.2
Q1-2	100.0	2.9	35.4	61.7	3.2	31.0
Q1-3	100.0	3.8	34.8	61.4	4.1	30.5
Q1-4	100.0	4.6	34.2	61.1	5.0	30.2
2018Q1	100.0	2.1	34.4	63.5	2.3	31.3
Q1-2	100.0	2.7	35.0	62.4	3.0	31.5
Q1-3	100.0	3.5	33.9	62.7	3.8	30.8
Q1-4	100.0	4.1	34.4	61.5	4.4	30.3
2019Q1	100.0	1.9	32.1	66.0	2.1	27.8
Q1-2	100.0	2.7	32.3	65.0	3.0	27.5
Q1-3	100.0	3.2	31.7	65.1	3.6	26.2
Q1-4	100.0	3.9	32.6	63.5	4.3	26.8
2020Q1	100.0	1.9	53.2	45.0	1.7	41.1
Q1-2	100.0	-3.1	45.7	57.4	-4.2	37.2
Q1-3	100.0	25.3	50.4	24.4	28.5	36.8
Q1-4	100.0	10.4	43.3	46.3	11.5	34.9
2021Q1	100.0	2.0	47.1	50.8	2.1	41.7
Q1-2	100.0	3.5	43.6	52.9	3.6	39.4
Q1-3	100.0	5.2	40.7	54.2	5.4	37.8
Q1-4	100.0	6.7	38.4	54.9	7.0	36.6

单位：%

建筑业	批发和零售业	交通运输、仓储和邮政业	住宿和餐饮业	金融业	房地产业	其他
7.7	11.8	3.5	1.5	7.3	2.0	19.2
8.2	11.7	3.5	1.5	7.4	3.1	17.4
5.8	12.7	3.7	0.8	10.1	7.0	17.6
7.4	12.6	3.8	0.8	9.1	6.0	17.7
7.9	12.3	3.9	0.9	8.9	5.4	17.0
8.4	12.4	3.8	0.9	8.5	4.7	16.3
6.2	14.3	3.9	1.5	9.2	2.1	22.0
7.8	13.5	4.2	1.4	8.1	2.0	21.1
8.4	13.2	4.2	1.4	8.1	1.6	20.8
8.9	13.0	4.1	1.4	9.0	1.5	20.3
6.2	9.7	3.3	1.5	17.1	1.0	25.3
6.4	9.2	3.0	1.4	17.5	2.3	23.7
6.5	9.1	2.9	1.5	16.7	2.7	23.6
7.3	9.2	2.8	1.6	15.6	2.8	23.3
6.2	10.0	2.3	2.2	10.1	8.7	31.0
7.5	10.4	3.3	2.0	7.7	8.5	29.5
7.6	10.7	3.8	2.0	6.9	8.3	28.3
7.8	11.0	4.5	2.0	5.7	7.9	28.4
3.3	11.8	5.8	2.3	6.7	8.6	29.0
4.3	11.3	6.2	2.1	5.5	7.7	28.7
4.2	11.2	6.2	2.1	5.9	6.6	29.2
4.0	11.1	6.1	2.1	5.5	6.3	29.7
3.8	10.7	5.0	2.1	3.5	4.4	36.8
4.2	10.4	5.3	1.9	4.8	4.0	34.9
3.8	10.2	5.4	1.8	5.2	3.8	35.1
4.9	9.9	5.6	1.8	5.6	3.2	34.4
4.3	9.6	4.9	1.6	9.3	2.3	38.1
4.9	9.7	5.1	1.6	9.3	2.3	36.7
5.6	9.5	5.2	1.7	9.0	2.8	36.4
5.9	9.4	5.0	1.7	8.6	2.6	35.6
12.4	26.3	8.9	11.1	-6.4	6.9	-2.0
9.3	46.5	14.4	33.3	-27.3	8.9	-18.0
12.1	-60.2	-13.4	-66.1	76.0	-0.5	87.0
8.1	-4.0	1.7	-13.6	20.4	3.4	37.6
5.5	13.0	6.6	3.1	3.0	8.9	16.2
4.2	12.5	6.6	3.0	3.5	8.1	19.0
2.9	13.0	6.3	2.8	4.1	6.2	21.6
1.9	13.2	6.0	2.7	4.8	4.6	23.2

3-11　1993-2021年季度三次产业和分行业对

季　度	国内生产总　值	第一产业	第二产业	第三产业	农、林、牧、渔业	工业
1993Q1	15.3	0.7	10.0	4.6	0.7	9.3
Q2	13.5	0.8	9.1	3.5	0.9	8.1
Q3	12.9	1.1	8.5	3.4	1.1	7.7
Q4	14.1	1.5	8.5	4.1	1.5	7.7
1994Q1	14.1	0.6	9.1	4.4	0.6	8.6
Q2	13.3	0.8	9.0	3.5	0.8	8.2
Q3	13.1	0.9	8.9	3.3	0.9	8.3
Q4	12.0	1.0	7.8	3.3	1.0	7.2
1995Q1	11.9	0.6	7.4	3.9	0.6	7.0
Q2	11.0	1.0	7.1	2.9	1.0	6.5
Q3	10.4	1.0	6.8	2.6	1.1	6.3
Q4	10.8	1.1	6.4	3.3	1.1	5.6
1996Q1	10.9	0.6	6.8	3.5	0.6	6.7
Q2	9.4	0.8	5.6	3.0	0.8	5.0
Q3	9.2	1.0	5.9	2.4	1.0	5.5
Q4	10.3	1.2	6.4	2.7	1.3	6.0
1997Q1	10.1	0.5	5.5	4.1	0.5	5.3
Q2	10.0	0.7	5.9	3.4	0.7	5.8
Q3	8.6	0.5	5.0	3.0	0.6	5.1
Q4	8.6	0.6	5.5	2.5	0.6	5.3
1998Q1	7.3	0.3	4.0	2.9	0.3	3.9
Q2	6.9	0.3	4.2	2.5	0.3	3.9
Q3	7.8	0.6	4.8	2.4	0.6	4.3
Q4	9.1	1.0	5.5	2.6	1.0	4.8
1999Q1	8.9	0.3	5.2	3.4	0.4	4.9
Q2	7.9	0.4	4.7	2.7	0.4	4.3
Q3	7.6	0.6	4.3	2.7	0.6	4.2
Q4	6.7	0.4	3.5	2.8	0.5	3.5
2000Q1	8.7	0.2	4.8	3.7	0.2	4.6
Q2	9.1	0.2	5.5	3.5	0.2	5.1
Q3	8.8	0.4	5.5	2.9	0.5	5.2
Q4	7.5	0.5	4.5	2.5	0.5	4.5
2001Q1	9.5	0.3	4.1	5.1	0.3	3.9
Q2	8.6	0.1	4.5	4.0	0.2	4.0
Q3	8.0	0.5	3.6	3.9	0.6	3.2
Q4	7.5	0.5	3.4	3.6	0.6	3.0
2002Q1	8.9	0.2	3.9	4.8	0.2	3.6
Q2	8.8	0.2	4.7	4.0	0.2	4.1

注：本表按不变价格计算。

国内生产总值增长的拉动(分三次产业和9个行业，当季)

单位：百分点

建筑业	批发和零售业	交通运输、仓储和邮政业	住宿和餐饮业	金融业	房地产业	其他
0.8	0.7	0.8	0.2	0.7	0.7	1.5
1.0	0.5	0.7	0.1	0.4	0.3	1.4
0.8	0.4	0.7	0.1	0.6	0.3	1.3
0.9	0.5	0.9	0.2	0.7	0.5	1.3
0.6	0.4	0.9	0.4	0.6	0.6	1.4
0.9	0.6	0.5	0.5	0.5	0.4	1.0
0.6	0.4	0.4	0.5	0.5	0.5	0.9
0.7	0.6	0.4	0.5	0.4	0.4	1.0
0.4	0.4	0.7	0.4	0.8	0.5	1.1
0.7	0.6	0.4	0.2	0.3	0.5	0.8
0.5	0.4	0.4	0.1	0.3	0.4	0.9
0.8	0.5	1.0	0.1	0.5	0.5	0.7
0.2	0.6	0.7	0.2	0.4	0.3	1.3
0.6	0.6	0.6	0.1	0.4	0.1	1.1
0.4	0.3	0.5	0.1	0.3	0.1	1.0
0.4	0.3	0.8	0.1	0.4	0.1	0.9
0.2	0.8	0.5	0.3	0.6	0.1	1.7
0.1	0.6	0.5	0.3	0.3	0.2	1.4
0.0	0.4	0.5	0.2	0.4	0.2	1.3
0.2	0.2	0.6	0.1	0.4	0.1	1.1
0.1	0.3	0.7	0.3	0.2	0.3	1.1
0.3	0.4	0.6	0.2	0.2	0.2	0.8
0.5	0.3	0.5	0.2	0.3	0.3	0.8
0.7	0.4	0.7	0.1	0.3	0.3	0.8
0.3	0.5	0.9	0.2	0.3	0.1	1.2
0.4	0.5	0.8	0.1	0.3	0.2	0.8
0.1	0.4	0.7	0.1	0.2	0.2	1.1
0.1	0.5	0.5	0.1	0.2	0.3	1.0
0.2	0.7	0.5	0.3	0.4	0.3	1.4
0.4	0.6	0.6	0.2	0.3	0.2	1.5
0.3	0.4	0.4	0.2	0.3	0.3	1.3
0.1	0.4	0.6	0.1	0.3	0.2	0.8
0.2	0.9	0.7	0.2	0.5	0.5	2.2
0.4	0.7	0.6	0.2	0.3	0.4	1.8
0.4	0.6	0.5	0.2	0.3	0.5	1.7
0.4	0.7	0.4	0.1	0.3	0.4	1.6
0.3	0.8	0.5	0.3	0.4	0.4	2.3
0.5	0.7	0.3	0.2	0.3	0.3	2.0

3-11 续表 1

季 度	国内生产总 值	第一产业	第二产业	第三产业	农、林、牧、渔业	工业
Q3	9.6	0.6	4.8	4.2	0.6	4.3
Q4	9.1	0.4	4.6	4.1	0.5	4.1
2003Q1	11.1	0.2	5.8	5.0	0.2	5.4
Q2	9.1	0.2	5.3	3.6	0.2	4.6
Q3	10.0	0.5	6.2	3.4	0.5	5.3
Q4	10.0	0.3	5.9	3.8	0.4	5.4
2004Q1	10.6	0.3	5.6	4.7	0.3	5.3
Q2	11.6	0.5	5.8	5.3	0.5	5.4
Q3	9.8	1.0	5.0	3.8	1.0	4.5
Q4	8.8	1.1	4.7	3.1	1.1	4.3
2005Q1	11.1	0.3	5.1	5.6	0.3	4.7
Q2	11.1	0.5	5.8	4.8	0.5	4.9
Q3	10.8	0.7	5.4	4.7	0.7	4.7
Q4	12.4	0.8	6.5	5.0	0.9	5.2
2006Q1	12.5	0.3	5.9	6.2	0.3	5.3
Q2	13.7	0.5	7.3	5.9	0.5	6.4
Q3	12.2	0.6	6.1	5.5	0.7	5.2
Q4	12.5	0.7	6.0	5.8	0.8	4.8
2007Q1	13.8	0.3	6.8	6.7	0.3	6.2
Q2	15.0	0.3	7.9	6.8	0.4	6.9
Q3	14.3	0.5	7.0	6.7	0.6	6.2
Q4	13.9	0.4	6.8	6.7	0.4	5.8
2008Q1	11.5	0.2	5.9	5.5	0.2	5.5
Q2	10.9	0.3	5.7	4.9	0.3	5.3
Q3	9.5	0.6	4.4	4.5	0.7	4.0
Q4	7.1	0.8	3.1	3.3	0.9	2.3
2009Q1	6.4	0.2	2.7	3.5	0.2	2.0
Q2	8.2	0.3	4.1	3.8	0.3	2.9
Q3	10.6	0.5	5.6	4.6	0.5	4.2
Q4	11.9	0.5	6.9	4.4	0.6	5.8
2010Q1	12.2	0.2	7.1	4.8	0.2	6.5
Q2	10.8	0.3	6.4	4.1	0.3	5.5
Q3	9.9	0.5	5.5	4.0	0.5	4.7
Q4	9.9	0.6	5.6	3.8	0.6	4.6
2011Q1	10.2	0.2	5.1	4.9	0.2	4.7
Q2	10.0	0.2	5.3	4.6	0.2	4.7
Q3	9.4	0.5	5.0	4.0	0.5	4.3
Q4	8.8	0.7	4.7	3.5	0.7	4.0
2012Q1	8.1	0.2	4.3	3.6	0.2	3.9
Q2	7.7	0.3	3.8	3.5	0.3	3.2

单位：百分点

建筑业	批发和零售业	交通运输、仓储和邮政业	住宿和餐饮业	金融业	房地产业	其他
0.6	0.6	0.5	0.3	0.3	0.5	2.0
0.5	0.7	0.5	0.2	0.4	0.5	1.7
0.5	0.8	0.5	0.3	0.6	0.5	2.2
0.7	0.9	0.1	0.2	0.4	0.5	1.5
0.9	1.0	0.4	0.4	0.3	0.3	0.9
0.5	0.6	0.4	0.3	0.2	0.4	1.9
0.3	0.1	1.0	0.1	0.4	0.4	2.8
0.5	0.7	1.1	0.4	0.1	0.3	2.6
0.6	0.4	0.8	0.2	0.1	0.2	1.9
0.5	0.9	0.6	0.3	0.3	0.2	0.8
0.4	1.0	1.0	0.4	0.5	0.6	2.2
0.9	1.1	0.9	0.3	0.5	0.5	1.3
0.7	1.0	0.7	0.2	0.7	0.5	1.7
1.3	1.0	0.2	0.2	0.7	0.4	2.4
0.7	1.5	0.6	0.2	1.0	0.8	2.1
0.9	1.6	0.4	0.2	1.0	0.7	1.9
1.0	1.5	0.5	0.3	0.8	0.5	1.8
1.2	1.3	0.7	0.3	1.0	0.8	1.7
0.7	1.7	0.6	0.2	1.3	0.9	1.9
1.0	1.6	0.8	0.2	1.3	1.2	1.6
0.9	1.5	0.5	0.1	1.3	1.2	1.9
1.1	1.6	0.7	0.3	0.6	1.2	2.2
0.4	1.2	0.5	0.3	0.7	0.5	2.3
0.6	1.3	0.6	0.2	0.5	0.3	1.9
0.5	1.4	0.5	0.2	0.5	-0.2	1.9
0.8	1.3	0.0	0.2	0.6	-0.3	1.4
0.7	1.0	-0.3	0.0	0.8	0.4	1.5
1.2	1.0	-0.2	0.1	0.8	0.6	1.5
1.4	1.1	0.6	0.1	0.8	0.6	1.3
1.1	1.1	0.5	0.1	0.8	0.5	1.4
0.7	1.5	0.6	0.1	0.6	0.6	1.3
0.9	1.3	0.6	0.1	0.4	0.2	1.5
0.9	1.2	0.4	0.2	0.4	0.2	1.4
1.0	1.2	0.3	0.2	0.4	0.4	1.1
0.5	1.2	0.4	0.1	0.8	0.5	1.8
0.7	1.1	0.4	0.1	0.6	0.5	1.8
0.7	1.0	0.5	0.1	0.3	0.4	1.6
0.7	1.1	0.4	0.1	0.2	0.2	1.4
0.5	1.0	0.3	0.1	0.5	0.0	1.7
0.7	0.9	0.3	0.1	0.6	0.1	1.5

3-11 续表 2

季 度	国内生产总 值	第一产业	第二产业	第三产业	农、林、牧、渔业	工业
Q3	7.5	0.4	3.6	3.5	0.4	2.9
Q4	8.1	0.6	4.0	3.5	0.6	3.3
2013Q1	7.9	0.1	3.6	4.1	0.2	3.2
Q2	7.6	0.2	3.7	3.7	0.2	3.0
Q3	7.9	0.4	3.9	3.6	0.4	3.2
Q4	7.7	0.5	3.9	3.3	0.6	3.2
2014Q1	7.5	0.1	3.4	4.0	0.2	2.9
Q2	7.6	0.3	3.7	3.7	0.3	3.0
Q3	7.2	0.5	3.3	3.5	0.5	2.6
Q4	7.3	0.4	3.2	3.7	0.5	2.5
2015Q1	7.1	0.1	2.8	4.2	0.2	2.4
Q2	7.1	0.2	2.8	4.0	0.3	2.4
Q3	7.0	0.4	2.7	3.9	0.4	2.2
Q4	6.9	0.4	2.8	3.7	0.5	2.2
2016Q1	6.9	0.1	2.3	4.5	0.2	1.9
Q2	6.8	0.2	2.6	4.0	0.2	2.0
Q3	6.8	0.4	2.5	4.0	0.4	2.0
Q4	6.9	0.3	2.5	4.0	0.4	1.9
2017Q1	7.0	0.1	2.4	4.5	0.2	2.1
Q2	7.0	0.3	2.6	4.2	0.3	2.2
Q3	6.9	0.4	2.3	4.2	0.4	2.0
Q4	6.8	0.5	2.2	4.1	0.5	2.0
2018Q1	6.9	0.1	2.4	4.4	0.2	2.2
Q2	6.9	0.2	2.5	4.2	0.2	2.2
Q3	6.7	0.3	2.1	4.2	0.4	2.0
Q4	6.5	0.4	2.3	3.8	0.4	1.9
2019Q1	6.3	0.1	2.0	4.1	0.1	1.7
Q2	6.0	0.2	1.9	3.8	0.2	1.6
Q3	5.9	0.2	1.8	3.8	0.3	1.4
Q4	5.8	0.3	2.0	3.4	0.4	1.6
2020Q1	-6.9	-0.1	-3.7	-3.1	-0.1	-2.8
Q2	3.1	0.2	1.9	1.0	0.2	1.4
Q3	4.8	0.4	2.3	2.2	0.4	1.8
Q4	6.4	0.4	2.7	3.3	0.5	2.2
2021Q1	18.3	0.4	8.6	9.3	0.4	7.6
Q2	7.9	0.5	2.9	4.5	0.5	2.8
Q3	4.9	0.6	1.3	2.9	0.6	1.5
Q4	4.0	0.6	1.0	2.4	0.7	1.2

单位：百分点

建筑业	批发和零售业	交通运输、仓储和邮政业	住宿和餐饮业	金融业	房地产业	其他
0.7	0.9	0.3	0.1	0.6	0.3	1.3
0.8	0.9	0.3	0.1	0.6	0.5	1.1
0.5	1.0	0.3	0.1	0.8	0.5	1.4
0.7	1.0	0.3	0.1	0.6	0.4	1.4
0.7	0.9	0.3	0.1	0.7	0.3	1.3
0.7	1.0	0.3	0.1	0.6	0.2	1.1
0.5	1.1	0.3	0.1	0.7	0.2	1.7
0.7	1.0	0.3	0.1	0.5	0.1	1.6
0.7	0.9	0.3	0.1	0.6	0.1	1.5
0.7	0.9	0.3	0.1	0.8	0.1	1.4
0.4	0.7	0.2	0.1	1.2	0.1	1.8
0.5	0.6	0.2	0.1	1.3	0.2	1.6
0.5	0.6	0.2	0.1	1.1	0.2	1.6
0.7	0.6	0.2	0.1	0.9	0.2	1.6
0.4	0.7	0.2	0.2	0.7	0.6	2.1
0.6	0.7	0.3	0.1	0.4	0.6	1.9
0.5	0.8	0.3	0.1	0.4	0.5	1.8
0.6	0.8	0.4	0.1	0.2	0.5	2.0
0.2	0.8	0.4	0.2	0.5	0.6	2.0
0.4	0.8	0.5	0.1	0.3	0.5	2.0
0.3	0.8	0.4	0.1	0.5	0.3	2.1
0.2	0.8	0.4	0.1	0.3	0.4	2.1
0.3	0.7	0.3	0.1	0.2	0.3	2.6
0.3	0.7	0.4	0.1	0.4	0.3	2.3
0.2	0.7	0.4	0.1	0.4	0.2	2.4
0.5	0.6	0.4	0.1	0.4	0.1	2.1
0.3	0.6	0.3	0.1	0.6	0.1	2.4
0.3	0.6	0.3	0.1	0.6	0.1	2.1
0.4	0.5	0.3	0.1	0.5	0.2	2.1
0.4	0.5	0.3	0.1	0.4	0.1	1.9
-0.9	-1.8	-0.6	-0.8	0.4	-0.5	0.1
0.5	0.2	0.1	-0.4	0.5	0.1	0.5
0.5	0.4	0.2	-0.2	0.5	0.3	1.0
0.5	0.7	0.4	0.0	0.4	0.3	1.6
1.0	2.4	1.2	0.6	0.6	1.6	3.0
0.1	0.9	0.5	0.2	0.3	0.5	1.9
-0.1	0.7	0.2	0.1	0.3	-0.1	1.6
-0.2	0.6	0.2	0.1	0.4	-0.2	1.3

3-12　1993-2021年季度三次产业和分行业对

季　度	国内生产总　值	第一产业	第二产业	第三产业	农、林、牧、渔业	工业
1993Q1	15.3	0.7	10.0	4.6	0.7	9.3
Q1-2	14.3	0.8	9.5	4.0	0.8	8.6
Q1-3	13.8	0.9	9.1	3.8	0.9	8.3
Q1-4	13.9	1.1	8.9	3.9	1.1	8.1
1994Q1	14.1	0.6	9.1	4.4	0.6	8.6
Q1-2	13.7	0.7	9.0	3.9	0.7	8.4
Q1-3	13.5	0.8	9.0	3.7	0.8	8.4
Q1-4	13.0	0.8	8.6	3.6	0.8	8.0
1995Q1	11.9	0.6	7.4	3.9	0.6	7.0
Q1-2	11.4	0.8	7.2	3.3	0.8	6.7
Q1-3	11.0	0.9	7.1	3.0	0.9	6.6
Q1-4	11.0	1.0	6.9	3.1	1.0	6.3
1996Q1	10.9	0.6	6.8	3.5	0.6	6.7
Q1-2	10.1	0.7	6.2	3.2	0.7	5.8
Q1-3	9.8	0.8	6.1	2.9	0.8	5.7
Q1-4	9.9	0.9	6.2	2.8	0.9	5.8
1997Q1	10.1	0.5	5.5	4.1	0.5	5.3
Q1-2	10.1	0.6	5.7	3.8	0.6	5.5
Q1-3	9.5	0.6	5.5	3.5	0.6	5.4
Q1-4	9.2	0.6	5.5	3.2	0.6	5.3
1998Q1	7.3	0.3	4.0	2.9	0.3	3.9
Q1-2	7.1	0.3	4.1	2.7	0.3	3.9
Q1-3	7.3	0.4	4.4	2.6	0.4	4.1
Q1-4	7.8	0.6	4.7	2.6	0.6	4.3
1999Q1	8.9	0.3	5.2	3.4	0.4	4.9
Q1-2	8.3	0.4	4.9	3.0	0.4	4.6
Q1-3	8.1	0.4	4.7	2.9	0.4	4.5
Q1-4	7.7	0.4	4.4	2.9	0.4	4.2
2000Q1	8.7	0.2	4.8	3.7	0.2	4.6
Q1-2	8.9	0.2	5.2	3.6	0.2	4.9
Q1-3	8.9	0.3	5.3	3.3	0.3	5.0
Q1-4	8.5	0.4	5.1	3.1	0.4	4.8
2001Q1	9.5	0.3	4.1	5.1	0.3	3.9
Q1-2	9.0	0.2	4.3	4.5	0.2	4.0
Q1-3	8.7	0.3	4.1	4.3	0.4	3.7
Q1-4	8.3	0.4	3.9	4.1	0.4	3.5
2002Q1	8.9	0.2	3.9	4.8	0.2	3.6
Q1-2	8.9	0.2	4.3	4.4	0.2	3.9

注：本表按不变价格计算。

国内生产总值增长的拉动(分三次产业和9个行业，累计)

单位：百分点

建筑业	批发和零售业	交通运输、仓储和邮政业	住宿和餐饮业	金融业	房地产业	其他
0.8	0.7	0.8	0.2	0.7	0.7	1.5
0.9	0.6	0.7	0.2	0.5	0.5	1.4
0.9	0.5	0.7	0.1	0.6	0.4	1.4
0.9	0.5	0.8	0.1	0.6	0.4	1.4
0.6	0.4	0.9	0.4	0.6	0.6	1.4
0.7	0.5	0.7	0.4	0.6	0.5	1.2
0.7	0.5	0.6	0.4	0.6	0.5	1.1
0.7	0.5	0.5	0.5	0.5	0.5	1.1
0.4	0.4	0.7	0.4	0.8	0.5	1.1
0.6	0.5	0.6	0.3	0.5	0.5	1.0
0.5	0.5	0.5	0.2	0.4	0.5	0.9
0.6	0.5	0.6	0.2	0.4	0.5	0.9
0.2	0.6	0.7	0.2	0.4	0.3	1.3
0.4	0.6	0.6	0.1	0.4	0.2	1.2
0.4	0.5	0.6	0.1	0.4	0.2	1.1
0.4	0.4	0.6	0.1	0.4	0.2	1.1
0.2	0.8	0.5	0.3	0.6	0.1	1.7
0.2	0.7	0.5	0.3	0.5	0.2	1.5
0.1	0.6	0.5	0.3	0.4	0.2	1.4
0.1	0.5	0.5	0.2	0.4	0.2	1.3
0.1	0.3	0.7	0.3	0.2	0.3	1.1
0.2	0.4	0.6	0.3	0.2	0.2	0.9
0.3	0.3	0.6	0.2	0.2	0.3	0.9
0.4	0.4	0.6	0.2	0.2	0.3	0.9
0.3	0.5	0.9	0.2	0.3	0.1	1.2
0.4	0.5	0.9	0.2	0.3	0.2	1.0
0.3	0.4	0.8	0.2	0.3	0.2	1.1
0.2	0.5	0.7	0.1	0.3	0.2	1.1
0.2	0.7	0.5	0.3	0.4	0.3	1.4
0.3	0.6	0.6	0.3	0.3	0.3	1.5
0.3	0.5	0.5	0.2	0.3	0.3	1.4
0.3	0.5	0.5	0.2	0.3	0.2	1.2
0.2	0.9	0.7	0.2	0.5	0.5	2.2
0.3	0.8	0.6	0.2	0.4	0.5	2.0
0.4	0.7	0.6	0.2	0.4	0.5	1.9
0.4	0.7	0.5	0.2	0.3	0.5	1.8
0.3	0.8	0.5	0.3	0.4	0.4	2.3
0.4	0.8	0.4	0.3	0.4	0.4	2.2

3-12 续表 1

季 度	国内生产总值	第一产业	第二产业	第三产业	农、林、牧、渔业	工业
Q1-3	9.1	0.4	4.5	4.3	0.4	4.0
Q1-4	9.1	0.4	4.5	4.2	0.4	4.0
2003Q1	11.1	0.2	5.8	5.0	0.2	5.4
Q1-2	10.1	0.2	5.6	4.3	0.2	5.0
Q1-3	10.0	0.3	5.8	4.0	0.3	5.1
Q1-4	10.0	0.3	5.8	3.9	0.3	5.2
2004Q1	10.6	0.3	5.6	4.7	0.3	5.3
Q1-2	11.1	0.4	5.7	5.0	0.4	5.3
Q1-3	10.6	0.6	5.5	4.6	0.7	5.0
Q1-4	10.1	0.7	5.2	4.1	0.8	4.8
2005Q1	11.1	0.3	5.1	5.6	0.3	4.7
Q1-2	11.1	0.4	5.5	5.2	0.4	4.8
Q1-3	11.0	0.5	5.4	5.1	0.5	4.8
Q1-4	11.4	0.6	5.8	5.0	0.6	4.9
2006Q1	12.5	0.3	5.9	6.2	0.3	5.3
Q1-2	13.1	0.4	6.6	6.1	0.4	5.9
Q1-3	12.8	0.5	6.5	5.9	0.5	5.6
Q1-4	12.7	0.6	6.3	5.8	0.6	5.4
2007Q1	13.8	0.3	6.8	6.7	0.3	6.2
Q1-2	14.4	0.3	7.4	6.8	0.3	6.5
Q1-3	14.4	0.4	7.2	6.7	0.4	6.4
Q1-4	14.2	0.4	7.1	6.7	0.4	6.2
2008Q1	11.5	0.2	5.9	5.5	0.2	5.5
Q1-2	11.2	0.2	5.8	5.2	0.3	5.4
Q1-3	10.6	0.4	5.3	4.9	0.4	4.9
Q1-4	9.7	0.5	4.7	4.5	0.5	4.2
2009Q1	6.4	0.2	2.7	3.5	0.2	2.0
Q1-2	7.3	0.2	3.4	3.7	0.3	2.5
Q1-3	8.5	0.3	4.2	4.0	0.3	3.1
Q1-4	9.4	0.4	4.9	4.1	0.4	3.8
2010Q1	12.2	0.2	7.1	4.8	0.2	6.5
Q1-2	11.4	0.2	6.7	4.5	0.2	6.0
Q1-3	10.9	0.3	6.3	4.3	0.3	5.5
Q1-4	10.6	0.4	6.1	4.2	0.4	5.3
2011Q1	10.2	0.2	5.1	4.9	0.2	4.7
Q1-2	10.1	0.2	5.2	4.7	0.2	4.7
Q1-3	9.9	0.3	5.1	4.5	0.3	4.5
Q1-4	9.6	0.4	5.0	4.2	0.4	4.4
2012Q1	8.1	0.2	4.3	3.6	0.2	3.9
Q1-2	7.9	0.3	4.1	3.6	0.3	3.5

单位：百分点

建筑业	批发和零售业	交通运输、仓储和邮政业	住宿和餐饮业	金融业	房地产业	其他
0.5	0.7	0.4	0.3	0.3	0.4	2.1
0.5	0.7	0.4	0.3	0.4	0.4	2.0
0.5	0.8	0.5	0.3	0.6	0.5	2.2
0.6	0.8	0.3	0.2	0.5	0.5	1.9
0.7	0.9	0.4	0.3	0.4	0.4	1.5
0.7	0.8	0.4	0.3	0.3	0.4	1.7
0.3	0.1	1.0	0.1	0.4	0.4	2.8
0.4	0.4	1.0	0.3	0.2	0.3	2.7
0.4	0.4	1.0	0.2	0.2	0.3	2.4
0.5	0.5	0.8	0.3	0.2	0.2	2.0
0.4	1.0	1.0	0.4	0.5	0.6	2.2
0.7	1.1	1.0	0.4	0.5	0.5	1.7
0.7	1.0	0.9	0.3	0.6	0.5	1.7
0.9	1.0	0.7	0.3	0.6	0.5	1.9
0.7	1.5	0.6	0.2	1.0	0.8	2.1
0.8	1.5	0.5	0.2	1.0	0.7	2.0
0.9	1.5	0.5	0.3	0.9	0.7	1.9
1.0	1.5	0.6	0.3	0.9	0.7	1.8
0.7	1.7	0.6	0.2	1.3	0.9	1.9
0.9	1.7	0.7	0.2	1.3	1.0	1.8
0.9	1.6	0.6	0.2	1.3	1.1	1.8
0.9	1.6	0.7	0.2	1.1	1.1	1.9
0.4	1.2	0.5	0.3	0.7	0.5	2.3
0.5	1.2	0.6	0.2	0.6	0.4	2.1
0.5	1.3	0.5	0.2	0.6	0.2	2.0
0.6	1.3	0.4	0.2	0.6	0.0	1.8
0.7	1.0	-0.3	0.0	0.8	0.4	1.5
1.0	1.0	-0.2	0.1	0.8	0.5	1.5
1.1	1.0	0.1	0.1	0.8	0.5	1.4
1.1	1.0	0.2	0.1	0.8	0.5	1.4
0.7	1.5	0.6	0.1	0.6	0.6	1.3
0.8	1.4	0.6	0.1	0.5	0.4	1.4
0.8	1.3	0.5	0.2	0.5	0.3	1.4
0.9	1.3	0.5	0.2	0.5	0.3	1.3
0.5	1.2	0.4	0.1	0.8	0.5	1.8
0.6	1.1	0.4	0.1	0.7	0.5	1.8
0.6	1.1	0.5	0.1	0.6	0.5	1.7
0.6	1.1	0.4	0.1	0.5	0.4	1.6
0.5	1.0	0.3	0.1	0.5	0.0	1.7
0.6	0.9	0.3	0.1	0.5	0.0	1.6

3-12 续表 2

季 度	国内生产总 值	第一产业	第二产业	第三产业	农、林、牧、渔业	工业
Q1-3	7.8	0.3	3.9	3.5	0.3	3.3
Q1-4	7.9	0.4	3.9	3.5	0.4	3.3
2013Q1	7.9	0.1	3.6	4.1	0.2	3.2
Q1-2	7.7	0.2	3.6	3.9	0.2	3.1
Q1-3	7.8	0.2	3.7	3.8	0.3	3.1
Q1-4	7.8	0.3	3.8	3.7	0.4	3.1
2014Q1	7.5	0.1	3.4	4.0	0.2	2.9
Q1-2	7.6	0.2	3.5	3.8	0.2	2.9
Q1-3	7.5	0.3	3.4	3.7	0.3	2.8
Q1-4	7.4	0.3	3.4	3.7	0.4	2.7
2015Q1	7.1	0.1	2.8	4.2	0.2	2.4
Q1-2	7.1	0.2	2.8	4.1	0.2	2.4
Q1-3	7.1	0.3	2.8	4.0	0.3	2.3
Q1-4	7.0	0.3	2.8	3.9	0.3	2.3
2016Q1	6.9	0.1	2.3	4.5	0.2	1.9
Q1-2	6.9	0.2	2.4	4.2	0.2	1.9
Q1-3	6.8	0.3	2.5	4.1	0.3	1.9
Q1-4	6.8	0.3	2.5	4.1	0.3	1.9
2017Q1	7.0	0.1	2.4	4.5	0.2	2.1
Q1-2	7.0	0.2	2.5	4.3	0.2	2.2
Q1-3	7.0	0.3	2.4	4.3	0.3	2.1
Q1-4	6.9	0.3	2.4	4.2	0.3	2.1
2018Q1	6.9	0.1	2.4	4.4	0.2	2.2
Q1-2	6.9	0.2	2.4	4.3	0.2	2.2
Q1-3	6.8	0.2	2.3	4.3	0.3	2.1
Q1-4	6.7	0.3	2.3	4.2	0.3	2.0
2019Q1	6.3	0.1	2.0	4.1	0.1	1.7
Q1-2	6.1	0.2	2.0	4.0	0.2	1.7
Q1-3	6.0	0.2	1.9	3.9	0.2	1.6
Q1-4	6.0	0.2	1.9	3.8	0.3	1.6
2020Q1	-6.9	-0.1	-3.7	-3.1	-0.1	-2.8
Q1-2	-1.7	0.1	-0.8	-1.0	0.1	-0.6
Q1-3	0.6	0.2	0.3	0.2	0.2	0.2
Q1-4	2.2	0.2	1.0	1.0	0.3	0.8
2021Q1	18.3	0.4	8.6	9.3	0.4	7.6
Q1-2	12.7	0.4	5.5	6.7	0.5	5.0
Q1-3	9.8	0.5	4.0	5.3	0.5	3.7
Q1-4	8.1	0.5	3.1	4.5	0.6	3.0

单位：百分点

建筑业	批发和零售业	交通运输、仓储和邮政业	住宿和餐饮业	金融业	房地产业	其他
0.6	0.9	0.3	0.1	0.6	0.2	1.5
0.6	0.9	0.3	0.1	0.6	0.2	1.4
0.5	1.0	0.3	0.1	0.8	0.5	1.4
0.6	1.0	0.3	0.1	0.7	0.5	1.4
0.6	1.0	0.3	0.1	0.7	0.4	1.3
0.7	1.0	0.3	0.1	0.7	0.4	1.3
0.5	1.1	0.3	0.1	0.7	0.2	1.7
0.6	1.0	0.3	0.1	0.6	0.1	1.6
0.6	1.0	0.3	0.1	0.6	0.1	1.6
0.7	1.0	0.3	0.1	0.7	0.1	1.5
0.4	0.7	0.2	0.1	1.2	0.1	1.8
0.5	0.7	0.2	0.1	1.2	0.2	1.7
0.5	0.6	0.2	0.1	1.2	0.2	1.7
0.5	0.6	0.2	0.1	1.1	0.2	1.6
0.4	0.7	0.2	0.2	0.7	0.6	2.1
0.5	0.7	0.2	0.1	0.5	0.6	2.0
0.5	0.7	0.3	0.1	0.5	0.6	1.9
0.5	0.8	0.3	0.1	0.4	0.5	1.9
0.2	0.8	0.4	0.2	0.5	0.6	2.0
0.3	0.8	0.4	0.1	0.4	0.5	2.0
0.3	0.8	0.4	0.1	0.4	0.5	2.0
0.3	0.8	0.4	0.1	0.4	0.4	2.1
0.3	0.7	0.3	0.1	0.2	0.3	2.6
0.3	0.7	0.4	0.1	0.3	0.3	2.4
0.3	0.7	0.4	0.1	0.4	0.3	2.4
0.3	0.7	0.4	0.1	0.4	0.2	2.3
0.3	0.6	0.3	0.1	0.6	0.1	2.4
0.3	0.6	0.3	0.1	0.6	0.1	2.2
0.3	0.6	0.3	0.1	0.5	0.2	2.2
0.3	0.6	0.3	0.1	0.5	0.2	2.1
-0.9	-1.8	-0.6	-0.8	0.4	-0.5	0.1
-0.2	-0.8	-0.2	-0.6	0.5	-0.1	0.3
0.1	-0.4	-0.1	-0.4	0.5	0.0	0.5
0.2	-0.1	0.0	-0.3	0.5	0.1	0.8
1.0	2.4	1.2	0.6	0.6	1.6	3.0
0.5	1.6	0.8	0.4	0.4	1.0	2.4
0.3	1.3	0.6	0.3	0.4	0.6	2.1
0.2	1.1	0.5	0.2	0.4	0.4	1.9

3-13　2011-2021年季度国内生产总值环比增速

单位：%

季　度	国内生产总值环比增速	季　度	国内生产总值环比增速
2011Q1	2.4	2017Q1	1.7
Q2	2.3	Q2	1.7
Q3	1.8	Q3	1.6
Q4	1.6	Q4	1.6
2012Q1	1.6	2018Q1	1.8
Q2	2.3	Q2	1.6
Q3	1.9	Q3	1.4
Q4	2.0	Q4	1.5
2013Q1	1.8	2019Q1	1.6
Q2	1.7	Q2	1.2
Q3	2.1	Q3	1.4
Q4	1.6	Q4	1.3
2014Q1	1.8	2020Q1	-10.5
Q2	1.8	Q2	11.6
Q3	1.8	Q3	3.4
Q4	1.8	Q4	2.6
2015Q1	1.7	2021Q1	0.3
Q2	2.0	Q2	1.3
Q3	1.7	Q3	0.7
Q4	1.7	Q4	1.6
2016Q1	1.4		
Q2	1.9		
Q3	1.7		
Q4	1.6		

注：环比增速为经季节调整后与上一季度对比的增长速度。本表中各季度国内生产总值环比增速是利用国家统计局版季节调整软件(NBS-SA)对时间序列进行季节调整后的计算结果。

3-14　2016-2021年季度三大需求对国内生产总值增长的贡献率和拉动(当季)

季度	最终消费支出		资本形成总额		货物和服务净出口	
	贡献率(%)	拉动(百分点)	贡献率(%)	拉动(百分点)	贡献率(%)	拉动(百分点)
2016Q1	78.1	5.4	38.3	2.6	-16.4	-1.1
Q2	55.9	3.8	49.1	3.3	-5.0	-0.3
Q3	58.4	4.0	52.4	3.6	-10.7	-0.7
Q4	72.0	4.9	42.5	2.9	-14.5	-1.0
2017Q1	76.2	5.4	28.4	2.0	-4.5	-0.3
Q2	49.7	3.5	49.8	3.5	0.5	0.0
Q3	60.1	4.2	38.4	2.7	1.5	0.1
Q4	42.4	2.9	40.1	2.7	17.4	1.2
2018Q1	68.5	4.8	47.8	3.3	-16.3	-1.1
Q2	68.3	4.7	40.3	2.8	-8.5	-0.6
Q3	62.9	4.2	44.7	3.0	-7.7	-0.5
Q4	57.5	3.7	40.7	2.7	1.9	0.1
2019Q1	66.1	4.1	13.4	0.8	20.5	1.3
Q2	52.3	3.1	33.7	2.0	14.0	0.8
Q3	59.2	3.5	23.3	1.4	17.5	1.0
Q4	57.2	3.3	43.0	2.5	-0.2	0.0
2020Q1	58.4	-4.0	24.0	-1.7	17.5	-1.2
Q2	-68.4	-2.1	154.4	4.7	14.0	0.4
Q3	35.5	1.7	40.5	2.0	24.0	1.2
Q4	44.8	2.9	31.5	2.0	23.7	1.5
2021Q1	50.7	9.3	24.0	4.4	25.3	4.6
Q2	74.1	5.9	12.8	1.0	13.1	1.0
Q3	77.5	3.8	7.8	0.4	14.7	0.7
Q4	85.3	3.4	-11.6	-0.5	26.4	1.0

注：本表按不变价格计算。

3-15 2016-2021年季度三大需求对国内生产总值增长的贡献率和拉动(累计)

季度	最终消费支出		资本形成总额		货物和服务净出口	
	贡献率(%)	拉动(百分点)	贡献率(%)	拉动(百分点)	贡献率(%)	拉动(百分点)
2016Q1	78.1	5.4	38.3	2.6	-16.4	-1.1
Q1-2	66.5	4.6	44.0	3.0	-10.5	-0.7
Q1-3	63.6	4.4	47.0	3.2	-10.6	-0.7
Q1-4	66.0	4.5	45.7	3.1	-11.7	-0.8
2017Q1	76.2	5.4	28.4	2.0	-4.5	-0.3
Q1-2	62.3	4.4	39.6	2.8	-1.9	-0.1
Q1-3	61.5	4.3	39.2	2.7	-0.7	-0.1
Q1-4	55.9	3.9	39.5	2.7	4.7	0.3
2018Q1	68.5	4.8	47.8	3.3	-16.3	-1.1
Q1-2	68.4	4.7	43.9	3.0	-12.3	-0.9
Q1-3	66.5	4.5	44.2	3.0	-10.7	-0.7
Q1-4	64.0	4.3	43.2	2.9	-7.2	-0.5
2019Q1	66.1	4.1	13.4	0.8	20.5	1.3
Q1-2	59.0	3.6	23.8	1.5	17.2	1.1
Q1-3	59.1	3.6	23.6	1.4	17.3	1.0
Q1-4	58.6	3.5	28.9	1.7	12.6	0.7
2020Q1	58.4	-4.0	24.0	-1.7	17.5	-1.2
Q1-2	155.6	-2.6	-75.8	1.3	20.2	-0.3
Q1-3	-302.4	-1.9	368.0	2.3	34.4	0.2
Q1-4	-6.8	-0.2	81.5	1.8	25.3	0.6
2021Q1	50.7	9.3	24.0	4.4	25.3	4.6
Q1-2	58.7	7.4	20.2	2.6	21.1	2.7
Q1-3	62.1	6.1	18.0	1.8	20.0	2.0
Q1-4	65.4	5.3	13.7	1.1	20.9	1.7

注：本表按不变价格计算。

地 区 篇

一、地区并列表

4-1 1992-2021年

地 区	1992年	1993年	1994年	1995年	1996年	1997年	1998年
北 京	710.2	888.9	1149.8	1516.2	1819.4	2118.1	2439.1
天 津	411.0	538.9	732.9	932.0	1121.9	1264.6	1344.7
河 北	1278.5	1620.8	2114.5	2701.2	3198.0	3652.1	3924.5
山 西	551.1	680.4	826.7	1076.0	1292.1	1476.0	1611.1
内蒙古	421.7	537.8	695.1	857.1	1023.1	1153.5	1262.5
辽 宁	1473.0	2010.8	2461.8	2793.4	3157.7	3582.5	3881.7
吉 林	558.1	718.6	937.7	1137.2	1346.8	1464.3	1577.1
黑龙江	857.4	1075.3	1448.1	1790.2	2137.6	2397.6	2470.2
上 海	1114.3	1519.2	1990.9	2518.1	2980.8	3465.3	3831.0
江 苏	2136.0	2998.2	4057.4	5155.3	6004.2	6680.3	7200.0
浙 江	1375.7	1925.9	2689.3	3563.9	4195.8	4695.9	5065.5
安 徽	827.0	1073.5	1378.9	1891.2	2199.7	2485.4	2711.7
福 建	784.7	1114.2	1644.4	2094.9	2484.3	2870.9	3159.9
江 西	572.6	723.0	948.2	1169.7	1409.7	1605.8	1719.9
山 东	2196.5	2770.4	3844.5	4953.4	5883.8	6537.1	7021.4
河 南	1279.8	1660.2	2216.8	2988.4	3634.7	4041.1	4308.2
湖 北	1088.4	1325.8	1700.9	2109.4	2499.8	2856.5	3114.0
湖 南	987.0	1244.7	1650.0	2132.1	2540.1	2849.3	3025.5
广 东	2447.5	3469.3	4619.0	5940.3	6848.2	7793.0	8555.3
广 西	646.6	871.7	1198.3	1497.6	1697.9	1817.3	1911.3
海 南	184.9	260.4	332.0	363.3	389.7	411.2	442.1
重 庆	462.5	611.1	838.1	1130.6	1326.4	1525.3	1622.4
四 川	1177.3	1486.1	2001.4	2443.2	2871.7	3241.5	3474.1
贵 州	339.9	417.7	524.5	636.2	723.2	805.8	858.4
云 南	618.7	783.3	983.8	1222.2	1517.7	1676.2	1831.3
西 藏	33.3	37.4	46.0	56.1	65.0	77.2	91.5
陕 西	531.6	678.2	839.0	1036.9	1215.8	1363.6	1458.4
甘 肃	317.8	372.2	453.6	557.8	722.5	793.6	887.7
青 海	87.5	109.7	138.4	167.8	184.2	202.8	220.9
宁 夏	83.1	104.5	136.3	175.2	202.9	224.6	245.5
新 疆	402.3	495.3	662.3	814.9	900.9	1039.8	1107.0

注：本表按当年价格计算。

各地区生产总值

单位：亿元

1999年	2000年	2001年	2002年	2003年	2004年	2005年	2006年
2759.8	3277.8	3861.5	4525.7	5267.2	6252.5	7149.8	8387.0
1435.6	1591.7	1756.9	1926.9	2257.8	2621.1	3158.6	3538.2
4158.9	4628.2	5062.9	5518.9	6333.6	7588.6	8773.4	10043.0
1667.1	1845.7	2029.5	2324.8	2854.3	3496.0	4079.4	4713.6
1379.3	1539.1	1713.8	1940.9	2388.4	2942.4	3523.7	4161.8
4171.7	4669.1	5033.1	5458.2	5906.3	6469.8	7260.8	8390.3
1673.0	1751.4	1900.9	2043.1	2141.0	2455.2	2776.5	3226.5
2536.9	2855.5	3043.4	3242.7	3609.7	4134.7	4756.4	5329.8
4222.3	4812.2	5257.7	5795.0	6804.0	8101.6	9197.1	10598.9
7697.8	8553.7	9456.8	10606.9	12442.9	14823.1	18121.3	21240.8
5461.3	6164.8	6927.7	8040.7	9753.4	11482.1	13028.3	15302.7
2907.8	3125.3	3502.8	3827.7	4307.8	5129.1	5675.9	6500.3
3414.2	3764.5	4072.9	4467.6	4999.6	5712.1	6415.5	7468.6
1853.7	2003.1	2175.7	2450.5	2812.7	3398.1	3941.2	4696.8
7493.8	8278.1	9076.2	10076.5	10903.2	13308.1	15947.5	18967.8
4517.9	5053.0	5533.0	6035.5	6942.4	8411.2	10243.5	11977.9
3229.3	3545.4	3880.5	4212.8	4757.5	5546.8	6469.7	7531.8
3214.5	3551.5	3831.9	4151.5	4660.0	5542.6	6369.9	7431.6
9289.6	10810.2	12126.6	13601.9	15979.8	18658.3	21963.0	25961.2
1971.4	2080.0	2279.3	2523.7	2798.2	3305.1	3742.1	4417.8
476.7	526.8	579.2	642.7	714.0	802.7	884.9	1027.5
1687.8	1822.1	2014.6	2279.8	2615.6	3059.5	3448.4	3900.3
3649.1	3928.2	4293.5	4725.0	5346.2	6304.0	7195.9	8494.7
937.5	1029.9	1133.3	1243.4	1429.0	1649.4	1939.9	2264.1
1899.8	2030.1	2159.0	2358.7	2633.4	3136.4	3497.7	4090.7
106.0	117.8	139.2	162.0	186.0	217.9	243.1	285.9
1592.6	1804.0	2010.6	2253.4	2587.7	3141.6	3817.2	4595.6
956.3	1052.9	1125.4	1232.0	1399.9	1653.6	1864.6	2203.0
239.4	263.7	300.1	340.7	385.0	443.7	499.4	585.2
264.6	295.0	337.4	377.2	442.6	519.9	579.9	683.3
1163.2	1363.6	1491.6	1612.6	1889.2	2170.4	2520.5	2957.3

4-1 续表

地 区	2007年	2008年	2009年	2010年	2011年	2012年	2013年
北 京	10425.5	11813.1	12900.9	14964.0	17188.8	19024.7	21134.6
天 津	4158.4	5182.4	5709.6	6830.8	8112.5	9043.0	9945.4
河 北	12152.9	14200.1	15306.9	18003.6	21384.7	23077.5	24259.6
山 西	5935.6	7223.0	7147.6	8903.9	10894.4	11683.1	11987.2
内蒙古	5166.9	6242.4	7104.2	8199.9	9458.1	10470.1	11392.4
辽 宁	10292.2	12137.7	12815.7	13896.3	16354.9	17848.6	19208.8
吉 林	4080.3	4834.7	5434.8	6410.5	7734.6	8678.0	9427.9
黑龙江	6126.3	7134.2	7218.9	8308.3	9935.0	11015.8	11849.1
上 海	12878.7	14536.9	15742.4	17915.4	20009.7	21305.6	23204.1
江 苏	25988.4	30945.5	34471.7	41383.9	48839.2	53701.9	59349.4
浙 江	18640.0	21284.6	22833.7	27399.9	31854.8	34382.4	37334.6
安 徽	7941.6	9517.7	10864.7	13249.8	16284.9	18341.7	20584.0
福 建	9325.6	10931.8	12418.1	15002.5	17917.7	20190.7	22503.8
江 西	5777.6	6934.2	7630.0	9383.2	11584.5	12807.7	14300.2
山 东	22718.1	27106.2	29540.8	33922.5	39064.9	42957.3	47344.3
河 南	14824.5	17735.9	19181.0	22655.0	26318.7	28961.9	31632.5
湖 北	9451.4	11497.5	13192.1	16226.9	19942.5	22590.9	25378.0
湖 南	9285.5	11307.4	12772.8	15574.3	18915.0	21207.2	23545.2
广 东	31742.6	36704.2	39464.7	45944.6	53072.8	57007.7	62503.4
广 西	5474.8	6455.4	7112.9	8552.4	10299.9	11303.6	12448.4
海 南	1234.0	1474.7	1620.3	2020.5	2463.8	2789.4	3115.9
重 庆	4770.7	5899.5	6651.2	8065.3	10161.2	11595.4	13027.6
四 川	10562.1	12756.2	14190.6	17224.8	21050.9	23922.4	26518.0
贵 州	2847.5	3504.5	3856.7	4519.0	5615.6	6742.2	7973.1
云 南	5077.4	6016.6	6574.4	7735.3	9523.1	11097.4	12825.5
西 藏	344.1	398.2	445.7	512.9	611.5	710.2	828.2
陕 西	5681.8	7177.8	7997.8	9845.2	12175.1	14142.4	15905.4
甘 肃	2675.1	3071.7	3268.3	3943.7	4816.9	5393.1	6014.5
青 海	720.1	896.9	939.7	1144.2	1370.4	1528.5	1713.3
宁 夏	877.6	1139.2	1266.7	1571.7	1931.8	2131.0	2327.7
新 疆	3500.0	4142.5	4237.0	5360.2	6532.0	7411.8	8392.6

单位：亿元

2014年	2015年	2016年	2017年	2018年	2019年	2020年	2021年
22926.0	24779.1	27041.2	29883.0	33106.0	35445.1	35943.3	40269.6
10640.6	10879.5	11477.2	12450.6	13362.9	14055.5	14008.0	15695.1
25208.9	26398.4	28474.1	30640.8	32494.6	34978.6	36013.8	40391.3
12094.7	11836.4	11946.4	14484.3	15958.1	16961.6	17835.6	22590.2
12158.2	12949.0	13789.3	14898.1	16140.8	17212.5	17258.0	20514.2
20025.7	20210.3	20392.5	21693.0	23510.5	24855.3	25011.4	27584.1
9966.5	10018.0	10427.0	10922.0	11253.8	11726.8	12256.0	13235.5
12170.8	11690.0	11895.0	12313.0	12846.5	13544.4	13633.4	14879.2
25269.8	26887.0	29887.0	32925.0	36011.8	37987.6	38963.3	43214.9
64830.5	71255.9	77350.9	85869.8	93207.6	98656.8	102807.7	116364.2
40023.5	43507.7	47254.0	52403.1	58002.8	62462.0	64689.1	73515.8
22519.7	23831.2	26307.7	29676.2	34010.9	36845.5	38061.5	42959.2
24942.1	26819.5	29609.4	33842.4	38687.8	42326.6	43608.6	48810.4
15667.8	16780.9	18388.6	20210.8	22716.5	24667.3	25782.0	29619.7
50774.8	55288.8	58762.5	63012.1	66648.9	70540.5	72798.2	83095.9
34574.8	37084.1	40249.3	44824.9	49935.9	53717.8	54259.4	58887.4
28242.1	30344.0	33353.0	37235.0	42022.0	45429.0	43004.5	50012.9
25881.3	28538.6	30853.5	33828.1	36329.7	39894.1	41542.6	46063.1
68173.0	74732.4	82163.2	91648.7	99945.2	107986.9	111151.6	124369.7
13587.8	14797.8	16116.6	17790.7	19627.8	21237.1	22120.9	24740.9
3449.0	3734.2	4090.2	4497.5	4910.7	5330.8	5566.2	6475.2
14623.8	16040.5	18023.0	20066.3	21588.8	23605.8	25041.4	27894.0
28891.3	30342.0	33138.5	37905.1	42902.1	46363.8	48501.6	53850.8
9173.1	10541.0	11792.4	13605.4	15353.2	16769.3	17860.4	19586.4
14041.7	14960.0	16369.0	18486.0	20880.6	23223.8	24555.7	27146.8
939.7	1043.0	1173.0	1349.0	1548.4	1697.8	1902.7	2080.2
17402.5	17898.8	19045.8	21473.5	23941.9	25793.2	26014.1	29801.0
6518.4	6556.6	6907.9	7336.7	8104.1	8718.3	8979.7	10243.3
1847.7	2011.0	2258.2	2465.1	2748.0	2941.1	3009.8	3346.6
2473.9	2579.4	2781.4	3200.3	3510.2	3748.5	3956.3	4522.3
9264.5	9306.9	9630.8	11159.9	12809.4	13597.1	13800.7	15983.7

4-2 1992-2021年各地区

地 区	1992年	1993年	1994年	1995年	1996年	1997年	1998年
北 京	48.7	53.2	66.8	72.2	75.0	77.2	77.9
天 津	30.3	35.4	46.6	60.8	67.7	69.5	74.1
河 北	257.1	301.7	451.9	631.4	701.0	761.9	790.7
山 西	82.9	97.3	123.8	168.7	198.3	191.8	207.3
内蒙古	126.9	150.0	208.5	260.2	312.8	322.5	341.6
辽 宁	192.1	257.3	314.5	386.2	466.2	465.7	520.9
吉 林	130.8	154.9	257.9	301.9	373.6	365.3	426.7
黑龙江	163.5	194.2	298.8	363.5	434.9	450.6	419.9
上 海	33.3	36.9	46.4	58.3	67.0	70.2	72.0
江 苏	393.8	490.6	684.0	866.2	989.2	1035.8	1047.2
浙 江	262.7	316.0	438.7	550.0	594.9	618.9	609.3
安 徽	230.5	286.0	339.3	584.1	668.4	736.3	744.1
福 建	188.7	246.3	351.2	449.8	519.8	556.5	587.0
江 西	200.8	225.6	314.4	374.6	440.0	475.2	450.4
山 东	534.6	596.6	775.0	1010.1	1200.2	1195.0	1215.8
河 南	342.8	397.5	529.4	738.9	908.1	976.7	1037.6
湖 北	303.0	346.4	501.4	619.8	716.3	767.9	778.2
湖 南	323.9	383.7	532.9	685.3	794.0	855.8	828.3
广 东	465.8	558.7	692.3	864.5	935.2	978.3	994.6
广 西	233.0	250.1	333.8	453.2	534.9	582.7	586.7
海 南	53.6	76.8	106.1	128.9	141.2	148.5	156.1
重 庆	117.3	142.0	196.2	264.2	287.6	307.2	300.9
四 川	372.0	449.4	597.4	662.5	770.0	880.3	912.2
贵 州	121.2	133.4	183.5	227.1	254.4	271.8	264.9
云 南	186.8	191.5	236.3	302.7	360.5	387.0	403.4
西 藏	16.1	17.8	20.6	22.9	26.5	28.4	30.5
陕 西	116.7	148.2	171.8	217.3	250.6	255.4	266.9
甘 肃	74.2	87.4	103.9	110.7	188.1	190.2	202.8
青 海	19.9	22.2	32.4	39.6	40.4	41.8	42.9
宁 夏	18.3	20.8	29.9	35.4	43.3	44.9	48.8
新 疆	109.0	120.8	178.7	229.2	237.4	266.3	277.1

注：本表按当年价格计算。

第一产业增加值

单位：亿元

1999年	2000年	2001年	2002年	2003年	2004年	2005年	2006年
78.4	79.3	80.8	82.4	84.1	85.4	86.9	87.2
71.1	73.7	78.7	84.2	89.9	105.3	112.4	103.4
806.1	824.7	913.9	957.0	1064.2	1333.6	1345.2	1401.8
160.0	179.9	171.1	197.8	215.2	262.9	247.8	256.4
342.9	350.8	358.9	374.7	420.1	522.8	589.6	634.9
509.6	491.7	530.7	574.1	598.1	774.4	854.4	908.6
420.4	395.3	405.3	441.6	486.7	562.3	618.7	640.2
369.2	375.5	426.6	464.2	493.0	580.9	674.6	731.8
72.6	74.8	76.1	77.7	79.0	81.4	88.1	91.6
1037.4	1048.3	1094.5	1110.4	1162.5	1300.4	1390.2	1468.3
606.3	631.0	659.8	685.2	717.9	803.8	881.5	913.2
746.7	741.8	760.8	783.7	749.4	950.5	966.5	1011.0
607.1	616.4	624.2	659.5	682.1	762.9	792.5	828.8
464.4	485.1	506.0	536.0	551.5	664.5	717.7	775.1
1221.0	1252.1	1340.5	1369.2	1457.0	1748.2	1928.2	2098.3
1087.7	1124.9	1195.4	1207.1	1198.7	1647.6	1844.0	1869.8
654.0	662.3	692.2	707.0	798.4	1008.9	1069.8	1125.5
778.3	784.9	825.7	847.3	869.7	1022.5	1078.3	1244.6
1009.0	986.3	988.8	1015.1	1072.9	1219.8	1395.2	1494.7
567.7	557.4	576.3	602.0	659.6	810.1	904.8	1024.3
172.6	192.0	196.8	222.9	244.3	272.0	289.9	310.7
286.2	280.5	290.1	312.6	332.9	420.4	455.1	379.7
926.0	945.6	981.7	1048.0	1128.6	1329.1	1403.2	1614.0
267.6	271.0	274.2	280.8	290.9	335.1	362.5	367.2
406.9	442.3	444.4	463.4	494.6	607.8	646.3	704.5
33.3	35.4	36.5	38.7	39.6	42.1	44.9	47.6
254.6	258.2	263.6	282.2	302.7	356.7	418.6	466.2
191.8	194.1	208.0	215.5	238.0	283.3	304.3	329.8
42.0	40.1	44.7	45.3	46.0	58.1	62.8	65.8
48.1	46.0	49.7	53.0	55.6	65.3	69.8	76.8
255.7	274.4	274.3	290.4	393.1	439.2	485.6	502.5

4-2 续表

地　区	2007年	2008年	2009年	2010年	2011年	2012年	2013年
北　京	99.4	111.4	116.8	122.8	134.5	148.4	159.8
天　津	107.5	116.6	119.5	131.7	141.1	147.9	154.8
河　北	1737.1	1956.8	2121.8	2473.1	2702.8	2914.0	3141.9
山　西	303.5	373.6	443.5	510.4	586.6	642.0	697.6
内蒙古	762.6	902.9	934.9	1097.8	1309.7	1453.2	1582.9
辽　宁	1077.3	1215.7	1297.3	1468.9	1693.4	1869.3	1973.4
吉　林	755.2	863.6	888.6	928.4	1105.9	1195.6	1250.2
黑龙江	892.4	1073.8	1141.9	1291.8	1695.5	2119.6	2539.6
上　海	99.4	109.4	112.4	114.5	126.4	129.3	131.6
江　苏	1715.6	1988.2	2143.6	2409.2	2908.8	3241.4	3447.5
浙　江	969.3	1073.3	1134.7	1322.9	1535.2	1610.8	1718.7
安　徽	1116.3	1313.1	1382.7	1600.6	1868.0	2018.6	2173.2
福　建	951.2	1096.1	1108.8	1269.9	1492.2	1628.9	1745.2
江　西	868.6	1014.5	1062.1	1147.6	1320.5	1439.1	1540.7
山　东	2451.0	2876.2	3076.2	3411.3	3768.6	4047.1	4454.1
河　南	2156.7	2575.8	2665.7	3127.1	3349.3	3577.2	3827.2
湖　北	1331.4	1716.0	1717.3	2043.2	2469.2	2674.8	2883.7
湖　南	1563.8	1761.8	1795.8	2073.2	2420.0	2567.9	2589.2
广　东	1663.5	1920.8	1946.0	2199.6	2553.2	2711.3	2876.4
广　西	1214.9	1422.3	1425.5	1639.7	2006.4	2126.4	2290.6
海　南	351.3	423.6	448.1	521.9	636.6	683.9	723.6
重　庆	469.4	555.1	581.1	649.5	794.1	879.7	941.2
四　川	1966.5	2139.0	2160.4	2384.9	2854.6	3142.6	3257.4
贵　州	430.6	522.6	531.2	602.8	699.6	862.7	999.3
云　南	849.6	1001.9	1049.7	1090.3	1396.6	1640.4	1878.5
西　藏	52.3	57.6	60.5	64.8	69.8	75.3	81.2
陕　西	560.7	717.5	751.6	946.7	1187.4	1314.8	1463.5
甘　肃	365.9	391.2	418.4	472.6	525.6	590.9	658.1
青　海	81.6	103.6	105.3	132.6	152.6	174.2	204.7
宁　夏	92.9	112.9	120.4	151.4	175.0	189.0	210.7
新　疆	593.3	646.9	704.9	1000.3	1047.2	1204.1	1326.6

单位：亿元

2014年	2015年	2016年	2017年	2018年	2019年	2020年	2021年
159.2	140.4	129.8	121.9	120.6	114.4	108.3	111.3
158.8	162.3	168.5	169.0	175.3	185.4	210.3	225.4
3164.7	3100.5	3082.5	3130.0	3338.6	3518.4	3880.4	4030.3
736.6	726.2	724.3	719.2	740.8	825.3	1166.6	1286.9
1638.0	1630.2	1650.6	1649.8	1750.7	1863.3	2028.8	2225.2
2002.0	2053.7	1841.2	1902.3	2020.6	2178.0	2284.8	2461.8
1270.2	1270.6	1130.1	1095.4	1160.7	1287.3	1553.0	1553.8
2691.0	2712.2	2751.2	2965.3	3001.2	3183.2	3445.1	3463.0
132.0	125.5	114.3	110.8	104.8	107.1	107.7	100.0
3607.4	3952.5	4039.8	4045.2	4141.7	4297.2	4537.6	4722.4
1726.6	1771.4	1890.4	1933.9	1975.9	2086.7	2166.3	2209.1
2295.0	2376.1	2489.8	2582.3	2638.0	2916.0	3185.0	3360.6
1855.9	1932.8	2145.1	2215.1	2379.0	2595.5	2730.8	2897.7
1626.9	1714.5	1794.1	1835.3	1877.3	2057.7	2243.8	2334.3
4662.8	4902.8	4830.3	4832.7	4950.5	5117.0	5364.4	6029.0
3988.2	4015.6	4063.6	4139.3	4311.1	4635.7	5354.0	5620.8
3001.6	3109.9	3406.5	3529.0	3548.2	3809.4	4133.2	4661.7
2671.0	2747.9	2915.6	2998.4	3084.2	3647.2	4240.7	4322.9
3038.7	3189.8	3500.5	3611.4	3836.4	4350.6	4732.7	5003.7
2413.4	2565.5	2800.3	2878.3	3021.1	3389.7	3645.9	4015.5
793.2	835.4	924.7	962.8	986.0	1079.0	1136.0	1254.4
990.8	1067.7	1237.0	1276.1	1378.7	1551.6	1803.5	1922.0
3524.7	3661.0	3900.6	4262.5	4427.4	4807.5	5556.9	5661.9
1281.5	1642.0	1861.8	2032.3	2156.0	2280.6	2539.9	2730.9
2007.4	2079.3	2225.5	2338.4	2498.7	3037.7	3611.8	3870.2
88.1	93.6	110.5	118.2	128.3	138.2	150.3	164.1
1566.9	1599.7	1696.1	1741.1	1830.2	1991.1	2267.7	2409.4
695.8	733.4	800.8	859.8	926.1	1059.3	1188.1	1364.7
215.9	208.9	221.2	238.4	268.1	301.9	338.0	352.7
216.9	236.8	241.0	250.6	279.4	280.0	338.1	364.5
1406.7	1409.7	1473.2	1551.8	1692.1	1781.8	1981.3	2356.1

4-3 1992-2021年各地区

地 区	1992年	1993年	1994年	1995年	1996年	1997年	1998年
北 京	343.4	416.3	512.7	638.3	709.2	774.8	834.1
天 津	233.4	308.4	415.0	518.6	609.1	676.0	689.2
河 北	573.2	777.9	983.1	1198.1	1439.5	1667.2	1791.0
山 西	270.3	335.0	396.6	494.5	600.2	707.6	761.3
内蒙古	152.6	203.5	254.5	308.8	364.8	422.4	458.9
辽 宁	739.7	1036.3	1255.2	1385.8	1532.9	1738.3	1849.2
吉 林	257.0	351.0	396.9	475.2	537.1	567.0	585.7
黑龙江	465.5	613.1	803.6	992.5	1205.4	1357.2	1396.1
上 海	672.3	895.6	1139.9	1419.9	1598.7	1776.8	1876.1
江 苏	1119.3	1598.1	2186.8	2715.3	3074.1	3411.9	3640.1
浙 江	652.3	982.2	1395.6	1856.3	2234.0	2557.9	2772.3
安 徽	330.7	442.5	540.3	659.5	741.0	829.1	925.8
福 建	290.6	454.2	718.3	879.1	1022.9	1210.3	1330.2
江 西	199.4	282.5	338.2	403.7	481.3	548.8	608.2
山 东	999.1	1355.7	1891.4	2355.8	2784.1	3147.4	3408.1
河 南	542.4	760.2	1053.4	1387.7	1668.9	1851.7	1928.0
湖 北	443.1	535.8	655.5	777.6	920.7	1068.4	1195.2
湖 南	337.2	470.1	589.7	770.7	920.1	1041.8	1123.1
广 东	1098.8	1702.5	2250.0	2902.0	3313.6	3713.9	4081.0
广 西	187.0	320.3	468.6	534.5	585.8	612.5	665.6
海 南	38.3	66.1	83.3	78.5	81.5	83.1	91.4
重 庆	195.1	273.6	379.4	497.1	575.2	658.8	685.8
四 川	441.6	580.4	782.8	980.9	1156.0	1265.3	1324.0
贵 州	122.1	155.0	194.8	232.5	255.1	289.0	319.4
云 南	219.0	325.6	428.7	534.8	669.1	743.8	818.3
西 藏	4.5	5.5	7.9	13.2	11.3	16.9	20.1
陕 西	232.1	297.5	364.4	441.7	514.3	567.3	607.8
甘 肃	128.7	160.0	198.7	256.8	312.0	337.8	373.4
青 海	36.3	43.0	48.9	53.2	57.6	61.7	66.4
宁 夏	34.1	45.6	56.0	74.7	80.5	88.7	95.1
新 疆	144.4	200.3	243.4	277.4	306.5	376.3	386.8

注：本表按当年价格计算。

第二产业增加值

单位：亿元

1999年	2000年	2001年	2002年	2003年	2004年	2005年	2006年
900.0	1023.7	1127.2	1235.1	1456.4	1773.7	1907.4	2072.1
717.9	794.8	858.8	931.5	1137.6	1348.3	1630.5	1834.5
1875.1	2146.7	2293.5	2467.7	2922.7	3467.9	4123.9	4771.9
785.5	858.4	956.0	1134.3	1520.7	1931.6	2389.5	2799.3
510.5	582.6	655.7	754.8	840.9	1041.2	1377.8	1722.4
1994.7	2336.1	2431.5	2599.7	2841.0	2957.8	3443.9	4060.7
654.5	675.7	747.5	793.5	805.7	903.4	1002.4	1097.2
1466.6	1633.4	1665.9	1728.3	1956.4	2270.3	2656.4	2998.0
1990.1	2215.8	2413.8	2635.3	3239.6	3872.2	4314.9	4929.2
3920.2	4435.9	4907.5	5604.5	6787.1	8325.8	10234.1	11991.1
2983.3	3287.1	3590.1	4112.9	5126.3	6160.4	6953.7	8295.7
977.5	1062.2	1258.2	1347.3	1557.6	1846.2	2197.4	2653.2
1429.0	1622.3	1796.7	2029.2	2329.7	2738.7	3095.9	3629.7
648.8	700.8	786.1	941.8	1204.3	1505.2	1834.7	2337.6
3644.3	4120.2	4466.7	5037.6	5720.0	7327.6	8841.1	10568.5
1971.0	2282.5	2497.7	2881.6	3348.6	4080.7	5202.3	6316.2
1310.2	1432.8	1569.3	1704.4	1949.8	2273.5	2758.8	3270.8
1193.0	1293.2	1412.8	1523.5	1772.3	2135.6	2490.2	3030.7
4384.2	5042.8	5564.7	6209.1	7684.4	9191.7	11049.2	13158.0
680.6	730.9	769.2	844.8	955.1	1151.1	1324.3	1604.7
96.0	104.0	133.8	148.9	175.8	199.6	229.8	291.6
709.7	774.6	859.9	981.3	1164.1	1392.6	1559.2	1873.4
1349.6	1433.1	1572.0	1733.4	2020.5	2439.7	2961.2	3658.1
350.4	391.2	433.5	482.0	570.7	667.0	797.9	953.0
811.9	836.2	871.4	942.1	1059.8	1267.8	1387.3	1674.2
23.9	27.1	32.0	32.7	47.5	51.3	60.5	76.1
681.4	782.6	878.8	1007.6	1221.2	1506.1	1807.8	2271.0
410.1	421.7	458.1	501.7	572.2	680.3	772.2	972.5
71.3	80.9	96.1	113.0	132.2	154.4	190.3	228.1
103.8	121.4	135.9	153.1	191.8	232.6	259.8	321.9
411.0	525.0	560.5	589.2	700.3	887.1	1127.1	1409.8

4-3 续表

地 区	2007年	2008年	2009年	2010年	2011年	2012年	2013年
北 京	2413.4	2526.7	2736.4	3233.1	3563.3	3856.0	4168.3
天 津	2123.6	2659.7	2808.7	3259.7	3756.3	4134.0	4407.1
河 北	5849.5	6981.5	7164.4	8470.5	10275.5	10919.7	11178.4
山 西	3602.3	4389.0	4091.2	5349.6	6750.2	6852.7	6684.3
内蒙古	2122.7	2555.1	2916.0	3420.5	4044.0	4553.6	4870.1
辽 宁	5060.2	6273.1	6539.3	7181.8	8478.7	8886.9	9204.2
吉 林	1477.7	1788.0	2055.1	2485.8	2931.4	3315.2	3572.1
黑龙江	3383.0	3935.0	3668.1	4146.1	4916.3	5099.8	5202.7
上 海	5677.5	6215.5	6184.8	7434.9	8169.3	8174.1	8286.5
江 苏	14497.4	17051.1	18667.2	21853.6	25231.2	27150.8	29149.4
浙 江	10122.7	11512.7	11882.4	14140.9	16271.0	17040.5	18162.8
安 徽	3371.8	4194.5	4918.7	6396.0	8189.1	9247.9	10233.4
福 建	4521.8	5387.0	6129.1	7705.3	9316.6	10527.0	11805.5
江 西	2950.3	3518.8	3882.7	5083.1	6338.0	6893.3	7661.9
山 东	12529.4	14911.5	15919.7	17733.1	19926.1	21275.9	22615.9
河 南	7904.0	9713.4	10324.6	12173.5	14021.6	15042.6	15995.4
湖 北	4128.9	5066.2	6035.5	7748.3	9766.1	11152.6	11846.3
湖 南	3867.4	4870.0	5494.7	7034.7	8883.6	9926.7	10913.8
广 东	16022.6	18519.4	19439.7	22917.4	26161.1	27346.1	29343.0
广 西	2074.0	2466.0	2715.3	3465.2	4241.2	4503.1	4709.3
海 南	354.3	412.6	432.4	528.6	671.3	747.2	750.9
重 庆	2237.3	2651.8	3016.8	3624.1	4571.3	5308.1	5988.6
四 川	4607.7	5766.5	6653.2	8283.2	10014.4	11231.1	12418.9
贵 州	1187.2	1437.7	1574.9	1820.7	2258.9	2716.8	3171.0
云 南	2057.4	2476.1	2605.4	3267.7	3811.4	4458.4	5000.5
西 藏	95.2	110.8	130.1	155.0	195.6	226.1	270.8
陕 西	2865.9	3666.1	4017.5	5071.5	6484.3	7612.3	8418.0
甘 肃	1254.1	1429.9	1473.2	1910.4	2288.6	2493.3	2674.0
青 海	275.3	350.3	365.7	444.2	553.1	620.2	681.0
宁 夏	422.0	558.1	593.0	733.4	919.8	992.5	1059.5
新 疆	1588.5	1991.8	1846.0	2479.8	3093.4	3325.9	3479.9

单位：亿元

2014年	2015年	2016年	2017年	2018年	2019年	2020年	2021年
4433.0	4419.8	4665.8	5049.4	5477.4	5667.4	5739.1	7268.6
4615.5	4489.6	4368.0	4564.1	4835.3	4947.2	4911.8	5854.3
11476.9	11519.5	12332.3	12778.0	12904.1	13393.7	13765.1	16364.2
6378.0	5219.7	5113.6	6635.3	7074.5	7466.3	7703.2	11213.1
5114.4	5269.5	5579.8	5874.3	6335.4	6763.1	6908.2	9374.2
9038.8	8344.6	7865.7	8328.9	9049.0	9475.9	9357.5	10875.2
3804.9	3837.8	3901.4	3995.5	4051.5	4134.8	4319.9	4768.3
4872.4	3926.9	3689.7	3519.5	3536.0	3640.1	3449.9	3975.3
8633.3	8408.7	8570.2	9525.9	10360.8	10193.6	10258.6	11449.3
31048.8	33371.8	35041.5	39124.1	42129.4	43507.5	44631.3	51775.4
19580.7	20606.6	21571.3	23246.7	25308.1	26299.5	26361.5	31188.6
10982.6	10838.3	11517.5	12681.2	14094.4	14970.0	15216.5	17613.2
13165.1	13735.7	14683.7	16290.0	18847.8	20065.5	20168.4	22866.3
8238.7	8367.7	8732.5	9444.6	10081.2	10820.3	11107.9	13183.2
23588.0	24814.9	25565.0	26925.6	27523.7	28171.8	28456.7	33187.2
17139.6	17947.9	18986.9	20940.3	22038.6	23035.6	22220.9	24331.7
13007.9	13569.5	14527.0	15713.9	17573.9	18723.0	15933.7	18952.9
11825.1	12665.7	12942.0	13459.8	13904.1	15401.7	15949.2	18126.1
31930.4	33913.8	35499.2	38536.6	41398.5	43368.2	43868.1	50219.2
5145.6	5391.0	5621.0	6138.3	6692.9	7046.4	7046.8	8187.9
826.5	882.9	904.0	996.4	1053.1	1083.8	1072.2	1238.8
6774.6	7208.0	7765.4	8455.0	8842.2	9392.0	9969.6	11184.9
13082.7	13192.5	13450.1	14569.2	16056.9	17187.9	17505.6	19901.4
3582.4	4026.7	4468.7	4970.9	5506.2	5971.5	6263.0	6984.7
5376.5	5491.7	5747.4	6317.8	7267.5	8060.4	8387.5	9589.4
310.3	341.8	390.4	469.6	582.7	635.6	714.9	757.3
9045.0	8664.6	8906.5	10114.1	11215.3	11779.5	11222.0	13802.5
2823.3	2505.4	2483.5	2515.8	2761.6	2862.4	2824.8	3466.6
714.8	761.1	867.7	975.7	1093.7	1153.9	1143.2	1332.6
1113.7	1116.8	1179.7	1406.0	1488.1	1587.1	1629.3	2021.6
3829.3	3446.1	3446.1	4096.2	4657.2	4784.4	4786.7	5967.4

4-4 1992-2021年各地区

地 区	1992年	1993年	1994年	1995年	1996年	1997年	1998年
北 京	318.1	419.4	570.3	805.7	1035.2	1266.2	1527.1
天 津	147.4	195.1	271.4	352.6	445.2	519.1	581.3
河 北	448.3	541.2	679.5	871.7	1057.4	1223.0	1342.8
山 西	197.9	248.1	306.3	412.9	493.6	576.6	642.6
内蒙古	142.3	184.4	232.0	288.1	345.5	408.6	462.1
辽 宁	541.3	717.2	892.1	1021.4	1158.6	1378.5	1511.6
吉 林	170.2	212.6	283.0	360.2	436.2	532.0	564.7
黑龙江	228.4	268.0	345.7	434.2	497.3	589.9	654.2
上 海	408.7	586.8	804.6	1039.8	1315.0	1618.2	1882.9
江 苏	622.9	909.5	1186.6	1573.8	1940.9	2232.7	2512.7
浙 江	460.8	627.8	855.0	1157.6	1366.9	1519.2	1683.9
安 徽	265.9	345.0	499.3	647.5	790.3	920.0	1041.8
福 建	305.4	413.8	574.8	766.0	941.5	1104.1	1242.8
江 西	172.3	215.0	295.6	391.4	488.4	581.8	661.2
山 东	662.8	818.0	1178.0	1587.4	1899.5	2194.7	2397.5
河 南	394.6	502.4	634.1	861.8	1057.8	1212.7	1342.7
湖 北	342.3	443.6	544.0	712.0	862.8	1020.2	1140.6
湖 南	325.9	391.0	527.4	676.2	826.1	951.7	1074.1
广 东	883.0	1208.1	1676.8	2173.9	2599.4	3100.7	3479.8
广 西	226.6	301.3	395.9	510.0	577.2	622.1	659.0
海 南	93.1	117.5	142.5	155.9	167.0	179.5	194.7
重 庆	150.1	195.4	262.5	369.3	463.6	559.3	635.7
四 川	363.7	456.3	621.3	799.8	945.6	1095.9	1237.8
贵 州	96.7	129.3	146.1	176.6	213.7	245.0	274.1
云 南	212.9	266.3	318.9	384.7	488.2	545.3	609.6
西 藏	12.7	14.1	17.6	20.0	27.2	31.9	40.8
陕 西	182.9	232.5	302.8	377.9	451.0	540.9	583.7
甘 肃	114.9	124.9	151.1	190.3	222.4	265.6	311.5
青 海	31.3	44.4	57.1	75.0	86.2	99.3	111.6
宁 夏	30.8	38.0	50.3	65.1	79.1	91.1	101.6
新 疆	148.9	174.1	240.2	308.3	357.0	397.2	443.1

注：本表按当年价格计算。

第三产业增加值

单位：亿元

1999年	2000年	2001年	2002年	2003年	2004年	2005年	2006年
1781.5	2174.9	2653.6	3208.2	3726.7	4393.4	5155.5	6227.7
646.6	723.2	819.4	911.2	1030.3	1167.5	1415.7	1600.3
1477.8	1656.8	1855.4	2094.2	2346.8	2787.1	3304.2	3869.3
721.7	807.5	902.4	992.7	1118.3	1301.5	1442.1	1657.9
525.9	605.7	699.2	811.5	1127.4	1378.4	1556.3	1804.5
1667.4	1841.2	2070.9	2284.4	2467.3	2737.6	2962.5	3421.1
598.0	680.3	748.0	808.0	848.6	989.5	1155.5	1489.1
701.1	846.5	951.0	1050.2	1160.3	1283.5	1425.4	1599.9
2159.6	2521.6	2767.8	3082.1	3485.4	4148.0	4794.2	5578.2
2740.3	3069.5	3454.9	3891.9	4493.3	5197.0	6497.1	7781.4
1871.7	2246.7	2677.9	3242.6	3909.3	4517.9	5193.2	6093.9
1183.6	1321.3	1483.8	1696.7	2000.8	2332.4	2512.0	2836.1
1378.1	1525.8	1652.0	1778.9	1987.9	2210.5	2527.0	3010.1
740.4	817.2	883.6	972.7	1056.9	1228.4	1388.9	1584.1
2628.5	2905.8	3269.0	3669.7	3726.2	4232.3	5178.2	6301.1
1459.3	1645.6	1839.9	1946.8	2395.1	2682.9	3197.2	3791.9
1265.1	1450.3	1619.0	1801.4	2009.3	2264.4	2641.0	3135.5
1243.3	1473.4	1593.4	1780.8	2018.0	2384.6	2801.4	3156.2
3896.4	4781.2	5573.1	6377.8	7222.4	8246.8	9518.6	11308.5
723.1	791.8	933.8	1077.0	1183.4	1343.8	1513.1	1788.8
208.0	230.9	248.6	271.0	293.9	331.1	365.2	425.1
691.9	767.0	864.6	985.9	1118.6	1246.6	1434.1	1647.2
1373.5	1549.5	1739.8	1943.7	2197.1	2535.2	2831.5	3222.6
319.5	367.7	425.6	480.7	567.4	647.3	779.6	944.0
681.1	751.6	843.2	953.2	1079.0	1260.8	1464.1	1712.0
48.8	55.3	70.7	90.6	98.9	124.5	137.7	162.2
656.6	763.2	868.2	963.6	1063.9	1278.8	1590.8	1858.4
354.4	437.1	459.4	514.8	589.7	690.0	788.1	900.6
126.1	142.7	159.3	182.3	206.8	231.2	246.3	291.3
112.7	127.6	151.9	171.1	195.2	222.0	250.3	284.6
496.5	564.2	656.7	733.0	795.8	844.1	907.8	1045.1

4-4　续表

地　区	2007年	2008年	2009年	2010年	2011年	2012年	2013年
北　京	7912.8	9175.1	10047.7	11608.1	13491.0	15020.3	16806.5
天　津	1927.3	2406.1	2781.3	3439.3	4215.2	4761.1	5383.6
河　北	4566.4	5261.8	6020.7	7060.0	8406.4	9243.8	9939.3
山　西	2029.8	2460.5	2613.0	3043.9	3557.7	4188.4	4605.3
内蒙古	2281.7	2784.4	3253.4	3681.6	4104.4	4463.3	4939.4
辽　宁	4154.7	4648.9	4979.1	5245.5	6182.9	7092.4	8031.2
吉　林	1847.5	2183.2	2491.1	2996.3	3697.4	4167.2	4605.5
黑龙江	1850.9	2125.4	2409.0	2870.4	3323.2	3796.5	4106.9
上　海	7101.8	8212.1	9445.3	10366.1	11713.9	13002.1	14786.0
江　苏	9775.4	11906.2	13660.9	17121.0	20699.2	23309.8	26752.5
浙　江	7547.9	8698.6	9816.7	11936.1	14048.6	15731.1	17453.1
安　徽	3453.5	4010.1	4563.4	5253.2	6227.8	7075.2	8177.4
福　建	3852.6	4448.7	5180.2	6027.4	7109.0	8034.8	8953.2
江　西	1958.7	2400.9	2685.2	3152.5	3926.0	4475.2	5097.7
山　东	7737.6	9318.5	10544.9	12778.1	15370.3	17634.4	20274.3
河　南	4763.8	5446.7	6190.8	7354.4	8947.8	10342.2	11809.9
湖　北	3991.1	4715.2	5439.3	6435.5	7707.1	8763.5	10648.0
湖　南	3854.2	4675.6	5482.3	6466.4	7611.4	8712.7	10042.3
广　东	14056.6	16264.0	18079.0	20827.6	24358.5	26950.3	30284.0
广　西	2185.9	2567.2	2972.1	3447.6	4052.3	4674.1	5448.4
海　南	528.4	638.5	739.8	970.1	1155.9	1358.3	1641.4
重　庆	2064.0	2692.7	3053.4	3791.7	4795.8	5407.6	6097.7
四　川	3987.8	4850.8	5377.0	6556.7	8181.9	9548.8	10841.7
贵　州	1229.7	1544.2	1750.6	2095.5	2657.1	3162.8	3802.7
云　南	2170.4	2538.6	2919.3	3377.3	4315.1	4998.6	5946.5
西　藏	196.6	229.8	255.1	293.1	346.1	408.8	476.2
陕　西	2255.2	2794.2	3228.8	3827.0	4503.4	5215.3	6023.9
甘　肃	1055.1	1250.5	1376.6	1560.8	2002.7	2308.9	2682.4
青　海	363.2	443.0	468.7	567.4	664.6	734.1	827.6
宁　夏	362.7	468.2	553.2	686.9	837.0	949.5	1057.5
新　疆	1318.3	1503.8	1686.1	1880.1	2391.4	2881.9	3586.2

单位：亿元

2014年	2015年	2016年	2017年	2018年	2019年	2020年	2021年
18333.9	20218.9	22245.7	24711.7	27508.1	29663.4	30095.9	32889.6
5866.3	6227.6	6940.8	7717.5	8352.3	8922.9	8885.9	9615.4
10567.3	11778.4	13059.3	14732.8	16252.0	18066.4	18368.4	19996.7
4980.1	5890.5	6108.5	7129.8	8142.9	8670.0	8965.8	10090.2
5405.8	6049.2	6558.9	7374.0	8054.7	8586.1	8321.1	8914.8
8984.9	9811.9	10685.6	11461.8	12441.0	13201.4	13369.1	14247.1
4891.5	4909.6	5395.5	5831.2	6041.6	6304.7	6383.1	6913.4
4607.4	5050.9	5454.0	5828.2	6309.3	6721.1	6738.5	7440.9
16504.5	18352.8	21202.4	23288.3	25546.3	27686.9	28597.1	31665.6
30174.3	33931.7	38269.6	42700.5	46936.5	50852.1	53638.9	59866.4
18716.2	21129.8	23792.4	27222.5	30718.8	34075.8	36161.3	40118.1
9242.1	10616.8	12300.5	14412.7	17278.5	18959.5	19660.1	21985.4
9921.2	11150.9	12780.6	15337.3	17461.0	19665.6	20709.3	23046.3
5802.3	6698.8	7861.9	8930.9	10758.0	11789.3	12430.2	14102.2
22524.0	25571.1	28367.2	31253.8	34174.7	37251.7	38977.2	43879.7
13446.9	15120.7	17198.8	19745.3	23586.2	26046.5	26684.5	28934.9
12232.6	13664.6	15419.5	17992.2	20899.9	22896.5	22937.5	26398.4
11385.2	13125.0	14995.9	17369.9	19341.4	20845.2	21352.7	23614.1
33204.0	37628.9	43163.5	49500.7	54710.4	60268.1	62550.8	69146.8
6028.8	6841.4	7695.3	8774.1	9913.9	10801.0	11428.1	12537.5
1829.3	2016.0	2261.5	2538.4	2871.6	3168.1	3358.0	3982.0
6858.5	7764.8	9020.7	10335.2	11367.9	12662.2	13268.3	14787.1
12283.9	13488.6	15787.8	19073.5	22417.7	24368.3	25439.2	28287.6
4309.3	4872.3	5461.8	6602.3	7691.0	8517.3	9057.5	9870.8
6657.7	7389.0	8396.1	9829.8	11114.5	12125.7	12556.5	13687.2
541.3	607.6	672.1	761.2	837.3	924.0	1037.5	1158.8
6790.6	7634.5	8443.1	9618.3	10896.4	12022.6	12524.4	13589.1
2999.4	3317.8	3623.7	3961.2	4416.4	4796.6	4966.7	5412.0
917.0	1041.0	1169.3	1251.0	1386.2	1485.3	1528.6	1661.4
1143.4	1225.8	1360.7	1543.7	1742.7	1881.4	1989.0	2136.3
4028.5	4451.2	4711.6	5511.9	6460.1	7030.9	7032.8	7660.2

4-5 1993-2021年各地区

地 区	1993年	1994年	1995年	1996年	1997年	1998年
北 京	112.3	113.7	112.0	109.8	110.2	109.6
天 津	112.1	114.3	114.9	114.3	112.1	107.0
河 北	117.7	114.9	113.9	113.5	112.5	110.7
山 西	113.1	110.3	112.0	111.8	111.3	109.9
内蒙古	111.7	111.2	110.1	114.4	110.8	110.7
辽 宁	114.9	111.2	107.1	108.6	108.9	108.3
吉 林	112.7	109.7	109.7	113.5	109.0	109.1
黑龙江	107.1	108.3	109.0	110.0	109.5	107.6
上 海	115.1	114.5	115.1	113.1	112.8	110.3
江 苏	119.8	116.5	115.4	112.2	112.0	111.0
浙 江	122.0	120.0	117.0	112.7	111.1	110.2
安 徽	118.9	114.8	114.6	113.0	112.0	108.6
福 建	122.6	120.3	114.6	113.3	114.0	110.8
江 西	113.7	108.8	106.8	111.7	112.3	107.1
山 东	120.4	116.2	114.0	112.1	111.1	110.8
河 南	115.6	113.5	114.7	113.9	110.5	108.8
湖 北	113.0	113.7	113.2	111.6	111.9	108.6
湖 南	112.4	110.6	110.3	112.1	110.6	108.5
广 东	123.0	119.7	115.7	111.3	111.2	110.9
广 西	118.3	115.2	111.4	108.3	108.0	110.0
海 南	120.6	111.2	103.8	104.7	106.8	108.4
重 庆	115.6	113.5	112.3	111.4	111.2	108.6
四 川	112.9	110.6	112.3	111.6	110.5	109.6
贵 州	110.4	108.5	107.5	108.9	109.0	108.5
云 南	111.1	112.2	111.7	111.1	109.7	108.1
西 藏	115.5	115.7	117.9	113.2	111.8	112.1
陕 西	112.1	108.6	110.4	110.9	110.7	111.6
甘 肃	111.6	110.8	110.4	112.0	109.1	109.7
青 海	109.6	108.1	108.0	108.7	109.0	108.9
宁 夏	110.3	107.7	109.5	110.9	107.9	108.8
新 疆	110.2	112.1	109.1	106.5	108.4	107.5

注：本表按不变价格计算。

生产总值指数

上年=100

1999年	2000年	2001年	2002年	2003年	2004年	2005年	2006年	2007年
111.0	112.0	111.8	111.8	111.1	113.3	112.3	112.8	114.4
107.6	108.3	109.6	110.2	112.3	113.6	112.2	111.9	112.8
109.1	109.5	108.7	109.5	108.4	110.0	110.3	110.3	109.6
107.3	109.4	110.1	112.9	111.9	112.2	110.5	109.9	113.2
108.8	110.8	110.7	113.2	116.3	116.7	119.6	118.0	118.0
108.2	108.9	109.0	110.2	108.9	110.4	110.5	111.5	112.9
108.2	109.2	108.4	107.0	109.2	109.0	108.6	110.8	111.6
107.1	107.7	108.9	109.9	109.8	110.4	110.6	110.4	109.8
110.4	111.0	110.5	111.4	112.3	113.3	111.5	112.8	115.2
110.1	110.6	110.2	111.7	113.6	114.1	114.5	114.9	114.9
110.1	111.1	110.7	112.7	114.7	113.1	112.9	114.0	114.5
109.4	108.6	109.2	109.9	109.4	112.4	111.0	112.6	114.1
109.9	109.3	108.7	110.2	111.5	111.4	111.6	114.9	115.1
107.8	108.0	108.8	110.5	113.0	113.2	112.9	112.3	113.2
110.0	109.5	109.4	111.0	110.8	112.5	112.6	112.3	111.9
108.1	109.1	108.7	109.1	110.9	112.8	114.3	114.5	114.6
107.8	108.6	108.9	109.2	109.7	110.8	112.1	113.3	114.6
108.4	109.0	109.0	109.0	109.6	111.1	112.2	112.8	115.1
110.3	111.7	110.5	112.4	114.8	113.2	114.2	114.9	115.0
107.9	107.6	108.3	110.6	109.1	110.3	111.1	111.1	113.0
108.5	109.0	109.1	109.6	110.6	109.7	110.5	110.6	115.8
107.8	108.7	109.2	110.5	111.7	112.5	111.8	112.5	116.0
106.5	109.0	109.0	110.5	111.0	111.9	112.7	113.5	114.5
108.8	108.4	108.8	109.1	110.1	110.4	112.7	112.8	114.8
107.3	107.5	106.8	109.0	108.8	110.3	108.9	111.8	112.2
112.3	110.4	112.7	112.9	112.0	112.1	112.1	113.3	114.0
110.3	110.4	109.8	111.1	111.8	113.0	112.1	112.3	114.3
109.0	109.7	109.8	109.9	111.3	110.9	111.8	112.0	112.3
108.1	108.9	111.7	112.1	110.9	111.3	111.2	112.3	112.5
109.1	110.2	110.1	110.2	111.7	110.2	109.9	111.7	111.7
107.4	108.7	108.6	108.2	111.2	111.4	110.9	111.0	112.2

4-5 续表

地 区	2008年	2009年	2010年	2011年	2012年	2013年
北 京	109.0	110.0	110.4	108.1	107.7	107.7
天 津	113.7	113.8	114.4	113.4	111.3	110.1
河 北	108.0	108.1	109.2	110.3	108.7	108.2
山 西	108.3	105.5	110.8	110.0	109.2	109.0
内蒙古	116.5	116.0	114.1	113.6	110.7	108.7
辽 宁	110.7	110.4	110.3	110.2	108.9	108.7
吉 林	112.0	110.3	110.4	110.5	108.9	108.5
黑龙江	110.3	110.1	111.7	110.9	108.7	107.6
上 海	109.7	108.4	110.2	108.3	107.5	107.9
江 苏	112.7	112.4	112.7	111.0	110.2	109.7
浙 江	110.1	109.0	111.9	109.0	108.1	108.3
安 徽	112.6	113.1	114.3	113.4	111.2	110.3
福 建	112.9	112.3	113.9	112.3	111.5	111.0
江 西	113.3	113.2	114.0	112.4	111.0	110.1
山 东	109.7	109.8	110.4	110.7	109.7	109.4
河 南	112.0	111.0	112.4	112.0	110.2	109.0
湖 北	113.4	113.7	114.7	114.1	111.2	110.1
湖 南	114.1	113.9	114.6	112.8	111.4	110.1
广 东	110.5	109.9	112.5	110.2	108.3	108.5
广 西	110.3	111.5	111.7	111.5	110.1	110.0
海 南	110.3	111.7	116.0	112.2	109.4	109.6
重 庆	114.6	115.1	117.2	116.4	113.6	112.3
四 川	111.0	114.5	115.1	115.0	111.7	110.0
贵 州	111.3	111.4	112.8	115.4	113.0	112.4
云 南	110.6	112.1	112.3	113.7	112.0	112.2
西 藏	110.1	112.4	112.3	112.7	111.8	112.1
陕 西	114.7	112.2	113.9	113.1	112.2	110.5
甘 肃	110.1	110.2	111.8	113.2	111.8	111.3
青 海	112.5	110.1	113.3	112.5	111.2	110.8
宁 夏	111.6	110.9	112.5	112.1	110.5	109.8
新 疆	111.0	108.1	110.6	112.3	111.0	111.0

上年=100

2014年	2015年	2016年	2017年	2018年	2019年	2020年	2021年
107.4	106.9	106.9	106.8	106.7	106.1	101.1	108.5
107.5	106.9	106.0	103.4	103.4	104.8	101.4	106.6
106.5	106.8	106.7	106.6	106.5	106.7	103.8	106.5
104.9	103.0	104.1	106.8	106.6	106.1	103.6	109.1
107.8	107.7	107.0	104.0	105.2	105.2	100.2	106.3
105.7	102.8	100.5	104.2	105.6	105.4	100.6	105.8
106.3	106.1	106.5	105.2	104.4	103.0	102.3	106.6
105.3	105.4	104.4	106.0	104.5	104.0	100.9	106.1
107.1	107.0	106.9	107.0	106.8	106.0	101.7	108.1
108.6	108.6	107.8	107.2	106.7	105.9	103.7	108.6
107.7	108.0	107.5	107.8	107.1	106.8	103.6	108.5
109.2	108.7	108.8	108.6	108.0	107.3	103.7	108.3
109.9	108.9	108.4	108.1	108.3	107.5	103.2	108.0
109.7	109.1	109.0	108.8	108.7	107.9	103.8	108.8
108.5	107.8	107.4	107.3	106.3	105.3	103.5	108.3
108.9	108.4	108.2	107.8	107.6	106.8	101.1	106.3
109.7	108.6	108.1	107.8	107.8	107.3	94.6	112.9
109.5	108.5	108.0	108.0	107.8	107.6	103.8	107.7
107.8	108.0	107.5	107.5	106.8	106.2	102.3	108.0
108.3	107.9	107.0	107.1	106.8	106.0	103.7	107.5
108.6	107.8	107.5	107.0	105.8	105.8	103.5	111.2
110.9	111.0	110.7	109.3	106.0	106.3	103.9	108.3
108.5	107.9	107.8	108.1	108.0	107.4	103.8	108.2
110.8	110.7	110.5	110.2	109.1	108.3	104.5	108.1
108.1	108.7	108.7	109.5	108.9	108.1	104.0	107.3
110.8	111.0	110.1	110.0	108.9	108.1	107.8	106.7
109.6	107.7	107.5	107.8	108.1	106.0	102.1	106.5
109.0	108.2	107.6	103.5	106.1	106.2	103.8	106.9
109.2	108.2	107.8	107.2	107.1	106.1	101.5	105.7
108.0	108.0	107.4	107.3	106.8	106.5	103.9	106.7
110.0	108.8	107.5	107.6	106.1	106.2	103.4	107.0

4-6 1993-2021年各地区

地 区	1993年	1994年	1995年	1996年	1997年	1998年
北 京	103.2	102.8	92.0	96.8	103.0	101.1
天 津	107.4	105.3	106.3	108.2	107.7	106.7
河 北	104.4	111.8	108.6	105.5	105.4	106.2
山 西	109.1	104.5	103.8	111.8	95.0	110.5
内蒙古	105.0	103.2	103.9	121.4	102.0	106.2
辽 宁	110.7	102.1	104.9	112.6	101.3	113.0
吉 林	107.7	110.0	105.0	116.5	99.6	113.3
黑龙江	104.3	107.2	106.8	110.8	106.2	98.9
上 海	97.3	102.9	106.4	105.0	104.2	102.2
江 苏	102.5	105.2	113.6	107.7	105.0	102.1
浙 江	104.8	104.4	107.5	104.4	104.5	103.2
安 徽	111.9	103.0	117.4	107.8	109.2	102.6
福 建	109.4	109.3	109.5	108.8	108.0	106.7
江 西	101.6	105.7	105.0	108.5	106.8	96.2
山 东	106.1	107.3	108.9	106.6	100.5	105.7
河 南	110.4	101.3	111.9	111.3	107.6	107.0
湖 北	105.8	107.1	108.9	104.5	106.9	99.4
湖 南	104.3	105.4	106.5	106.2	106.1	100.9
广 东	102.6	103.2	105.4	104.9	104.7	103.8
广 西	99.6	106.0	115.6	107.2	111.2	106.8
海 南	110.5	112.9	111.5	105.4	107.6	108.3
重 庆	105.0	102.9	104.5	104.8	103.2	102.1
四 川	105.0	104.4	105.5	107.3	106.2	104.6
贵 州	103.9	103.7	102.4	103.8	104.2	101.5
云 南	102.5	103.0	105.0	105.2	104.6	103.0
西 藏	106.6	104.0	104.0	104.2	104.0	101.7
陕 西	108.1	97.0	104.0	109.6	99.7	107.3
甘 肃	108.8	106.1	103.1	109.9	98.1	105.1
青 海	99.3	103.6	99.5	103.7	103.5	103.5
宁 夏	106.5	102.1	101.1	118.1	103.3	109.8
新 疆	101.1	111.2	104.9	103.5	110.8	107.2

注：本表按不变价格计算。

第一产业增加值指数

上年=100

1999年	2000年	2001年	2002年	2003年	2004年	2005年	2006年	2007年
102.5	103.2	103.6	103.0	98.5	99.6	98.4	100.8	102.0
100.1	103.7	106.3	106.1	106.1	105.1	104.3	103.4	101.4
104.3	105.1	105.3	105.4	106.1	109.7	106.2	104.8	103.7
83.3	110.7	96.4	113.6	106.9	104.5	94.6	103.4	104.7
101.0	102.6	102.0	104.4	106.4	111.3	109.1	103.2	103.9
105.1	98.4	106.7	108.4	107.2	107.9	107.9	106.3	104.0
101.4	97.0	104.6	106.3	105.9	108.0	109.9	104.2	101.2
103.0	96.9	106.8	107.1	102.1	112.5	112.0	107.4	104.3
102.1	103.4	102.0	103.0	102.3	95.9	90.3	100.8	102.9
104.6	103.9	103.0	102.8	99.9	101.0	102.5	105.3	102.0
103.3	104.5	104.8	104.5	103.6	103.8	101.4	103.2	98.1
108.0	101.2	102.9	101.0	93.6	108.6	101.7	104.5	103.6
105.7	102.6	103.5	102.7	103.3	104.4	102.7	100.8	102.9
106.0	106.8	104.2	104.4	101.2	108.1	106.6	106.4	104.1
104.7	102.4	103.8	102.5	105.4	106.8	104.7	104.9	103.9
107.2	104.2	104.9	104.8	97.2	113.6	107.6	107.4	103.7
101.9	102.5	102.5	102.0	105.8	107.6	104.1	105.1	104.7
103.3	103.9	104.0	102.6	103.4	107.3	105.7	104.7	103.9
103.9	102.3	102.2	104.3	102.2	103.8	104.8	103.9	103.1
107.6	100.2	103.4	107.3	104.0	104.4	107.2	106.6	104.0
110.8	110.2	109.7	109.1	109.0	106.7	105.8	109.2	108.0
100.4	101.4	102.1	104.2	104.4	104.8	104.5	94.2	109.5
105.0	102.3	105.7	105.6	103.9	106.1	105.4	102.6	104.8
103.4	103.6	101.1	102.2	103.0	105.3	105.2	102.9	103.3
104.5	105.6	103.9	103.9	105.5	105.4	104.8	105.3	104.1
105.3	102.1	103.1	104.4	103.4	105.5	105.5	103.1	104.2
97.7	104.0	101.9	103.5	104.1	108.6	107.8	107.5	105.0
99.5	101.6	107.6	105.9	105.5	106.3	105.8	105.1	99.7
101.0	96.0	105.8	104.5	103.8	103.8	105.0	103.5	104.4
104.3	98.1	106.4	106.1	102.4	103.8	103.2	106.1	106.4
102.7	104.8	102.8	105.0	108.2	109.5	106.5	105.7	107.0

4-6 续表

地 区	2008年	2009年	2010年	2011年	2012年	2013年
北 京	101.6	104.6	98.4	100.9	103.2	103.0
天 津	103.1	103.4	103.3	103.9	103.0	101.9
河 北	104.8	103.2	103.4	104.1	104.0	103.3
山 西	101.4	104.4	106.6	106.2	106.2	104.8
内蒙古	106.9	102.3	106.1	106.0	105.7	103.7
辽 宁	106.5	103.3	105.8	106.0	104.9	104.0
吉 林	109.5	102.8	103.7	105.1	105.3	104.0
黑龙江	108.5	105.2	106.1	106.4	106.5	104.7
上 海	100.7	99.4	94.8	100.4	100.4	97.8
江 苏	103.8	104.1	104.3	104.4	104.6	108.2
浙 江	104.7	102.3	103.1	103.5	101.7	100.5
安 徽	106.2	105.0	104.6	104.0	105.4	103.3
福 建	104.1	103.3	103.1	103.1	103.8	103.1
江 西	104.7	104.5	104.0	104.0	104.6	108.3
山 东	104.7	104.0	103.1	103.7	104.5	103.5
河 南	105.5	104.1	104.5	103.6	104.4	104.2
湖 北	106.0	105.2	104.6	104.4	104.7	105.3
湖 南	105.1	105.0	104.2	104.2	102.8	102.7
广 东	103.8	105.1	104.5	104.3	103.9	102.4
广 西	104.9	105.1	104.8	104.9	105.4	104.0
海 南	107.6	107.2	106.3	106.1	106.2	106.3
重 庆	106.7	105.4	106.1	105.1	105.4	104.7
四 川	101.0	104.0	104.3	104.4	104.6	103.5
贵 州	106.8	104.3	104.7	101.2	108.6	105.8
云 南	106.2	105.3	104.2	105.9	106.6	106.8
西 藏	106.2	103.0	103.2	103.4	103.4	103.8
陕 西	107.7	104.9	105.8	105.8	105.9	104.6
甘 肃	107.5	105.2	105.8	105.9	106.8	105.4
青 海	103.9	105.0	105.9	104.8	105.2	105.3
宁 夏	107.2	107.1	107.4	104.9	105.6	104.3
新 疆	106.4	104.5	105.7	106.4	107.0	107.7

上年=100

2014年	2015年	2016年	2017年	2018年	2019年	2020年	2021年
100.0	89.2	91.3	95.2	98.0	95.0	91.6	102.7
102.8	102.6	103.0	102.8	100.1	100.2	99.5	102.7
103.7	102.6	103.5	103.9	103.0	101.6	103.2	106.3
104.8	101.0	102.9	102.9	102.1	102.2	106.7	108.1
103.2	103.2	103.2	103.3	103.2	102.4	101.7	104.8
102.2	104.0	98.3	103.6	103.0	103.9	103.2	105.3
104.6	104.7	103.9	103.3	102.0	102.5	101.3	106.4
105.6	105.1	104.2	104.5	103.7	102.4	102.9	106.6
101.7	95.1	87.6	99.2	90.2	95.2	92.3	93.5
103.0	103.3	101.6	100.4	101.8	101.3	101.7	103.1
101.3	101.2	102.3	102.7	101.8	101.8	101.2	102.2
104.6	104.2	102.7	104.1	103.1	103.2	102.2	107.4
103.6	103.2	103.0	103.7	103.4	103.5	103.1	104.9
104.7	103.9	104.1	104.4	103.4	103.0	102.2	107.3
103.8	104.2	103.8	103.6	102.7	101.1	102.7	107.5
104.0	104.4	104.3	104.3	103.4	102.3	102.3	106.4
104.8	104.5	103.9	103.6	102.9	102.4	100.0	111.1
104.5	103.6	103.3	103.6	103.5	103.2	103.7	109.3
103.3	103.4	103.1	103.6	104.4	103.8	103.7	107.9
103.9	103.9	103.4	104.2	105.5	105.6	105.4	108.2
104.8	105.4	104.2	103.6	103.8	102.5	102.0	103.9
104.4	104.8	104.7	104.0	104.4	103.6	104.6	107.8
103.8	103.8	103.8	103.8	103.6	102.8	105.1	107.0
106.6	106.5	106.0	106.3	106.8	105.7	106.3	107.7
106.2	105.9	105.6	106.1	106.3	105.5	105.7	108.4
104.2	103.7	104.5	104.1	102.7	104.6	107.7	107.3
105.1	105.1	104.0	104.6	103.3	104.4	103.3	106.3
105.5	105.3	105.5	105.4	104.9	105.8	105.3	110.1
105.2	105.1	105.4	104.9	104.5	104.6	104.6	104.5
105.5	104.6	104.5	104.4	104.0	103.2	103.3	104.7
105.7	106.1	104.9	104.6	104.7	105.2	104.3	107.9

4-7 1993-2021年各地区

地　区	1993年	1994年	1995年	1996年	1997年	1998年
北　京	112.8	113.9	107.4	106.3	107.7	109.3
天　津	112.9	114.7	114.1	114.3	111.7	106.1
河　北	124.6	116.9	115.4	116.6	114.9	112.2
山　西	112.7	111.7	113.4	111.4	113.3	109.2
内蒙古	113.9	113.1	111.0	111.4	114.0	109.6
辽　宁	116.6	113.8	107.1	107.8	110.5	107.6
吉　林	117.3	105.6	111.6	113.1	108.8	107.7
黑龙江	108.3	108.7	110.0	110.3	109.6	109.2
上　海	116.7	114.2	115.5	111.2	110.6	108.3
江　苏	123.3	122.8	116.2	112.4	112.6	112.1
浙　江	133.2	127.5	118.7	115.5	112.9	110.8
安　徽	124.7	117.0	111.1	114.0	112.6	109.6
福　建	135.5	132.4	117.1	114.2	116.0	112.3
江　西	128.9	107.0	102.9	113.0	115.2	110.6
山　东	128.1	117.4	114.1	113.8	112.7	112.1
河　南	122.0	121.5	117.1	116.1	111.0	109.2
湖　北	116.7	119.0	116.3	115.8	113.4	111.1
湖　南	118.2	115.4	113.5	116.3	113.3	111.5
广　东	136.4	125.8	119.0	112.7	113.0	112.5
广　西	144.9	127.3	108.6	109.3	106.3	112.8
海　南	150.1	117.1	94.3	102.2	105.6	109.0
重　庆	122.1	116.3	114.1	112.1	112.3	107.2
四　川	120.1	117.3	111.5	109.2	111.6	110.8
贵　州	113.5	111.8	110.5	112.6	112.3	111.8
云　南	113.7	117.3	113.5	111.5	110.6	109.2
西　藏	119.7	128.8	167.5	90.8	114.4	121.1
陕　西	115.0	116.4	115.2	112.8	112.6	113.8
甘　肃	113.6	111.0	110.0	110.4	110.0	108.8
青　海	114.7	107.9	109.1	110.3	109.8	111.3
宁　夏	113.4	108.8	113.3	109.3	108.4	107.9
新　疆	113.4	110.1	111.5	107.8	105.3	105.8

注：本表按不变价格计算。

第二产业增加值指数

上年=100

1999年	2000年	2001年	2002年	2003年	2004年	2005年	2006年	2007年
111.7	111.1	109.0	107.8	110.2	115.4	109.7	109.9	111.9
108.4	108.3	109.8	111.2	115.3	117.5	115.3	113.8	114.1
110.6	110.1	108.3	110.5	108.6	110.0	110.5	110.6	109.3
109.9	108.4	110.8	115.0	113.5	114.4	113.4	112.4	114.2
110.0	111.7	110.9	115.7	120.1	122.3	130.3	124.1	122.3
108.5	110.7	107.5	109.8	109.4	113.0	111.8	113.7	115.5
110.8	113.4	109.6	107.0	112.2	110.0	107.4	109.8	109.6
107.5	109.5	109.9	110.9	111.9	111.8	111.3	111.3	111.2
109.0	109.8	112.0	112.1	116.0	113.8	110.5	111.9	111.4
111.3	111.6	110.9	113.7	117.2	115.9	116.1	115.9	115.6
111.4	111.8	111.1	113.4	116.8	114.9	112.9	114.6	115.7
107.4	109.5	109.6	111.4	113.2	113.1	116.4	118.6	119.2
111.3	111.0	110.2	113.8	115.6	115.7	112.3	116.8	118.2
106.5	106.7	112.9	118.5	124.3	118.6	117.2	116.3	117.4
112.1	110.8	110.0	113.9	113.5	116.0	114.5	113.8	113.1
107.8	111.5	109.5	116.6	115.7	113.3	117.1	117.8	117.9
108.3	109.1	109.9	110.1	110.1	113.5	115.0	116.1	116.3
109.3	110.6	110.3	110.9	112.7	114.5	113.1	117.3	118.9
110.8	112.3	110.8	113.7	120.2	116.8	115.3	117.2	117.3
106.6	108.3	108.0	111.3	111.5	112.6	113.8	114.2	117.6
108.0	107.7	108.8	112.9	119.5	113.9	116.9	111.7	123.9
110.5	110.7	112.0	114.1	116.4	116.9	113.4	117.2	121.0
106.0	108.2	110.2	111.9	116.3	116.0	118.6	117.7	120.9
113.2	107.6	109.4	113.2	113.3	113.3	112.0	113.4	113.2
107.0	105.8	104.0	109.4	110.0	111.3	108.5	117.5	115.5
120.2	116.1	117.6	120.5	113.4	111.4	120.4	121.9	115.1
112.4	111.1	111.2	113.4	115.8	115.4	112.6	111.1	114.1
108.5	110.1	109.5	110.2	111.8	112.5	113.4	114.6	117.4
109.3	111.3	115.1	116.5	116.2	116.1	114.9	114.9	114.2
109.8	114.8	111.3	112.7	115.3	112.4	112.9	114.4	114.0
106.8	108.6	108.1	107.4	111.2	113.6	114.5	111.2	112.7

4-7 续表

地区	2008年	2009年	2010年	2011年	2012年	2013年
北京	100.3	110.0	113.4	106.6	106.8	107.7
天津	114.4	114.6	116.5	114.9	111.4	108.8
河北	108.4	108.5	109.5	111.9	110.0	109.1
山西	106.9	102.0	115.0	113.2	110.0	109.4
内蒙古	118.4	119.2	115.7	116.3	112.9	110.1
辽宁	113.2	112.8	112.6	112.1	109.2	107.0
吉林	112.9	113.8	115.1	114.1	110.2	106.3
黑龙江	111.2	111.5	113.8	112.0	109.1	107.0
上海	107.5	103.4	117.0	106.7	103.0	105.9
江苏	113.2	112.5	113.1	111.8	111.2	110.1
浙江	109.4	107.0	112.4	109.1	107.3	108.2
安徽	115.8	116.8	120.1	117.0	112.8	111.9
福建	115.2	113.9	118.2	116.3	114.4	113.2
江西	117.1	117.1	118.1	115.2	113.2	112.1
山东	109.4	111.2	111.7	111.5	110.3	109.8
河南	114.2	111.9	114.7	113.9	111.2	109.5
湖北	116.7	116.9	119.8	117.9	113.4	110.6
湖南	115.6	119.3	120.3	117.0	113.0	111.0
广东	111.6	109.1	114.5	110.4	107.3	108.0
广西	113.2	114.7	114.9	115.3	110.4	109.4
海南	105.9	112.7	119.3	116.3	111.7	108.4
重庆	118.3	118.2	122.7	121.0	116.6	112.9
四川	114.0	116.4	122.8	121.6	115.9	112.0
贵州	108.1	112.1	116.6	118.8	116.1	114.1
云南	112.0	113.6	115.6	117.9	115.3	112.6
西藏	107.0	120.6	113.1	117.4	113.5	119.2
陕西	115.1	110.3	117.1	115.0	113.4	110.9
甘肃	108.7	111.3	114.8	116.0	112.6	110.5
青海	115.5	111.3	119.0	117.2	113.7	111.9
宁夏	112.9	112.7	114.1	113.4	112.0	110.7
新疆	114.3	108.4	112.6	112.4	113.6	112.6

上年=100

2014年	2015年	2016年	2017年	2018年	2019年	2020年	2021年
106.8	102.8	105.3	104.2	103.9	103.9	102.5	123.2
106.7	107.3	104.0	101.0	100.2	103.2	101.5	106.5
105.0	104.8	104.4	102.8	103.3	103.9	104.2	104.8
103.2	98.7	101.1	105.9	104.4	106.0	105.5	110.2
108.6	107.8	106.9	101.5	105.0	105.7	101.1	106.1
105.0	99.4	95.4	103.2	107.3	106.0	101.6	104.2
106.1	104.7	105.5	103.6	103.8	102.6	105.7	105.0
102.9	101.7	102.0	102.8	102.1	102.7	102.6	105.0
104.4	101.1	102.2	106.7	103.5	100.5	101.1	109.4
108.1	108.4	106.6	106.7	105.9	105.6	104.0	110.1
107.8	105.9	105.9	106.3	106.3	105.5	103.0	110.2
109.7	108.3	107.9	108.2	108.2	107.5	104.6	107.9
111.9	108.7	107.2	107.2	108.8	105.4	102.4	107.5
111.0	109.4	108.5	108.1	109.7	107.9	104.1	108.2
108.8	107.1	106.2	106.0	104.1	102.6	103.2	107.2
109.3	107.6	107.1	107.0	106.9	106.7	100.2	104.1
110.2	108.3	107.8	107.1	106.8	106.7	91.6	113.6
109.6	107.6	106.8	106.9	107.4	107.8	104.6	106.9
108.0	107.0	106.1	106.5	105.9	104.2	101.9	108.7
108.0	105.6	104.9	104.1	103.8	105.5	102.1	106.7
109.5	105.7	104.7	102.6	104.1	104.1	99.0	106.0
112.7	111.2	111.3	109.3	103.0	106.4	104.8	107.3
109.0	107.7	107.6	107.5	107.5	107.4	103.8	107.4
112.3	111.4	111.3	110.1	109.5	108.8	104.2	109.4
108.8	108.5	109.1	110.8	111.6	108.5	103.7	106.1
113.7	115.0	111.6	110.8	116.8	107.0	116.1	99.1
110.5	105.9	106.6	107.1	108.0	105.0	101.3	105.6
107.9	107.5	106.8	99.2	104.2	104.7	105.6	106.4
110.0	108.2	108.3	107.1	107.5	106.3	102.6	106.5
108.1	107.4	106.5	106.7	106.8	106.7	104.1	106.6
111.2	107.2	106.0	106.0	104.2	103.5	107.8	106.7

4-8 1993-2021年各地区

地 区	1993年	1994年	1995年	1996年	1997年	1998年
北 京	113.3	115.4	120.7	115.2	113.4	110.6
天 津	111.7	115.6	117.9	115.4	113.4	108.5
河 北	116.6	113.7	114.6	113.0	112.5	110.6
山 西	115.3	110.7	113.4	112.3	114.6	110.8
内蒙古	115.7	116.1	114.1	112.3	114.3	114.7
辽 宁	114.3	111.1	107.8	108.4	109.2	107.9
吉 林	109.9	116.0	110.6	111.9	116.5	108.3
黑龙江	106.6	108.2	108.6	108.7	111.8	110.6
上 海	113.7	116.1	114.7	117.9	117.7	114.7
江 苏	125.1	111.4	114.9	114.3	114.1	112.9
浙 江	116.0	115.8	118.4	111.1	110.6	111.7
安 徽	117.4	122.4	117.3	115.7	113.2	111.5
福 建	118.1	113.0	114.1	114.5	114.4	110.7
江 西	110.9	114.5	113.7	113.2	114.0	112.5
山 东	120.0	120.7	117.0	112.5	114.4	111.2
河 南	111.7	112.6	113.2	112.5	111.8	109.3
湖 北	115.2	112.4	112.5	111.3	113.5	111.5
湖 南	114.7	110.1	110.0	112.2	111.0	110.9
广 东	116.8	118.5	114.7	111.5	110.7	110.4
广 西	115.2	110.8	111.1	108.2	107.2	109.8
海 南	115.1	106.9	104.0	105.5	106.9	108.3
重 庆	115.5	117.6	115.0	114.5	114.1	114.0
四 川	113.0	108.2	120.1	118.6	112.8	111.8
贵 州	114.8	109.8	109.3	109.2	109.3	110.5
云 南	117.0	114.7	115.2	115.1	112.3	110.3
西 藏	126.7	124.9	112.9	134.1	116.5	115.4
陕 西	111.5	106.9	108.0	108.9	114.8	110.7
甘 肃	111.1	113.7	115.5	114.9	114.1	112.9
青 海	111.5	111.0	111.6	109.7	110.9	108.9
宁 夏	109.2	109.6	109.9	109.0	109.9	109.2
新 疆	116.6	115.0	110.7	107.8	109.6	109.3

注：本表按不变价格计算。

第三产业增加值指数

上年=100

1999年	2000年	2001年	2002年	2003年	2004年	2005年	2006年	2007年
111.0	113.5	113.4	113.9	111.9	112.8	113.8	114.1	115.5
107.6	109.0	109.8	109.5	109.6	109.8	109.1	110.4	112.1
109.0	110.4	111.0	110.2	109.2	110.1	111.7	112.1	112.2
111.0	110.5	112.4	110.6	111.2	111.3	110.1	107.0	113.0
112.7	114.5	115.5	115.3	117.5	113.8	113.1	118.2	118.6
108.9	109.6	111.5	111.3	108.8	107.9	109.5	110.5	112.3
109.3	111.1	109.5	107.4	108.0	108.6	109.2	115.2	118.2
109.0	110.7	107.9	109.1	109.0	106.8	108.4	110.2	109.8
113.3	113.4	109.5	110.9	109.2	113.2	112.9	113.8	118.8
110.0	111.2	111.5	111.6	112.4	114.7	114.7	115.4	116.5
109.9	111.9	111.7	113.7	114.4	112.4	115.3	115.0	115.4
112.9	111.9	112.4	113.3	113.6	113.2	110.3	110.5	113.1
109.8	109.9	109.3	109.1	109.8	108.7	113.6	116.9	114.5
110.7	110.4	107.9	106.9	108.3	109.8	110.9	109.9	111.7
109.3	110.6	111.0	110.3	108.9	109.3	112.3	112.5	112.6
109.2	108.8	110.1	101.6	112.5	111.6	113.7	113.3	115.0
111.0	111.5	110.8	111.4	110.8	109.4	112.2	113.6	116.4
111.1	110.5	110.5	110.5	109.7	109.7	114.1	111.8	115.5
111.3	113.5	112.0	112.5	111.3	110.5	114.3	113.8	113.9
109.8	113.4	111.8	112.0	110.3	111.7	110.8	111.1	113.9
107.0	108.8	108.7	108.5	107.8	110.0	110.9	111.1	116.7
107.6	109.1	109.0	108.9	109.0	109.8	112.1	113.2	112.1
108.2	114.6	110.0	112.2	110.0	110.8	110.4	114.6	112.0
107.3	113.7	113.6	109.3	111.0	110.1	117.6	116.8	121.2
109.3	110.4	111.5	111.4	109.2	111.6	111.2	109.2	112.4
113.1	112.4	116.5	113.9	115.7	115.5	110.8	112.8	116.4
113.7	112.1	111.2	110.9	109.8	111.5	112.5	115.0	116.8
113.8	112.5	111.0	111.3	113.2	111.2	112.6	112.1	111.8
109.9	111.5	111.4	111.5	109.3	109.9	110.0	112.5	113.0
110.7	111.1	110.3	109.3	111.1	110.0	108.8	110.3	110.7
111.8	111.8	111.8	110.3	112.5	110.2	109.5	113.5	114.3

4-8 续表

地 区	2008年	2009年	2010年	2011年	2012年	2013年
北 京	112.1	110.1	109.6	108.6	108.0	107.8
天 津	113.5	113.5	112.5	112.4	111.5	111.6
河 北	108.7	109.3	110.7	110.4	108.5	108.7
山 西	111.9	111.7	105.1	105.1	108.3	109.0
内蒙古	117.5	116.5	114.4	113.3	110.0	108.7
辽 宁	108.8	109.2	108.4	108.8	109.6	112.2
吉 林	112.2	110.6	109.1	109.3	108.9	111.8
黑龙江	109.4	109.6	109.9	111.3	109.2	109.6
上 海	111.6	112.5	105.4	109.6	110.7	109.2
江 苏	113.4	113.7	113.4	111.0	109.8	109.4
浙 江	111.7	112.4	112.1	109.4	109.7	109.3
安 徽	111.6	111.9	111.0	111.9	110.9	110.2
福 建	112.2	112.3	110.6	109.2	109.2	109.3
江 西	111.5	110.8	111.2	111.1	109.4	107.2
山 东	111.9	109.1	110.3	111.5	110.1	110.3
河 南	111.5	112.4	111.8	112.4	110.6	109.9
湖 北	112.5	112.9	111.8	112.6	110.4	111.1
湖 南	115.4	111.3	111.5	111.0	112.1	111.0
广 东	110.0	111.4	110.9	110.7	109.8	109.7
广 西	110.4	111.5	111.8	110.8	112.0	113.2
海 南	115.2	114.1	120.1	113.2	109.7	111.9
重 庆	112.2	113.6	112.4	114.0	111.9	112.8
四 川	111.7	116.2	109.7	110.5	108.3	109.2
贵 州	115.9	113.2	112.0	116.5	111.3	112.5
云 南	110.9	113.2	111.6	112.1	110.3	113.2
西 藏	112.7	111.0	114.0	112.3	112.6	109.7
陕 西	115.8	115.7	112.2	112.4	112.0	111.3
甘 肃	112.5	110.7	110.3	111.9	112.1	114.0
青 海	112.0	110.2	109.9	110.6	110.5	111.0
宁 夏	111.4	109.9	111.8	112.2	110.0	109.9
新 疆	109.1	109.3	110.3	115.2	109.7	110.5

上年=100

2014年	2015年	2016年	2017年	2018年	2019年	2020年	2021年
107.6	108.2	107.4	107.4	107.3	106.5	100.8	105.7
108.4	106.7	107.6	105.1	105.6	105.9	101.3	106.7
109.2	110.4	109.8	110.8	110.0	110.0	103.5	107.7
108.3	111.3	106.9	108.1	109.0	106.5	101.7	108.3
108.2	108.7	108.2	106.4	106.0	105.4	99.0	106.7
107.3	107.1	105.3	105.0	104.8	105.3	99.2	107.0
107.0	107.7	108.0	106.9	105.4	103.3	100.0	107.8
108.6	110.6	106.3	109.1	106.4	105.6	98.7	106.3
108.8	110.7	109.1	107.1	108.2	108.2	101.9	107.6
110.0	109.5	109.7	108.4	107.9	106.5	103.6	107.7
108.1	111.0	109.6	109.5	108.3	108.2	104.2	107.6
109.7	110.3	111.1	110.0	108.8	107.8	103.0	108.7
108.1	110.1	111.0	110.0	108.6	110.4	104.0	108.8
109.0	110.1	111.1	110.8	108.6	108.9	103.7	109.5
109.2	109.6	109.3	109.3	108.9	108.2	103.8	109.2
110.0	111.1	110.6	109.7	109.5	107.8	101.7	108.1
110.3	110.1	109.5	109.5	109.9	108.7	96.4	112.6
110.7	110.8	110.1	109.8	109.1	108.1	103.1	107.9
108.0	109.6	109.2	108.6	107.8	107.9	102.5	107.5
110.4	111.7	110.0	110.3	109.3	106.4	104.1	107.7
109.9	109.9	110.2	110.2	107.1	107.5	105.6	115.3
109.9	111.6	111.0	110.0	109.0	106.4	102.9	109.0
109.2	109.4	109.2	109.7	109.5	108.4	103.4	108.9
110.3	111.1	111.4	111.4	109.4	108.5	104.1	107.3
107.9	109.7	109.4	109.5	107.6	108.4	103.7	107.7
110.2	109.8	110.1	110.4	105.3	109.2	102.6	111.8
109.3	110.7	109.3	109.3	109.0	107.2	102.6	107.3
111.3	109.6	108.8	106.3	107.8	107.2	102.2	106.5
109.3	108.7	108.0	107.8	107.4	106.1	100.1	105.4
108.3	109.4	108.9	108.4	107.4	106.8	103.8	107.1
110.5	112.3	109.5	109.7	108.0	108.3	100.1	106.9

4-9　1992-2021年各地区

地　区	1992年	1993年	1994年	1995年	1996年	1997年	1998年
北　京	6468	8030	10280	12762	14495	16949	19625
天　津	4481	5800	7751	9769	11734	13142	14086
河　北	2046	2571	3324	4212	4950	5615	5994
山　西	1862	2271	2729	3515	4178	4724	5104
内蒙古	1906	2423	3094	3772	4457	4980	5406
辽　宁	3693	5015	6103	6880	7730	8725	9415
吉　林	2246	2826	3657	4402	5178	5591	5983
黑龙江	2387	2967	3961	4856	5755	6412	6566
上　海	8209	11065	14328	17910	20808	23573	25405
江　苏	3106	4321	5801	7319	8471	9371	10049
浙　江	3209	4459	6183	8144	9534	10615	11395
安　徽	1434	1848	2354	3202	3703	4160	4516
福　建	2533	3556	5193	6536	7658	8775	9603
江　西	1472	1835	2376	2896	3452	3890	4124
山　东	2557	3212	4441	5701	6746	7461	7968
河　南	1452	1865	2467	3297	3978	4389	4643
湖　北	1962	2361	2991	3671	4311	4884	5287
湖　南	1595	1997	2630	3359	3963	4420	4667
广　东	3699	5085	6530	8139	9157	10154	10850
广　西	1490	1982	2675	3304	3706	3928	4346
海　南	2719	3755	4702	5063	5346	5567	5912
重　庆	1645	2165	2951	3957	4613	5306	5649
四　川	1477	1854	2338	3043	3550	4032	4294
贵　州	1018	1234	1527	1826	2048	2250	2364
云　南	1625	2030	2515	3083	3779	4121	4446
西　藏	1468	1624	1964	2358	2688	3144	3666
陕　西	1571	1981	2424	2965	3446	3834	4070
甘　肃	1382	1598	1917	2312	2946	3199	3541
青　海	1912	2365	2942	3513	3799	4122	4425
宁　夏	1739	2148	2740	3448	3926	4277	4607
新　疆	2477	2964	3888	4701	5102	5848	6174

人均地区生产总值

单位：元

1999年	2000年	2001年	2002年	2003年	2004年	2005年	2006年
22054	25014	28097	32231	36583	42402	47182	53438
14985	16236	17523	19161	22371	25761	30567	33411
6310	6966	7572	8216	9380	11178	12845	14609
5230	5722	6226	7082	8639	10515	12195	14008
5861	6502	7210	8146	10015	12315	14695	17275
10086	11177	12015	13000	14041	15355	17210	19760
6311	6646	7076	7581	7925	9073	10237	11864
6707	7515	7990	8507	9464	10836	12456	13947
27293	30003	31777	34277	39117	44998	49377	54996
10695	11765	12879	14369	16743	19790	23984	27868
12229	13467	14726	16918	20249	23476	26277	30415
4819	5147	5732	6238	7001	8279	9193	10630
10323	11194	11883	12910	14330	16248	18107	20915
4402	4851	5221	5829	6636	7960	9172	10859
8483	9260	10063	11120	11977	14540	17308	20443
4832	5450	5959	6487	7456	9047	10978	12761
5452	6121	6866	7437	8378	9746	11342	13210
4933	5590	6120	6734	7589	9004	10200	11733
11463	12817	13952	15478	17950	20647	23997	27861
4444	4652	5058	5559	6120	7182	8069	9421
6294	6798	7315	8041	8849	9859	10753	12350
5890	6383	7096	8079	9311	10934	12335	13915
4540	4956	5376	5890	6565	7751	8828	10371
2545	2759	3000	3257	3708	4244	5218	6103
4558	4814	5063	5472	6048	7136	7890	9158
4180	4572	5318	6094	6883	7946	8733	10112
4415	4968	5511	6161	7057	8545	10357	12439
3778	4163	4467	4875	5525	6512	7332	8653
4728	5138	5774	6478	7248	8275	9233	10728
4900	5376	6039	6647	7686	8904	9796	11389
6443	7372	7945	8457	9842	11139	12687	14567

4-9 续表

地 区	2007年	2008年	2009年	2010年	2011年	2012年	2013年
北 京	63629	68541	71059	78307	86246	92758	100569
天 津	37976	45242	47497	54053	61458	66517	71345
河 北	17561	20385	21831	25308	29647	31844	33346
山 西	17542	21234	20906	25434	30534	32864	33848
内蒙古	21334	25620	28982	33262	38276	42441	46320
辽 宁	24022	28185	29611	31888	37353	40778	43956
吉 林	14966	17696	19858	23370	28270	32005	35139
黑龙江	16023	18654	18871	21694	26093	29352	32068
上 海	63951	69154	72363	79409	85925	89632	95748
江 苏	33798	39967	44272	52787	61464	66533	72768
浙 江	36454	41061	43543	51110	57828	61097	65105
安 徽	12989	15535	17715	21923	27303	30697	34404
福 建	25915	30153	33999	40773	47928	52959	58255
江 西	13270	15816	17277	21099	25928	28624	31952
山 东	24329	28861	31282	35599	40581	44348	48673
河 南	15811	18879	20280	23984	27901	30497	33114
湖 北	16593	20153	23081	28359	34732	39149	43835
湖 南	14626	17758	19979	24005	28766	32203	35702
广 东	33236	37543	39418	44669	50076	52308	56029
广 西	11542	13471	14708	18070	22234	24181	26416
海 南	14683	17357	18860	23323	28014	30993	34053
重 庆	16966	20865	23346	28084	34864	39180	43527
四 川	12963	15685	17387	21230	26136	29627	32750
贵 州	7778	9697	10814	12882	16024	18947	22089
云 南	11287	13286	14427	16866	20653	23992	27665
西 藏	11991	13703	15154	17209	20083	22762	26209
陕 西	15342	19331	21485	26388	32467	37453	41906
甘 肃	10501	12048	12802	15421	18846	21141	23647
青 海	13100	16220	16907	20418	24233	26839	30005
宁 夏	14458	18554	20382	24984	30161	32609	35135
新 疆	16887	19605	19755	24700	29624	33103	36988

单位：元

2014年	2015年	2016年	2017年	2018年	2019年	2020年	2021年
106732	113692	123391	136172	150962	161776	164158	183980
74960	75868	79647	87280	95689	101557	101068	113732
34507	35994	38688	41451	43808	47036	48302	54172
34248	33593	33972	41242	45517	48469	51051	64821
49585	52972	56560	61196	66491	71170	71640	85422
45915	46482	47069	50221	54657	58019	58629	65026
37539	38128	40259	42890	44925	47554	50561	55450
33464	32759	34025	35887	38199	41156	42432	47266
102817	109193	121370	133471	145747	153276	156803	173630
78711	85871	92658	102202	110508	116650	121333	137039
68569	73276	78384	85612	93230	98770	100738	113032
37580	39692	43686	49092	56063	60561	62411	70321
63709	67649	74024	83758	94719	102722	105106	116939
34988	37436	40950	44878	50347	54640	57065	65560
51933	56205	59239	62993	66284	69901	71825	81727
35982	38338	41326	45723	50714	54356	54691	59410
48635	52021	56844	63169	71097	76712	73687	86416
39181	43155	46606	51030	54763	60104	62537	69440
59909	64516	69671	76218	81625	86956	88521	98285
28603	30890	33340	36441	39837	42778	44237	49206
37166	39704	43009	46631	50263	53929	55438	63707
48311	52480	58327	64171	68460	74337	78294	86879
35563	37150	40297	45835	51658	55619	58009	64326
25101	28547	31589	35988	40271	43727	46355	50808
30217	32117	35051	39458	44446	49323	52047	57686
29275	31847	35015	39158	44051	47491	52280	56831
45610	46654	49341	55216	61115	65506	65867	75360
25724	25946	27396	29103	32178	34707	35848	41046
32218	34883	38968	42211	46854	49976	50845	56398
36815	37876	40339	45718	49614	52537	55021	62549
40193	39520	40020	45476	51238	53542	53606	61725

4-10 1993-2021年各地区

地　区	1993年	1994年	1995年	1996年	1997年	1998年
北　京	111.4	112.5	105.4	103.9	110.7	110.2
天　津	110.6	112.3	113.9	114.0	111.4	106.6
河　北	116.7	113.9	113.0	112.6	111.8	110.0
山　西	111.8	109.1	110.9	110.6	110.2	108.8
内蒙古	110.4	109.8	108.9	113.2	109.8	109.7
辽　宁	114.3	111.2	106.4	107.9	108.7	107.9
吉　林	111.7	108.8	108.9	112.7	108.3	108.4
黑龙江	106.1	107.3	108.1	109.2	108.7	106.9
上　海	113.8	113.1	113.7	111.1	109.9	107.5
江　苏	118.7	115.6	114.6	111.5	111.3	110.5
浙　江	121.1	119.2	116.3	112.0	110.6	109.7
安　徽	118.0	113.9	113.6	112.4	111.3	108.1
福　建	121.2	119.0	113.2	111.9	113.0	110.2
江　西	112.2	107.4	105.5	110.5	111.1	106.0
山　东	119.9	115.8	113.6	111.6	110.6	110.1
河　南	114.3	112.5	113.8	113.0	109.7	107.9
湖　北	111.6	112.3	112.0	110.6	110.9	107.8
湖　南	111.6	109.9	109.0	111.0	110.0	107.9
广　东	119.3	115.5	112.1	108.7	108.4	107.9
广　西	116.7	113.2	110.0	107.2	107.0	115.7
海　南	118.2	109.3	102.1	103.1	105.4	107.1
重　庆	115.2	112.8	111.6	110.7	111.3	108.7
四　川	112.3	103.6	119.7	110.8	111.2	108.9
贵　州	108.9	106.9	105.9	107.4	107.5	107.0
云　南	109.6	110.7	110.3	109.7	108.3	106.7
西　藏	113.7	113.8	116.0	111.5	110.0	110.3
陕　西	110.8	107.4	109.3	109.9	109.8	110.8
甘　肃	110.1	109.1	108.2	110.1	107.8	108.6
青　海	108.2	106.6	106.4	107.1	107.4	107.3
宁　夏	108.4	105.3	107.2	109.0	106.2	107.2
新　疆	107.1	110.0	107.2	104.5	107.7	106.6

人均地区生产总值指数

上年=100

1999年	2000年	2001年	2002年	2003年	2004年	2005年	2006年	2007年
110.2	107.0	106.6	109.4	108.4	110.6	109.3	108.9	109.6
107.2	105.8	107.2	109.9	111.9	112.7	110.5	109.2	109.1
108.4	108.6	108.0	109.0	107.8	109.4	109.6	109.6	108.9
106.2	108.1	109.0	112.1	111.2	111.6	109.9	109.3	112.6
108.0	110.1	110.2	112.9	116.2	116.5	119.2	117.5	117.4
107.9	108.6	108.7	110.0	108.7	110.2	110.4	110.8	111.9
108.2	108.4	106.4	106.7	108.9	108.8	108.4	110.5	111.3
106.5	107.2	108.6	109.8	109.8	110.3	110.5	110.3	109.8
107.6	107.1	107.1	109.0	109.2	109.5	107.8	109.0	110.3
109.6	109.5	109.1	111.1	112.9	113.2	113.5	113.9	113.9
109.6	108.4	107.7	111.5	113.2	111.4	111.4	112.3	112.7
108.9	107.9	108.5	109.4	109.1	111.6	111.4	113.7	114.1
109.3	107.5	106.7	109.1	110.6	110.6	110.7	114.0	114.2
106.7	110.2	107.8	109.5	112.1	112.8	112.1	115.3	112.5
109.4	108.5	108.4	110.5	110.3	111.9	111.8	111.5	111.2
107.3	110.1	108.5	108.9	110.8	113.0	113.9	113.8	114.7
107.2	111.0	111.6	108.9	109.4	110.5	111.9	113.3	114.7
107.8	108.5	110.6	110.7	110.0	110.8	110.6	111.2	114.8
107.3	107.3	107.3	111.1	113.3	111.5	112.7	112.8	112.2
107.0	106.8	107.4	109.7	108.4	109.6	110.2	109.9	111.7
107.1	106.6	106.8	108.5	109.6	108.7	109.3	109.4	114.6
108.0	109.1	109.8	111.2	112.2	112.9	111.9	112.2	115.6
107.2	110.6	108.2	110.1	109.3	112.0	112.5	113.0	115.1
107.3	106.9	107.5	107.9	109.1	109.5	117.9	113.0	116.4
106.0	106.2	105.6	107.8	107.7	109.2	108.0	110.9	111.4
110.5	108.6	111.9	111.1	110.2	110.4	110.5	111.5	112.3
109.6	109.6	109.3	110.8	111.5	112.7	111.8	112.0	114.0
108.0	109.8	110.2	109.5	111.0	110.7	111.7	111.9	112.2
106.6	107.5	110.3	110.8	109.8	110.2	110.2	111.3	111.6
107.6	108.4	108.1	108.6	110.0	108.7	108.5	110.2	110.5
106.7	106.1	106.9	106.5	110.5	109.7	108.8	108.6	109.9

4-10　续表

地　区	2008年	2009年	2010年	2011年	2012年	2013年
北　京	103.6	104.5	104.9	103.6	104.7	105.2
天　津	108.7	108.4	108.8	108.6	108.1	107.4
河　北	107.3	107.4	107.6	108.8	108.1	107.8
山　西	107.8	105.0	108.3	108.0	109.6	109.5
内蒙古	115.8	115.3	113.5	113.3	110.9	109.0
辽　宁	110.1	109.8	109.5	109.7	108.9	108.9
吉　林	111.7	110.1	110.1	110.8	109.9	109.7
黑龙江	110.3	110.1	111.6	111.5	110.3	109.2
上　海	105.1	104.8	106.3	104.9	105.3	105.8
江　苏	111.9	111.8	111.9	109.6	108.5	108.6
浙　江	108.6	107.8	109.4	106.1	105.8	106.3
安　徽	112.4	113.0	116.0	114.9	111.0	110.2
福　建	112.1	111.5	113.1	110.6	109.4	109.5
江　西	112.5	112.3	113.2	111.9	110.8	110.1
山　东	109.1	109.2	109.4	109.6	109.0	108.9
河　南	111.8	110.2	112.5	112.2	109.4	108.4
湖　北	113.3	113.5	114.6	113.7	110.6	109.8
湖　南	113.7	113.4	112.9	111.3	111.2	109.9
广　东	107.9	107.3	109.5	107.0	105.3	106.0
广　西	109.1	110.4	114.2	113.9	109.1	109.1
海　南	109.1	110.5	115.0	110.5	106.9	107.8
重　庆	114.0	114.2	116.3	114.7	111.9	111.0
四　川	111.2	114.1	115.8	115.8	111.4	109.7
贵　州	112.8	112.9	114.7	115.5	111.3	110.8
云　南	109.9	111.4	111.6	113.1	111.7	111.9
西　藏	108.7	111.1	110.8	110.3	109.1	110.7
陕　西	114.4	111.9	113.6	112.5	111.4	109.9
甘　肃	110.0	110.1	111.6	113.2	112.0	111.7
青　海	111.8	109.5	112.4	111.4	110.4	110.5
宁　夏	110.4	109.6	111.1	110.1	108.3	108.3
新　疆	108.8	106.5	109.3	110.5	109.3	109.6

上年=100

2014年	2015年	2016年	2017年	2018年	2019年	2020年	2021年
105.1	105.4	106.3	106.7	106.8	106.2	101.1	108.5
105.6	105.8	105.5	104.4	105.6	105.7	101.2	107.0
106.1	106.4	106.3	106.1	106.1	106.4	103.5	106.5
105.2	103.3	104.3	107.0	106.8	106.2	103.7	109.4
108.1	108.0	107.3	104.2	105.5	105.5	100.5	106.6
105.9	103.2	100.9	104.5	106.0	105.9	101.0	106.4
107.5	107.2	108.1	107.0	106.1	104.6	104.1	108.3
107.0	107.5	106.6	108.0	106.6	106.2	103.3	108.2
105.6	106.8	106.8	106.8	106.6	105.6	101.4	107.9
107.5	107.8	107.2	106.5	106.3	105.6	103.5	108.3
105.8	106.2	105.9	106.1	105.4	105.0	102.0	107.1
109.0	108.5	108.5	108.2	107.6	106.9	103.4	108.1
108.5	107.5	107.5	107.1	107.2	106.5	102.4	107.3
109.6	108.9	108.9	108.5	108.4	107.8	103.8	108.8
107.9	107.1	106.5	106.4	105.8	104.9	103.0	107.9
108.2	107.7	107.5	107.1	107.2	106.4	100.7	106.4
109.4	108.1	107.5	107.4	107.6	107.0	96.0	113.8
109.3	108.4	107.9	107.8	107.8	107.5	103.7	107.8
105.7	106.1	105.6	105.4	104.9	104.7	101.1	107.1
107.5	107.0	106.0	106.0	105.8	105.2	102.9	106.9
107.1	106.3	106.3	105.5	104.4	104.5	102.0	109.8
109.7	109.9	109.5	108.0	105.1	105.5	103.1	107.9
108.1	107.3	107.1	107.5	107.5	107.0	103.4	108.0
109.4	109.6	109.3	108.8	108.2	107.6	104.0	108.0
107.8	108.5	108.5	109.2	108.6	107.8	103.7	107.5
109.0	108.8	107.6	107.0	106.7	106.2	106.0	106.1
109.0	107.1	106.9	107.0	107.3	105.4	101.7	106.3
109.4	108.5	107.9	103.5	106.2	106.4	104.1	107.3
108.7	107.6	107.3	106.4	106.7	105.7	101.0	105.4
106.5	106.6	106.1	105.7	105.7	105.6	103.1	106.1
108.3	106.5	105.2	105.5	104.2	104.5	101.9	106.4

4-11 1992-2021年分区域地区生产总值及占比

年份	东部地区(亿元)	占全国比重(%)	中部地区(亿元)	占全国比重(%)	西部地区(亿元)	占全国比重(%)	东北地区(亿元)	占全国比重(%)
1992	12639.5	48.7	5305.8	20.4	5122.3	19.7	2888.5	11.1
1993	17106.2	50.1	6707.7	19.7	6504.9	19.1	3804.7	11.1
1994	23174.6	51.2	8721.5	19.3	8516.8	18.8	4847.6	10.7
1995	29738.4	51.8	11366.8	19.8	10595.4	18.5	5720.8	10.0
1996	34926.0	51.7	13576.1	20.1	12451.3	18.4	6642.1	9.8
1997	39488.5	51.8	15314.0	20.1	13921.1	18.3	7444.5	9.8
1998	42983.3	52.2	16490.4	20.0	14971.0	18.2	7929.0	9.6
1999	46410.1	52.7	17390.3	19.8	15847.0	18.0	8381.6	9.5
2000	52407.9	53.4	19124.0	19.5	17326.4	17.7	9275.9	9.5
2001	58178.3	53.8	20953.4	19.4	18997.8	17.6	9977.3	9.2
2002	65202.6	54.3	23002.8	19.2	21049.6	17.5	10744.0	9.0
2003	75455.4	54.9	26334.5	19.1	24101.1	17.5	11657.1	8.5
2004	89350.1	55.0	31523.8	19.4	28543.9	17.6	13059.7	8.0
2005	104639.4	55.3	36779.5	19.5	32872.4	17.4	14793.7	7.8
2006	122535.6	55.5	42851.9	19.4	38639.4	17.5	16946.6	7.7
2007	149264.1	55.1	53216.1	19.7	47698.0	17.6	20498.9	7.6
2008	174179.4	54.4	64215.6	20.1	57700.8	18.0	24106.5	7.5
2009	190009.0	54.3	70788.2	20.2	63645.1	18.2	25469.5	7.3
2010	223387.6	53.9	85993.1	20.7	76674.5	18.5	28615.0	6.9
2011	259909.0	52.9	103939.9	21.2	93546.6	19.0	34024.5	6.9
2012	283480.3	52.2	115592.5	21.3	106448.1	19.6	37542.5	6.9
2013	310695.2	52.0	127427.2	21.3	119366.6	20.0	40485.8	6.8
2014	336238.2	51.9	138980.3	21.4	130922.8	20.2	42163.0	6.5
2015	364282.5	52.5	148415.2	21.4	139026.0	20.0	41918.3	6.0
2016	396109.7	52.7	161098.5	21.5	151025.8	20.1	42714.5	5.7
2017	437173.0	52.5	180259.3	21.7	169736.0	20.4	44928.0	5.4
2018	476378.3	52.1	200973.1	22.0	189155.3	20.7	47610.8	5.2
2019	509770.3	51.9	217515.2	22.1	204908.2	20.9	50126.5	5.1
2020	525549.7	52.0	220485.5	21.8	213001.6	21.1	50900.8	5.0
2021	592201.8	52.1	250132.4	22.0	239710.1	21.1	55698.8	4.9

注：1.东部10省(市)包括北京、天津、河北、上海、江苏、浙江、福建、山东、广东和海南；
中部6省包括山西、安徽、江西、河南、湖北和湖南；
西部12省(区、市)包括内蒙古、广西、重庆、四川、贵州、云南、西藏、陕西、甘肃、青海、宁夏和新疆；
东北3省包括辽宁、吉林和黑龙江。以下表同。
2.占全国比重以各地区合计数为100计算。

4-12 1992-2021年分区域人均地区生产总值

单位：元

年份	东部地区	中部地区	西部地区	东北地区
1992	3178.2	1600.0	1554.5	2869.9
1993	4250.4	2002.4	1953.2	3738.6
1994	5685.6	2578.6	2489.8	4727.5
1995	7202.3	3327.2	3115.7	5538.1
1996	8362.1	3939.6	3621.8	6386.4
1997	9360.6	4409.5	4025.4	7114.1
1998	10090.4	4713.9	4325.6	7536.5
1999	10789.5	4937.3	4555.4	7930.1
2000	11942.7	5488.4	4964.8	8741.0
2001	13021.4	6032.2	5406.9	9338.3
2002	14469.9	6618.2	5955.4	10035.8
2003	16587.1	7539.8	6767.1	10872.1
2004	19431.7	9023.9	7981.5	12165.0
2005	22509.2	10479.6	9192.5	13762.1
2006	26025.5	12164.6	10742.9	15710.0
2007	31228.1	15087.3	13230.5	18920.2
2008	35908.0	18150.6	15955.2	22191.5
2009	38618.3	19920.9	17526.9	23387.1
2010	44582.9	24123.0	21166.9	26178.8
2011	50815.1	29071.7	25834.8	31148.0
2012	54482.4	32237.1	29195.5	34628.5
2013	58905.1	35458.5	32556.0	37668.2
2014	62961.8	38580.5	35503.5	39576.6
2015	67496.0	41079.2	37460.2	39755.6
2016	72687.4	44433.6	40402.3	40998.7
2017	79435.5	49538.8	45056.9	43632.1
2018	85842.4	55098.1	49902.5	46817.3
2019	91209.6	59528.0	53800.8	49921.8
2020	93420.8	60390.0	55695.7	51399.1
2021	104775.5	68632.9	62596.2	56969.8

4-13　2015-2020年各地区文化及相关产业增加值

单位：亿元

地　区	2015年	2016年	2017年	2018年	2019年	2020年
北　京	2081	2217	2724	3075	3318	3770
天　津	516	515	498	574	502	377
河　北	609	691	772	846	930	897
山　西	249	268	308	344	387	405
内蒙古	233	266	305	350	383	375
辽　宁	463	473	509	587	637	643
吉　林	162	184	184	176	143	139
黑龙江	160	174	179	187	213	201
上　海	1571	1791	2003	2193	2302	2390
江　苏	3541	3860	3979	4657	4834	4986
浙　江	2386	2746	3202	3813	4247	4495
安　徽	903	1052	1196	1537	1665	1607
福　建	1307	1473	1716	2055	2161	2166
江　西	614	703	708	854	987	1097
山　东	1912	2139	2330	2528	2675	2709
河　南	1112	1213	1349	2143	2251	2203
湖　北	895	1096	1483	1780	1929	1722
湖　南	1670	1737	1786	1836	2024	2058
广　东	3880	4413	5002	5788	6227	6211
广　西	347	380	415	448	501	509
海　南	111	116	143	161	177	195
重　庆	554	645	754	865	967	971
四　川	1141	1324	1538	1706	1844	2037
贵　州	223	269	367	447	461	452
云　南	432	471	533	622	692	645
西　藏	27	37	39	74	83	79
陕　西	505	570	647	723	721	694
甘　肃	124	146	164	178	189	187
青　海	46	56	42	49	53	51
宁　夏	58	65	76	90	102	103
新　疆	156	184	218	258	277	239

地 区 篇

二、地区单列表

5-1 1992-2021年

年份	地区生产总值	第一产业	第二产业	第三产业	农、林、牧、渔业	工业
1992	710.2	48.7	343.4	318.1	49.1	291.3
1993	888.9	53.2	416.3	419.4	53.7	336.5
1994	1149.8	66.8	512.7	570.3	67.5	413.4
1995	1516.2	72.2	638.3	805.7	73.5	520.7
1996	1819.4	75.0	709.2	1035.2	76.6	570.0
1997	2118.1	77.2	774.8	1266.2	78.9	627.6
1998	2439.1	77.9	834.1	1527.1	79.7	661.5
1999	2759.8	78.4	900.0	1781.5	80.5	713.3
2000	3277.8	79.3	1023.7	2174.9	81.3	831.0
2001	3861.5	80.8	1127.2	2653.6	81.8	920.2
2002	4525.7	82.4	1235.1	3208.2	82.9	999.6
2003	5267.2	84.1	1456.4	3726.7	84.6	1195.1
2004	6252.5	85.4	1773.7	4393.4	87.4	1483.2
2005	7149.8	86.9	1907.4	5155.5	88.7	1600.5
2006	8387.0	87.2	2072.1	6227.7	88.8	1713.8
2007	10425.5	99.4	2413.4	7912.8	101.3	1989.1
2008	11813.1	111.4	2526.7	9175.1	112.8	2030.8
2009	12900.9	116.8	2736.4	10047.7	118.3	2182.6
2010	14964.0	122.8	3233.1	11608.1	124.6	2607.5
2011	17188.8	134.5	3563.3	13491.0	136.5	2859.6
2012	19024.7	148.4	3856.0	15020.3	150.4	3090.1
2013	21134.6	159.8	4168.3	16806.5	162.0	3336.6
2014	22926.0	159.2	4433.0	18333.9	161.5	3522.8
2015	24779.1	140.4	4419.8	20218.9	142.8	3458.9
2016	27041.2	129.8	4665.8	22245.7	132.2	3635.5
2017	29883.0	121.9	5049.4	24711.7	124.3	3885.9
2018	33106.0	120.6	5477.4	27508.1	122.6	4139.9
2019	35445.1	114.4	5667.4	29663.4	116.9	4243.3
2020	35943.3	108.3	5739.1	30095.9	110.7	4255.1
2021	40269.6	111.3	7268.6	32889.6	113.4	5692.5

北京地区生产总值

单位：亿元

建筑业	批发和零售业	交通运输、仓储和邮政业	住宿和餐饮业	金融业	房地产业	其他
53.2	79.2	25.7	16.6	65.7	5.7	123.6
81.2	114.6	29.1	24.0	85.2	7.4	157.2
100.9	160.6	50.7	33.7	114.1	12.4	196.5
119.8	208.2	72.7	43.8	157.3	23.9	296.3
141.6	242.8	101.6	51.2	201.4	37.3	396.8
149.7	283.4	126.1	59.8	278.9	52.6	461.1
175.1	315.0	148.8	66.6	321.6	83.3	587.5
189.5	347.3	168.8	73.6	375.4	118.1	693.4
196.6	387.5	199.5	85.9	449.8	163.2	883.0
212.3	442.8	227.6	103.3	519.7	233.6	1120.4
239.7	485.3	249.2	130.5	600.8	346.3	1391.5
276.1	542.4	271.1	121.0	683.9	402.3	1690.8
308.9	308.9	303.4	172.9	755.9	508.7	2024.3
326.8	718.9	333.9	190.8	879.9	573.4	2436.9
379.4	894.9	373.5	230.2	1036.1	775.0	2895.4
448.5	1155.1	412.5	265.0	1410.2	999.6	3644.3
520.4	1502.0	408.4	297.7	1648.5	1037.8	4254.6
580.3	1606.6	449.2	285.7	1744.4	1319.1	4614.6
656.9	1995.4	570.4	346.3	2038.1	1261.4	5363.5
738.1	2256.9	637.3	380.6	2421.6	1358.2	6399.9
803.0	2356.3	635.5	408.8	2783.2	1588.1	7209.3
872.0	2483.2	670.6	413.1	3247.5	1731.5	8218.1
952.7	2579.0	724.8	404.4	3736.8	1745.2	9098.9
1002.6	2506.7	739.8	441.7	4365.5	1899.2	10222.0
1074.5	2544.3	790.8	447.0	4784.7	2241.2	11391.1
1210.9	2703.7	901.0	470.4	5299.6	2420.5	12866.8
1387.8	2824.1	1015.9	515.3	5951.3	2481.5	14667.6
1477.4	2867.5	1010.8	538.1	6544.2	2603.8	16043.1
1528.2	2840.3	844.4	360.8	7057.1	2459.0	16487.6
1619.7	3150.6	942.5	421.7	7603.7	2605.5	18119.9

5-2 1992-2021年

年份	地区生产总值	第一产业	第二产业	第三产业	农、林、牧、渔业	工业
1992	411.0	30.3	233.4	147.4	30.3	212.8
1993	538.9	35.4	308.4	195.1	35.4	280.7
1994	732.9	46.6	415.0	271.4	46.6	371.4
1995	932.0	60.8	518.6	352.6	60.8	467.9
1996	1121.9	67.7	609.1	445.2	67.7	549.8
1997	1264.6	69.5	676.0	519.1	69.5	609.7
1998	1344.7	74.1	689.2	581.3	74.1	613.3
1999	1435.6	71.1	717.9	646.6	71.1	641.8
2000	1591.7	73.7	794.8	723.2	73.7	716.7
2001	1756.9	78.7	858.8	819.4	78.7	768.6
2002	1926.9	84.2	931.5	911.2	84.2	830.5
2003	2257.8	89.9	1137.6	1030.3	89.9	1021.3
2004	2621.1	105.3	1348.3	1167.5	105.3	1207.2
2005	3158.6	112.4	1630.5	1415.7	112.4	1451.3
2006	3538.2	103.4	1834.5	1600.3	103.4	1644.6
2007	4158.4	107.5	2123.6	1927.3	107.5	1888.6
2008	5182.4	116.6	2659.7	2406.1	116.6	2370.2
2009	5709.6	119.5	2808.7	2781.3	119.5	2478.7
2010	6830.8	131.7	3259.7	3439.3	131.7	2837.3
2011	8112.5	141.1	3756.3	4215.2	141.1	3231.3
2012	9043.0	147.9	4134.0	4761.1	147.9	3575.2
2013	9945.4	154.8	4407.1	5383.6	158.5	3814.7
2014	10640.6	158.8	4615.5	5866.3	163.1	3972.4
2015	10879.5	162.3	4489.6	6227.6	167.3	3815.1
2016	11477.2	168.5	4368.0	6940.8	174.6	3773.0
2017	12450.6	169.0	4564.1	7717.5	174.0	3942.5
2018	13362.9	175.3	4835.3	8352.3	181.0	4276.9
2019	14055.5	185.4	4947.2	8922.9	191.8	4372.3
2020	14008.0	210.3	4911.8	8885.9	218.3	4296.4
2021	15695.0	225.4	5854.3	9615.4	233.3	5224.6

天津地区生产总值

单位：亿元

建筑业	批发和零售业	交通运输、仓储和邮政业	住宿和餐饮业	金融业	房地产业	其他
20.6	36.6	36.0	4.9	22.9	6.3	40.7
27.7	47.8	48.0	6.4	27.3	8.9	56.7
43.5	64.0	67.1	8.6	34.5	11.1	86.1
50.6	80.3	86.9	10.8	49.2	15.2	110.3
59.3	105.3	99.7	14.2	62.7	23.5	139.8
66.4	121.0	114.6	16.3	68.4	30.3	168.6
75.9	145.8	128.5	19.9	62.9	38.6	185.7
76.1	166.4	155.3	22.6	57.5	42.6	202.2
78.0	185.4	174.9	25.0	56.7	56.7	224.5
90.2	212.3	198.2	28.4	64.0	70.3	246.3
101.0	238.3	222.9	31.6	73.2	80.4	264.8
116.3	273.4	229.6	34.2	102.4	96.6	294.2
141.1	283.1	239.0	43.2	131.9	132.5	337.9
179.2	326.4	283.5	70.2	140.4	154.1	441.0
190.0	371.3	304.5	80.9	174.3	192.8	476.3
235.1	403.5	342.8	89.9	283.1	252.2	556.0
289.5	483.3	431.9	102.8	349.7	305.9	732.5
330.0	540.9	474.7	109.9	443.1	395.1	817.6
422.5	689.4	572.1	128.4	546.8	523.7	978.9
524.9	867.3	650.0	132.3	783.8	672.4	1109.4
558.8	978.5	679.1	134.8	995.3	723.0	1250.4
625.0	1039.0	681.2	114.9	1192.4	828.4	1491.5
677.3	1102.4	685.0	115.2	1351.4	867.4	1706.4
695.6	1146.3	669.5	116.6	1455.6	926.8	1886.8
710.8	1199.1	689.2	123.0	1558.6	1080.3	2168.6
704.0	1313.6	729.8	147.2	1731.8	1124.5	2583.2
674.1	1345.2	748.8	157.9	1838.4	1143.4	2997.2
693.8	1357.3	787.7	169.1	1907.9	1238.5	3337.2
714.3	1304.1	805.0	124.7	2056.6	1016.8	3471.9
760.2	1496.1	871.1	137.1	2153.2	1083.8	3735.8

5-3 1992-2021年

年份	地区生产总值	第一产业	第二产业	第三产业	农、林、牧、渔业	工业
1992	1278.5	257.1	573.2	448.3	257.1	517.8
1993	1620.8	301.7	777.9	541.2	301.7	688.1
1994	2114.5	451.9	983.1	679.5	451.9	856.4
1995	2701.2	631.4	1198.1	871.7	631.4	1043.2
1996	3198.0	701.0	1439.5	1057.4	701.0	1258.8
1997	3652.1	761.9	1667.2	1223.0	761.9	1458.7
1998	3924.5	790.7	1791.0	1342.8	790.7	1556.8
1999	4158.9	806.1	1875.1	1477.8	806.1	1613.8
2000	4628.2	824.7	2146.7	1656.8	824.7	1868.4
2001	5062.9	913.9	2293.5	1855.4	913.9	2011.2
2002	5518.9	957.0	2467.7	2094.2	957.0	2175.3
2003	6333.6	1064.2	2922.7	2346.8	1064.2	2563.2
2004	7588.6	1333.6	3467.9	2787.1	1370.6	3047.8
2005	8773.4	1345.2	4123.9	3304.2	1400.2	3638.5
2006	10043.0	1401.8	4771.9	3869.3	1462.0	4239.5
2007	12152.9	1737.1	5849.5	4566.4	1805.0	5267.4
2008	14200.1	1956.8	6981.5	5261.8	2034.9	6296.9
2009	15306.9	2121.8	7164.4	6020.7	2207.7	6337.5
2010	18003.6	2473.1	8470.5	7060.0	2563.2	7495.1
2011	21384.7	2702.8	10275.5	8406.4	2802.9	9132.8
2012	23077.5	2914.0	10919.7	9243.8	3021.8	9665.1
2013	24259.6	3141.9	11178.4	9939.3	3260.8	9847.5
2014	25208.9	3164.7	11476.9	10567.3	3294.3	10056.3
2015	26398.4	3100.5	11519.5	11778.4	3240.3	10026.4
2016	28474.1	3082.5	12332.3	13059.3	3235.1	10755.9
2017	30640.8	3130.0	12778.0	14732.8	3298.3	11015.7
2018	32494.6	3338.6	12904.1	16252.0	3522.3	10930.3
2019	34978.6	3518.4	13393.7	18066.4	3727.5	11310.4
2020	36013.8	3880.4	13765.1	18368.4	4113.2	11664.1
2021	40391.3	4030.3	16364.2	19996.7	4286.1	14097.7

河北地区生产总值

单位：亿元

建筑业	批发和零售业	交通运输、仓储和邮政业	住宿和餐饮业	金融业	房地产业	其他
55.4	108.9	93.9	21.4	82.1	22.7	119.2
89.8	135.3	115.3	26.6	96.8	26.8	140.5
126.8	171.9	126.9	30.8	128.2	35.5	186.1
155.0	204.1	181.5	34.0	165.8	51.9	234.3
180.7	239.3	228.3	38.5	197.1	62.0	292.2
208.5	276.7	280.0	44.4	202.1	77.4	342.6
234.2	300.4	317.3	48.0	203.3	87.6	386.3
261.3	319.0	364.4	50.7	198.5	97.6	447.6
278.3	355.2	421.2	56.2	182.9	113.7	527.7
282.3	377.5	504.6	59.4	166.5	135.3	612.1
292.4	402.5	560.7	63.1	178.7	161.8	727.5
359.5	429.2	582.5	67.0	198.8	213.2	856.0
430.9	496.1	593.6	77.1	208.0	266.8	1097.7
498.3	640.9	801.5	93.8	212.3	383.1	1104.7
547.3	698.4	952.2	103.9	282.5	461.1	1296.1
600.3	766.4	1172.8	113.4	345.7	544.8	1537.0
706.4	904.2	1357.8	123.0	423.3	619.9	1733.7
849.3	1056.9	1514.9	134.1	522.6	716.9	1966.9
1001.9	1393.8	1773.3	145.6	611.8	819.2	2199.8
1174.8	1620.3	2078.9	185.9	741.5	1080.7	2566.9
1288.8	1839.1	2207.8	219.0	908.1	1159.3	2768.6
1361.6	1938.8	2291.5	228.6	1124.6	1251.7	2954.5
1452.1	2025.1	2333.5	251.1	1327.9	1318.0	3150.6
1524.4	2153.0	2399.3	274.7	1471.4	1563.6	3745.3
1610.1	2290.0	2410.3	297.2	1720.0	1776.6	4379.0
1796.8	2553.3	2541.9	330.5	2039.9	2023.1	5041.4
2007.9	2722.3	2606.5	354.8	2220.9	2103.4	6026.4
2118.9	2922.5	2886.0	389.0	2411.1	2356.2	6856.8
2135.8	2927.3	2780.1	327.2	2528.9	2365.0	7172.2
2303.9	3219.9	3104.0	371.2	2724.4	2486.3	7797.8

5-4 1992-2021年

年份	地区生产总值	第一产业	第二产业	第三产业	农、林、牧、渔业	工业
1992	551.1	82.9	270.3	197.9	82.9	240.4
1993	680.4	97.3	335.0	248.1	97.3	296.0
1994	826.7	123.8	396.6	306.3	123.8	347.2
1995	1076.0	168.7	494.5	412.9	168.7	438.5
1996	1292.1	198.3	600.2	493.6	198.3	532.7
1997	1476.0	191.8	707.6	576.6	191.8	626.4
1998	1611.1	207.3	761.3	642.6	207.3	658.6
1999	1667.1	160.0	785.5	721.7	160.0	684.6
2000	1845.7	179.9	858.4	807.5	179.9	748.7
2001	2029.5	171.1	956.0	902.4	171.1	832.5
2002	2324.8	197.8	1134.3	992.7	197.8	991.4
2003	2854.3	215.2	1520.7	1118.3	215.2	1364.0
2004	3496.0	262.9	1931.6	1301.5	277.3	1757.8
2005	4079.4	247.8	2389.5	1442.1	262.4	2192.3
2006	4713.6	256.4	2799.3	1657.9	276.8	2578.9
2007	5935.6	303.5	3602.3	2029.8	317.2	3350.9
2008	7223.0	373.6	4389.0	2460.4	393.5	4092.3
2009	7147.6	443.5	4091.2	2612.9	466.5	3739.8
2010	8903.9	510.4	5349.6	3043.9	536.7	4923.9
2011	10894.4	586.6	6750.1	3557.7	616.2	6251.0
2012	11683.1	642.0	6852.7	4188.4	674.7	6330.4
2013	11987.2	697.6	6684.3	4605.3	733.1	6113.9
2014	12094.7	736.6	6378.0	4980.1	775.9	5769.2
2015	11836.4	726.2	5219.7	5890.5	767.1	4597.2
2016	11946.4	724.3	5113.6	6108.5	766.8	4441.2
2017	14484.3	719.2	6635.3	7129.8	764.1	5887.3
2018	15958.1	740.8	7074.5	8142.9	788.4	6260.2
2019	16961.6	825.3	7466.3	8670.0	875.5	6582.7
2020	17835.6	1166.6	7703.2	8965.8	1232.0	6768.5
2021	22590.2	1286.9	11213.1	10090.2	1356.9	10159.3

山西地区生产总值

单位：亿元

建筑业	批发和零售业	交通运输、仓储和邮政业	住宿和餐饮业	金融业	房地产业	其他
29.8	38.7	43.8	5.6	46.4	5.6	57.9
39.0	47.5	58.6	6.9	60.0	6.5	68.7
49.4	62.2	76.6	9.1	50.4	8.3	99.7
56.0	82.6	99.6	12.1	87.0	10.0	121.7
67.5	105.2	120.3	15.3	94.8	13.8	144.3
81.2	120.2	136.8	17.5	115.8	17.4	168.9
102.7	133.1	158.5	19.4	113.3	30.9	187.4
100.9	139.8	183.7	20.4	115.1	41.8	220.8
109.7	157.2	203.1	22.9	127.7	50.5	246.1
123.6	176.0	227.8	25.7	139.2	56.9	276.7
142.9	197.4	268.2	28.8	124.1	65.8	308.3
156.7	233.7	279.1	34.1	117.3	83.8	370.4
173.8	280.2	312.4	40.9	108.7	101.2	443.6
197.2	280.0	303.0	48.8	130.6	112.8	552.2
220.4	327.4	356.3	50.5	150.9	134.6	618.0
251.5	398.9	441.4	61.2	192.9	164.0	757.6
296.7	498.8	550.4	76.8	236.7	196.7	881.2
352.9	578.6	472.8	90.7	269.4	234.5	942.6
427.4	721.3	528.4	103.2	333.9	278.4	1050.6
500.8	878.1	611.0	116.4	387.2	339.4	1194.4
525.0	1027.9	684.6	133.5	476.4	415.5	1415.1
574.1	1007.6	632.2	121.6	582.3	569.3	1653.2
612.9	1026.8	644.0	133.3	678.3	636.6	1817.7
626.2	1117.1	721.3	156.2	849.5	680.3	2321.4
676.6	1108.1	745.5	165.8	909.4	700.8	2432.2
752.9	1148.5	853.2	176.8	965.1	956.5	2980.0
819.9	1328.3	983.8	193.5	1081.1	1035.7	3467.2
894.8	1361.6	1028.2	207.1	1130.6	1066.7	3814.5
945.3	1347.0	1048.9	178.6	1180.2	1121.0	4014.1
1065.4	1618.5	1209.4	214.6	1284.0	1231.2	4450.9

5-5 1992-2021年

年份	地区生产总值	第一产业	第二产业	第三产业	农、林、牧、渔业	工业
1992	421.7	126.9	152.6	142.3	126.9	120.9
1993	537.8	150.0	203.5	184.4	150.0	162.5
1994	695.1	208.5	254.5	232.0	208.5	206.0
1995	857.1	260.2	308.8	288.1	260.2	254.9
1996	1023.1	312.8	364.8	345.5	312.8	304.8
1997	1153.5	322.5	422.4	408.6	322.5	355.1
1998	1262.5	341.6	458.9	462.1	341.6	382.4
1999	1379.3	342.9	510.5	525.9	342.9	425.1
2000	1539.1	350.8	582.6	605.7	350.8	484.2
2001	1713.8	358.9	655.7	699.2	358.9	541.0
2002	1940.9	374.7	754.8	811.5	374.7	614.9
2003	2388.4	420.1	840.9	1127.4	420.1	663.0
2004	2942.4	522.8	1041.2	1378.3	522.8	823.4
2005	3523.7	589.6	1377.8	1556.3	589.6	1101.7
2006	4161.7	634.9	1722.4	1804.4	634.9	1395.8
2007	5166.9	762.6	2122.7	2281.7	762.6	1737.8
2008	6242.4	902.9	2555.1	2784.4	902.9	2090.6
2009	7104.2	934.9	2916.0	3253.3	934.9	2345.5
2010	8199.9	1097.8	3420.5	3681.6	1097.8	2720.8
2011	9458.1	1309.7	4044.0	4104.4	1309.7	3169.8
2012	10470.1	1453.2	4553.6	4463.3	1453.2	3568.2
2013	11392.4	1582.9	4870.1	4939.4	1605.3	3823.6
2014	12158.2	1638.0	5114.4	5405.8	1661.9	4008.3
2015	12949.0	1630.2	5269.5	6049.2	1655.3	4121.2
2016	13789.3	1650.6	5579.8	6558.9	1677.0	4357.1
2017	14898.0	1649.8	5874.2	7374.0	1677.7	4671.9
2018	16140.8	1750.7	6335.4	8054.7	1779.8	5104.2
2019	17212.5	1863.3	6763.1	8586.1	1893.5	5458.6
2020	17258.0	2028.8	6908.2	8321.1	2060.0	5597.6
2021	20514.2	2225.2	9374.2	8914.8	2258.8	7911.9

内蒙古地区生产总值

单位：亿元

建筑业	批发和零售业	交通运输、仓储和邮政业	住宿和餐饮业	金融业	房地产业	其他
31.7	24.5	32.7	10.5	16.6	8.0	49.9
40.9	33.2	44.2	14.2	19.6	11.0	62.1
48.5	44.2	53.9	18.9	23.1	13.5	78.3
53.9	58.1	69.4	24.9	25.7	16.8	93.2
60.0	72.6	89.1	31.1	29.2	18.8	104.7
67.3	88.8	114.1	38.0	33.1	22.1	112.4
76.4	101.5	126.1	43.5	36.2	26.3	128.6
85.3	118.0	146.0	50.6	38.0	32.5	140.8
98.4	136.8	175.5	58.6	40.4	40.3	154.1
114.7	158.5	204.4	67.9	43.3	49.9	175.2
139.9	186.6	244.3	80.0	46.5	56.2	198.0
177.9	206.0	264.1	87.9	64.5	65.8	439.1
217.8	252.2	304.2	100.6	72.5	78.6	570.2
276.1	304.3	349.2	113.2	87.5	108.5	593.6
326.5	358.4	395.7	130.9	113.4	154.8	651.3
384.9	416.4	459.0	146.1	149.7	223.6	887.0
464.5	494.1	539.3	164.3	192.3	330.1	1064.4
570.4	576.7	584.1	183.7	255.7	357.3	1295.8
699.6	659.1	652.4	203.9	295.5	397.8	1472.9
874.3	747.5	743.7	214.7	377.0	480.7	1540.7
985.4	868.0	819.6	230.5	437.6	527.7	1579.9
1046.6	978.8	862.7	247.4	489.3	586.1	1752.7
1106.1	1073.3	910.1	263.9	547.9	646.2	1940.4
1148.3	1146.7	936.3	283.8	627.7	664.5	2365.2
1222.7	1220.5	976.5	302.6	730.1	705.1	2597.7
1202.3	1303.0	1074.2	318.7	809.4	735.3	3105.5
1231.2	1370.2	1130.0	330.2	847.0	828.9	3519.2
1304.5	1448.3	1202.7	361.5	874.9	892.2	3776.3
1310.5	1363.0	1142.5	292.5	849.0	830.1	3812.8
1462.3	1541.7	1262.4	332.9	898.4	860.5	3985.4

5-6 1992-2021年

年份	地区生产总值	第一产业	第二产业	第三产业	农、林、牧、渔业	工业
1992	1473.0	192.1	739.7	541.3	194.6	661.2
1993	2010.8	257.3	1036.3	717.2	260.8	920.6
1994	2461.8	314.5	1255.2	892.1	319.0	1109.8
1995	2793.4	386.2	1385.8	1021.4	392.2	1233.4
1996	3157.7	466.2	1532.9	1158.6	474.1	1379.1
1997	3582.5	465.7	1738.3	1378.5	474.4	1567.6
1998	3881.7	520.9	1849.2	1511.6	531.5	1664.1
1999	4171.7	509.6	1994.7	1667.4	520.8	1795.7
2000	4669.1	491.7	2336.1	1841.2	503.4	2114.9
2001	5033.1	530.7	2431.5	2070.9	544.4	2190.1
2002	5458.2	574.1	2599.7	2284.4	590.2	2332.0
2003	5906.3	598.1	2841.0	2467.3	615.8	2532.7
2004	6469.8	774.4	2957.8	2737.6	798.4	2629.7
2005	7260.8	854.4	3443.9	2962.5	882.4	3081.2
2006	8390.3	908.6	4060.7	3421.1	939.4	3643.6
2007	10292.2	1077.3	5060.2	4154.7	1114.8	4565.4
2008	12137.7	1215.7	6273.1	4648.9	1259.6	5706.0
2009	12815.7	1297.3	6539.3	4979.1	1346.3	5891.6
2010	13896.3	1468.9	7181.8	5245.5	1526.5	6371.4
2011	16354.9	1693.4	8478.7	6182.9	1763.3	7499.4
2012	17848.6	1869.3	8886.9	7092.4	1951.8	7816.2
2013	19208.8	1973.4	9204.2	8031.2	2067.4	8039.6
2014	20025.7	2002.0	9038.8	8984.9	2104.8	7811.3
2015	20210.3	2053.7	8344.6	9811.9	2158.0	7115.7
2016	20392.5	1841.2	7865.7	10685.6	1945.8	6617.5
2017	21693.0	1902.3	8328.9	11461.8	2000.4	7039.0
2018	23510.5	2020.6	9049.0	12441.0	2109.6	7728.7
2019	24855.3	2178.0	9475.9	13201.4	2266.9	8052.2
2020	25011.4	2284.8	9357.5	13369.1	2370.3	7906.0
2021	27584.1	2461.8	10875.2	14247.1	2546.7	9339.8

辽宁地区生产总值

单位：亿元

建筑业	批发和零售业	交通运输、仓储和邮政业	住宿和餐饮业	金融业	房地产业	其他
80.7	167.9	111.5	26.6	60.4	44.9	125.2
118.8	237.4	127.4	35.4	78.2	58.2	174.0
149.2	287.6	160.2	45.0	94.4	70.8	225.8
156.6	339.6	176.9	51.3	102.2	76.8	264.3
158.6	391.3	194.6	59.1	108.5	82.2	310.2
176.3	490.2	248.5	68.1	111.5	86.7	359.3
191.2	533.2	272.0	78.1	111.7	90.1	409.8
205.8	575.8	314.5	90.2	112.0	90.9	466.1
229.5	510.3	350.5	121.4	127.9	103.6	607.7
250.4	562.7	394.5	133.9	131.3	115.0	710.8
277.9	614.2	425.4	146.1	137.2	130.9	804.4
320.0	601.8	490.8	140.9	142.2	191.5	870.7
341.2	605.9	409.8	141.0	178.2	202.5	1163.0
379.4	655.1	439.9	140.5	203.1	238.6	1240.5
438.6	720.3	511.1	153.5	264.2	299.3	1420.4
524.4	850.3	611.2	175.7	344.6	399.9	1706.0
608.1	934.2	649.5	196.2	389.3	474.1	1920.7
694.3	970.6	662.7	208.9	451.8	547.0	2042.6
866.4	1037.1	654.5	206.7	534.5	603.5	2095.7
1053.1	1219.0	778.0	229.9	633.1	724.0	2455.3
1156.6	1343.7	848.0	242.3	806.8	870.6	2812.7
1263.8	1459.3	884.5	250.3	1028.7	988.8	3226.5
1297.2	1667.6	953.7	261.8	1218.1	1026.6	3684.5
1298.5	1819.8	1045.3	268.5	1553.7	1057.3	3893.5
1338.0	1920.7	1200.0	284.9	1650.4	1145.8	4289.3
1388.2	1988.1	1255.7	287.8	1755.9	1254.6	4723.4
1433.9	2046.9	1304.4	296.3	1856.6	1368.6	5365.5
1480.1	2147.9	1311.2	316.9	1988.1	1491.9	5800.1
1528.1	2002.8	1209.6	265.8	2064.5	1601.0	6063.3
1646.0	2191.3	1293.6	308.7	2103.5	1641.1	6513.5

5-7 1992-2021年

年份	地区生产总值	第一产业	第二产业	第三产业	农、林、牧、渔业	工业
1992	558.1	130.8	257.0	170.2	130.8	227.2
1993	718.6	154.9	351.0	212.6	156.1	308.1
1994	937.7	257.9	396.9	283.0	259.4	354.7
1995	1137.2	301.9	475.2	360.2	304.0	413.9
1996	1346.8	373.6	537.1	436.2	376.0	471.3
1997	1464.3	365.3	567.0	532.0	368.2	495.1
1998	1577.1	426.7	585.7	564.7	429.5	504.1
1999	1673.0	420.4	654.5	598.0	423.5	552.3
2000	1751.4	395.3	675.7	680.3	398.7	565.5
2001	1900.9	405.3	747.5	748.0	409.1	624.7
2002	2043.1	441.6	793.5	808.0	446.2	653.5
2003	2141.0	486.7	805.7	848.6	488.2	660.1
2004	2455.2	562.3	903.4	989.5	568.7	735.1
2005	2776.5	618.7	1002.4	1155.5	625.6	819.8
2006	3226.5	640.2	1097.2	1489.1	650.5	904.4
2007	4080.3	755.2	1477.7	1847.5	766.2	1255.1
2008	4834.7	863.6	1788.0	2183.2	875.8	1474.8
2009	5434.8	888.6	2055.1	2491.1	915.7	1705.0
2010	6410.5	928.4	2485.8	2996.3	958.6	2029.6
2011	7734.6	1105.9	2931.4	3697.4	1139.7	2376.0
2012	8678.0	1195.6	3315.2	4167.2	1231.5	2649.7
2013	9427.9	1250.2	3572.1	4605.5	1286.6	2852.7
2014	9966.5	1270.2	3804.9	4891.5	1308.2	3065.0
2015	10018.0	1270.6	3837.8	4909.6	1309.1	3090.7
2016	10427.0	1130.1	3901.4	5395.5	1171.1	3148.2
2017	10922.0	1095.4	3995.5	5831.2	1137.7	3235.2
2018	11253.8	1160.7	4051.5	6041.6	1205.0	3287.2
2019	11726.8	1287.3	4134.8	6304.7	1333.4	3347.8
2020	12256.0	1553.0	4319.9	6383.1	1600.6	3501.2
2021	13235.5	1553.8	4768.3	6913.4	1604.2	3839.5

吉林地区生产总值

单位：亿元

建筑业	批发和零售业	交通运输、仓储和邮政业	住宿和餐饮业	金融业	房地产业	其他
29.8	34.2	30.2	9.1	38.6	8.6	49.7
42.9	43.4	41.2	11.5	38.1	13.0	64.4
42.2	59.6	58.0	15.7	48.4	15.6	84.1
61.4	76.5	77.1	20.2	51.9	21.3	111.1
65.7	93.3	98.0	24.8	53.3	26.3	138.0
71.9	106.7	129.3	29.1	55.5	27.7	181.0
81.5	107.4	132.3	29.6	64.4	34.9	193.3
102.2	114.2	136.0	31.3	67.7	47.3	198.5
110.2	123.6	168.9	33.8	72.3	63.8	214.5
122.8	134.9	171.8	37.2	88.0	69.0	243.3
140.0	146.5	194.9	39.8	82.0	76.1	264.2
145.6	148.0	201.0	43.2	78.4	89.0	287.5
168.3	202.4	192.3	34.6	85.5	92.5	376.0
182.6	226.4	208.1	43.0	90.9	100.3	479.9
192.8	252.3	236.8	72.3	145.4	137.0	634.9
222.6	298.4	275.8	83.8	177.0	153.0	848.5
313.2	351.9	317.1	87.9	190.5	182.7	1040.8
350.1	389.5	341.8	108.2	233.9	200.1	1190.5
456.2	455.8	373.9	120.1	245.9	212.3	1558.1
555.4	560.8	442.4	136.2	382.6	342.2	1799.4
665.5	604.3	481.5	159.2	503.6	447.1	1935.7
737.8	637.0	506.3	160.3	643.1	528.5	2075.7
759.6	665.4	513.9	163.6	680.4	615.2	2195.2
767.0	666.7	516.4	168.7	683.1	618.6	2197.7
773.5	704.9	537.6	178.1	732.2	673.4	2508.0
781.1	717.8	563.7	181.1	774.6	711.8	2819.1
785.6	732.9	579.9	188.1	780.8	731.1	2963.5
808.6	759.1	574.4	192.6	837.9	778.8	3094.1
837.2	733.5	582.1	160.0	901.2	760.4	3179.8
959.9	817.8	650.0	189.1	964.3	798.2	3412.5

5-8 1992-2021年

年份	地区生产总值	第一产业	第二产业	第三产业	农、林、牧、渔业	工业
1992	857.4	163.5	465.5	228.4	167.0	440.0
1993	1075.3	194.2	613.1	268.0	198.4	580.4
1994	1448.1	298.8	803.6	345.7	305.2	764.3
1995	1790.2	363.5	992.5	434.2	371.2	949.1
1996	2137.6	434.9	1205.4	497.3	444.2	1160.0
1997	2397.6	450.6	1357.2	589.9	460.2	1304.9
1998	2470.2	419.9	1396.1	654.2	429.1	1332.0
1999	2536.9	369.2	1466.6	701.1	377.2	1399.9
2000	2855.5	375.5	1633.4	846.5	383.1	1566.4
2001	3043.4	426.6	1665.9	951.0	435.6	1592.0
2002	3242.7	464.2	1728.3	1050.2	474.2	1650.8
2003	3609.7	493.0	1956.4	1160.3	504.8	1874.8
2004	4134.7	580.9	2270.3	1283.5	593.3	2175.7
2005	4756.4	674.6	2656.4	1425.4	684.6	2556.6
2006	5329.8	731.8	2998.0	1599.9	750.1	2890.2
2007	6126.3	892.4	3383.0	1850.9	912.5	3254.1
2008	7134.2	1073.8	3935.0	2125.4	1095.5	3765.6
2009	7218.9	1141.9	3668.1	2409.0	1164.4	3470.2
2010	8308.3	1291.8	4146.1	2870.4	1318.6	3894.1
2011	9935.0	1695.5	4916.3	3323.2	1727.9	4624.4
2012	11015.8	2119.6	5099.8	3796.5	2157.9	4776.0
2013	11849.1	2539.6	5202.7	4106.9	2584.8	4857.5
2014	12170.8	2691.0	4872.4	4607.4	2742.6	4527.9
2015	11690.0	2712.2	3926.9	5050.9	2770.7	3593.9
2016	11895.0	2751.2	3689.7	5454.0	2817.7	3367.3
2017	12313.0	2965.3	3519.5	5828.2	3036.9	3226.1
2018	12846.5	3001.2	3536.0	6309.3	3080.2	3266.7
2019	13544.4	3183.2	3640.1	6721.1	3268.2	3334.0
2020	13633.4	3445.1	3449.9	6738.5	3534.6	3121.8
2021	14879.2	3463.0	3975.3	7440.9	3558.0	3658.8

黑龙江地区生产总值

单位：亿元

建筑业	批发和零售业	交通运输、仓储和邮政业	住宿和餐饮业	金融业	房地产业	其他
34.1	50.7	32.2	10.9	35.6	15.3	71.7
44.0	58.5	36.6	12.4	47.4	16.8	80.7
54.0	73.8	45.1	15.7	58.0	21.2	110.8
61.7	88.0	54.6	18.8	72.9	32.0	141.9
67.8	98.4	65.1	20.9	82.7	35.4	163.2
77.7	114.0	90.2	24.2	82.9	44.3	199.3
90.2	120.2	98.3	25.7	89.4	51.4	233.9
93.0	123.3	100.5	26.5	91.3	55.8	269.4
97.0	155.1	131.7	29.3	96.6	102.1	294.1
105.2	166.7	159.2	31.7	101.4	106.2	345.4
110.7	180.3	177.5	34.2	106.4	114.5	394.2
119.1	195.0	184.9	37.1	112.5	122.5	459.0
137.4	216.6	201.2	41.2	117.1	132.4	519.8
152.9	226.3	224.0	45.9	121.8	156.8	587.5
173.6	243.8	236.1	52.0	134.6	186.7	662.6
200.2	271.0	274.3	59.2	152.8	216.2	786.0
243.4	331.1	286.8	69.3	174.3	233.7	934.5
271.3	406.3	284.4	85.7	223.4	287.5	1025.8
312.9	496.6	316.4	101.5	298.9	373.5	1195.8
363.0	577.2	346.3	121.1	361.1	451.6	1362.6
409.3	688.0	380.4	140.9	468.4	491.5	1503.4
428.6	713.5	374.4	144.4	577.6	512.7	1655.6
424.5	795.0	426.6	162.6	682.7	543.9	1864.9
422.3	830.9	434.3	173.7	811.9	553.1	2099.2
429.5	876.0	463.4	186.6	864.6	571.9	2317.9
414.3	900.6	488.7	200.2	898.6	610.5	2537.1
409.4	946.3	508.5	213.7	946.6	656.3	2818.9
417.4	1001.3	503.6	232.0	977.2	714.2	3096.5
409.7	997.0	497.4	176.6	1053.1	738.4	3105.0
442.1	1299.0	549.8	210.7	1112.9	761.1	3286.9

5-9 1992-2021年

年份	地区生产总值	第一产业	第二产业	第三产业	农、林、牧、渔业	工业
1992	1114.3	33.3	672.3	408.7	34.2	636.7
1993	1519.2	36.9	895.6	586.8	37.8	846.7
1994	1990.9	46.4	1139.9	804.6	47.6	1074.4
1995	2518.1	58.3	1419.9	1039.8	59.8	1318.9
1996	2980.8	67.0	1598.7	1315.0	68.7	1466.1
1997	3465.3	70.2	1776.8	1618.2	72.0	1614.1
1998	3831.0	72.0	1876.1	1882.9	73.8	1687.4
1999	4222.3	72.6	1990.1	2159.6	74.5	1807.3
2000	4812.2	74.8	2215.8	2521.6	76.7	2022.5
2001	5257.7	76.1	2413.8	2767.8	78.0	2194.1
2002	5795.0	77.7	2635.3	3082.1	79.7	2399.1
2003	6804.0	79.0	3239.6	3485.4	81.0	3001.6
2004	8101.6	81.4	3872.2	4148.0	83.5	3621.8
2005	9197.1	88.1	4314.9	4794.2	90.3	4038.7
2006	10598.9	91.6	4929.2	5578.2	93.8	4621.2
2007	12878.7	99.4	5677.5	7101.8	102.6	5357.9
2008	14536.9	109.4	6215.5	8212.1	112.8	5832.0
2009	15742.4	112.4	6184.8	9445.3	115.8	5740.8
2010	17915.4	114.5	7434.9	10366.1	117.8	6943.9
2011	20009.7	126.4	8169.3	11713.9	130.2	7673.3
2012	21305.6	129.3	8174.1	13002.1	133.3	7661.3
2013	23204.1	131.6	8286.5	14786.0	136.0	7765.3
2014	25269.8	132.0	8633.3	16504.5	136.3	8099.9
2015	26887.0	125.5	8408.7	18352.8	129.7	7888.6
2016	29887.0	114.3	8570.2	21202.4	118.3	8045.5
2017	32925.0	110.8	9525.9	23288.3	115.1	8977.4
2018	36011.8	104.8	10360.8	25546.3	112.4	9763.5
2019	37987.6	107.1	10193.6	27686.9	113.3	9565.1
2020	38963.3	107.7	10258.6	28597.1	116.7	9625.5
2021	43214.9	100.0	11449.3	31665.6	108.2	10738.8

上海地区生产总值

单位：亿元

建筑业	批发和零售业	交通运输、仓储和邮政业	住宿和餐饮业	金融业	房地产业	其他
40.7	88.0	71.2	17.8	98.9	20.5	106.4
55.7	146.9	90.7	29.7	138.3	26.5	146.9
74.1	193.2	115.8	39.1	208.0	39.5	199.2
111.5	255.2	136.3	51.7	234.0	92.9	257.8
144.4	303.0	168.2	61.4	326.3	127.1	315.6
175.6	369.3	192.4	74.8	424.4	151.7	390.9
202.2	404.4	211.6	81.9	465.5	191.8	512.4
197.3	442.8	241.4	89.7	516.5	219.0	633.8
209.4	487.8	287.2	98.8	603.0	263.4	763.5
237.3	551.8	317.5	111.8	529.3	328.6	909.4
255.4	603.5	356.9	122.2	485.3	384.9	1108.2
262.1	670.7	409.6	135.9	518.5	502.3	1222.4
279.3	735.2	486.5	149.0	601.1	691.7	1453.5
308.5	979.1	555.9	164.2	652.5	752.7	1655.4
345.0	1192.7	628.8	190.3	799.2	838.1	1889.9
362.5	1530.5	682.8	220.4	1196.7	1090.9	2334.4
430.1	1942.0	713.2	245.8	1397.3	1098.1	2765.6
489.9	2209.8	639.6	241.7	1791.3	1495.1	3018.5
546.5	2624.0	839.4	270.2	1930.8	1241.6	3401.2
557.5	3061.5	868.9	282.0	2237.3	1289.2	3909.9
574.1	3344.3	903.4	304.1	2422.6	1501.0	4461.5
586.5	3593.3	945.0	318.2	2787.2	1917.4	5155.2
601.4	3729.4	1059.5	368.8	3365.3	2121.1	5788.2
589.3	3892.2	1143.3	382.9	4089.5	2404.2	6367.3
595.6	4218.5	1254.6	400.1	4698.0	3102.5	7453.9
634.4	4562.9	1381.7	430.3	5334.5	2873.2	8615.6
685.7	4884.8	1616.5	451.6	5901.9	3185.3	9410.1
716.2	5023.2	1650.4	458.9	6535.2	3300.7	10624.5
714.2	4980.6	1548.0	347.9	7216.2	3375.9	11038.1
798.5	5554.0	1843.5	399.3	7973.3	3564.5	12234.8

5-10 1992-2021年

年份	地区生产总值	第一产业	第二产业	第三产业	农、林、牧、渔业	工业
1992	2136.0	393.8	1119.3	622.9	393.8	1017.9
1993	2998.2	490.6	1598.1	909.5	490.6	1452.0
1994	4057.4	684.0	2186.8	1186.6	684.0	2002.2
1995	5155.3	866.2	2715.3	1573.8	866.2	2467.6
1996	6004.2	989.2	3074.1	1940.9	989.2	2754.8
1997	6680.3	1035.8	3411.9	2232.7	1035.8	3016.4
1998	7200.0	1047.2	3640.1	2512.7	1047.2	3157.7
1999	7697.8	1037.4	3920.2	2740.3	1037.4	3388.0
2000	8553.7	1048.3	4435.9	3069.5	1048.3	3848.5
2001	9456.8	1094.5	4907.5	3454.9	1094.5	4270.9
2002	10606.9	1110.4	5604.5	3891.9	1110.4	4880.1
2003	12442.9	1162.5	6787.1	4493.3	1162.5	6004.7
2004	14823.1	1300.4	8325.8	5197.0	1367.6	7407.8
2005	18121.3	1390.2	10234.1	6497.1	1461.5	9155.0
2006	21240.8	1468.3	11991.1	7781.4	1545.1	10812.0
2007	25988.4	1715.6	14497.4	9775.4	1814.6	13137.9
2008	30945.5	1988.2	17051.1	11906.2	2096.5	15336.0
2009	34471.7	2143.6	18667.2	13660.9	2255.8	16570.3
2010	41383.9	2409.2	21853.6	17121.0	2530.9	19382.2
2011	48839.2	2908.8	25231.2	20699.2	3051.4	22313.5
2012	53701.9	3241.4	27150.8	23309.8	3400.4	23942.2
2013	59349.4	3447.5	29149.4	26752.5	3623.7	25564.4
2014	64830.5	3607.4	31048.8	30174.3	3808.2	27154.5
2015	71255.9	3952.5	33371.8	33931.7	4175.9	28802.6
2016	77350.9	4039.8	35041.5	38269.6	4286.1	30291.4
2017	85869.8	4045.2	39124.1	42700.5	4314.5	33782.6
2018	93207.6	4141.7	42129.4	46936.5	4431.4	36113.2
2019	98656.8	4297.2	43507.5	50852.1	4611.9	37225.7
2020	102807.7	4537.6	44631.3	53638.9	4868.5	38198.1
2021	116364.2	4722.4	51775.4	59866.4	5073.7	44634.1

江苏地区生产总值

单位：亿元

建筑业	批发和零售业	交通运输、仓储和邮政业	住宿和餐饮业	金融业	房地产业	其他
101.3	154.3	66.9	47.6	109.3	43.9	200.9
146.1	242.9	96.6	71.6	140.0	73.0	285.4
184.6	317.1	126.3	89.3	187.4	95.2	371.3
247.6	434.7	172.2	116.7	244.7	135.0	470.6
319.3	540.1	215.3	138.2	291.7	178.8	576.9
395.4	615.2	254.3	149.7	318.1	211.2	684.2
482.4	664.3	301.9	153.5	322.3	253.1	817.5
532.2	727.5	338.0	159.4	330.3	272.3	912.8
587.4	793.9	391.1	164.6	349.5	298.2	1072.2
636.6	915.1	455.4	179.1	353.4	326.7	1225.1
724.4	1052.0	510.1	194.0	368.9	371.1	1395.8
782.5	1222.1	555.0	212.2	392.1	447.5	1664.4
924.1	1533.6	603.8	235.6	440.5	534.2	1775.9
1085.4	1870.6	798.2	299.1	492.4	799.7	2159.4
1186.1	2043.1	953.7	375.1	653.3	1017.9	2654.6
1366.8	2472.6	1101.3	432.8	1054.3	1365.7	3242.4
1722.5	3115.1	1346.3	584.7	1298.5	1626.1	3819.8
2104.5	3579.8	1423.7	678.4	1597.0	2025.4	4236.8
2479.3	4447.5	1768.6	711.0	2105.9	2551.0	5407.5
2925.8	5341.4	2128.3	919.1	2540.1	2907.9	6711.8
3216.5	5704.7	2352.7	1045.2	3046.5	3142.8	7850.9
3593.2	6123.5	2425.9	1028.0	3818.8	3668.4	9503.6
3902.5	6559.0	2592.0	1094.5	4483.7	4304.4	10931.7
4607.0	7829.8	2435.3	1112.6	4914.6	4954.1	12424.0
4790.0	8447.9	2535.6	1203.2	5545.2	5792.0	14459.5
5386.0	9197.5	2743.4	1302.9	6215.7	6907.8	16019.5
6063.7	10139.3	2964.4	1413.4	6846.9	7467.2	17768.1
6330.7	10836.6	3170.0	1531.4	7435.7	7925.9	19589.0
6481.6	11210.6	3179.8	1396.4	8245.2	8383.9	20843.6
7184.1	13163.4	3466.2	1591.0	9164.0	8943.3	23144.4

5-11 1992-2021年

年份	地区生产总值	第一产业	第二产业	第三产业	农、林、牧、渔业	工业
1992	1375.7	262.7	652.3	460.8	263.6	581.7
1993	1925.9	316.0	982.2	627.8	317.2	876.3
1994	2689.3	438.7	1395.6	855.0	442.9	1243.4
1995	3563.9	550.0	1856.3	1157.6	555.0	1650.6
1996	4195.8	594.9	2234.0	1366.8	600.8	1989.7
1997	4695.9	618.9	2557.9	1519.2	625.1	2293.1
1998	5065.5	609.3	2772.3	1683.9	615.6	2495.3
1999	5461.3	606.3	2983.3	1871.7	612.6	2693.5
2000	6164.8	631.0	3287.1	2246.7	637.4	2964.7
2001	6927.7	659.8	3590.1	2677.9	666.9	3205.4
2002	8040.7	685.2	4112.9	3242.6	692.6	3670.4
2003	9753.4	717.9	5126.3	3909.3	726.7	4501.6
2004	11482.1	803.8	6160.4	4517.9	814.1	5428.7
2005	13028.3	881.5	6953.7	5193.2	892.8	6177.6
2006	15302.7	913.2	8295.7	6093.9	925.1	7419.0
2007	18639.9	969.3	10122.7	7547.9	983.1	9094.0
2008	21284.6	1073.3	11512.7	8698.6	1089.5	10317.0
2009	22833.7	1134.7	11882.4	9816.7	1152.4	10491.3
2010	27399.8	1322.9	14140.9	11936.1	1343.2	12432.0
2011	31854.8	1535.2	16271.0	14048.6	1558.1	14277.8
2012	34382.4	1610.8	17040.5	15731.1	1635.8	14853.3
2013	37334.6	1718.7	18162.8	17453.1	1745.7	15835.8
2014	40023.5	1726.6	19580.7	18716.2	1756.0	16955.3
2015	43507.7	1771.4	20606.5	21129.8	1803.8	17803.3
2016	47254.0	1890.4	21571.2	23792.4	1925.5	18661.5
2017	52403.1	1933.9	23246.7	27222.5	1972.8	20038.7
2018	58002.8	1975.9	25308.1	30718.8	2019.3	21621.2
2019	62462.0	2086.7	26299.5	34075.8	2135.9	22520.9
2020	64689.1	2166.3	26361.5	36161.3	2221.4	22627.8
2021	73515.8	2209.1	31188.6	40118.1	2270.1	27015.3

浙江地区生产总值

单位：亿元

建筑业	批发和零售业	交通运输、仓储和邮政业	住宿和餐饮业	金融业	房地产业	其他
71.7	156.3	67.1	28.1	62.8	30.9	113.5
107.7	213.7	86.7	38.4	79.1	44.1	162.7
154.7	297.8	115.3	53.6	102.5	58.2	221.0
209.0	418.0	155.1	75.2	142.8	83.7	274.6
248.3	498.9	165.4	89.7	163.3	98.8	340.9
269.4	539.9	173.0	97.1	163.8	105.2	429.4
282.1	579.0	183.4	104.1	179.8	135.1	491.1
295.2	616.4	195.0	110.9	200.8	154.0	582.8
328.4	712.6	227.7	128.2	221.7	196.2	747.9
391.1	778.5	277.7	140.0	260.4	256.6	951.1
449.9	882.3	327.2	158.7	347.5	337.6	1174.5
633.7	983.0	361.8	176.8	451.5	443.9	1474.2
742.6	1101.7	434.8	198.0	511.8	558.4	1691.9
788.5	1209.8	493.5	216.0	659.2	646.3	1944.7
891.6	1359.2	611.0	252.2	871.8	747.3	2225.6
1047.1	1624.6	735.9	315.9	1230.2	943.2	2666.0
1216.4	1864.8	826.4	380.3	1620.6	1010.6	2958.9
1412.2	2121.0	861.8	401.0	1839.3	1271.5	3283.2
1733.9	2690.7	1037.9	486.9	2215.0	1577.5	3882.7
2022.0	3403.2	1157.0	583.3	2572.0	1643.4	4637.9
2217.2	3889.0	1229.1	627.1	2698.4	1933.2	5299.2
2358.9	4457.4	1303.3	646.6	2786.7	2162.9	6037.3
2680.9	4808.8	1383.8	726.1	2824.4	2142.0	6746.2
2853.7	5290.5	1499.5	813.8	2956.3	2436.6	8050.2
2959.4	5828.6	1605.9	889.4	3229.7	2785.2	9368.9
3262.3	6323.6	1742.6	941.3	3770.6	3511.7	10839.5
3737.6	6853.0	1852.8	991.9	4506.3	4117.1	12303.7
3832.1	7360.2	1980.1	1085.5	4904.0	4618.0	14025.3
3783.4	7597.6	1915.8	986.7	5538.2	5111.2	14907.0
4225.2	8768.3	2252.0	1174.3	6159.1	5303.8	16347.7

5-12 1992-2021年

年份	地区生产总值	第一产业	第二产业	第三产业	农、林、牧、渔业	工业
1992	827.0	230.5	330.7	265.9	230.5	283.7
1993	1073.5	286.0	442.5	345.0	286.0	374.8
1994	1378.9	339.3	540.3	499.3	339.3	449.2
1995	1891.2	584.1	659.5	647.5	584.2	540.9
1996	2199.7	668.4	741.0	790.3	668.5	608.5
1997	2485.4	736.3	829.1	920.0	736.3	673.6
1998	2711.7	744.1	925.8	1041.8	744.2	731.6
1999	2907.8	746.7	977.5	1183.6	746.8	781.6
2000	3125.3	741.8	1062.2	1321.3	741.9	841.5
2001	3502.8	760.8	1258.2	1483.8	760.9	1007.3
2002	3827.7	783.7	1347.3	1696.7	783.8	1055.3
2003	4307.8	749.4	1557.6	2000.8	749.5	1185.7
2004	5129.1	950.5	1846.2	2332.4	950.6	1378.2
2005	5675.8	966.5	2197.4	2511.9	966.6	1664.6
2006	6500.3	1011.0	2653.2	2836.1	1011.2	2031.2
2007	7941.6	1116.3	3371.8	3453.5	1155.8	2604.9
2008	9517.7	1313.1	4194.5	4010.1	1358.2	3238.4
2009	10864.7	1382.7	4918.7	4563.4	1430.7	3743.6
2010	13249.8	1600.6	6396.0	5253.2	1655.6	4949.2
2011	16284.9	1868.0	8189.1	6227.8	1931.2	6424.7
2012	18341.7	2018.6	9247.9	7075.2	2088.4	7279.7
2013	20584.0	2173.2	10233.4	8177.4	2250.3	8045.4
2014	22519.7	2295.0	10982.6	9242.1	2380.3	8595.2
2015	23831.2	2376.1	10838.3	10616.8	2467.3	8360.6
2016	26307.7	2489.8	11517.5	12300.5	2603.7	8909.4
2017	29676.2	2582.3	12681.2	14412.7	2707.3	9739.9
2018	34010.9	2638.0	14094.4	17278.5	2776.0	10639.8
2019	36845.5	2916.0	14970.0	18959.5	3069.2	11181.7
2020	38061.5	3185.0	15216.5	19660.1	3353.7	11235.5
2021	42959.2	3360.6	17613.2	21985.4	3545.1	13081.7

安徽地区生产总值

单位：亿元

建筑业	批发和零售业	交通运输、仓储和邮政业	住宿和餐饮业	金融业	房地产业	其他
46.9	62.1	60.0	15.7	36.9	22.4	68.7
67.7	86.6	73.5	21.8	43.8	26.5	92.7
91.1	121.2	112.1	30.4	71.3	41.3	123.0
118.6	155.0	142.2	38.6	99.6	52.5	159.7
132.5	198.2	175.7	49.1	100.1	71.9	195.2
155.5	236.5	223.2	58.3	77.0	87.4	237.6
194.2	261.8	254.5	64.1	75.2	102.2	283.9
195.9	290.7	284.9	70.8	76.9	118.7	341.5
220.8	304.2	306.2	73.7	78.1	136.6	422.4
250.9	331.0	345.6	79.7	80.5	152.2	494.7
292.0	356.0	403.6	85.3	83.7	172.4	595.7
371.9	398.4	486.2	94.9	89.5	203.3	728.4
468.0	459.2	471.9	108.8	94.0	231.4	967.1
532.8	514.0	494.6	107.9	124.5	281.8	989.0
622.0	585.4	543.6	119.3	163.2	346.7	1077.8
766.9	701.6	636.2	140.9	225.6	465.9	1243.8
956.0	845.0	700.4	168.5	315.6	551.3	1384.4
1175.0	1023.3	748.9	184.1	361.2	640.8	1556.9
1446.8	1249.2	854.1	227.6	397.0	688.8	1781.5
1764.4	1488.4	966.5	297.0	502.9	825.1	2084.7
1968.2	1750.3	1080.2	317.4	615.7	871.0	2370.8
2203.7	1989.8	1233.3	374.0	910.8	939.5	2637.2
2405.1	2204.1	1351.1	416.8	1049.4	1079.5	3038.2
2495.3	2420.0	1374.9	500.0	1236.7	1164.8	3811.7
2626.7	2656.3	1462.3	552.8	1446.1	1522.2	4528.1
2961.7	2924.0	1591.0	614.7	1683.2	1921.7	5532.8
3476.8	3184.0	1865.4	688.2	2142.5	2711.4	6526.7
3811.6	3404.0	1951.5	741.9	2340.6	2888.4	7456.7
4002.2	3538.3	1850.4	664.8	2498.7	3059.9	7858.0
4559.3	4073.9	2056.9	798.5	2779.5	3300.2	8764.0

5-13 1992-2021年

年份	地区生产总值	第一产业	第二产业	第三产业	农、林、牧、渔业	工业
1992	784.7	188.7	290.6	305.4	194.9	241.8
1993	1114.2	246.2	454.1	413.8	254.4	382.0
1994	1644.4	351.2	718.3	574.8	362.9	618.1
1995	2094.9	449.8	879.1	766.0	464.8	748.9
1996	2484.3	519.8	1022.9	941.5	537.4	875.5
1997	2870.9	556.5	1210.3	1104.1	576.6	1039.6
1998	3159.9	587.0	1330.2	1242.7	610.0	1132.8
1999	3414.2	607.1	1429.0	1378.1	628.9	1230.2
2000	3764.5	616.4	1622.3	1525.8	640.6	1422.3
2001	4072.9	624.2	1796.7	1652.0	651.1	1586.5
2002	4467.6	659.5	2029.2	1778.9	689.7	1809.0
2003	4999.6	682.1	2329.7	1987.9	713.1	2059.3
2004	5712.1	762.9	2738.7	2210.5	795.2	2422.2
2005	6415.5	792.5	3095.9	2527.0	827.4	2744.7
2006	7468.6	828.8	3629.7	3010.1	866.0	3189.5
2007	9325.6	951.2	4521.8	3852.6	992.3	3956.4
2008	10931.8	1096.1	5387.0	4448.7	1139.7	4676.9
2009	12418.1	1108.8	6129.1	5180.2	1153.4	5218.6
2010	15002.5	1269.9	7705.3	6027.4	1317.5	6532.3
2011	17917.7	1492.2	9316.6	7109.0	1544.1	7823.2
2012	20190.7	1628.9	10527.0	8034.8	1684.3	8711.2
2013	22503.8	1745.2	11805.5	8953.2	1805.2	9650.2
2014	24942.1	1855.9	13165.1	9921.2	1920.7	10682.2
2015	26819.5	1932.8	13735.7	11150.9	2003.2	11008.7
2016	29609.4	2145.1	14683.7	12780.6	2221.0	11712.0
2017	33842.4	2215.1	16290.0	15337.3	2294.4	12864.9
2018	38687.8	2379.0	18847.8	17461.0	2464.3	14781.0
2019	42326.6	2595.5	20065.5	19665.6	2691.1	15654.0
2020	43608.6	2730.8	20168.4	20709.3	2831.8	15615.5
2021	48810.4	2897.7	22866.3	23046.3	3004.9	17787.6

福建地区生产总值

单位：亿元

建筑业	批发和零售业	交通运输、仓储和邮政业	住宿和餐饮业	金融业	房地产业	其他
49.8	71.2	60.1	13.3	48.3	18.9	86.4
73.8	103.7	84.4	18.4	53.8	33.7	110.2
102.9	131.3	114.4	23.8	90.8	52.7	147.6
133.4	181.5	160.7	33.0	93.8	71.4	207.4
151.1	229.7	199.4	41.7	105.6	83.5	260.4
175.2	273.7	240.4	49.9	109.1	93.3	313.2
202.3	304.9	276.9	56.0	114.0	105.5	357.5
204.1	326.2	310.9	61.7	113.4	126.2	412.7
206.1	356.7	348.3	67.7	118.9	147.6	456.4
217.0	383.9	364.8	74.0	124.8	165.3	505.4
228.0	416.4	379.1	79.9	138.3	188.1	539.2
279.2	464.8	408.9	90.5	149.9	215.6	618.3
326.9	515.9	412.5	91.7	168.3	244.5	734.8
363.0	554.1	435.3	117.2	180.5	321.8	871.4
453.9	626.1	510.9	148.2	238.2	425.0	1010.8
582.4	772.3	631.4	175.8	387.4	513.6	1314.1
730.2	921.9	729.5	212.8	465.7	533.7	1521.5
932.9	1127.6	778.3	250.5	569.9	656.6	1730.4
1201.1	1464.9	846.8	286.3	742.2	714.4	1897.1
1527.0	1776.2	885.8	331.7	889.3	942.2	2198.2
1853.2	2025.8	943.0	374.6	1130.3	1065.0	2403.4
2196.8	2256.6	979.6	398.7	1411.5	1108.8	2696.5
2528.8	2531.3	1037.9	424.1	1605.9	1184.7	3026.4
2774.4	2747.4	1110.2	458.6	1852.6	1258.6	3605.8
3022.5	3043.4	1184.7	493.1	2082.4	1508.1	4342.4
3481.2	3426.5	1309.3	557.7	2343.4	2155.7	5409.4
4131.4	3891.9	1376.2	611.8	2581.1	2436.0	6414.1
4482.0	4422.9	1482.2	655.6	3040.5	2697.8	7200.5
4619.0	4706.0	1502.3	593.7	3319.6	2672.6	7748.0
5140.6	5552.5	1772.7	696.2	3623.1	2813.9	8418.9

5-14 1992-2021年

年份	地区生产总值	第一产业	第二产业	第三产业	农、林、牧、渔业	工业
1992	572.6	200.8	199.4	172.3	200.8	168.1
1993	723.0	225.6	282.5	215.0	225.6	233.8
1994	948.2	314.4	338.2	295.6	316.9	269.2
1995	1169.7	374.6	403.7	391.4	377.8	314.5
1996	1409.7	440.0	481.3	488.4	444.2	375.8
1997	1605.8	475.2	548.8	581.8	480.8	439.0
1998	1719.9	450.4	608.2	661.2	457.1	477.2
1999	1853.7	464.4	648.8	740.4	471.6	503.8
2000	2003.1	485.1	700.8	817.2	492.4	543.9
2001	2175.7	506.0	786.1	883.6	514.5	603.2
2002	2450.5	536.0	941.8	972.7	543.7	702.4
2003	2812.7	551.5	1204.3	1056.9	560.0	863.3
2004	3398.1	664.5	1505.2	1228.4	673.8	1149.8
2005	3941.2	717.7	1834.7	1388.9	727.4	1468.7
2006	4696.8	775.1	2337.6	1584.1	786.1	1923.0
2007	5777.6	868.6	2950.3	1958.7	902.4	2435.5
2008	6934.2	1014.5	3518.8	2400.9	1051.8	2936.9
2009	7630.0	1062.1	3882.7	2685.2	1101.0	3232.5
2010	9383.2	1147.6	5083.1	3152.5	1188.3	4327.3
2011	11584.5	1320.5	6338.0	3926.0	1363.3	5462.3
2012	12807.7	1439.1	6893.3	4475.2	1484.4	5889.2
2013	14300.2	1540.7	7661.9	5097.7	1591.7	6523.3
2014	15667.8	1626.9	8238.7	5802.3	1682.3	6930.7
2015	16780.9	1714.5	8367.7	6698.8	1773.9	7026.2
2016	18388.6	1794.1	8732.5	7861.9	1851.9	7349.3
2017	20210.8	1835.3	9444.6	8930.9	1898.5	7969.6
2018	22716.5	1877.3	10081.2	10758.0	1947.9	8264.2
2019	24667.3	2057.7	10820.3	11789.3	2135.8	8774.2
2020	25782.0	2243.8	11107.9	12430.2	2328.1	8991.6
2021	29619.7	2334.3	13183.2	14102.2	2437.9	10773.4

江西地区生产总值

单位：亿元

建筑业	批发和零售业	交通运输、仓储和邮政业	住宿和餐饮业	金融业	房地产业	其他
31.3	29.7	31.6	6.1	38.8	10.2	55.9
48.7	37.1	39.4	7.6	48.4	12.8	69.7
69.1	47.9	55.9	9.9	61.7	22.9	94.8
89.3	71.1	78.3	11.3	71.8	29.8	125.8
105.5	91.9	101.6	16.4	86.3	37.2	150.7
109.9	104.6	115.4	20.1	97.4	53.1	185.5
131.1	121.2	145.4	22.4	100.5	60.6	204.5
145.0	136.9	167.7	24.7	101.2	76.3	226.4
156.9	152.6	195.0	29.4	93.0	95.6	244.4
182.9	159.4	217.9	32.7	82.0	114.8	268.2
239.4	181.0	248.6	33.2	76.5	125.3	300.4
341.0	205.4	266.1	37.7	64.3	138.0	336.9
355.4	242.2	259.0	54.2	65.1	167.2	431.4
366.0	252.4	301.0	67.1	69.6	171.9	517.3
414.6	280.4	339.6	80.0	79.8	184.7	608.7
514.9	381.3	372.2	92.5	101.3	226.0	751.7
581.9	465.3	389.2	131.7	130.6	282.0	964.9
650.2	553.9	395.7	167.6	165.1	305.9	1058.1
755.8	646.9	447.2	200.7	241.5	340.6	1235.0
875.7	781.0	508.6	270.3	357.4	402.5	1563.4
1004.1	865.9	631.8	310.8	413.1	421.8	1786.5
1138.6	1005.0	679.5	319.7	542.8	500.6	1999.0
1307.9	1114.0	710.9	353.5	739.7	522.8	2306.1
1343.2	1213.5	754.1	354.1	861.7	707.6	2746.7
1387.5	1397.7	821.4	373.3	1012.3	1008.3	3186.9
1480.0	1695.0	895.8	386.1	1100.1	1289.4	3496.3
1823.4	1942.3	1022.5	408.4	1422.6	1740.3	4144.9
2053.0	2112.2	1106.7	453.4	1583.0	1816.3	4632.7
2123.0	2185.8	1036.2	416.0	1769.9	2005.0	4926.5
2418.4	2536.7	1218.9	506.4	1975.0	2176.5	5576.4

5-15 1992-2021年

年份	地区生产总值	第一产业	第二产业	第三产业	农、林、牧、渔业	工业
1992	2196.5	534.6	999.1	662.8	534.6	889.6
1993	2770.4	596.6	1355.7	818.0	596.6	1201.7
1994	3844.5	775.0	1891.4	1178.0	775.0	1692.1
1995	4953.4	1010.1	2355.8	1587.4	1010.1	2098.1
1996	5883.8	1200.2	2784.1	1899.5	1200.2	2476.0
1997	6537.1	1195.0	3147.4	2194.7	1195.0	2796.0
1998	7021.4	1215.8	3408.1	2397.5	1215.8	3008.4
1999	7493.8	1221.0	3644.3	2628.5	1221.0	3197.2
2000	8278.1	1252.1	4120.2	2905.8	1268.6	3620.1
2001	9076.2	1340.5	4466.7	3269.0	1359.5	3911.0
2002	10076.5	1369.2	5037.6	3669.7	1390.0	4364.4
2003	10903.2	1457.0	5720.0	3726.2	1480.7	4995.7
2004	13308.1	1748.2	7327.6	4232.3	1778.5	6497.7
2005	15947.5	1928.2	8841.1	5178.2	1963.5	7875.6
2006	18967.8	2098.3	10568.5	6301.0	2138.9	9467.5
2007	22718.1	2451.0	12529.4	7737.6	2501.0	11233.1
2008	27106.2	2876.2	14911.5	9318.5	2983.6	13310.8
2009	29540.8	3076.2	15919.7	10544.9	3194.4	13998.5
2010	33922.5	3411.3	17733.1	12778.1	3538.7	15450.0
2011	39064.9	3768.5	19926.1	15370.3	3909.3	17280.8
2012	42957.3	4047.1	21275.9	17634.4	4198.2	18421.9
2013	47344.3	4454.1	22615.9	20274.3	4630.8	19475.3
2014	50774.8	4662.8	23588.0	22524.0	4857.3	20178.2
2015	55288.8	4902.8	24814.9	25571.1	5110.8	21156.5
2016	58762.5	4830.2	25565.0	28367.2	5072.3	21696.0
2017	63012.1	4832.7	26925.6	31253.8	5114.7	22515.8
2018	66648.9	4950.5	27523.7	34174.7	5273.9	22613.0
2019	70540.5	5117.0	28171.8	37251.7	5477.1	22755.1
2020	72798.2	5364.4	28456.7	38977.2	5750.1	22986.5
2021	83095.9	6029.0	33187.2	43879.7	6449.5	27243.6

山东地区生产总值

单位：亿元

建筑业	批发和零售业	交通运输、仓储和邮政业	住宿和餐饮业	金融业	房地产业	其他
109.5	158.7	120.2	42.2	112.1	47.6	182.0
154.0	189.6	141.1	50.4	147.3	71.9	217.8
199.3	274.0	213.6	72.8	213.6	107.1	296.9
257.7	372.8	296.1	99.1	233.2	153.7	432.5
308.1	454.2	362.1	120.7	263.6	182.0	516.9
351.4	525.3	420.5	139.6	298.5	222.6	588.3
399.6	581.1	437.4	154.5	304.2	240.3	679.9
447.2	622.4	484.7	165.5	308.4	255.9	791.7
500.1	672.2	545.1	174.9	314.1	277.9	905.1
555.7	758.2	658.3	193.1	318.4	335.2	986.9
673.3	885.4	657.0	220.8	310.3	380.0	1195.5
724.3	906.9	653.3	221.3	302.8	396.0	1222.3
829.9	1030.1	713.0	240.2	312.0	446.8	1460.0
965.6	1224.9	869.2	259.3	399.4	620.1	1770.1
1101.0	1499.3	1074.9	287.7	471.3	744.9	2182.4
1296.3	1854.8	1236.4	345.0	678.2	935.5	2637.7
1600.7	2194.9	1596.1	387.5	812.7	1092.7	3127.3
1921.2	2684.0	1616.9	414.8	964.9	1325.2	3420.9
2283.1	3650.6	1728.2	454.8	1255.9	1627.6	3933.7
2645.3	4602.3	1961.9	581.3	1513.9	1859.4	4710.8
2854.0	5530.3	2146.1	681.9	1793.6	2030.6	5300.8
3188.6	5843.5	2033.8	619.2	2215.6	2445.2	6892.4
3476.1	6604.9	2285.1	681.1	2525.8	2641.2	7525.1
3731.6	7306.6	2436.3	802.5	2890.8	2828.8	9024.9
3909.4	7842.4	2664.9	868.2	3265.2	3065.4	10378.6
4441.0	8057.0	3221.2	983.7	3570.6	3469.4	11638.6
5024.9	8747.1	3384.9	1040.7	3871.2	3963.1	12730.0
5532.8	9564.8	3636.1	1173.7	4177.3	4073.7	14149.9
5574.2	9810.8	3478.6	1071.0	4522.3	4225.9	15378.9
6094.5	11550.0	4166.8	1258.9	4938.6	4524.5	16869.8

5-16 1992-2021年

年份	地区生产总值	第一产业	第二产业	第三产业	农、林、牧、渔业	工业
1992	1279.8	342.8	542.4	394.6	353.9	481.1
1993	1660.2	397.5	760.2	502.4	410.5	678.4
1994	2216.8	529.4	1053.4	634.0	546.7	948.8
1995	2988.4	738.9	1387.6	861.8	763.0	1256.5
1996	3634.7	908.1	1668.9	1057.8	937.6	1496.7
1997	4041.1	976.7	1851.7	1212.7	1008.6	1641.1
1998	4308.2	1037.6	1928.0	1342.7	1071.4	1692.4
1999	4517.9	1087.7	1971.0	1459.3	1123.1	1729.3
2000	5053.0	1124.9	2282.5	1645.6	1161.6	2000.0
2001	5533.0	1195.4	2497.7	1839.9	1234.3	2182.8
2002	6035.5	1207.1	2881.6	1946.8	1246.4	2476.7
2003	6942.4	1198.7	3348.6	2395.1	1239.7	2833.9
2004	8411.2	1647.6	4080.7	2682.9	1692.8	3536.8
2005	10243.5	1844.0	5202.3	3197.2	1892.0	4563.4
2006	11977.9	1869.8	6316.2	3791.9	1916.7	5584.8
2007	14824.5	2156.7	7904.0	4763.8	2206.2	7067.2
2008	17735.9	2575.8	9713.4	5446.7	2630.2	8687.4
2009	19181.0	2665.7	10324.6	6190.8	2726.3	9064.9
2010	22655.0	3127.1	12173.5	7354.4	3192.8	10584.6
2011	26318.7	3349.3	14021.6	8947.8	3421.1	12153.7
2012	28961.9	3577.2	15042.6	10342.2	3654.2	12868.7
2013	31632.5	3827.2	15995.4	11809.9	3913.5	13441.5
2014	34574.8	3988.2	17139.6	13446.9	4089.9	14229.3
2015	37084.1	4015.6	17947.9	15120.7	4154.4	14797.6
2016	40249.3	4063.6	18986.9	17198.8	4217.4	15536.8
2017	44824.9	4139.3	20940.3	19745.3	4310.5	16741.4
2018	49935.9	4311.1	22038.6	23586.2	4501.2	17323.4
2019	53717.8	4635.7	23035.6	26046.5	4860.7	17938.2
2020	54259.4	5354.0	22220.9	26684.5	5600.5	17147.2
2021	58887.4	5620.8	24331.6	28934.9	5908.6	18785.3

河南地区生产总值

单位：亿元

建筑业	批发和零售业	交通运输、仓储和邮政业	住宿和餐饮业	金融业	房地产业	其他
64.1	64.3	82.5	20.6	65.9	32.6	114.7
85.8	77.7	103.4	24.9	89.1	50.2	140.3
110.1	105.1	112.1	33.7	104.0	64.6	191.7
138.5	142.4	161.9	45.7	149.0	84.3	247.0
180.9	185.9	212.4	59.7	140.8	102.9	317.7
220.2	227.3	262.5	73.0	145.1	122.4	341.0
245.5	254.2	292.0	81.6	155.8	132.6	382.9
251.8	274.8	323.6	88.2	159.3	144.1	423.8
294.1	311.5	378.6	100.0	144.8	163.8	498.6
327.7	348.8	425.2	112.0	150.8	183.1	568.4
419.3	364.6	401.6	168.2	122.5	185.6	650.5
532.1	419.6	508.4	181.1	146.6	222.4	858.6
569.5	498.4	554.2	245.0	163.1	234.6	916.8
673.7	593.9	628.5	269.1	172.3	301.3	1149.2
775.1	661.5	763.9	327.4	209.7	365.2	1373.5
889.6	763.5	942.0	425.2	296.9	498.0	1736.0
1099.6	913.6	891.7	426.7	406.6	589.8	2090.4
1350.7	1055.5	937.2	425.5	491.9	743.5	2385.5
1683.2	1290.4	1016.2	473.8	686.7	956.0	2771.2
1995.7	1579.7	1142.5	602.8	853.6	1271.8	3297.7
2290.1	1872.3	1401.4	657.2	998.2	1382.6	3837.1
2666.1	2073.4	1634.7	708.8	1168.3	1627.3	4398.8
3017.8	2296.2	1890.3	764.3	1375.1	1774.1	5137.7
3204.8	2558.0	2032.3	798.6	1612.8	1946.3	5979.4
3503.8	2940.5	2212.8	843.9	1850.4	2259.8	6884.0
4235.8	3227.4	2413.9	979.3	2130.5	2705.0	8081.1
4790.8	3697.9	2834.1	1037.9	2529.2	3079.9	10141.5
5174.8	4043.4	3037.9	1157.6	2773.2	3352.3	11379.5
5143.9	4128.3	2846.5	1036.7	2912.3	3606.5	11837.4
5619.0	4468.0	3378.4	1114.2	3101.6	3719.7	12792.7

5-17　1992-2021年

年份	地区生产总　值	第一产业	第二产业	第三产业	农、林、牧、渔业	工业
1992	1088.4	303.0	443.1	342.3	304.9	402.6
1993	1325.8	346.4	535.8	443.6	348.7	475.4
1994	1700.9	501.4	655.5	544.0	504.4	580.8
1995	2109.4	619.8	777.6	712.0	623.1	680.9
1996	2499.8	716.3	920.7	862.7	720.0	805.5
1997	2856.5	767.9	1068.4	1020.2	772.2	929.9
1998	3114.0	778.2	1195.2	1140.6	782.9	1041.2
1999	3229.3	654.0	1310.2	1265.1	659.0	1139.5
2000	3545.4	662.3	1432.8	1450.3	667.7	1243.2
2001	3880.5	692.2	1569.3	1619.0	698.6	1360.1
2002	4212.8	707.0	1704.4	1801.4	714.2	1473.0
2003	4757.5	798.4	1949.8	2009.3	808.6	1682.2
2004	5546.8	1008.9	2273.5	2264.4	1020.1	1955.6
2005	6469.7	1069.8	2758.8	2641.0	1082.1	2410.4
2006	7531.8	1125.5	3270.8	3135.5	1140.4	2863.5
2007	9451.4	1331.4	4128.9	3991.1	1368.5	3597.4
2008	11497.5	1716.0	5066.2	4715.2	1755.5	4406.9
2009	13192.1	1717.3	6035.5	5439.3	1759.0	5212.7
2010	16226.9	2043.2	7748.3	6435.5	2088.4	6750.7
2011	19942.5	2469.2	9766.1	7707.1	2518.7	8551.2
2012	22590.9	2674.8	11152.6	8763.5	2732.9	9771.0
2013	25378.0	2883.7	11846.3	10648.0	2951.6	10227.4
2014	28242.1	3001.6	13007.9	12232.6	3080.6	11174.2
2015	30344.0	3109.9	13569.5	13664.6	3210.9	11677.3
2016	33353.0	3406.5	14527.0	15419.5	3527.9	12480.5
2017	37235.0	3529.0	15713.9	17992.2	3690.3	13431.6
2018	42022.0	3548.2	17573.9	20899.9	3734.3	14849.6
2019	45429.0	3809.4	18723.0	22896.5	4014.3	15707.6
2020	43004.5	4133.2	15933.7	22937.5	4359.0	13174.7
2021	50012.9	4661.7	18952.9	26398.4	4923.1	15693.9

湖北地区生产总值

单位：亿元

建筑业	批发和零售业	交通运输、仓储和邮政业	住宿和餐饮业	金融业	房地产业	其他
42.0	90.9	49.8	24.5	48.1	17.2	108.4
62.2	121.7	60.8	32.8	52.2	25.6	146.3
76.8	142.5	77.5	38.4	56.8	37.9	185.8
99.3	194.7	102.1	52.5	60.9	42.1	253.9
118.2	245.6	123.3	66.2	65.4	62.2	293.3
142.0	285.6	149.8	77.0	69.7	69.7	360.7
157.9	305.3	169.6	82.3	74.1	81.8	418.9
174.9	331.0	193.9	89.2	78.8	85.0	477.9
194.1	363.7	231.5	98.1	81.5	99.4	566.2
214.3	389.4	255.1	105.0	88.5	122.5	647.1
236.9	420.8	277.5	113.4	97.0	145.2	734.9
273.9	461.1	303.9	124.3	107.3	176.8	819.4
325.2	503.0	338.1	135.6	115.8	199.6	953.7
357.4	539.7	375.8	156.3	118.5	235.3	1194.1
418.0	603.3	447.4	187.0	161.8	333.5	1376.9
544.9	709.7	526.6	243.4	316.6	495.0	1649.3
675.7	858.4	619.6	312.2	364.4	661.5	1843.3
842.3	989.4	720.9	370.9	439.4	713.4	2144.2
1022.7	1307.3	859.4	428.5	508.5	766.1	2495.4
1246.8	1531.1	1006.3	502.7	602.7	893.6	3089.3
1417.9	1712.6	1101.4	585.0	769.1	1014.8	3486.3
1657.0	2013.7	1295.6	673.6	1033.1	1484.9	4041.1
1875.4	2205.7	1454.3	753.7	1196.4	1698.7	4803.1
1957.8	2394.0	1547.9	828.8	1588.8	1879.9	5258.6
2109.2	2569.5	1652.9	913.6	1975.1	2231.7	5892.6
2342.5	2819.3	1876.6	1022.2	2255.2	2794.3	7003.0
2781.4	3098.0	2031.0	1125.9	2554.0	3320.1	8527.7
3073.1	3347.1	2233.5	1248.5	2783.6	3455.3	9566.0
2806.6	2946.0	1737.3	887.2	3185.8	3836.7	10071.2
3324.7	3434.7	2180.3	1154.6	3432.7	4336.2	11532.7

5-18 1992-2021年

年份	地区生产总值	第一产业	第二产业	第三产业	农、林、牧、渔业	工业
1992	987.0	323.9	337.2	325.9	323.9	284.7
1993	1244.7	383.7	470.1	391.0	383.7	399.6
1994	1650.0	532.9	589.7	527.4	532.9	500.0
1995	2132.1	685.3	770.7	676.2	685.3	658.7
1996	2540.1	794.0	920.1	826.1	794.0	790.2
1997	2849.3	855.8	1041.8	951.7	855.8	903.9
1998	3025.5	828.3	1123.1	1074.1	828.3	960.7
1999	3214.5	778.3	1193.0	1243.3	778.3	1010.5
2000	3551.5	784.9	1293.2	1473.4	784.9	1094.8
2001	3831.9	825.7	1412.8	1593.4	825.7	1180.4
2002	4151.5	847.3	1523.5	1780.8	847.3	1265.7
2003	4660.0	869.7	1772.3	2018.0	886.5	1475.8
2004	5542.6	1022.5	2135.6	2384.6	1041.1	1768.8
2005	6369.9	1078.3	2490.2	2801.4	1100.7	2075.4
2006	7431.6	1244.6	3030.7	3156.2	1272.2	2547.4
2007	9285.4	1563.8	3867.4	3854.2	1594.9	3260.6
2008	11307.4	1761.8	4870.0	4675.6	1815.3	4110.8
2009	12772.8	1795.8	5494.7	5482.3	1857.3	4565.7
2010	15574.3	2073.2	7034.7	6466.4	2150.3	5913.4
2011	18915.0	2420.0	8883.6	7611.4	2509.8	7535.5
2012	21207.2	2567.9	9926.7	8712.7	2671.1	8423.1
2013	23545.2	2589.2	10913.8	10042.3	2702.1	9179.7
2014	25881.3	2671.0	11825.1	11385.2	2793.1	9859.9
2015	28538.6	2747.9	12665.7	13125.0	2878.9	10458.8
2016	30853.5	2915.6	12942.0	14995.9	3063.1	10540.1
2017	33828.1	2998.4	13459.8	17369.9	3165.3	10709.8
2018	36329.7	3084.2	13904.1	19341.4	3266.5	10785.6
2019	39894.1	3647.2	15401.7	20845.2	3850.5	11995.8
2020	41542.6	4240.7	15949.2	21352.7	4462.0	12401.4
2021	46063.1	4322.9	18126.1	23614.1	4561.4	14162.3

湖南地区生产总值

单位：亿元

建筑业	批发和零售业	交通运输、仓储和邮政业	住宿和餐饮业	金融业	房地产业	其他
52.5	91.3	51.3	13.6	49.0	20.6	100.1
70.5	109.3	72.7	14.2	47.5	26.5	120.8
89.8	152.2	100.3	15.1	54.1	34.1	171.7
112.0	191.5	133.7	18.9	65.0	44.4	222.7
129.9	218.1	171.1	26.4	74.3	64.1	272.1
137.9	235.8	198.7	32.3	82.7	75.5	326.9
162.4	252.9	220.9	36.1	85.4	89.3	389.5
182.5	268.2	246.1	43.5	86.6	105.5	493.5
198.4	291.9	288.2	64.4	88.9	131.6	608.5
232.4	319.8	303.9	73.3	91.7	138.4	666.3
257.8	349.6	333.5	85.0	92.4	165.3	755.0
296.5	389.7	372.3	104.4	99.7	196.4	838.7
366.7	499.5	323.8	125.1	116.5	207.0	1094.1
414.8	590.0	367.4	151.2	156.9	240.7	1272.8
483.3	649.3	418.1	172.9	198.8	299.9	1389.5
606.8	822.6	501.7	227.4	259.9	383.3	1628.3
759.2	1053.9	601.9	285.1	334.1	453.5	1893.6
929.0	1338.9	677.9	310.7	403.0	560.7	2129.6
1121.3	1594.0	795.5	362.7	463.8	682.8	2490.5
1348.0	1868.7	899.4	416.3	501.2	798.5	3037.5
1503.6	2109.0	1016.5	473.3	580.7	920.9	3509.1
1742.9	2356.6	1102.9	518.7	763.1	1095.5	4083.8
1975.8	2619.0	1184.8	570.0	962.7	1214.6	4701.4
2217.1	2884.8	1251.3	654.6	1209.8	1473.1	5510.4
2411.7	3141.5	1309.6	726.7	1340.1	1815.0	6505.6
2760.2	3423.2	1440.6	774.3	1701.8	2215.0	7637.9
3128.3	3705.4	1516.2	835.6	1809.8	2623.4	8658.7
3416.9	4004.4	1577.9	915.7	1938.6	2725.1	9469.3
3558.4	4062.9	1486.5	796.1	2099.8	2813.3	9862.2
3973.4	4563.0	1652.4	913.5	2288.0	2945.4	11003.8

5-19 1992-2021年

年份	地区生产总值	第一产业	第二产业	第三产业	农、林、牧、渔业	工业
1992	2447.5	465.8	1098.8	883.0	471.8	899.3
1993	3469.3	558.7	1702.5	1208.1	566.8	1386.8
1994	4619.0	692.3	2250.0	1676.8	702.2	1865.4
1995	5940.3	864.5	2902.0	2173.9	876.1	2454.9
1996	6848.2	935.2	3313.6	2599.4	948.2	2853.9
1997	7793.0	978.3	3713.9	3100.7	993.2	3250.7
1998	8555.3	994.5	4081.0	3479.8	1010.8	3584.5
1999	9289.6	1009.0	4384.2	3896.4	1027.1	3864.8
2000	10810.2	986.3	5042.7	4781.1	1005.1	4518.7
2001	12126.6	988.8	5564.7	5573.1	1010.6	5012.2
2002	13601.9	1015.1	6209.1	6377.8	1037.9	5628.7
2003	15979.8	1072.9	7684.4	7222.4	1097.3	6991.5
2004	18658.3	1219.8	9191.7	8246.8	1248.6	8433.2
2005	21963.0	1395.2	11049.2	9518.6	1428.3	10231.1
2006	25961.2	1494.7	13158.0	11308.5	1532.2	12259.4
2007	31742.6	1663.5	16022.6	14056.6	1705.7	14990.8
2008	36704.2	1920.8	18519.4	16264.0	1969.5	17356.7
2009	39464.7	1946.0	19439.7	18079.0	1996.4	18128.5
2010	45944.6	2199.6	22917.4	20827.6	2254.5	21387.7
2011	53072.8	2553.2	26161.1	24358.5	2614.6	24460.7
2012	57007.7	2711.3	27346.1	26950.3	2778.5	25526.2
2013	62503.4	2876.4	29343.0	30284.0	2950.0	27142.1
2014	68173.0	3038.7	31930.4	33204.0	3118.4	29497.8
2015	74732.4	3189.8	33913.8	37628.9	3275.1	31315.5
2016	82163.2	3500.5	35499.2	43163.5	3593.6	32677.9
2017	91648.7	3611.4	38536.6	49500.7	3712.7	35344.0
2018	99945.2	3836.4	41398.5	54710.4	3948.9	37651.1
2019	107986.9	4350.6	43368.2	60268.1	4478.3	39141.8
2020	111151.6	4732.7	43868.1	62550.8	4880.8	39353.9
2021	124369.7	5003.7	50219.2	69146.8	5169.5	45142.9

广东地区生产总值

单位：亿元

建筑业	批发和零售业	交通运输、仓储和邮政业	住宿和餐饮业	金融业	房地产业	其他
201.0	202.7	96.4	45.7	122.8	81.7	326.0
318.1	291.8	127.2	65.8	149.3	126.1	437.5
387.8	416.9	183.2	94.0	199.8	170.7	599.0
451.4	555.1	238.7	125.2	229.3	229.9	779.8
464.7	684.3	277.4	154.3	264.9	282.3	918.3
469.0	809.5	354.1	182.5	302.9	339.6	1091.5
502.9	919.8	388.7	207.4	306.4	415.4	1219.4
526.6	1006.7	427.0	227.0	331.1	500.2	1379.2
537.1	1175.3	536.5	265.0	443.7	616.2	1712.5
565.8	1323.0	657.1	298.3	450.8	682.9	2126.0
596.0	1509.4	725.8	340.3	454.7	788.4	2520.7
710.8	1729.1	747.9	387.8	539.4	930.8	2845.2
780.8	1950.6	840.8	447.6	614.4	1039.1	3303.3
847.4	2175.0	1000.4	518.6	681.7	1274.3	3806.1
935.0	2529.9	1164.2	610.8	923.7	1564.1	4441.9
1073.2	2958.0	1351.8	713.3	1716.6	1969.3	5264.0
1208.4	3524.9	1541.3	844.0	2019.4	1999.7	6240.4
1350.6	4024.3	1486.6	928.9	2372.9	2374.5	6802.0
1575.0	4825.1	1670.5	1039.3	2890.1	2672.3	7630.1
1755.0	5935.3	1889.9	1137.6	3326.8	3085.0	8867.9
1876.1	6670.8	2100.8	1231.7	3757.1	3378.5	9688.1
2260.5	7404.6	2237.3	1256.7	4498.8	3956.0	10797.4
2496.2	7946.3	2490.1	1333.4	4872.8	4309.3	12108.8
2684.4	8030.9	2662.7	1452.8	6119.7	5280.5	13910.9
2909.5	8924.7	2877.5	1575.9	6570.0	6615.7	16418.4
3289.3	9642.1	3166.7	1654.3	7311.2	8178.6	19349.9
3849.8	10476.0	3363.5	1749.4	7962.3	8533.7	22410.7
4334.0	11000.2	3658.0	1880.5	8764.1	9543.2	25186.9
4616.4	10728.9	3370.1	1540.4	10016.1	10377.0	26267.8
5170.1	12105.5	3957.3	1742.7	11058.1	10804.7	29218.8

5-20 1992-2021年

年份	地区生产总值	第一产业	第二产业	第三产业	农、林、牧、渔业	工业
1992	646.6	233.0	187.0	226.6	234.8	161.4
1993	871.7	250.1	320.3	301.3	252.5	273.0
1994	1198.3	333.8	468.6	395.9	337.6	404.6
1995	1497.6	453.2	534.5	510.0	456.7	461.3
1996	1697.9	534.9	585.8	577.2	538.3	503.3
1997	1817.3	582.7	612.5	622.1	586.3	524.5
1998	1911.3	586.7	665.6	659.0	590.7	561.3
1999	1971.4	567.7	680.6	723.1	572.7	570.8
2000	2080.0	557.4	730.9	791.8	562.6	612.3
2001	2279.3	576.3	769.2	933.8	582.2	639.5
2002	2523.7	602.0	844.8	1077.0	608.5	699.2
2003	2798.2	659.6	955.1	1183.4	666.7	788.4
2004	3305.1	810.1	1151.1	1343.8	817.9	953.6
2005	3742.1	904.8	1324.3	1513.1	912.5	1098.4
2006	4417.8	1024.3	1604.7	1788.8	1032.5	1343.2
2007	5474.8	1214.9	2074.0	2185.9	1241.4	1762.1
2008	6455.4	1422.3	2466.0	2567.2	1453.8	2088.0
2009	7112.9	1425.5	2715.3	2972.1	1458.5	2241.4
2010	8552.4	1639.7	3465.2	3447.6	1675.1	2875.5
2011	10299.9	2006.4	4241.2	4052.3	2047.2	3504.1
2012	11303.6	2126.4	4503.1	4674.1	2172.4	3643.8
2013	12448.4	2290.6	4709.3	5448.4	2343.6	3699.7
2014	13587.8	2413.4	5145.6	6028.8	2473.9	4023.8
2015	14797.8	2565.5	5391.0	6841.4	2633.0	4159.1
2016	16116.6	2800.3	5621.0	7695.3	2877.0	4307.3
2017	17790.7	2878.3	6138.3	8774.1	2964.7	4680.1
2018	19627.8	3021.1	6692.9	9913.9	3116.4	5101.9
2019	21237.1	3389.7	7046.4	10801.0	3493.9	5246.6
2020	22120.9	3645.9	7046.8	11428.1	3757.3	5172.8
2021	24740.9	4015.5	8187.9	12537.5	4136.3	6074.5

广西地区生产总值

单位：亿元

建筑业	批发和零售业	交通运输、仓储和邮政业	住宿和餐饮业	金融业	房地产业	其他
26.0	66.1	39.0	8.8	27.8	12.1	70.5
48.1	90.0	48.5	11.7	15.4	17.7	114.9
65.2	113.1	55.1	17.8	12.8	22.2	169.8
74.6	143.6	73.8	25.4	17.1	25.1	220.1
84.1	167.8	88.8	32.9	12.6	28.1	242.1
89.6	182.0	95.2	41.5	17.4	31.3	249.4
106.0	200.0	98.7	47.1	13.0	37.8	256.8
111.6	216.6	114.1	51.4	17.3	45.8	271.3
120.4	234.0	125.4	56.0	21.4	51.3	296.7
131.6	252.3	145.9	60.4	27.4	70.1	370.0
147.7	276.9	174.6	65.4	35.9	82.8	432.8
169.2	306.5	182.2	70.4	61.5	104.0	449.4
200.4	332.4	201.1	93.0	71.7	126.4	508.6
229.2	344.6	207.3	100.7	87.0	151.6	610.8
265.6	376.4	215.4	116.9	122.3	206.2	739.3
317.3	422.1	247.8	150.1	185.2	271.6	877.2
384.4	476.8	308.8	172.6	240.5	329.4	1001.2
480.7	565.8	342.4	177.5	324.2	417.5	1104.9
598.5	677.1	427.9	201.5	368.2	498.3	1230.3
747.9	830.0	515.7	251.1	424.4	585.5	1394.1
870.4	1020.0	541.4	276.3	559.6	632.3	1587.3
1013.0	1133.4	580.4	284.8	735.1	733.4	1925.0
1126.0	1178.7	624.3	284.7	830.8	816.1	2229.5
1232.8	1252.5	689.3	289.8	996.3	963.4	2581.7
1315.0	1351.0	737.2	301.1	1110.7	1130.6	2986.6
1466.0	1485.8	804.6	322.7	1242.1	1376.5	3448.3
1606.6	1607.6	867.1	342.7	1366.8	1650.2	3968.6
1816.1	1759.0	902.0	376.9	1469.5	1798.8	4374.5
1889.0	1829.3	889.7	325.1	1572.9	1951.5	4733.3
2128.8	2062.8	1050.5	379.8	1709.2	1984.2	5214.9

5-21 1992-2021年

年份	地区生产总值	第一产业	第二产业	第三产业	农、林、牧、渔业	工业
1992	184.9	53.6	38.3	93.1	53.6	21.0
1993	260.4	76.8	66.1	117.5	76.8	35.6
1994	332.0	106.1	83.3	142.5	106.1	44.6
1995	363.3	128.9	78.5	155.9	128.9	44.0
1996	389.7	141.2	81.5	167.0	141.2	49.2
1997	411.2	148.5	83.1	179.5	148.5	52.1
1998	442.1	156.1	91.4	194.7	156.1	59.1
1999	476.7	172.6	96.0	208.0	172.6	63.4
2000	526.8	192.0	104.0	230.9	192.0	70.5
2001	579.2	196.8	133.8	248.6	196.8	97.9
2002	642.7	222.9	148.9	271.0	222.9	111.4
2003	714.0	244.3	175.8	293.9	244.3	132.3
2004	802.7	272.0	199.6	331.1	275.8	147.6
2005	884.9	289.9	229.8	365.2	293.8	168.9
2006	1027.5	310.7	291.6	425.1	317.5	221.3
2007	1234.0	351.3	354.3	528.4	360.1	268.4
2008	1474.7	423.6	412.6	638.5	433.9	303.9
2009	1620.3	448.1	432.4	739.8	458.7	291.9
2010	2020.5	521.9	528.6	970.1	534.4	347.6
2011	2463.8	636.6	671.3	1155.9	651.4	440.1
2012	2789.4	683.9	747.2	1358.3	701.0	478.3
2013	3115.9	723.6	750.9	1641.4	742.7	441.6
2014	3449.0	793.2	826.5	1829.3	814.7	485.9
2015	3734.2	835.4	882.9	2016.0	859.2	492.9
2016	4090.2	924.7	904.0	2261.5	951.6	482.5
2017	4497.5	962.8	996.4	2538.4	993.3	528.3
2018	4910.7	986.0	1053.1	2871.6	1020.2	582.0
2019	5330.8	1079.0	1083.8	3168.1	1118.0	597.9
2020	5566.2	1136.0	1072.2	3358.0	1178.4	557.4
2021	6475.2	1254.4	1238.8	3982.0	1300.7	683.6

海南地区生产总值

单位：亿元

建筑业	批发和零售业	交通运输、仓储和邮政业	住宿和餐饮业	金融业	房地产业	其他
17.3	25.1	11.4	5.4	6.1	20.6	24.5
30.5	33.3	16.6	7.9	7.6	20.4	31.8
38.8	41.1	21.9	9.0	8.1	17.2	45.3
34.4	44.6	26.4	9.9	8.3	13.7	53.1
32.3	47.0	29.9	10.8	8.4	11.3	59.7
31.1	50.1	34.6	11.8	8.6	11.3	63.1
32.3	52.6	43.8	12.3	8.8	12.9	64.3
32.7	55.2	46.9	13.2	9.0	14.6	69.1
33.5	59.8	52.5	14.1	9.3	16.6	78.7
36.0	63.0	57.1	14.8	9.8	18.8	85.1
37.5	66.9	62.0	16.8	10.1	21.5	93.8
43.6	72.8	66.5	16.9	10.7	25.1	101.9
52.0	82.5	57.6	23.4	11.6	29.6	122.6
60.9	88.3	59.9	27.4	13.2	36.2	136.4
70.3	101.2	66.4	34.1	16.4	41.5	158.9
85.9	117.5	76.8	43.6	31.2	63.2	187.2
109.7	136.4	82.6	55.0	47.3	87.6	218.2
141.4	167.4	85.2	63.3	60.8	104.6	247.1
182.1	213.8	96.4	79.2	90.3	178.7	298.1
232.5	242.1	109.4	94.1	112.0	222.2	360.3
270.1	266.0	124.6	106.0	142.0	258.8	442.7
310.4	339.5	135.4	148.6	192.8	287.8	517.1
341.8	386.9	150.0	167.4	238.5	294.9	568.8
390.4	425.8	176.9	183.1	255.8	309.7	640.3
422.5	442.8	188.9	202.0	296.9	360.0	743.1
470.0	466.7	213.9	221.4	328.9	444.9	830.1
475.2	464.2	224.2	252.4	380.1	481.8	1030.5
490.2	546.6	256.0	267.2	386.2	510.3	1158.6
518.7	669.8	257.6	221.0	395.9	525.5	1242.0
560.7	955.0	352.8	256.7	422.8	589.0	1353.9

5-22 1992-2021年

年份	地区生产总值	第一产业	第二产业	第三产业	农、林、牧、渔业	工业
1992	462.5	117.3	195.1	150.1	117.3	172.0
1993	611.1	142.0	273.6	195.4	142.0	242.3
1994	838.1	196.2	379.4	262.5	196.2	341.7
1995	1130.6	264.2	497.1	369.3	264.2	439.7
1996	1326.4	287.6	575.2	463.6	287.6	506.8
1997	1525.3	307.2	658.8	559.3	307.2	574.2
1998	1622.4	300.9	685.8	635.7	300.9	581.7
1999	1687.8	286.2	709.7	691.9	286.2	597.9
2000	1822.1	280.5	774.6	767.0	284.9	644.0
2001	2014.6	290.1	859.9	864.6	294.9	707.6
2002	2279.8	312.6	981.3	985.9	317.9	803.0
2003	2615.6	332.9	1164.1	1118.6	339.1	953.1
2004	3059.5	420.4	1392.6	1246.6	428.1	1146.4
2005	3448.4	455.1	1559.2	1434.1	463.4	1294.9
2006	3900.3	379.7	1873.4	1647.2	386.4	1573.1
2007	4770.7	469.4	2237.3	2064.0	476.6	1862.3
2008	5899.5	555.1	2651.8	2692.7	563.1	2188.6
2009	6651.2	581.1	3016.8	3053.4	589.8	2470.8
2010	8065.3	649.5	3624.1	3791.7	659.1	2945.5
2011	10161.2	794.1	4571.3	4795.8	805.3	3700.2
2012	11595.4	879.7	5308.1	5407.6	892.3	4291.4
2013	13027.6	941.2	5988.6	6097.7	955.3	4775.7
2014	14623.8	990.8	6774.6	6858.5	1006.4	5369.9
2015	16040.5	1067.7	7208.0	7764.8	1086.2	5621.5
2016	18023.0	1237.0	7765.4	9020.7	1258.4	5896.2
2017	20066.3	1276.1	8455.0	10335.2	1300.3	6202.4
2018	21588.8	1378.7	8842.2	11367.9	1405.4	6268.1
2019	23605.8	1551.6	9392.0	12662.2	1581.3	6551.8
2020	25041.4	1803.5	9969.6	13268.3	1837.0	6990.8
2021	27894.0	1922.0	11184.9	14787.1	1960.9	7888.7

重庆地区生产总值

单位：亿元

建筑业	批发和零售业	交通运输、仓储和邮政业	住宿和餐饮业	金融业	房地产业	其他
23.1	33.4	21.4	7.2	40.2	7.4	40.4
31.4	50.5	22.4	9.4	52.7	9.3	51.1
37.7	66.2	27.0	12.8	74.5	11.3	70.6
57.5	88.2	46.4	19.0	97.2	18.0	100.6
68.4	114.3	62.0	23.5	103.1	26.1	134.7
84.6	136.5	79.1	30.9	115.5	34.0	163.3
104.1	150.1	84.6	31.7	125.4	47.2	196.8
111.8	160.4	91.4	33.7	118.8	53.4	234.3
130.6	173.5	97.6	36.0	117.1	69.4	269.0
152.3	190.6	123.3	38.5	124.2	81.5	301.7
178.4	210.3	145.1	42.4	132.5	97.1	353.2
211.1	234.0	159.5	47.2	144.7	122.7	404.3
246.1	249.8	189.2	57.7	162.0	130.8	449.5
264.3	267.1	223.6	66.5	186.6	138.6	543.4
300.4	306.2	263.3	77.2	214.8	154.3	624.7
375.0	389.2	285.2	101.6	236.3	208.7	835.9
463.2	487.3	367.3	136.1	312.4	203.7	1177.7
546.0	560.6	416.7	160.5	397.8	241.3	1267.7
678.6	713.3	489.1	183.1	538.9	312.6	1545.2
871.0	858.0	580.2	214.2	768.0	453.3	1911.0
1016.7	960.2	591.2	236.3	927.4	631.7	2048.2
1213.0	1171.5	642.6	291.1	1070.3	778.2	2130.0
1404.7	1311.2	680.9	321.9	1210.0	869.3	2449.5
1586.5	1462.2	726.1	356.2	1387.2	919.0	2895.7
1869.2	1703.4	777.2	392.0	1594.0	1067.9	3464.8
2252.6	1955.1	828.0	426.0	1737.6	1276.6	4087.7
2574.1	2024.6	899.4	458.3	1876.0	1336.7	4746.2
2840.1	2192.1	977.1	502.0	2088.0	1502.5	5370.9
2978.8	2332.6	944.0	468.4	2220.8	1578.7	5690.4
3296.3	2697.5	1087.3	550.3	2459.8	1658.4	6294.9

5-23 1992-2021年

年份	地区生产总值	第一产业	第二产业	第三产业	农、林、牧、渔业	工业
1992	1177.3	372.0	441.6	363.7	376.2	383.5
1993	1486.1	449.4	580.4	456.3	454.7	501.4
1994	2001.4	597.4	782.8	621.3	604.5	676.1
1995	2443.2	662.5	980.9	799.8	671.2	843.2
1996	2871.7	770.0	1156.0	945.6	780.3	989.5
1997	3241.5	880.3	1265.3	1095.9	891.9	1068.6
1998	3474.1	912.2	1324.0	1237.8	924.7	1090.7
1999	3649.1	926.0	1349.6	1373.5	939.1	1114.5
2000	3928.2	945.6	1433.1	1549.5	959.6	1170.6
2001	4293.5	981.7	1572.0	1739.8	997.0	1270.9
2002	4725.0	1048.0	1733.4	1943.7	1064.8	1392.1
2003	5346.2	1128.6	2020.5	2197.1	1147.7	1627.9
2004	6304.0	1329.1	2439.7	2535.2	1351.6	1990.0
2005	7195.9	1403.2	2961.2	2831.5	1427.5	2454.3
2006	8494.7	1614.0	3658.1	3222.6	1638.9	3059.5
2007	10562.1	1966.5	4607.7	3987.8	1999.8	3896.5
2008	12756.2	2139.0	5766.5	4850.8	2175.0	4912.4
2009	14190.6	2160.4	6653.2	5377.0	2194.5	5621.3
2010	17224.8	2384.9	8283.2	6556.7	2424.6	7032.9
2011	21050.9	2854.6	10014.4	8181.9	2900.4	8457.4
2012	23922.4	3142.6	11231.1	9548.8	3198.9	9408.5
2013	26518.0	3257.4	12418.9	10841.7	3323.6	10309.0
2014	28891.3	3524.7	13082.7	12283.9	3598.7	10703.8
2015	30342.0	3661.0	13192.5	13488.6	3745.5	10735.0
2016	33138.5	3900.6	13450.1	15787.8	3991.9	10790.9
2017	37905.1	4262.5	14569.2	19073.5	4365.3	11437.8
2018	42902.1	4427.4	16056.9	22417.7	4544.3	12360.1
2019	46363.8	4807.5	17187.9	24368.3	4938.0	13165.9
2020	48501.6	5556.9	17505.6	25439.2	5701.2	13401.0
2021	53850.8	5661.9	19901.4	28287.6	5818.0	15428.2

四川地区生产总值

单位：亿元

建筑业	批发和零售业	交通运输、仓储和邮政业	住宿和餐饮业	金融业	房地产业	其他
62.9	78.5	56.7	31.3	40.7	24.4	123.0
85.1	90.3	70.2	39.0	51.1	30.3	164.0
114.9	121.3	85.7	54.3	65.0	68.9	210.7
147.7	181.2	113.0	70.5	71.3	80.4	264.7
178.3	220.2	129.8	85.6	82.1	95.6	310.1
210.1	240.8	145.1	93.6	93.2	124.1	374.1
247.7	254.5	165.9	99.4	108.5	148.1	434.8
250.2	270.8	179.3	109.3	118.3	165.2	502.6
278.7	283.3	217.4	120.1	153.1	180.1	565.5
318.8	312.0	248.3	133.5	168.9	198.6	645.6
360.7	341.1	271.2	151.4	183.1	210.8	749.7
414.6	380.5	297.4	167.5	204.4	235.9	870.4
475.6	453.4	313.1	193.2	230.4	272.0	1024.6
537.0	497.4	355.8	214.8	250.9	297.0	1161.4
634.0	575.3	420.0	246.8	284.2	355.5	1280.6
754.3	697.1	472.7	294.7	344.8	414.3	1688.0
906.0	836.3	472.6	327.0	437.3	539.7	2150.0
1089.6	1005.6	489.3	393.1	482.6	600.1	2314.6
1317.4	1198.0	500.9	460.8	606.9	643.3	3040.1
1642.7	1420.2	545.0	536.3	792.6	723.4	4032.9
1919.9	1635.9	591.7	588.5	1176.1	832.6	4570.4
2217.7	1831.4	617.9	645.9	1530.2	918.4	5124.1
2494.8	2083.2	864.7	706.0	1622.0	1308.0	5510.1
2555.5	2360.0	941.9	780.3	1878.5	1519.7	5825.8
2757.8	2760.3	1118.8	852.9	2312.7	1878.6	6674.5
3235.9	3432.3	1205.9	934.0	2720.8	2602.6	7970.6
3809.8	3835.5	1401.7	1043.2	2922.4	3118.1	9867.1
4150.3	4243.8	1473.1	1178.6	3101.7	3269.1	10843.3
4245.2	4299.5	1359.5	996.3	3320.3	3396.0	11782.6
4662.4	4929.3	1553.6	1196.2	3618.7	3593.8	13050.7

5-24 1992-2021年

年份	地区生产总值	第一产业	第二产业	第三产业	农、林、牧、渔业	工业
1992	339.9	121.2	122.1	96.7	121.2	106.4
1993	417.7	133.4	155.0	129.3	133.4	135.4
1994	524.5	183.5	194.8	146.1	183.5	173.0
1995	636.2	227.1	232.5	176.6	227.1	208.8
1996	723.2	254.4	255.1	213.7	254.4	225.4
1997	805.8	271.8	289.0	245.0	271.8	251.1
1998	858.4	264.9	319.4	274.1	264.9	273.8
1999	937.5	267.6	350.4	319.5	267.6	294.4
2000	1029.9	271.0	391.2	367.7	271.0	328.7
2001	1133.3	274.2	433.5	425.6	274.2	360.7
2002	1243.4	280.8	482.0	480.7	280.8	395.5
2003	1429.0	290.9	570.7	567.4	304.0	474.5
2004	1649.4	335.1	667.0	647.3	340.9	565.1
2005	1939.9	362.5	797.9	779.6	368.9	679.0
2006	2264.1	367.2	953.0	944.0	387.3	807.0
2007	2847.5	430.6	1187.2	1229.7	446.9	1000.9
2008	3504.5	522.6	1437.7	1544.2	540.9	1207.0
2009	3856.7	531.2	1574.9	1750.6	550.9	1297.0
2010	4519.0	602.8	1820.7	2095.5	625.7	1484.9
2011	5615.6	699.6	2258.9	2657.1	726.9	1822.9
2012	6742.2	862.7	2716.8	3162.8	892.7	2185.8
2013	7973.1	999.3	3171.0	3802.7	1032.6	2533.3
2014	9173.1	1281.5	3582.4	4309.3	1317.2	2840.3
2015	10541.0	1642.0	4026.7	4872.3	1714.0	3196.0
2016	11792.4	1861.8	4468.7	5461.8	1959.9	3501.7
2017	13605.4	2032.3	4970.9	6602.3	2140.0	3821.4
2018	15353.2	2156.0	5506.2	7691.0	2273.0	4165.5
2019	16769.3	2280.6	5971.5	8517.3	2408.0	4459.0
2020	17860.4	2539.9	6263.0	9057.5	2675.6	4666.2
2021	19586.4	2730.9	6984.7	9870.8	2877.7	5337.5

贵州地区生产总值

单位：亿元

建筑业	批发和零售业	交通运输、仓储和邮政业	住宿和餐饮业	金融业	房地产业	其他
15.7	22.5	19.0	3.1	14.5	5.1	32.5
19.6	28.9	25.5	3.9	21.5	6.3	43.1
21.8	35.2	18.0	5.1	24.6	6.1	57.1
23.8	42.0	22.8	6.5	29.9	7.8	67.6
29.7	50.6	26.8	7.7	36.5	8.9	83.2
37.9	59.9	23.5	9.0	44.2	12.8	95.7
45.6	66.0	29.1	10.4	40.1	16.2	112.4
56.0	69.6	59.2	11.0	33.3	24.1	122.3
62.5	72.6	65.9	11.1	36.1	37.1	145.0
72.8	77.8	73.5	11.9	37.2	45.3	179.9
86.5	87.3	79.5	13.3	41.5	53.5	205.6
96.2	94.4	84.5	21.9	48.1	60.0	245.4
101.9	114.3	94.6	26.5	59.0	66.8	280.2
118.9	133.8	113.8	44.0	70.7	75.3	335.5
146.0	155.5	131.6	61.6	88.3	86.2	400.7
186.3	201.4	164.1	88.7	128.9	103.1	527.1
230.7	261.5	195.7	127.9	155.6	123.7	661.5
277.9	292.4	212.2	150.8	198.9	141.6	735.1
335.8	368.8	244.9	176.9	258.2	163.7	860.1
435.9	467.5	297.9	196.4	335.5	204.4	1128.1
531.0	584.3	335.6	212.5	411.2	226.5	1362.7
638.7	647.9	383.1	227.1	507.1	274.4	1728.9
743.1	733.7	421.9	243.8	575.3	308.5	1989.3
833.4	790.6	454.7	264.1	642.5	356.7	2289.0
970.0	893.7	503.3	292.6	736.1	401.3	2533.7
1152.6	1040.1	576.3	337.2	874.5	487.8	3175.6
1344.9	1181.2	655.3	378.4	992.3	572.3	3790.3
1517.1	1269.9	709.9	417.2	1060.0	644.2	4284.1
1601.3	1386.7	708.1	383.4	1083.8	827.6	4527.6
1653.2	1562.4	817.7	461.1	1157.9	866.6	4852.1

5-25　1992-2021年

年份	地区生产总值	第一产业	第二产业	第三产业	农、林、牧、渔业	工业
1992	618.7	186.8	219.0	212.9	186.8	193.9
1993	783.3	191.5	325.6	266.3	191.5	284.7
1994	983.8	236.3	428.7	318.9	236.3	383.9
1995	1222.2	302.7	534.8	384.7	302.7	481.0
1996	1517.7	360.5	669.1	488.2	360.5	599.8
1997	1676.2	387.0	743.8	545.3	387.0	657.1
1998	1831.3	403.4	818.3	609.6	403.4	705.6
1999	1899.8	406.9	811.9	681.1	406.9	686.1
2000	2030.1	442.3	836.2	751.6	442.3	707.0
2001	2159.0	444.4	871.4	843.2	444.4	734.5
2002	2358.7	463.4	942.1	953.2	463.4	796.5
2003	2633.4	494.6	1059.8	1079.0	494.6	895.6
2004	3136.4	607.8	1267.8	1260.8	607.8	1060.4
2005	3497.7	646.3	1387.3	1464.1	661.7	1144.6
2006	4090.7	704.5	1674.2	1712.0	724.4	1387.8
2007	5077.4	849.6	2057.4	2170.4	870.5	1728.3
2008	6016.6	1001.9	2476.1	2538.6	1024.3	2092.6
2009	6574.4	1049.7	2605.4	2919.3	1072.4	2135.0
2010	7735.3	1090.3	3267.7	3377.3	1114.6	2675.0
2011	9523.1	1396.6	3811.4	4315.1	1424.0	3076.5
2012	11097.4	1640.4	4458.4	4998.6	1671.0	3557.4
2013	12825.5	1878.5	5000.5	5946.5	1912.8	3903.4
2014	14041.7	2007.4	5376.5	6657.7	2045.4	4085.0
2015	14960.0	2079.3	5491.7	7389.0	2121.8	4044.5
2016	16369.0	2225.5	5747.4	8396.1	2272.6	4087.5
2017	18486.0	2338.4	6317.8	9829.8	2388.6	4347.8
2018	20880.6	2498.7	7267.5	11114.5	2552.6	4911.7
2019	23223.8	3037.7	8060.4	12125.7	3096.2	5400.5
2020	24555.7	3611.8	8387.5	12556.5	3674.5	5579.4
2021	27146.8	3870.2	9589.4	13687.2	3939.5	6555.8

云南地区生产总值

单位：亿元

建筑业	批发和零售业	交通运输、仓储和邮政业	住宿和餐饮业	金融业	房地产业	其他
25.1	58.3	25.2	15.3	34.5	10.6	68.9
40.9	75.9	30.5	19.9	52.7	11.0	76.3
44.8	90.8	39.0	23.9	63.3	12.4	89.4
53.8	106.8	49.9	28.1	74.9	15.0	109.9
69.2	127.7	68.0	33.6	83.6	25.8	149.5
86.8	134.1	77.4	35.2	100.0	26.9	171.7
112.7	145.0	90.8	38.1	102.5	30.4	202.8
125.8	154.0	110.5	40.5	79.7	60.5	235.9
129.2	173.7	92.9	45.6	79.4	83.4	276.7
136.9	180.2	115.6	43.5	86.6	94.5	322.8
145.6	197.6	132.6	46.9	103.2	108.9	364.1
164.2	203.9	159.5	49.0	106.7	126.0	434.0
207.4	245.7	180.8	58.0	117.2	147.0	512.1
242.7	297.6	164.2	92.8	127.1	196.1	571.0
286.4	310.9	230.3	88.0	140.7	233.8	688.4
329.2	371.1	278.6	118.4	169.9	298.3	913.1
383.5	512.3	247.6	142.4	280.1	320.2	1013.7
470.4	632.0	283.4	154.1	355.4	357.6	1114.1
594.9	767.0	321.1	179.9	379.4	394.3	1309.3
737.4	1050.2	378.8	260.8	458.8	437.3	1699.5
903.7	1187.1	454.2	308.3	547.4	508.6	1959.8
1100.0	1345.8	528.8	347.0	737.1	586.7	2363.9
1294.6	1469.8	591.6	384.8	881.3	659.7	2629.4
1450.5	1583.3	650.5	398.1	1001.0	709.7	3000.6
1663.4	1732.5	740.2	435.4	1121.3	819.4	3496.8
1973.7	1941.1	888.1	486.4	1245.7	1006.1	4208.5
2360.0	2187.3	1041.2	539.2	1312.6	1278.2	4697.9
2664.6	2386.2	1101.1	589.5	1393.1	1417.4	5175.2
2812.7	2476.7	1049.7	511.8	1450.4	1596.2	5404.3
3040.4	2840.4	1247.8	590.2	1517.9	1630.7	5784.0

5-26 1992-2021年

年份	地区生产总值	第一产业	第二产业	第三产业	农、林、牧、渔业	工业
1992	33.3	16.1	4.5	12.7	16.6	2.6
1993	37.4	17.8	5.5	14.1	18.3	2.7
1994	46.0	20.6	7.9	17.6	21.1	3.4
1995	56.1	22.9	13.2	20.0	23.5	4.1
1996	65.0	26.5	11.3	27.2	27.2	4.4
1997	77.2	28.4	16.9	31.9	29.2	8.2
1998	91.5	30.5	20.1	40.8	31.4	9.1
1999	106.0	33.3	23.9	48.8	34.3	9.5
2000	117.8	35.4	27.1	55.3	36.4	10.2
2001	139.2	36.5	32.0	70.7	37.5	10.9
2002	162.0	38.7	32.7	90.6	39.8	11.7
2003	186.0	39.6	47.5	98.9	40.7	13.9
2004	217.9	42.1	51.3	124.5	43.3	16.0
2005	243.1	44.9	60.5	137.7	46.1	17.2
2006	285.9	47.6	76.1	162.2	48.9	21.5
2007	344.1	52.3	95.2	196.6	53.8	28.1
2008	398.2	57.6	110.8	229.8	59.2	30.1
2009	445.7	60.5	130.1	255.1	62.2	33.9
2010	512.9	64.8	155.0	293.1	66.6	40.8
2011	611.5	69.8	195.6	346.1	71.8	49.7
2012	710.2	75.3	226.1	408.8	77.3	57.4
2013	828.2	81.2	270.8	476.2	83.4	63.9
2014	939.7	88.1	310.3	541.3	90.4	69.7
2015	1043.0	93.6	341.8	607.6	96.2	73.5
2016	1173.0	110.5	390.4	672.1	113.6	91.6
2017	1349.0	118.2	469.6	761.2	121.5	110.1
2018	1548.4	128.3	582.7	837.3	132.2	127.0
2019	1697.8	138.2	635.6	924.0	142.1	131.7
2020	1902.7	150.3	714.9	1037.5	154.4	158.6
2021	2080.2	164.1	757.3	1158.8	168.5	189.9

西藏地区生产总值

单位：亿元

建筑业	批发和零售业	交通运输、仓储和邮政业	住宿和餐饮业	金融业	房地产业	其他
1.9	2.6	1.8	1.2	0.2	0.6	5.8
2.8	3.0	2.0	1.3	0.2	0.9	6.3
4.4	3.6	1.9	1.6	0.3	0.9	8.8
9.1	4.0	2.8	2.4	0.3	1.0	9.0
6.9	5.5	3.6	2.5	0.5	1.2	13.3
8.7	6.4	4.2	2.9	0.6	1.3	15.8
11.1	7.8	5.2	3.5	0.7	1.7	21.2
14.4	8.9	7.5	4.0	1.1	2.2	24.2
16.9	9.9	8.2	4.4	2.2	2.5	27.2
21.1	11.6	9.9	5.2	2.6	3.3	37.2
21.1	14.5	11.1	6.5	3.4	3.6	50.4
33.6	18.0	11.4	7.1	4.7	4.4	52.2
35.3	16.7	12.2	11.5	5.3	5.8	71.8
43.4	17.9	12.6	12.2	7.3	10.0	76.4
54.6	19.9	14.4	12.5	7.7	12.1	94.2
67.2	22.4	17.9	12.7	11.3	13.9	117.0
80.7	23.4	20.6	13.1	22.0	16.0	133.1
96.2	28.8	23.1	14.5	22.7	14.2	150.1
114.2	33.8	24.4	15.5	26.5	15.7	175.4
145.9	37.0	26.7	17.4	30.9	19.0	213.2
168.7	46.7	29.7	23.2	31.2	22.9	253.1
206.9	65.1	33.5	24.9	40.6	25.2	284.8
240.7	71.9	36.0	28.5	54.2	32.7	315.6
268.3	76.3	37.5	31.3	66.0	33.5	360.5
298.8	80.5	37.5	32.4	90.4	38.8	389.4
359.6	87.8	42.0	34.9	108.2	39.7	445.4
455.8	95.5	47.7	39.5	118.6	48.2	484.1
503.9	104.5	47.8	41.9	121.9	54.5	549.6
556.3	99.9	43.5	32.7	186.0	89.3	582.1
567.4	112.7	45.4	33.7	213.5	106.9	642.2

5-27 1992-2021年

年份	地区生产总值	第一产业	第二产业	第三产业	农、林、牧、渔业	工业
1992	531.6	116.7	232.1	182.9	116.7	198.9
1993	678.2	148.2	297.5	232.5	148.2	250.1
1994	839.0	171.8	364.4	302.8	171.8	307.5
1995	1036.9	217.3	441.7	377.9	217.3	377.9
1996	1215.8	250.6	514.3	451.0	250.6	439.7
1997	1363.6	255.4	567.3	540.9	255.4	477.4
1998	1458.4	266.9	607.8	583.7	266.9	500.3
1999	1592.6	254.6	681.4	656.6	254.6	549.0
2000	1804.0	258.2	782.6	763.2	258.2	629.9
2001	2010.6	263.6	878.8	868.2	263.6	706.6
2002	2253.4	282.2	1007.6	963.6	282.2	819.5
2003	2587.7	302.7	1221.2	1063.9	302.7	1006.9
2004	3141.6	356.7	1506.1	1278.8	372.3	1269.9
2005	3817.2	418.6	1807.8	1590.8	435.8	1532.2
2006	4595.6	466.2	2271.0	1858.4	484.8	1944.0
2007	5681.8	560.7	2865.9	2255.2	592.6	2449.8
2008	7177.8	717.5	3666.1	2794.2	753.7	3122.0
2009	7997.8	751.6	4017.5	3228.8	790.8	3339.8
2010	9845.2	946.7	5071.5	3827.0	989.5	4271.8
2011	12175.1	1187.4	6484.3	4503.4	1237.5	5513.9
2012	14142.4	1314.8	7612.3	5215.3	1372.5	6505.2
2013	15905.4	1463.5	8418.0	6023.9	1528.6	7156.9
2014	17402.5	1566.9	9045.0	6790.6	1637.8	7632.4
2015	17898.8	1599.7	8664.6	7634.5	1675.6	7103.3
2016	19045.8	1696.1	8906.5	8443.1	1778.9	7226.9
2017	21473.5	1741.1	10114.1	9618.3	1830.6	8232.9
2018	23941.9	1830.2	11215.3	10896.4	1927.8	9088.1
2019	25793.2	1991.1	11779.5	12022.6	2098.2	9459.9
2020	26014.1	2267.7	11222.0	12524.4	2381.8	8740.2
2021	29801.0	2409.4	13802.5	13589.1	2532.2	11256.0

陕西地区生产总值

单位：亿元

建筑业	批发和零售业	交通运输、仓储和邮政业	住宿和餐饮业	金融业	房地产业	其他
33.1	34.5	37.7	7.3	15.7	8.2	79.5
47.4	39.8	52.4	8.6	18.1	11.3	102.3
56.9	49.2	67.3	10.7	21.0	16.9	137.8
63.8	71.0	77.9	15.7	24.2	19.1	170.0
74.6	91.4	84.6	20.5	28.0	22.6	203.9
89.9	106.5	93.8	24.2	32.5	33.6	250.4
107.6	112.2	95.7	25.8	37.6	41.4	271.0
132.4	123.5	104.2	28.8	43.4	47.2	309.6
152.7	142.1	122.9	33.5	50.3	59.4	355.0
172.2	163.2	146.4	39.0	58.2	68.1	393.4
188.1	183.8	160.5	44.5	67.3	77.7	429.8
214.3	205.7	169.7	50.5	77.9	83.9	476.3
236.2	264.8	204.9	64.6	90.1	95.9	543.0
275.6	319.9	249.2	86.2	128.6	110.0	679.9
327.0	386.2	298.2	102.2	154.6	128.3	770.4
416.1	439.9	337.8	123.7	236.4	159.8	925.7
544.1	552.7	395.5	150.7	296.1	203.0	1160.0
677.6	675.7	442.3	154.2	345.7	252.5	1319.1
799.7	820.9	506.6	189.8	402.8	340.1	1524.0
970.4	986.0	596.3	226.8	455.9	433.7	1754.5
1107.1	1102.4	673.5	259.3	586.0	496.6	2039.9
1308.1	1209.7	674.0	274.6	791.1	579.2	2383.2
1473.7	1316.2	753.3	290.0	1024.3	655.1	2619.8
1603.2	1390.9	803.7	334.5	1177.3	796.0	3014.2
1732.8	1473.2	879.4	346.2	1295.1	865.7	3447.6
1959.0	1606.7	959.1	367.8	1435.9	1010.5	4070.8
2233.0	1734.5	1033.6	393.0	1580.3	1178.6	4773.1
2432.3	1872.4	1106.3	426.5	1673.7	1422.0	5301.9
2580.2	1842.5	1127.8	357.1	1807.2	1547.9	5629.3
2674.2	2050.1	1245.2	399.8	1986.2	1635.0	6022.2

5-28 1992-2021年

年份	地区生产总值	第一产业	第二产业	第三产业	农、林、牧、渔业	工业
1992	317.8	74.2	128.7	114.9	75.3	110.2
1993	372.2	87.4	160.0	124.9	88.9	136.7
1994	453.6	103.9	198.7	151.1	105.6	174.6
1995	557.8	110.7	256.8	190.3	112.7	226.3
1996	722.5	188.1	312.0	222.4	191.1	276.4
1997	793.6	190.2	337.8	265.6	193.8	286.7
1998	887.7	202.8	373.4	311.5	206.7	311.3
1999	956.3	191.8	410.1	354.4	196.2	327.0
2000	1052.9	194.1	421.7	437.1	199.2	327.6
2001	1125.4	208.0	458.1	459.3	213.5	355.5
2002	1232.0	215.5	501.7	514.8	221.3	389.4
2003	1399.9	238.0	572.2	589.7	244.4	452.3
2004	1653.6	283.3	680.3	690.0	287.0	549.5
2005	1864.6	304.3	772.2	788.1	308.4	633.3
2006	2203.0	329.8	972.5	900.6	334.5	818.3
2007	2675.1	365.9	1254.1	1055.0	391.0	1070.2
2008	3071.7	391.2	1429.9	1250.5	418.6	1197.1
2009	3268.3	418.4	1473.2	1376.6	447.3	1214.0
2010	3943.7	472.6	1910.3	1560.8	501.7	1613.8
2011	4816.9	525.6	2288.6	2002.7	558.3	1947.2
2012	5393.1	590.9	2493.3	2308.9	626.7	2107.1
2013	6014.5	658.1	2674.0	2682.4	698.3	2262.6
2014	6518.4	695.8	2823.3	2999.4	739.7	2374.3
2015	6556.6	733.4	2505.4	3317.8	780.7	2031.6
2016	6907.9	800.7	2483.5	3623.7	834.5	1995.5
2017	7336.7	859.7	2515.7	3961.2	896.0	2020.5
2018	8104.1	926.1	2761.6	4416.4	962.3	2253.4
2019	8718.3	1059.3	2862.4	4796.6	1097.2	2319.7
2020	8979.7	1188.1	2824.8	4966.7	1227.3	2265.4
2021	10243.3	1364.7	3466.6	5412.0	1406.8	2849.8

甘肃地区生产总值

单位：亿元

建筑业	批发和零售业	交通运输、仓储和邮政业	住宿和餐饮业	金融业	房地产业	其他
18.5	28.3	14.2	10.9	14.9	1.1	44.5
23.2	31.0	15.0	12.1	15.7	1.5	48.1
24.1	37.5	21.4	12.7	24.0	7.8	45.9
30.5	46.7	28.7	20.3	30.7	9.8	52.1
35.6	55.0	33.7	23.9	32.5	11.3	63.1
51.1	63.3	43.7	26.3	41.6	13.7	73.4
62.2	68.4	52.2	29.9	50.6	18.7	87.8
83.1	73.6	60.3	33.6	54.1	21.5	107.1
94.0	78.5	78.4	34.3	55.9	24.8	160.2
102.6	84.4	89.0	36.9	57.5	27.4	158.5
112.3	94.8	107.0	35.1	42.1	41.5	188.5
119.9	100.5	127.1	38.2	43.1	49.3	225.3
130.8	116.9	126.1	44.6	44.5	59.7	294.5
138.9	129.7	152.2	48.4	47.1	68.6	338.0
154.2	144.3	181.5	52.1	54.1	80.7	383.4
183.9	164.6	197.2	57.6	67.2	94.3	449.1
232.8	193.7	233.7	63.1	80.4	108.5	543.8
259.2	226.8	240.5	69.9	99.7	120.1	590.7
296.6	266.3	260.1	74.4	126.1	139.7	665.1
341.5	343.4	303.6	91.3	201.9	182.8	847.1
386.2	387.8	330.3	101.1	262.5	217.6	973.8
428.9	445.6	349.2	112.4	343.0	269.8	1104.8
466.1	475.8	343.9	118.9	449.2	313.1	1237.3
484.2	490.3	342.2	126.7	555.1	335.3	1410.3
498.3	516.6	343.7	133.3	646.3	364.7	1575.0
504.6	540.6	378.3	138.7	718.0	394.4	1745.7
518.2	587.6	407.2	143.0	774.5	440.8	2017.1
553.0	646.3	438.4	158.3	862.3	470.5	2172.7
568.3	662.1	409.9	138.8	859.3	540.5	2308.2
625.9	763.4	471.5	160.6	911.6	580.8	2472.9

5-29　1992-2021年

年份	地区生产总　值	第一产业	第二产业	第三产业	农、林、牧、渔业	工业
1992	87.5	19.9	36.3	31.3	19.9	26.7
1993	109.7	22.2	43.0	44.4	22.2	31.6
1994	138.4	32.4	48.9	57.1	32.4	37.2
1995	167.8	39.6	53.2	75.0	39.6	40.2
1996	184.2	40.4	57.6	86.2	40.4	40.9
1997	202.8	41.8	61.7	99.3	41.8	42.0
1998	220.9	42.9	66.4	111.6	42.9	43.3
1999	239.4	42.0	71.3	126.0	42.0	45.9
2000	263.7	40.1	80.9	142.7	40.1	50.9
2001	300.1	44.7	96.1	159.3	44.7	58.0
2002	340.7	45.3	113.0	182.3	47.3	66.5
2003	385.0	46.0	132.2	206.8	48.5	79.0
2004	443.7	58.1	154.4	231.2	60.7	98.4
2005	499.4	62.8	190.3	246.3	65.3	133.0
2006	585.1	65.8	228.1	291.2	67.6	166.1
2007	720.1	81.6	275.3	363.2	83.4	207.5
2008	896.9	103.6	350.3	443.0	105.6	271.3
2009	939.7	105.3	365.7	468.7	107.4	273.7
2010	1144.2	132.6	444.2	567.4	134.9	326.7
2011	1370.4	152.6	553.1	664.6	155.1	415.3
2012	1528.5	174.2	620.2	734.1	176.9	462.7
2013	1713.3	204.7	681.0	827.6	207.6	502.0
2014	1847.7	215.9	714.8	917.0	219.0	504.5
2015	2011.0	208.9	761.1	1041.0	212.2	516.4
2016	2258.2	221.2	867.7	1169.3	224.7	597.4
2017	2465.1	238.4	975.7	1251.0	242.0	683.2
2018	2748.0	268.1	1093.7	1386.2	272.0	777.5
2019	2941.1	301.9	1153.9	1485.3	306.0	821.9
2020	3009.8	338.0	1143.2	1528.6	342.3	792.2
2021	3346.6	352.7	1332.6	1661.4	357.1	953.1

青海地区生产总值

单位：亿元

建筑业	批发和零售业	交通运输、仓储和邮政业	住宿和餐饮业	金融业	房地产业	其他
9.6	7.3	5.3	1.3	5.8	0.5	11.0
11.5	9.1	6.2	1.7	8.3	0.8	18.4
11.7	11.3	6.7	2.1	10.8	1.1	25.1
13.0	15.7	8.6	2.4	14.6	1.6	32.1
16.7	15.3	9.9	2.7	17.3	2.6	38.5
19.7	16.1	11.4	3.8	18.9	3.4	45.7
23.0	16.9	12.7	4.5	19.2	4.3	53.9
25.4	17.4	15.5	5.0	18.7	5.4	64.2
30.0	19.4	17.5	5.1	17.0	6.5	77.2
38.1	21.2	19.5	6.4	16.1	7.4	88.7
46.5	23.5	22.1	6.5	16.8	9.7	101.7
53.2	26.9	25.1	7.8	17.9	11.8	114.7
56.0	30.9	30.5	8.5	18.9	14.0	125.9
57.3	31.6	31.7	8.6	19.1	15.7	137.0
61.9	37.5	36.2	10.9	23.3	17.5	164.1
67.8	43.4	42.4	12.0	27.1	20.4	216.1
79.0	52.5	45.3	13.3	35.7	24.8	269.4
91.9	61.5	52.5	14.0	40.4	26.7	271.5
117.5	80.0	70.7	15.7	65.8	34.0	298.8
137.8	88.4	79.1	18.1	75.4	40.3	360.9
157.5	101.7	85.5	20.4	95.5	45.2	383.1
178.9	114.2	90.8	27.6	106.1	53.9	432.2
210.3	123.2	97.8	30.1	127.1	65.7	469.9
244.7	132.1	100.6	40.1	207.9	86.0	471.1
270.3	141.2	107.5	43.6	232.6	93.4	547.6
292.5	145.0	118.3	45.4	258.9	105.0	574.8
316.2	150.9	123.2	47.5	259.5	118.9	682.3
332.0	160.8	123.2	50.8	263.0	127.5	755.9
351.0	167.3	116.8	40.9	263.8	145.6	790.0
379.5	194.0	140.8	45.0	275.0	149.9	852.2

5-30 1992-2021年

年份	地区生产总值	第一产业	第二产业	第三产业	农、林、牧、渔业	工业
1992	83.1	18.3	34.1	30.8	18.6	27.7
1993	104.5	20.8	45.6	38.0	21.3	37.3
1994	136.3	29.9	56.0	50.3	30.6	46.3
1995	175.2	35.4	74.7	65.1	36.3	63.4
1996	202.9	43.3	80.5	79.1	44.2	69.0
1997	224.6	44.9	88.7	91.1	45.9	75.0
1998	245.5	48.8	95.1	101.6	49.9	78.3
1999	264.6	48.1	103.8	112.7	49.5	83.5
2000	295.0	46.0	121.4	127.6	47.6	96.7
2001	337.4	49.7	135.9	151.9	51.5	106.8
2002	377.2	53.0	153.1	171.1	54.9	120.5
2003	442.6	55.6	191.8	195.2	57.6	150.2
2004	519.9	65.3	232.6	222.0	67.4	190.3
2005	579.9	69.8	259.8	250.3	72.1	214.4
2006	683.3	76.8	321.9	284.6	79.5	268.6
2007	877.6	92.9	422.0	362.7	97.9	357.6
2008	1139.2	112.9	558.1	468.2	119.0	476.5
2009	1266.7	120.4	593.0	553.2	127.3	484.8
2010	1571.7	151.4	733.4	686.9	159.1	597.8
2011	1931.8	175.0	919.8	837.0	183.9	751.2
2012	2131.0	189.0	992.5	949.5	199.2	802.0
2013	2327.7	210.7	1059.5	1057.5	222.2	846.3
2014	2473.9	216.9	1113.7	1143.4	229.6	881.0
2015	2579.4	236.8	1116.8	1225.8	250.7	874.7
2016	2781.4	241.0	1179.7	1360.7	255.7	925.4
2017	3200.3	250.6	1406.0	1543.7	266.3	1129.2
2018	3510.2	279.4	1488.1	1742.7	296.1	1191.0
2019	3748.5	280.0	1587.1	1881.4	297.7	1272.5
2020	3956.3	338.1	1629.3	1989.0	356.3	1306.5
2021	4522.3	364.5	2021.6	2136.3	383.6	1677.8

宁夏地区生产总值

单位：亿元

建筑业	批发和零售业	交通运输、仓储和邮政业	住宿和餐饮业	金融业	房地产业	其他
6.3	5.8	4.8	1.8	7.1	0.8	10.2
8.3	7.4	5.5	2.3	10.6	1.0	10.9
9.7	9.4	6.8	2.9	14.5	1.4	14.6
11.3	11.7	9.8	3.6	19.3	2.2	17.6
11.6	14.3	14.5	4.4	20.8	2.8	21.4
13.7	15.9	18.7	4.9	22.0	3.9	24.6
16.8	17.4	22.2	5.4	21.2	5.2	29.3
20.3	18.6	26.2	5.7	20.5	7.0	33.3
24.7	20.1	29.6	6.2	21.6	8.9	39.8
29.1	22.1	37.0	7.1	21.4	13.2	49.3
32.5	24.4	43.5	7.8	21.5	13.5	58.5
41.6	28.9	49.8	7.7	24.6	17.0	65.3
42.3	34.5	39.0	9.2	26.7	20.6	90.0
45.4	39.7	45.0	10.6	30.0	22.5	100.3
53.3	43.0	53.1	12.2	34.2	25.2	114.1
64.4	55.5	64.9	15.6	47.8	30.0	143.9
81.6	71.7	89.1	20.2	59.9	39.7	181.6
108.2	76.3	108.9	22.5	69.0	48.8	221.0
135.6	91.9	136.7	26.7	88.3	62.4	273.3
168.7	113.1	162.5	31.4	119.3	81.6	320.2
190.5	128.8	182.2	35.5	147.1	90.8	355.0
214.2	139.1	183.2	36.2	179.5	108.7	398.4
233.7	146.1	183.6	38.6	199.0	120.7	441.6
243.1	143.8	183.0	40.6	217.9	102.4	523.3
255.4	154.0	187.4	43.0	239.8	109.3	611.5
278.1	173.5	182.8	45.6	266.0	131.2	727.6
298.5	190.2	170.1	49.4	285.9	145.7	883.4
316.2	202.2	177.7	53.7	305.8	160.6	962.1
324.3	194.3	181.0	48.7	319.5	186.7	1039.1
345.1	210.7	204.0	54.5	331.4	192.0	1123.2

5-31　1992-2021年

年份	地区生产总值	第一产业	第二产业	第三产业	农、林、牧、渔业	工业
1992	402.3	109.0	144.4	148.9	114.5	106.3
1993	495.3	120.8	200.3	174.1	126.9	155.9
1994	662.3	178.7	243.4	240.2	187.7	190.0
1995	814.9	229.2	277.4	308.3	240.7	219.0
1996	900.9	237.4	306.5	357.0	249.3	239.1
1997	1039.8	266.3	376.3	397.2	279.7	302.5
1998	1107.0	277.1	386.8	443.1	291.1	298.5
1999	1163.2	255.7	411.0	496.5	268.5	315.9
2000	1363.6	274.4	525.0	564.2	288.2	418.6
2001	1491.6	274.3	560.5	656.7	288.1	445.6
2002	1612.6	290.4	589.2	733.0	305.0	463.6
2003	1889.2	393.1	700.3	795.8	412.9	563.7
2004	2170.4	439.2	887.1	844.1	461.3	734.5
2005	2520.5	485.6	1127.1	907.8	510.0	962.3
2006	2957.3	502.5	1409.8	1045.1	527.8	1242.6
2007	3500.0	593.3	1588.5	1318.3	623.1	1406.8
2008	4142.5	646.9	1991.8	1503.8	679.4	1757.9
2009	4237.0	704.9	1846.0	1686.1	740.3	1558.5
2010	5360.2	1000.3	2479.8	1880.1	1038.4	2165.6
2011	6532.0	1047.2	3093.4	2391.4	1087.5	2718.9
2012	7411.8	1204.1	3325.9	2881.9	1249.5	2873.2
2013	8392.6	1326.6	3479.9	3586.1	1378.8	2951.6
2014	9264.5	1406.7	3829.3	4028.5	1466.6	3211.2
2015	9306.9	1409.7	3446.1	4451.2	1479.8	2770.9
2016	9630.8	1473.2	3446.1	4711.6	1554.0	2686.8
2017	11159.9	1551.8	4096.2	5511.8	1640.3	3266.1
2018	12809.4	1692.1	4657.2	6460.1	1791.0	3758.5
2019	13597.1	1781.8	4784.4	7030.9	1888.4	3831.0
2020	13800.7	1981.3	4786.7	7032.8	2098.2	3683.0
2021	15983.6	2356.1	5967.4	7660.2	2484.9	4691.6

新疆地区生产总值

单位：亿元

建筑业	批发和零售业	交通运输、仓储和邮政业	住宿和餐饮业	金融业	房地产业	其他
41.4	30.3	28.3	9.5	22.3	1.6	48.1
49.2	33.1	32.6	10.4	25.7	3.3	58.2
59.1	43.9	44.4	13.8	39.4	6.5	77.5
65.0	56.1	59.6	17.7	54.5	8.8	93.5
74.6	66.4	73.7	20.9	54.3	9.0	113.6
82.9	71.7	85.7	22.6	48.9	12.2	133.7
97.2	74.6	106.9	23.5	49.9	15.2	150.2
104.6	77.8	129.6	24.5	48.2	17.8	176.3
119.0	83.7	138.4	26.4	41.9	26.9	220.5
128.3	90.2	140.2	28.3	48.5	35.3	287.2
139.6	94.1	142.6	29.8	52.2	43.0	342.8
153.5	107.6	136.7	33.5	66.6	48.9	365.8
174.7	125.6	132.4	40.3	68.5	55.9	377.2
193.7	137.2	133.8	44.6	74.8	59.6	404.5
204.5	163.3	138.2	50.1	94.8	75.2	460.9
223.9	187.3	159.8	55.4	159.3	101.9	582.6
286.7	223.1	169.2	71.0	185.7	102.4	667.2
334.3	254.0	182.9	58.7	220.2	134.3	753.7
379.2	276.8	188.5	63.7	249.9	170.9	827.2
456.1	372.7	212.9	72.3	324.4	214.6	1072.6
539.1	427.7	294.6	99.8	415.6	242.0	1270.5
630.3	560.5	317.7	119.1	563.6	364.3	1506.7
717.2	552.2	397.9	129.3	666.5	366.2	1757.4
779.7	525.2	436.5	139.7	711.8	379.4	2084.0
840.1	588.3	461.6	142.8	748.2	405.8	2203.2
913.2	704.7	554.4	159.0	858.1	448.9	2615.3
987.8	742.6	730.1	168.9	967.3	483.5	3179.7
1044.6	770.5	751.1	181.4	1018.6	520.1	3591.5
1188.0	685.0	595.9	134.3	1068.9	574.0	3773.4
1371.6	796.8	703.6	157.7	1141.7	628.6	4007.1

5-32 1993-2021年

年份	地区生产总值	第一产业	第二产业	第三产业	农、林、牧、渔业	工业
1993	112.3	103.2	112.8	113.3	103.2	110.2
1994	113.7	102.8	113.9	115.4	102.8	113.2
1995	112.0	92.0	107.4	120.7	92.0	107.3
1996	109.8	96.8	106.3	115.2	96.8	106.0
1997	110.2	103.0	107.7	113.4	103.0	108.2
1998	109.6	101.1	109.3	110.6	101.1	108.3
1999	111.0	102.5	111.7	111.0	102.5	112.4
2000	112.0	103.2	111.1	113.5	103.2	112.8
2001	111.8	103.6	109.0	113.4	103.7	109.0
2002	111.8	103.0	107.8	113.9	102.7	107.1
2003	111.1	98.5	110.2	111.9	98.9	111.4
2004	113.3	99.6	115.4	112.8	99.4	117.8
2005	112.3	98.4	109.7	113.8	98.1	110.4
2006	112.8	100.8	109.9	114.1	100.6	108.7
2007	114.4	102.0	111.9	115.5	102.2	112.1
2008	109.0	101.6	100.3	112.1	101.1	99.6
2009	110.0	104.6	110.0	110.1	104.6	108.2
2010	110.4	98.4	113.4	109.6	98.6	114.6
2011	108.1	100.9	106.6	108.6	100.9	107.5
2012	107.7	103.2	106.8	108.0	103.2	106.1
2013	107.7	103.0	107.7	107.8	103.0	107.3
2014	107.4	100.0	106.8	107.6	100.1	105.9
2015	106.9	89.2	102.8	108.2	89.4	100.2
2016	106.9	91.3	105.3	107.4	91.5	104.5
2017	106.8	95.2	104.2	107.4	95.3	105.0
2018	106.7	98.0	103.9	107.3	97.7	104.0
2019	106.1	95.0	103.9	106.5	95.1	103.0
2020	101.1	91.6	102.5	100.8	92.3	101.9
2021	108.5	102.7	123.2	105.7	102.3	131.0

北京地区生产总值指数

上年=100

建筑业	批发和零售业	交通运输、仓储和邮政业	住宿和餐饮业	金融业	房地产业	其他
128.8	117.8	108.9	117.9	110.9	109.6	112.5
117.3	114.9	126.4	115.2	115.4	128.2	112.4
107.8	112.5	126.2	112.6	116.7	149.1	127.4
107.5	107.3	118.6	107.5	117.3	127.4	118.3
105.3	106.7	111.9	106.8	129.7	123.5	107.9
114.3	106.6	109.1	106.8	109.9	141.8	111.6
108.3	106.0	107.7	106.2	113.5	124.0	112.1
102.4	110.6	109.9	110.7	117.7	112.9	113.4
106.7	112.5	102.5	109.3	113.4	132.4	113.7
111.1	109.2	102.8	117.5	112.1	131.6	115.0
110.7	111.3	102.6	90.9	110.9	111.9	115.1
105.4	111.1	106.4	135.8	106.0	119.3	114.4
106.6	117.8	104.6	107.2	113.3	109.3	115.6
115.8	118.1	106.2	115.8	111.1	123.1	112.8
111.0	122.5	106.7	108.0	121.9	106.3	115.1
103.7	125.4	102.8	98.3	108.0	95.7	115.4
118.3	109.3	101.5	97.0	106.7	123.2	110.8
108.6	121.5	111.1	115.7	109.4	86.8	109.9
102.9	109.2	104.7	102.7	108.1	94.3	112.7
109.4	103.7	105.3	99.7	112.5	114.5	107.4
109.4	105.3	105.6	97.2	112.5	103.1	108.6
110.3	105.4	105.7	99.5	113.2	98.8	108.6
112.4	98.4	102.8	100.5	118.4	105.2	108.6
108.1	103.0	105.4	100.5	109.3	106.7	108.2
101.7	107.0	110.9	102.3	107.7	99.5	108.9
103.5	100.8	105.9	102.2	107.6	100.8	110.1
105.4	101.9	100.8	99.9	109.5	106.2	107.1
104.3	97.9	87.5	72.4	104.9	99.1	101.7
100.8	108.4	105.9	113.7	104.5	104.6	105.8

5-33 1993-2021年

年份	地区生产总值	第一产业	第二产业	第三产业	农、林、牧、渔业	工业
1993	112.1	107.4	112.9	111.7	107.3	113.6
1994	114.3	105.3	114.7	115.6	105.3	114.1
1995	114.9	106.3	114.1	117.9	106.3	114.5
1996	114.3	108.2	114.3	115.4	108.2	114.6
1997	112.1	107.7	111.7	113.4	107.7	111.8
1998	107.0	106.7	106.1	108.5	106.7	105.6
1999	107.6	100.1	108.4	107.6	100.1	109.1
2000	108.3	103.7	108.3	109.0	103.7	108.8
2001	109.6	106.3	109.8	109.8	106.3	109.3
2002	110.2	106.1	111.2	109.5	106.1	111.1
2003	112.3	106.1	115.3	109.6	106.1	116.0
2004	113.6	105.1	117.5	109.8	105.1	119.3
2005	112.2	104.3	115.3	109.1	104.3	116.1
2006	111.9	103.4	113.8	110.4	103.4	113.9
2007	112.8	101.4	114.1	112.1	101.4	114.9
2008	113.7	103.1	114.4	113.5	103.1	115.1
2009	113.8	103.4	114.6	113.5	103.4	114.9
2010	114.4	103.3	116.5	112.5	103.3	117.0
2011	113.4	103.9	114.9	112.4	103.9	115.3
2012	111.3	103.0	111.4	111.5	103.0	111.4
2013	110.1	101.9	108.8	111.6	103.7	109.6
2014	107.5	102.8	106.7	108.4	102.8	107.0
2015	106.9	102.6	107.3	106.7	102.5	107.2
2016	106.0	103.0	104.0	107.6	103.0	106.7
2017	103.4	102.8	101.0	105.1	102.0	102.5
2018	103.4	100.1	100.2	105.6	100.2	102.9
2019	104.8	100.2	103.2	105.9	100.8	103.6
2020	101.4	99.5	101.5	101.3	100.7	101.2
2021	106.6	102.7	106.5	106.7	102.5	108.0

天津地区生产总值指数

上年=100

建筑业	批发和零售业	交通运输、仓储和邮政业	住宿和餐饮业	金融业	房地产业	其他
103.6	109.2	124.0	108.9	107.2	108.4	104.1
122.7	111.9	124.5	111.9	112.7	108.1	110.3
109.9	111.1	120.6	111.1	125.2	129.1	111.8
110.1	112.9	113.2	113.0	125.9	133.9	107.6
110.1	108.9	112.9	108.9	112.7	124.3	117.2
112.7	108.6	114.4	108.6	94.9	120.0	110.6
99.3	105.5	115.1	109.1	94.1	116.3	106.6
101.0	109.4	110.1	108.5	102.6	132.3	105.3
114.4	109.7	110.7	108.9	103.8	124.2	107.1
112.3	110.8	111.2	100.3	111.3	115.5	105.9
109.1	109.3	110.3	108.5	116.7	111.8	106.7
101.4	110.8	109.5	112.2	114.9	104.1	109.3
106.2	114.1	101.5	109.1	114.4	102.4	111.6
112.5	111.6	104.2	100.1	109.2	105.4	117.3
107.8	110.9	112.6	101.7	118.7	106.1	114.0
108.9	114.0	112.2	110.5	115.8	113.0	113.8
112.1	114.8	110.2	110.2	114.5	120.5	112.5
111.1	116.5	112.0	101.2	117.4	116.1	108.5
111.9	117.0	107.5	101.9	113.6	113.6	112.1
111.4	106.1	115.1	100.1	125.9	111.6	106.6
108.6	107.3	108.0	96.2	119.4	109.8	112.1
106.4	106.9	105.9	102.9	114.8	100.9	110.4
105.4	104.8	104.8	102.9	109.0	104.2	109.8
103.4	104.0	102.5	104.7	104.4	105.1	110.2
92.9	105.4	104.0	106.5	105.4	95.1	109.7
89.6	100.8	102.1	105.6	105.0	97.7	111.5
100.3	100.3	106.8	104.6	103.3	109.5	108.9
103.8	98.5	98.1	75.1	105.7	99.5	102.6
97.3	108.8	108.7	106.7	102.7	106.2	108.1

5-34 1993-2021年

年份	地区生产总值	第一产业	第二产业	第三产业	农、林、牧、渔业	工业
1993	117.7	104.4	124.6	116.6	104.4	124.3
1994	114.9	111.8	116.9	113.7	111.8	116.2
1995	113.9	108.6	115.4	114.6	108.6	115.0
1996	113.5	105.5	116.6	113.0	105.5	116.9
1997	112.5	105.4	114.9	112.5	105.4	115.1
1998	110.7	106.2	112.2	110.6	106.2	112.1
1999	109.1	104.3	110.6	109.0	104.3	110.5
2000	109.5	105.1	110.1	110.4	105.1	110.8
2001	108.7	105.3	108.3	111.0	105.3	108.9
2002	109.5	105.4	110.5	110.2	105.4	111.0
2003	108.4	106.1	108.6	109.2	106.1	107.6
2004	110.0	109.7	110.0	110.1	109.7	109.7
2005	110.3	106.2	110.5	111.7	106.2	110.2
2006	110.3	104.8	110.6	112.1	105.0	110.9
2007	109.6	103.7	109.3	112.2	104.0	110.0
2008	108.0	104.8	108.4	108.7	104.9	109.1
2009	108.1	103.2	108.5	109.3	103.3	107.4
2010	109.2	103.4	109.5	110.7	103.5	109.6
2011	110.3	104.1	111.9	110.4	104.2	112.4
2012	108.7	104.0	110.0	108.5	104.0	110.2
2013	108.2	103.3	109.1	108.7	103.5	109.5
2014	106.5	103.7	105.0	109.2	103.8	105.0
2015	106.8	102.6	104.8	110.4	102.7	104.4
2016	106.7	103.5	104.4	109.8	103.7	104.3
2017	106.6	103.9	102.8	110.8	104.0	102.2
2018	106.5	103.0	103.3	110.0	103.2	102.8
2019	106.7	101.6	103.9	110.0	102.1	104.1
2020	103.8	103.2	104.2	103.5	103.5	103.9
2021	106.5	106.3	104.8	107.7	106.4	104.6

河北地区生产总值指数

上年=100

建筑业	批发和零售业	交通运输、仓储和邮政业	住宿和餐饮业	金融业	房地产业	其他
128.4	126.1	114.2	119.2	126.4	125.6	103.2
124.3	109.6	105.8	105.6	119.5	124.8	119.7
119.5	111.8	118.4	109.2	115.6	110.7	115.4
113.4	110.2	115.1	109.0	112.0	112.2	115.4
112.2	113.9	118.3	111.3	100.0	119.0	114.1
113.3	111.1	112.3	112.9	102.9	112.2	112.7
111.7	108.8	111.1	108.3	98.3	110.2	113.0
103.3	111.9	111.3	110.3	100.2	112.1	112.9
104.0	109.1	116.8	111.9	102.4	103.5	112.1
107.1	110.1	108.8	108.2	108.2	105.5	113.2
115.6	108.2	107.5	110.7	108.4	116.3	110.0
112.2	104.5	100.5	104.9	106.5	104.1	124.0
112.8	109.8	115.6	105.0	102.1	105.2	114.7
108.4	106.6	112.9	103.9	124.7	115.3	112.2
104.3	109.0	111.2	104.5	115.3	109.1	115.7
102.7	112.1	106.3	105.6	109.6	104.1	110.2
118.0	108.4	104.9	105.6	122.9	108.0	110.6
109.1	116.5	118.8	101.6	107.5	104.3	106.1
108.0	110.2	114.2	108.2	110.0	109.1	108.6
108.8	111.2	107.5	109.1	118.7	105.5	106.0
105.2	109.6	102.0	102.5	137.1	104.3	107.1
105.3	108.2	102.4	112.3	119.1	104.8	113.1
108.2	105.5	104.7	112.8	110.3	110.5	117.9
105.5	106.4	100.4	108.1	115.4	109.6	115.9
106.8	109.8	105.7	110.9	113.6	105.2	115.4
106.5	105.5	102.2	106.1	110.8	106.4	117.7
102.9	108.1	111.8	107.2	107.5	106.9	112.1
106.1	101.0	98.8	85.0	105.6	105.7	106.2
106.1	107.8	111.6	111.6	104.0	105.6	107.9

5-35 1993-2021年

年份	地区生产总值	第一产业	第二产业	第三产业	农、林、牧、渔业	工业
1993	113.1	109.1	112.7	115.3	109.1	113.4
1994	110.3	104.5	111.7	110.7	104.5	112.0
1995	112.0	103.8	113.4	113.4	103.8	113.9
1996	111.8	111.8	111.4	112.3	111.8	110.7
1997	111.3	95.0	113.3	114.6	95.0	112.9
1998	109.9	110.5	109.2	110.8	110.5	107.4
1999	107.3	83.3	109.9	111.0	83.3	109.6
2000	109.4	110.7	108.4	110.5	110.7	109.0
2001	110.1	96.4	110.8	112.4	96.4	110.9
2002	112.9	113.6	115.0	110.6	113.6	115.1
2003	111.9	106.9	113.5	111.2	106.9	113.6
2004	112.2	104.5	114.4	111.3	104.5	114.7
2005	110.5	94.6	113.4	110.1	94.6	113.9
2006	109.9	103.4	112.4	107.0	105.4	112.7
2007	113.2	104.7	114.2	113.0	104.5	114.7
2008	108.3	101.4	106.9	111.9	101.4	107.3
2009	105.5	104.4	102.0	111.7	104.0	99.9
2010	110.8	106.6	115.0	105.1	106.8	115.8
2011	110.0	106.2	113.2	105.1	106.2	113.9
2012	109.2	106.2	110.0	108.3	106.3	110.7
2013	109.0	104.8	109.4	109.0	104.8	109.3
2014	104.9	104.8	103.2	108.3	105.0	103.3
2015	103.0	101.0	98.7	111.3	101.2	98.4
2016	104.1	102.9	101.1	106.9	102.9	100.5
2017	106.8	102.9	105.9	108.1	103.1	106.1
2018	106.6	102.1	104.4	109.0	102.2	104.2
2019	106.1	102.2	106.0	106.5	102.2	105.8
2020	103.6	106.7	105.5	101.7	106.7	105.3
2021	109.1	108.1	110.2	108.3	108.0	111.1

山西地区生产总值指数

上年=100

建筑业	批发和零售业	交通运输、仓储和邮政业	住宿和餐饮业	金融业	房地产业	其他
106.4	113.4	114.7	113.4	117.2	112.6	115.8
109.5	117.1	122.8	117.1	88.2	124.1	117.9
108.0	113.5	115.9	113.6	116.7	114.5	108.0
118.5	115.8	116.3	115.7	104.6	116.1	111.6
117.5	112.4	108.4	112.4	120.6	120.6	117.7
126.8	112.2	118.4	112.3	93.4	134.8	114.3
112.4	109.8	109.9	109.7	101.9	124.4	118.0
103.5	112.1	113.0	112.1	107.9	115.1	107.6
110.3	112.8	115.0	112.6	108.0	111.5	112.5
114.2	115.2	115.2	115.2	91.3	112.5	112.4
112.5	105.2	113.6	105.3	93.0	117.3	119.9
112.0	112.3	113.0	112.3	102.7	109.0	112.4
109.7	112.3	110.2	109.1	110.1	109.8	108.9
109.6	109.5	109.0	101.5	109.5	106.9	103.7
108.0	113.7	115.0	111.3	115.0	110.2	112.0
101.6	110.9	110.4	106.0	108.3	105.5	116.4
130.0	119.7	110.3	109.2	114.0	105.8	109.3
107.0	103.9	103.7	105.9	105.7	105.2	106.1
105.5	108.6	104.7	100.6	103.4	100.7	105.2
101.3	108.0	105.8	103.7	115.2	110.1	107.7
107.0	106.1	105.1	103.1	116.1	121.4	109.7
107.9	105.7	107.2	105.1	107.1	125.8	104.3
105.5	104.9	108.1	107.8	117.9	115.3	113.4
105.3	100.6	109.4	110.0	108.2	106.9	108.5
105.0	100.8	113.0	109.1	104.4	114.1	109.4
106.0	101.5	108.1	105.3	105.6	107.9	114.2
108.0	102.8	106.6	105.8	106.7	103.9	108.5
106.5	98.3	102.0	87.8	106.3	105.5	101.1
104.1	106.1	109.7	117.8	104.9	108.3	109.3

5-36 1993-2021年

年份	地区生产总值	第一产业	第二产业	第三产业	农、林、牧、渔业	工业
1993	111.7	105.0	113.9	115.7	105.0	112.3
1994	111.2	103.2	113.1	116.1	103.2	114.8
1995	110.1	103.9	111.0	114.1	103.9	112.7
1996	114.4	121.4	111.4	112.3	121.4	115.2
1997	110.8	102.0	114.0	114.3	102.0	114.9
1998	110.7	106.2	109.6	114.7	106.2	110.0
1999	108.8	101.0	110.0	112.7	101.0	110.7
2000	110.8	102.6	111.7	114.5	102.6	112.2
2001	110.7	102.0	110.9	115.5	102.0	110.2
2002	113.2	104.4	115.7	115.3	104.8	113.9
2003	116.3	106.4	120.1	117.5	105.9	114.8
2004	116.7	111.3	122.3	113.8	111.3	124.2
2005	119.6	109.1	130.3	113.1	109.1	132.6
2006	118.0	103.2	124.1	118.2	103.2	126.7
2007	118.0	103.9	122.3	118.6	103.9	124.5
2008	116.5	106.9	118.4	117.5	106.9	120.3
2009	116.0	102.3	119.2	116.5	102.3	118.1
2010	114.1	106.1	115.7	114.4	106.1	116.0
2011	113.6	106.0	116.3	113.3	106.0	116.5
2012	110.7	105.7	112.9	110.0	105.7	113.2
2013	108.7	103.7	110.1	108.7	105.3	111.0
2014	107.8	103.2	108.6	108.2	103.2	109.2
2015	107.7	103.2	107.8	108.7	103.2	108.0
2016	107.0	103.2	106.9	108.2	103.2	106.9
2017	104.0	103.3	101.5	106.4	103.3	103.6
2018	105.2	103.2	105.0	106.0	103.2	106.8
2019	105.2	102.4	105.7	105.4	102.4	106.0
2020	100.2	101.7	101.1	99.0	101.7	100.9
2021	106.3	104.8	106.1	106.7	104.8	106.5

内蒙古地区生产总值指数

上年=100

建筑业	批发和零售业	交通运输、仓储和邮政业	住宿和餐饮业	金融业	房地产业	其他
120.5	121.1	128.6	121.1	115.9	116.4	103.7
106.9	116.8	119.6	116.8	116.0	114.2	113.1
104.2	115.7	119.7	115.7	109.7	110.1	110.7
95.5	113.3	114.4	113.3	108.7	107.7	111.9
109.4	115.8	117.1	115.8	105.7	110.6	114.4
107.2	115.8	116.8	115.8	111.0	120.5	111.9
105.9	116.4	113.4	116.4	107.2	122.9	108.9
108.9	117.0	118.4	117.0	107.5	122.5	109.0
114.1	121.8	117.7	121.8	106.3	122.7	105.4
124.3	116.4	120.1	116.4	106.0	111.4	110.5
143.0	107.4	117.3	105.7	136.3	112.7	132.0
115.6	119.2	115.2	113.4	108.1	113.8	109.0
121.3	119.2	114.8	112.5	117.2	123.1	101.6
113.6	116.4	113.3	115.6	126.5	115.4	121.9
112.7	113.9	116.0	111.6	126.7	115.0	123.0
109.1	115.2	117.5	111.9	120.2	115.6	119.2
125.2	117.3	108.3	111.3	134.2	107.9	119.7
114.3	111.4	111.7	110.3	110.8	112.8	118.3
115.6	110.1	114.0	104.7	120.4	122.7	111.8
111.6	114.9	110.2	106.6	113.4	103.2	109.5
106.6	108.9	105.3	106.6	110.3	109.5	108.7
105.9	108.9	105.5	105.9	111.2	106.2	109.3
106.7	106.3	103.7	106.9	115.1	105.9	111.6
106.9	105.8	104.3	106.1	115.9	107.0	109.5
94.1	105.5	110.0	104.8	108.1	101.0	106.7
97.9	103.5	105.2	102.9	101.9	101.9	110.0
104.5	104.2	104.3	107.7	103.0	104.6	106.9
101.9	95.0	97.4	81.8	99.3	103.8	102.0
104.5	103.6	109.3	110.9	103.8	102.5	108.3

5-37 1993-2021年

年份	地区生产总值	第一产业	第二产业	第三产业	农、林、牧、渔业	工业
1993	114.9	110.7	116.6	114.3	110.7	116.1
1994	111.2	102.1	113.8	111.1	102.1	114.3
1995	107.1	104.9	107.1	107.8	104.9	107.8
1996	108.6	112.6	107.8	108.4	112.6	108.6
1997	108.9	101.3	110.5	109.2	101.3	110.9
1998	108.3	113.0	107.6	107.9	113.0	107.5
1999	108.2	105.1	108.5	108.9	105.1	108.6
2000	108.9	98.4	110.7	109.6	98.4	110.8
2001	109.0	106.7	107.5	111.5	106.7	107.4
2002	110.2	108.4	109.8	111.3	108.4	109.6
2003	108.9	107.2	109.4	108.8	107.2	108.9
2004	110.4	107.9	113.0	107.9	107.9	112.6
2005	110.5	107.9	111.8	109.5	107.9	112.2
2006	111.5	106.3	113.7	110.5	106.3	113.8
2007	112.9	104.0	115.5	112.3	104.0	116.3
2008	110.7	106.5	113.2	108.8	106.5	114.0
2009	110.4	103.3	112.7	109.2	103.3	111.5
2010	110.3	105.8	112.6	108.4	105.8	112.7
2011	110.2	106.0	112.1	108.8	106.0	112.4
2012	108.9	104.9	109.2	109.6	104.9	109.1
2013	108.7	104.0	107.0	112.2	104.0	106.5
2014	105.7	102.2	105.0	107.3	102.2	104.7
2015	102.8	104.0	99.4	107.1	104.0	98.6
2016	100.5	98.3	95.4	105.3	98.9	94.5
2017	104.2	103.6	103.2	105.0	102.9	104.0
2018	105.6	103.0	107.3	104.8	102.6	109.0
2019	105.4	103.9	106.0	105.3	103.3	105.9
2020	100.6	103.2	101.6	99.2	102.8	101.1
2021	105.8	105.3	104.2	107.0	105.0	104.7

辽宁地区生产总值指数

上年=100

建筑业	批发和零售业	交通运输、仓储和邮政业	住宿和餐饮业	金融业	房地产业	其他
120.4	114.1	113.3	114.1	114.3	114.3	115.7
109.3	110.8	112.7	110.8	111.1	111.1	110.3
100.1	112.7	106.8	112.7	107.8	107.8	102.9
99.1	110.7	108.1	110.7	108.4	108.4	106.0
106.1	111.8	111.0	111.8	109.2	109.2	103.8
108.2	111.4	102.2	111.4	107.9	107.9	108.4
106.7	111.1	110.0	111.1	108.9	108.9	104.4
109.3	111.5	108.5	111.5	109.6	109.6	108.2
108.7	110.6	104.1	110.6	108.7	110.1	117.6
110.1	111.5	108.4	111.5	104.8	114.8	113.8
114.9	109.2	114.3	109.3	102.5	107.4	106.4
118.7	106.9	111.9	106.9	103.0	101.0	107.7
108.4	112.8	105.0	106.9	118.8	118.7	107.1
111.8	106.1	108.6	107.9	123.5	121.3	109.7
109.3	110.1	115.2	104.9	118.3	120.3	110.3
105.6	107.9	106.9	108.4	107.8	105.8	110.7
122.8	110.9	103.8	112.0	121.7	111.4	107.5
111.9	109.2	106.8	109.4	107.9	109.2	108.3
110.3	108.4	107.9	106.8	107.8	107.8	109.9
109.9	108.5	107.5	106.5	114.0	109.0	110.2
108.9	108.3	106.1	109.8	125.7	113.3	113.7
106.8	107.7	104.8	105.6	115.0	98.9	108.6
103.2	107.3	105.2	106.9	119.2	99.6	106.7
102.7	104.2	105.7	103.1	108.9	106.0	103.7
99.1	103.5	105.7	99.7	104.3	105.4	106.5
98.7	101.2	102.6	101.1	102.3	102.6	108.9
101.7	106.2	102.5	105.1	105.9	105.6	107.0
104.0	93.5	94.2	83.5	103.0	101.6	102.1
103.5	107.8	105.7	114.8	101.5	102.5	109.2

5-38 1993-2021年

年份	地区生产总值	第一产业	第二产业	第三产业	农、林、牧、渔业	工业
1993	112.7	107.7	117.3	109.9	107.7	117.0
1994	109.7	110.0	105.6	116.0	110.0	107.3
1995	109.7	105.0	111.6	110.6	105.0	111.7
1996	113.5	116.5	113.1	111.9	116.5	114.3
1997	109.0	99.6	108.8	116.5	99.6	110.7
1998	109.1	113.3	107.7	108.3	113.3	107.0
1999	108.2	101.4	110.8	109.3	101.4	109.7
2000	109.2	97.0	113.4	111.1	97.0	112.8
2001	108.4	104.6	109.6	109.5	104.6	110.0
2002	107.0	106.3	107.0	107.4	106.3	106.1
2003	109.2	105.9	112.2	108.0	107.3	110.7
2004	109.0	108.0	110.0	108.6	107.9	111.0
2005	108.6	109.9	107.4	109.2	109.9	107.1
2006	110.8	104.2	109.8	115.2	104.2	111.0
2007	111.6	101.2	109.6	118.2	101.2	109.1
2008	112.0	109.5	112.9	112.2	109.5	112.3
2009	110.3	102.8	113.8	110.6	102.8	113.2
2010	110.4	103.7	115.1	109.1	103.7	115.9
2011	110.5	105.1	114.1	109.3	105.1	115.2
2012	108.9	105.3	110.2	108.9	105.3	110.3
2013	108.5	104.0	106.3	111.8	104.0	107.5
2014	106.3	104.6	106.1	107.0	104.6	106.1
2015	106.1	104.7	104.7	107.7	104.7	104.1
2016	106.5	103.9	105.5	108.0	103.9	105.6
2017	105.2	103.3	103.6	106.9	103.3	105.4
2018	104.4	102.0	103.8	105.4	102.0	105.0
2019	103.0	102.5	102.6	103.3	102.5	103.1
2020	102.3	101.3	105.7	100.0	101.3	105.9
2021	106.6	106.4	105.0	107.8	106.3	104.6

吉林地区生产总值指数

上年=100

建筑业	批发和零售业	交通运输、仓储和邮政业	住宿和餐饮业	金融业	房地产业	其他
119.7	120.8	117.2	113.3	93.3	116.4	108.9
94.5	121.0	119.5	119.9	110.7	118.4	112.4
110.6	112.3	115.3	112.7	96.0	119.1	112.8
103.7	110.3	111.5	111.6	102.9	114.4	117.4
93.0	112.4	120.8	115.1	100.5	98.2	127.1
114.7	108.3	106.2	108.4	105.5	123.6	108.4
120.8	110.0	111.7	110.0	105.3	112.3	108.2
118.8	112.8	111.1	113.2	104.5	123.7	109.7
108.1	119.4	109.0	106.5	108.5	107.0	105.7
111.6	109.7	105.3	100.3	96.7	110.4	111.8
115.2	111.5	110.3	106.4	94.5	109.0	108.1
109.3	104.8	105.4	108.1	101.3	101.7	115.3
108.7	105.1	104.3	114.2	106.6	109.8	115.0
104.1	110.5	106.6	143.0	113.3	135.5	114.9
109.9	112.9	108.6	131.8	166.4	111.8	116.4
118.1	109.5	110.7	106.6	109.8	109.4	115.3
116.3	113.4	107.0	112.1	121.5	110.0	108.1
111.7	107.1	110.0	110.1	103.7	102.9	112.6
109.0	107.1	109.1	104.8	99.4	103.9	112.7
109.9	109.2	107.3	108.9	115.6	107.0	108.6
103.9	100.1	105.7	106.5	165.0	172.0	100.7
106.2	106.0	103.8	105.9	115.8	100.4	107.4
107.6	106.3	102.4	107.6	120.9	101.8	107.1
104.6	106.1	103.7	107.3	110.0	108.1	109.2
96.5	103.9	105.1	102.4	106.3	105.9	109.0
98.5	102.4	103.3	102.1	98.6	104.8	109.3
100.5	104.7	101.6	100.1	106.2	103.1	102.7
104.4	95.7	100.4	81.3	105.5	97.1	101.5
107.4	110.0	108.9	114.7	103.2	103.2	109.1

5-39 1993-2021年

年份	地区生产总值	第一产业	第二产业	第三产业	农、林、牧、渔业	工业
1993	107.1	104.3	108.3	106.6	104.3	108.2
1994	108.3	107.2	108.7	108.2	107.2	108.9
1995	109.0	106.8	110.0	108.6	106.8	110.0
1996	110.0	110.8	110.3	108.7	110.8	110.3
1997	109.5	106.2	109.6	111.8	106.2	109.3
1998	107.6	98.9	109.2	110.6	99.0	108.5
1999	107.1	103.0	107.5	109.0	103.0	107.5
2000	107.7	96.9	109.5	110.7	96.8	109.7
2001	108.9	106.8	109.9	107.9	106.9	109.8
2002	109.9	107.1	110.9	109.1	107.2	111.1
2003	109.8	102.1	111.9	109.0	102.4	112.1
2004	110.4	112.5	111.8	106.8	112.2	111.8
2005	110.6	112.0	111.3	108.4	111.3	111.6
2006	110.4	107.4	111.3	110.2	108.5	111.6
2007	109.8	104.3	111.2	109.8	104.0	111.2
2008	110.3	108.5	111.2	109.4	108.2	111.1
2009	110.1	105.2	111.5	109.6	105.1	111.3
2010	111.7	106.1	113.8	109.9	106.3	113.5
2011	110.9	106.4	112.0	111.3	106.3	112.2
2012	108.7	106.5	109.1	109.2	106.4	109.5
2013	107.6	104.7	107.0	109.6	105.2	107.2
2014	105.3	105.6	102.9	108.6	105.7	103.3
2015	105.4	105.1	101.7	110.6	105.2	101.4
2016	104.4	104.2	102.0	106.3	104.3	102.0
2017	106.0	104.5	102.8	109.1	104.6	102.9
2018	104.5	103.7	102.1	106.4	103.8	102.6
2019	104.0	102.4	102.7	105.6	102.5	102.8
2020	100.9	102.9	102.6	98.7	102.8	102.8
2021	106.1	106.6	105.0	106.3	106.6	106.3

黑龙江地区生产总值指数

上年=100

建筑业	批发和零售业	交通运输、仓储和邮政业	住宿和餐饮业	金融业	房地产业	其他
110.5	110.4	108.6	106.8	106.2	103.9	103.7
106.4	103.4	107.1	103.8	105.9	106.6	114.5
110.7	104.4	107.8	104.1	112.9	109.0	109.9
111.0	107.2	116.2	106.6	107.7	105.5	107.3
113.7	108.5	122.5	109.0	98.6	107.7	117.8
118.8	107.2	114.7	107.0	105.2	118.0	112.8
106.8	106.8	107.2	107.0	103.9	109.8	114.3
107.4	108.7	114.0	107.4	105.9	113.8	112.5
111.6	107.8	104.6	107.5	104.5	102.8	111.8
107.3	110.9	104.8	110.0	105.2	106.6	111.6
108.0	109.4	103.4	108.8	104.1	105.6	113.1
110.9	108.7	102.5	108.3	100.0	103.8	109.8
108.9	106.5	105.1	106.6	102.3	117.2	109.3
111.1	108.7	106.7	110.2	108.3	116.0	108.5
109.3	107.7	111.9	103.9	108.2	110.6	111.2
108.6	118.2	103.2	104.5	106.0	101.7	113.0
117.6	115.2	100.9	111.7	123.5	109.6	107.1
108.1	111.4	107.5	111.2	121.2	117.3	108.1
109.1	116.6	106.2	112.3	113.6	121.3	106.9
107.2	108.4	106.8	110.2	123.2	101.2	108.5
102.9	107.2	103.3	104.1	116.3	104.9	112.5
99.2	106.2	104.5	107.1	117.4	102.5	109.7
101.4	106.7	101.5	107.6	120.9	102.5	115.0
101.1	105.0	101.2	105.8	106.5	102.2	109.5
101.5	106.2	107.1	106.9	106.7	104.1	113.2
97.9	108.9	104.0	108.2	105.8	103.4	106.9
101.8	104.0	101.8	107.9	104.0	103.7	107.7
98.9	98.3	99.5	77.3	105.2	100.2	98.1
101.1	110.6	108.3	118.0	100.5	101.5	106.3

5-40　1993-2021年

年份	地区生产总值	第一产业	第二产业	第三产业	农、林、牧、渔业	工业
1993	115.1	97.3	116.7	113.7	97.3	116.9
1994	114.5	102.9	114.2	116.1	102.9	114.2
1995	115.0	106.4	115.5	114.7	106.4	115.0
1996	113.1	105.0	111.2	117.9	105.0	110.4
1997	112.8	104.2	110.6	117.7	104.2	110.2
1998	110.3	102.2	108.3	114.7	102.2	107.8
1999	110.4	102.1	109.0	113.3	102.1	109.7
2000	111.0	103.4	109.8	113.4	103.4	110.3
2001	110.5	102.0	112.0	109.5	103.0	112.1
2002	111.4	103.0	112.1	110.9	103.0	112.7
2003	112.3	102.3	116.0	109.2	102.3	117.7
2004	113.3	95.9	113.8	113.2	95.0	115.2
2005	111.5	90.3	110.5	112.9	90.3	110.7
2006	112.8	100.8	111.9	113.8	100.8	112.0
2007	115.2	102.9	111.4	118.8	103.7	112.2
2008	109.7	100.7	107.5	111.6	100.7	107.9
2009	108.4	99.4	103.4	112.5	99.5	103.1
2010	110.2	94.8	117.0	105.4	94.8	117.8
2011	108.3	100.4	106.7	109.6	100.5	107.7
2012	107.5	100.4	103.0	110.7	100.5	103.1
2013	107.9	97.8	105.9	109.2	98.2	106.2
2014	107.1	101.7	104.4	108.8	101.5	104.7
2015	107.0	95.1	101.1	110.7	95.0	101.0
2016	106.9	87.6	102.2	109.1	87.8	102.2
2017	107.0	99.2	106.7	107.1	99.6	107.4
2018	106.8	90.2	103.5	108.2	93.1	103.6
2019	106.0	95.2	100.5	108.2	94.1	100.4
2020	101.7	92.3	101.1	101.9	93.3	101.1
2021	108.1	93.5	109.4	107.6	94.3	109.5

上海地区生产总值指数

上年=100

建筑业	批发和零售业	交通运输、仓储和邮政业	住宿和餐饮业	金融业	房地产业	其他
113.8	113.9	108.9	113.9	117.0	112.3	113.6
114.1	111.3	108.8	111.2	128.5	124.9	112.2
125.4	115.5	109.9	115.6	104.4	271.5	114.0
124.9	112.4	114.0	112.4	128.6	124.5	113.1
116.9	120.0	109.8	120.0	125.2	115.6	111.8
114.8	111.0	110.0	111.0	110.9	123.8	125.4
99.4	111.8	112.7	111.7	113.0	115.3	115.4
103.1	111.7	116.1	111.8	115.4	115.8	110.8
110.9	115.3	109.0	118.1	90.9	120.4	115.6
106.4	110.4	112.1	110.4	99.0	114.1	117.1
98.1	108.2	110.6	108.2	107.0	118.1	107.5
96.8	106.5	110.6	106.6	111.9	123.2	116.0
106.8	125.5	111.9	111.1	108.7	101.5	113.3
110.9	119.5	108.9	115.2	120.7	109.2	111.4
100.7	121.8	105.0	108.8	133.5	119.9	115.7
102.5	120.1	100.7	103.1	112.3	93.6	118.0
108.1	113.1	91.0	96.6	124.1	129.8	107.3
104.9	115.8	116.2	107.0	105.1	72.7	110.1
93.6	112.4	105.1	99.5	108.9	99.9	113.2
102.7	111.3	104.8	102.4	112.1	107.2	112.6
101.9	106.8	100.7	102.1	113.1	114.1	109.8
100.7	106.1	109.2	101.4	114.2	105.7	109.2
103.6	103.6	106.8	98.7	122.1	111.6	110.4
101.8	104.9	106.5	100.9	112.7	106.1	111.6
98.9	106.9	111.3	104.4	110.5	90.3	110.3
101.3	104.3	111.0	101.5	107.1	104.9	112.0
102.1	102.4	103.6	99.5	111.6	105.1	111.3
100.5	96.9	92.1	81.3	108.6	101.6	102.6
107.1	108.4	113.5	111.8	107.5	104.8	107.3

5-41 1993-2021年

年份	地区生产总值	第一产业	第二产业	第三产业	农、林、牧、渔业	工业
1993	119.8	102.5	123.3	125.1	102.5	123.2
1994	116.5	105.2	122.8	111.4	105.2	123.4
1995	115.4	113.6	116.2	114.9	113.6	115.3
1996	112.2	107.7	112.3	114.3	107.7	110.9
1997	112.0	105.0	112.6	114.1	105.0	111.3
1998	111.0	102.1	112.1	112.9	102.1	110.8
1999	110.1	104.6	111.3	110.0	104.6	111.4
2000	110.6	103.9	111.6	111.2	103.9	112.2
2001	110.2	103.0	110.9	111.5	103.0	111.5
2002	111.7	102.7	113.7	111.6	102.7	113.9
2003	113.6	99.9	117.2	112.4	99.9	117.8
2004	114.1	101.0	115.9	114.7	106.0	116.5
2005	114.5	102.5	116.1	114.7	102.9	116.8
2006	114.9	105.3	115.9	115.4	105.0	116.5
2007	114.9	102.0	115.6	116.5	103.1	116.8
2008	112.7	103.8	113.2	113.4	104.0	113.7
2009	112.4	104.1	112.5	113.7	104.5	111.8
2010	112.7	104.3	113.1	113.4	104.9	113.3
2011	111.0	104.4	111.8	111.0	104.4	112.4
2012	110.2	104.6	111.2	109.8	104.6	111.3
2013	109.7	108.2	110.1	109.4	108.1	110.5
2014	108.6	103.0	108.1	110.0	103.4	108.2
2015	108.6	103.3	108.4	109.5	103.6	108.1
2016	107.8	101.6	106.6	109.7	101.9	107.0
2017	107.2	100.4	106.7	108.4	100.9	107.5
2018	106.7	101.8	105.9	107.9	102.0	106.6
2019	105.9	101.3	105.6	106.5	101.6	105.7
2020	103.7	101.7	104.0	103.6	101.8	104.1
2021	108.6	103.1	110.1	107.7	103.2	111.6

江苏地区生产总值指数

上年=100

建筑业	批发和零售业	交通运输、仓储和邮政业	住宿和餐饮业	金融业	房地产业	其他
124.9	134.3	130.2	128.3	113.3	149.8	117.2
116.7	106.6	124.2	101.7	111.9	108.1	114.4
125.1	116.4	116.2	110.9	118.1	125.0	109.7
126.3	113.0	119.6	107.4	115.4	123.7	111.8
123.8	111.8	116.0	106.2	113.5	121.5	115.0
122.2	109.4	116.4	103.8	103.9	123.8	117.8
110.5	110.3	111.0	104.4	104.8	111.2	112.7
107.4	112.0	113.1	105.8	109.8	107.5	112.6
107.3	114.3	106.6	101.7	102.8	109.7	115.9
112.1	113.8	109.9	106.9	105.9	112.6	112.6
113.2	115.0	114.5	111.2	106.8	112.0	111.5
112.2	119.3	115.0	106.3	107.5	109.5	111.5
110.7	112.3	110.1	110.6	118.9	124.6	115.3
110.7	110.8	114.0	114.8	121.3	119.3	117.9
104.9	115.0	113.6	112.3	138.6	117.3	113.6
108.3	116.1	111.4	119.7	112.0	109.0	113.3
119.1	114.4	104.4	112.9	128.1	127.3	107.5
110.7	115.8	116.6	102.1	117.0	108.9	112.6
106.9	115.0	107.1	114.9	106.2	103.1	114.3
110.3	104.2	107.0	101.3	114.7	108.6	115.3
107.5	104.7	101.3	101.5	123.5	111.2	110.2
106.8	106.3	105.6	105.3	116.9	102.1	114.6
111.1	106.3	104.5	106.6	111.3	105.7	113.8
104.6	106.2	104.1	106.3	112.7	105.7	113.7
101.8	106.4	107.5	105.9	109.0	103.1	111.7
101.0	106.4	107.4	105.4	107.0	101.8	111.6
104.5	104.3	106.1	105.3	109.2	104.2	107.7
103.2	101.9	103.1	89.9	107.3	104.1	104.0
101.6	111.1	105.6	111.9	106.3	105.8	107.3

5-42　1993-2021年

年份	地区生产总　值	第一产业	第二产业	第三产业	农、林、牧、渔业	工业
1993	122.0	104.8	133.2	116.0	104.8	135.3
1994	120.0	104.4	127.5	115.8	105.0	128.0
1995	117.0	107.5	118.7	118.4	107.5	118.2
1996	112.7	104.4	115.5	111.1	104.4	115.8
1997	111.1	104.5	112.9	110.6	104.5	113.4
1998	110.2	103.2	110.8	111.7	103.2	111.2
1999	110.1	103.3	111.4	109.9	103.3	111.9
2000	111.1	104.5	111.8	111.9	104.6	112.1
2001	110.7	104.8	111.1	111.7	104.8	111.0
2002	112.7	104.5	113.4	113.7	104.5	113.7
2003	114.7	103.6	116.8	114.4	103.7	115.8
2004	113.1	103.8	114.9	112.4	104.0	115.5
2005	112.9	101.4	112.9	115.3	101.5	113.4
2006	114.0	103.2	114.6	115.0	103.2	114.9
2007	114.5	98.1	115.7	115.4	98.3	116.5
2008	110.1	104.7	109.4	111.7	104.8	110.1
2009	109.0	102.3	107.0	112.4	102.4	105.8
2010	111.9	103.1	112.4	112.1	103.2	112.2
2011	109.0	103.5	109.1	109.4	103.5	109.8
2012	108.1	101.7	107.3	109.7	101.8	106.9
2013	108.3	100.5	108.2	109.3	100.6	108.1
2014	107.7	101.3	107.8	108.1	101.4	107.5
2015	108.0	101.2	105.9	111.0	101.3	105.3
2016	107.5	102.3	105.9	109.6	102.4	106.1
2017	107.8	102.7	106.3	109.5	102.8	107.2
2018	107.1	101.8	106.3	108.3	102.0	107.0
2019	106.8	101.8	105.5	108.2	102.0	106.4
2020	103.6	101.2	103.0	104.2	101.4	103.4
2021	108.5	102.2	110.2	107.6	102.4	111.4

浙江地区生产总值指数

上年=100

建筑业	批发和零售业	交通运输、仓储和邮政业	住宿和餐饮业	金融业	房地产业	其他
113.7	115.9	113.7	115.9	107.2	118.0	121.7
121.4	115.9	124.6	115.9	105.7	120.2	113.2
124.6	123.5	113.1	123.5	121.9	130.3	109.5
112.2	112.2	104.5	112.2	107.3	111.0	115.5
107.5	108.5	103.4	108.5	113.5	107.6	117.8
106.2	109.5	105.1	109.5	111.5	124.6	115.4
106.1	108.2	105.0	108.2	97.8	112.4	119.4
108.9	110.5	110.8	110.5	105.0	109.7	117.3
111.9	112.7	112.0	89.5	111.0	114.9	113.9
111.5	111.2	110.9	111.2	119.4	115.2	115.4
126.6	109.9	110.1	109.9	124.0	115.5	117.1
110.2	110.5	127.7	113.0	109.8	111.6	110.9
108.9	110.8	113.3	109.5	128.6	115.6	116.3
112.0	111.1	116.8	115.3	129.7	113.2	112.5
108.9	111.9	114.1	114.5	124.2	112.6	115.5
103.3	108.6	109.0	111.8	123.4	102.6	112.3
118.6	116.4	100.8	101.4	114.4	123.0	110.3
114.3	117.1	111.3	109.1	111.9	104.9	112.1
104.3	116.6	107.1	109.5	107.1	94.4	112.5
110.0	112.7	104.6	103.1	105.7	109.6	111.8
108.8	111.2	105.7	105.6	105.0	109.3	111.4
111.2	110.1	107.5	108.4	102.9	100.9	111.3
109.7	109.0	107.1	106.3	108.3	111.8	115.0
104.1	107.7	105.6	104.8	107.0	110.7	112.7
101.2	106.6	106.6	102.7	111.3	112.6	110.9
101.6	104.7	105.0	102.4	112.5	110.3	109.6
99.7	105.0	107.0	105.5	108.0	109.2	110.2
99.5	102.1	100.2	90.4	110.4	105.3	104.6
102.8	110.7	110.3	115.6	107.2	104.4	106.4

5-43　1993-2021年

年份	地区生产总值	第一产业	第二产业	第三产业	农、林、牧、渔业	工业
1993	118.9	111.9	124.7	117.4	111.9	123.8
1994	114.8	103.0	117.0	122.4	103.0	115.6
1995	114.6	117.4	111.1	117.3	117.4	110.8
1996	113.0	107.8	114.0	115.7	107.8	115.2
1997	112.0	109.2	112.6	113.2	109.2	112.5
1998	108.6	102.6	109.6	111.5	102.6	109.3
1999	109.4	108.0	107.4	112.9	108.0	106.6
2000	108.6	101.2	109.5	111.9	101.2	108.6
2001	109.2	102.9	109.6	112.4	102.9	108.8
2002	109.9	101.0	111.4	113.3	101.0	111.4
2003	109.4	93.6	113.2	113.6	93.7	111.1
2004	112.4	108.6	113.1	113.2	108.6	111.4
2005	111.0	101.7	116.4	110.3	101.7	118.9
2006	112.6	104.5	118.6	110.5	104.5	119.6
2007	114.1	103.6	119.2	113.1	103.6	121.4
2008	112.6	106.2	115.8	111.6	106.2	117.4
2009	113.1	105.0	116.8	111.9	105.0	117.1
2010	114.3	104.6	120.1	111.0	104.6	121.5
2011	113.4	104.0	117.0	111.9	104.0	118.8
2012	111.2	105.4	112.8	110.9	105.5	114.6
2013	110.3	103.3	111.9	110.2	103.6	112.2
2014	109.2	104.6	109.7	109.7	104.6	110.1
2015	108.7	104.2	108.3	110.3	104.2	108.0
2016	108.8	102.7	107.9	111.1	103.4	108.3
2017	108.6	104.1	108.2	110.0	104.3	108.2
2018	108.0	103.1	108.2	108.8	103.4	108.9
2019	107.3	103.2	107.5	107.8	103.3	107.0
2020	103.7	102.2	104.6	103.0	102.4	104.3
2021	108.3	107.4	107.9	108.7	107.5	108.9

安徽地区生产总值指数

上年=100

建筑业	批发和零售业	交通运输、仓储和邮政业	住宿和餐饮业	金融业	房地产业	其他
130.4	124.0	118.0	123.0	116.6	116.3	110.0
125.1	117.3	133.4	116.9	126.7	120.9	116.4
112.7	117.2	124.6	117.0	115.1	118.5	110.3
107.8	114.7	124.0	114.2	102.9	125.3	111.3
112.9	118.2	117.6	117.9	87.2	120.2	112.4
111.4	108.7	118.2	108.5	94.6	114.2	113.0
112.3	109.9	117.6	109.7	95.2	112.2	117.7
114.2	109.6	113.3	109.5	105.1	115.7	113.2
112.5	108.7	112.2	111.8	103.9	109.2	118.1
111.3	108.3	113.9	107.6	106.2	110.3	119.2
121.0	110.0	112.4	108.6	111.6	114.3	117.5
118.6	111.2	111.9	109.8	104.3	110.1	117.8
108.4	114.9	106.3	112.5	113.6	106.7	110.6
115.5	112.8	105.8	109.0	127.9	120.6	106.6
112.1	112.1	109.1	108.5	128.5	123.2	110.6
110.1	113.7	108.5	112.2	131.0	106.9	110.1
115.5	120.2	107.0	107.2	113.2	111.9	109.8
114.9	114.9	112.8	117.3	108.6	102.2	110.5
110.6	113.7	111.8	112.2	123.9	104.7	111.1
106.1	112.2	108.9	109.2	120.4	104.3	111.2
111.4	109.3	109.2	105.8	120.1	105.3	110.1
108.2	109.8	107.8	108.0	113.6	107.3	110.3
109.3	108.7	102.8	109.2	119.7	106.2	113.7
106.3	107.9	105.4	107.8	114.9	112.9	113.7
108.0	107.2	106.3	108.0	111.0	105.9	114.0
105.6	106.9	104.8	106.4	105.1	106.9	113.2
108.9	105.7	106.4	107.6	108.7	103.9	110.2
105.7	101.7	99.7	91.7	106.2	102.1	104.9
105.2	110.8	108.2	117.2	105.9	106.4	108.8

5-44 1993-2021年

年份	地区生产总值	第一产业	第二产业	第三产业	农、林、牧、渔业	工业
1993	122.6	109.4	135.5	118.1	109.4	139.1
1994	120.3	109.3	132.4	113.0	109.3	133.8
1995	114.6	109.5	117.1	114.1	109.5	116.2
1996	113.3	108.8	114.2	114.5	108.8	115.0
1997	114.0	108.0	116.0	114.4	108.0	116.3
1998	110.8	106.7	112.3	110.7	106.7	112.4
1999	109.9	105.7	111.3	109.8	105.7	112.4
2000	109.3	102.6	111.0	109.9	102.6	112.1
2001	108.7	103.5	110.2	109.3	103.5	110.8
2002	110.2	102.7	113.8	109.1	102.7	115.1
2003	111.5	103.3	115.6	109.8	103.3	115.4
2004	111.4	104.4	115.7	108.7	104.4	116.3
2005	111.6	102.7	112.3	113.6	102.7	112.4
2006	114.9	100.8	116.8	116.9	100.8	116.1
2007	115.1	102.9	118.2	114.5	103.0	118.4
2008	112.9	104.1	115.2	112.2	104.0	115.1
2009	112.3	103.3	113.9	112.3	103.3	113.2
2010	113.9	103.1	118.2	110.6	103.1	118.0
2011	112.3	103.1	116.3	109.2	103.1	116.9
2012	111.5	103.8	114.4	109.2	103.8	113.9
2013	111.0	103.1	113.2	109.3	103.2	112.8
2014	109.9	103.6	111.9	108.1	103.7	112.1
2015	108.9	103.2	108.7	110.1	103.3	108.5
2016	108.4	103.0	107.2	111.0	103.1	107.2
2017	108.1	103.7	107.2	110.0	103.7	108.0
2018	108.3	103.4	108.8	108.6	103.5	109.2
2019	107.5	103.5	105.4	110.4	103.6	105.2
2020	103.2	103.1	102.4	104.0	103.1	101.6
2021	108.0	104.9	107.5	108.8	104.9	109.0

福建地区生产总值指数

上年=100

建筑业	批发和零售业	交通运输、仓储和邮政业	住宿和餐饮业	金融业	房地产业	其他
112.8	121.7	121.2	120.0	99.1	164.5	113.9
122.0	108.4	110.5	107.9	122.8	115.3	114.3
125.2	120.8	126.4	117.6	99.9	117.2	105.5
107.6	118.6	118.6	117.8	104.5	108.7	113.9
113.4	117.9	118.9	117.1	104.6	109.1	112.9
111.6	114.8	116.0	114.3	102.4	103.7	106.7
101.9	111.1	114.2	111.0	97.8	116.4	106.7
100.4	110.5	111.1	110.2	106.0	116.8	107.3
105.6	109.8	107.2	110.0	106.5	113.1	110.0
104.2	109.3	104.7	113.3	110.9	112.4	110.4
117.7	111.5	108.3	111.8	107.8	112.5	109.1
111.4	111.4	108.8	110.5	109.8	108.7	105.9
111.6	108.6	106.6	109.5	107.4	130.3	119.5
121.5	111.9	112.7	124.7	129.5	126.2	115.8
116.4	112.6	110.0	108.2	121.7	110.2	119.1
115.6	110.5	108.1	107.9	118.1	99.9	119.0
118.8	116.1	104.9	113.6	122.5	112.7	110.7
119.3	114.7	111.6	110.2	115.0	103.0	109.3
113.3	109.3	105.2	106.6	110.5	109.2	110.8
117.3	106.7	107.4	107.5	121.7	107.6	107.7
115.1	107.6	108.2	103.8	116.1	103.7	111.0
111.0	107.3	110.8	103.8	114.4	99.0	108.4
110.0	106.4	108.7	106.5	113.1	106.3	113.8
107.0	107.0	107.3	103.3	110.0	108.4	117.7
104.1	107.6	108.4	104.2	106.7	107.7	115.2
106.9	106.9	105.0	103.9	103.3	107.0	114.1
106.4	112.3	109.3	105.0	116.7	109.1	108.0
105.7	105.3	104.7	91.7	105.7	101.4	104.2
102.5	115.4	113.1	114.2	105.2	104.8	106.5

5-45 1993-2021年

年份	地区生产总值	第一产业	第二产业	第三产业	农、林、牧、渔业	工业
1993	113.7	101.6	128.9	110.9	101.6	127.1
1994	108.8	105.7	107.0	114.5	105.7	104.3
1995	106.8	105.0	102.9	113.7	105.0	100.9
1996	111.7	108.5	113.0	113.2	108.5	113.8
1997	112.3	106.8	115.2	114.0	106.8	117.8
1998	107.1	96.2	110.6	112.5	96.2	110.5
1999	107.8	106.0	106.5	110.7	106.0	105.4
2000	108.0	106.8	106.7	110.4	106.8	107.0
2001	108.8	104.2	112.9	107.9	104.2	110.8
2002	110.5	104.4	118.5	106.9	104.4	118.1
2003	113.0	101.2	124.3	108.3	102.7	119.5
2004	113.2	108.1	118.6	109.8	108.0	118.3
2005	112.9	106.6	117.2	110.9	106.5	120.5
2006	112.3	106.4	116.3	109.9	106.5	119.0
2007	113.2	104.1	117.4	111.7	104.1	121.2
2008	113.3	104.7	117.1	111.5	104.8	119.8
2009	113.2	104.5	117.1	110.8	104.5	118.3
2010	114.0	104.0	118.1	111.2	104.0	119.6
2011	112.4	104.0	115.2	111.1	104.0	117.2
2012	111.0	104.6	113.2	109.4	104.6	113.4
2013	110.1	108.3	112.1	107.2	104.5	112.3
2014	109.7	104.7	111.0	109.0	104.7	110.9
2015	109.1	103.9	109.4	110.1	106.1	109.0
2016	109.0	104.1	108.5	111.1	104.1	108.6
2017	108.8	104.4	108.1	110.8	104.4	108.5
2018	108.7	103.4	109.7	108.6	103.6	109.2
2019	107.9	103.0	107.9	108.9	103.1	108.3
2020	103.8	102.2	104.1	103.7	102.4	104.1
2021	108.8	107.3	108.2	109.5	107.3	109.0

江西地区生产总值指数

上年=100

建筑业	批发和零售业	交通运输、仓储和邮政业	住宿和餐饮业	金融业	房地产业	其他
139.4	100.8	109.0	100.8	119.0	114.9	114.5
121.1	103.8	118.6	108.3	114.6	118.3	119.8
111.6	111.8	121.5	108.7	106.3	115.0	115.9
109.8	117.1	110.3	115.6	106.7	117.4	115.4
104.3	121.1	117.3	122.0	108.1	114.6	110.7
111.0	113.5	122.9	113.5	102.2	121.0	110.2
111.4	116.5	117.8	114.8	102.1	108.0	107.5
105.2	112.8	117.4	112.8	99.9	112.7	108.5
119.8	116.5	111.0	115.6	100.1	105.2	103.4
119.9	107.3	110.6	107.3	93.9	115.8	104.6
139.2	111.7	108.3	107.8	88.9	107.2	112.9
119.4	112.5	111.3	112.5	88.8	109.2	111.8
108.3	112.6	112.3	112.7	105.6	107.8	110.7
105.8	111.9	112.5	112.4	107.1	105.2	109.0
100.6	111.2	112.6	113.4	109.4	108.4	112.6
102.7	114.6	105.0	113.4	110.8	107.3	115.0
110.1	118.5	101.1	113.1	120.1	110.0	111.1
108.0	112.6	112.5	114.9	114.8	101.3	111.8
104.1	111.7	106.3	112.2	110.9	100.9	115.0
111.8	111.4	108.5	105.4	110.7	103.6	110.6
110.8	107.1	106.6	97.0	126.2	112.6	104.2
111.1	106.7	103.2	105.8	120.7	104.4	111.1
111.9	106.1	102.3	108.8	122.1	106.1	111.1
107.5	108.8	100.9	104.1	120.3	113.8	112.3
105.9	111.5	108.6	103.2	110.2	114.3	111.3
112.2	101.8	105.1	105.4	107.8	107.3	113.4
105.9	105.9	105.9	102.5	110.3	107.4	111.2
103.8	102.4	99.5	91.5	109.5	103.7	104.3
105.2	111.4	114.9	119.5	105.4	105.2	110.0

5-46 1993-2021年

年份	地区生产总值	第一产业	第二产业	第三产业	农、林、牧、渔业	工业
1993	120.4	106.1	128.1	120.0	106.1	128.6
1994	116.2	107.3	117.4	120.7	107.3	117.6
1995	114.0	108.9	114.1	117.0	108.9	113.8
1996	112.1	106.6	113.8	112.5	106.6	113.7
1997	111.1	100.5	112.7	114.4	100.5	112.7
1998	110.8	105.6	112.1	111.2	105.6	112.1
1999	110.0	104.7	112.1	109.3	104.7	112.2
2000	109.5	102.4	110.8	110.6	103.8	110.9
2001	109.4	103.8	110.0	111.0	104.2	110.0
2002	111.0	102.4	113.9	110.3	102.4	113.3
2003	110.8	105.4	113.5	108.9	105.6	114.0
2004	112.5	106.8	116.0	109.3	106.9	117.8
2005	112.6	104.7	114.5	112.3	104.8	115.0
2006	112.3	104.9	113.8	112.5	105.1	114.2
2007	111.9	103.9	113.1	112.6	104.0	113.8
2008	109.7	104.7	109.4	111.9	105.1	109.8
2009	109.8	104.0	111.2	109.1	104.2	109.9
2010	110.4	103.1	111.7	110.3	103.6	111.6
2011	110.7	103.7	111.5	111.5	104.0	112.2
2012	109.7	104.5	110.3	110.1	104.7	110.8
2013	109.4	103.5	109.8	110.3	103.8	110.1
2014	108.5	103.8	108.8	109.2	104.0	108.8
2015	107.8	104.2	107.1	109.6	104.3	106.9
2016	107.4	103.8	106.2	109.3	104.3	106.1
2017	107.3	103.6	106.0	109.3	104.0	106.2
2018	106.3	102.7	104.1	108.9	103.2	104.5
2019	105.3	101.1	102.6	108.2	101.7	102.0
2020	103.5	102.7	103.2	103.8	102.8	103.4
2021	108.3	107.5	107.2	109.2	107.5	108.6

山东地区生产总值指数

上年=100

建筑业	批发和零售业	交通运输、仓储和邮政业	住宿和餐饮业	金融业	房地产业	其他
122.3	114.0	114.7	114.0	129.4	148.0	116.9
115.5	116.6	122.1	116.6	124.7	130.2	118.2
117.5	117.7	118.9	117.7	105.5	128.3	119.0
114.9	114.1	112.4	114.1	113.1	106.3	112.9
112.9	115.3	113.1	115.3	112.8	114.3	115.5
111.9	113.2	108.3	113.2	106.6	108.3	114.9
110.5	112.6	111.2	112.6	101.5	106.4	110.3
110.1	110.9	111.3	108.5	103.5	109.6	112.1
109.7	111.7	120.2	109.3	105.5	116.9	104.9
118.4	112.9	101.0	110.5	101.2	112.1	117.5
110.0	108.1	109.7	105.8	105.5	109.1	110.4
103.1	108.1	105.1	103.4	102.5	103.7	117.4
110.8	111.4	114.0	111.3	110.8	117.1	111.2
110.0	116.4	111.7	105.4	108.6	111.2	112.6
107.3	113.0	112.0	104.2	114.5	114.1	113.1
105.3	113.8	115.2	103.4	115.5	105.0	111.4
124.0	112.3	106.2	105.9	117.4	108.5	106.9
111.9	113.9	109.2	106.3	114.0	107.3	108.2
106.4	113.5	105.5	112.1	114.4	105.6	113.8
107.0	111.6	106.8	106.8	117.2	108.3	109.1
109.6	110.1	105.3	104.7	120.5	105.5	110.3
109.2	111.6	106.0	106.4	113.7	106.4	107.4
108.1	109.7	104.4	109.2	111.2	106.3	112.1
106.0	109.1	107.3	106.1	109.7	108.1	110.8
104.4	108.6	113.6	108.1	110.7	109.5	108.3
104.2	107.9	106.0	105.2	106.2	107.2	111.4
106.5	110.8	108.6	108.8	106.6	101.6	108.5
101.5	102.0	101.4	90.0	106.7	102.1	106.6
101.8	112.8	110.2	113.1	105.6	105.9	108.2

5-47 1993-2021年

年份	地区生产总值	第一产业	第二产业	第三产业	农、林、牧、渔业	工业
1993	115.6	110.4	122.0	111.7	110.4	123.1
1994	113.5	101.3	121.5	112.6	101.3	122.5
1995	114.7	111.9	117.1	113.2	111.9	117.7
1996	113.9	111.3	116.1	112.5	111.3	115.3
1997	110.5	107.6	111.0	111.8	107.6	110.0
1998	108.8	107.0	109.2	109.3	107.0	108.7
1999	108.1	107.2	107.8	109.2	107.2	108.0
2000	109.1	104.2	111.5	108.8	104.2	111.3
2001	108.7	104.9	109.5	110.1	105.2	109.3
2002	109.1	104.8	116.6	101.6	104.7	115.1
2003	110.9	97.2	115.7	112.5	97.3	115.3
2004	112.8	113.6	113.3	111.6	113.2	113.3
2005	114.3	107.6	117.1	113.7	107.6	117.9
2006	114.5	107.4	117.8	113.3	107.3	118.5
2007	114.6	103.7	117.9	115.0	103.8	119.2
2008	112.0	105.5	114.2	111.5	105.5	114.7
2009	111.0	104.1	111.9	112.4	104.2	110.7
2010	112.4	104.5	114.7	111.8	104.5	114.8
2011	112.0	103.6	113.9	112.4	103.7	115.7
2012	110.1	104.4	111.2	110.6	104.5	111.1
2013	109.0	104.2	109.5	109.9	104.3	108.6
2014	108.9	104.0	109.3	110.0	104.2	108.8
2015	108.4	104.4	107.6	111.1	104.5	107.3
2016	108.2	104.3	107.1	110.6	104.4	106.8
2017	107.8	104.3	107.0	109.7	104.5	106.9
2018	107.6	103.4	106.9	109.5	103.8	106.9
2019	106.8	102.3	106.7	107.8	102.7	106.3
2020	101.1	102.3	100.2	101.7	102.5	100.2
2021	106.3	106.4	104.1	108.1	106.4	105.4

河南地区生产总值指数

上年=100

建筑业	批发和零售业	交通运输、仓储和邮政业	住宿和餐饮业	金融业	房地产业	其他
113.5	109.7	110.3	109.7	118.0	116.2	109.4
113.7	112.6	108.5	112.6	112.5	119.4	114.7
112.2	109.2	117.6	109.2	113.0	122.8	110.3
123.2	118.8	118.3	118.8	91.6	116.9	114.1
120.0	119.6	118.0	119.6	100.5	114.7	105.9
113.5	113.0	107.6	113.0	106.8	107.8	109.4
106.3	111.3	107.8	111.3	103.2	110.1	110.9
112.8	112.5	110.5	112.5	89.6	107.2	112.7
111.3	110.8	110.1	110.8	101.4	110.2	111.8
126.2	88.1	97.6	104.4	83.2	102.4	116.7
118.5	111.2	110.5	110.2	107.8	109.2	117.5
113.9	112.2	110.5	110.1	107.8	109.3	113.3
112.6	111.5	110.5	111.5	106.9	111.5	118.4
113.3	110.2	110.4	120.3	113.1	115.9	114.4
108.0	108.0	113.6	112.4	123.5	118.4	118.0
110.3	111.5	99.8	100.7	125.9	106.9	119.0
125.0	116.4	104.0	97.0	127.1	114.7	113.0
112.4	118.4	106.7	108.9	133.1	112.6	107.9
103.7	116.5	109.1	114.3	116.2	111.5	110.4
111.4	116.1	107.4	104.3	114.1	103.4	112.2
115.0	108.4	108.7	93.7	123.6	112.6	109.9
111.3	109.1	108.3	103.8	114.9	102.2	113.4
108.3	109.2	104.0	98.9	126.8	108.3	112.6
108.4	114.4	106.2	103.4	112.1	106.2	112.5
106.9	108.2	109.7	106.6	106.0	106.3	113.1
107.8	104.9	107.1	104.0	109.5	106.6	113.1
108.8	106.3	107.1	108.5	108.6	107.0	108.3
100.1	101.9	100.7	89.2	104.6	100.8	102.7
100.1	106.1	118.2	106.4	102.6	102.9	109.4

5-48 1993-2021年

年份	地区生产总值	第一产业	第二产业	第三产业	农、林、牧、渔业	工业
1993	113.0	105.8	116.7	115.2	105.8	116.1
1994	113.7	107.1	119.0	112.4	107.1	119.2
1995	113.2	108.9	116.3	112.5	108.9	116.0
1996	111.6	104.5	115.8	111.3	104.5	115.7
1997	111.9	106.9	113.4	113.5	106.9	113.5
1998	108.6	99.4	111.1	111.5	99.4	110.9
1999	107.8	101.9	108.3	111.0	101.9	108.3
2000	108.6	102.5	109.1	111.5	102.5	109.0
2001	108.9	102.5	109.9	110.8	102.5	110.2
2002	109.2	102.0	110.1	111.4	102.0	110.0
2003	109.7	105.8	110.1	110.8	105.8	110.1
2004	110.8	107.6	113.5	109.4	107.6	113.5
2005	112.1	104.1	115.0	112.2	104.1	115.9
2006	113.3	105.1	116.1	113.6	105.1	116.5
2007	114.6	104.7	116.3	116.4	104.7	115.4
2008	113.4	106.0	116.7	112.5	106.0	117.0
2009	113.7	105.2	116.9	112.9	105.2	115.7
2010	114.7	104.6	119.8	111.8	104.6	121.0
2011	114.1	104.4	117.9	112.6	104.4	119.1
2012	111.2	104.7	113.4	110.4	104.7	113.6
2013	110.2	105.3	110.6	111.1	104.7	110.9
2014	109.7	104.8	110.2	110.3	105.0	110.2
2015	108.6	104.5	108.3	110.1	105.2	108.6
2016	108.1	103.9	107.8	109.5	104.0	107.7
2017	107.8	103.6	107.1	109.5	104.3	107.2
2018	107.8	102.9	106.8	109.9	103.3	107.1
2019	107.3	102.4	106.7	108.7	103.5	106.8
2020	94.6	100.0	91.6	96.4	100.3	91.5
2021	112.9	111.1	113.6	112.6	111.3	114.6

湖北地区生产总值指数

上年=100

建筑业	批发和零售业	交通运输、仓储和邮政业	住宿和餐饮业	金融业	房地产业	其他
123.3	120.1	116.7	115.6	112.0	119.4	111.4
117.6	110.8	117.4	111.3	107.7	127.3	111.8
118.5	110.9	118.6	111.7	107.3	121.0	112.3
116.6	110.3	112.0	111.6	107.3	116.5	112.5
112.3	114.1	117.1	114.7	103.4	110.3	115.8
113.9	105.0	113.8	110.1	107.0	117.9	116.7
107.5	112.9	115.9	111.1	103.7	106.1	110.9
110.7	111.3	114.5	111.2	105.6	116.8	111.2
108.5	109.9	108.7	109.2	107.4	122.1	111.1
110.5	109.4	109.6	109.4	108.4	114.5	113.6
110.6	108.4	109.6	108.6	110.1	119.0	111.6
113.4	106.4	111.1	106.9	105.2	113.2	110.8
109.6	107.5	104.0	110.1	104.1	108.5	120.1
113.7	109.9	110.9	112.1	135.1	129.4	111.2
122.9	110.9	112.7	115.2	166.8	131.6	110.7
114.8	113.1	112.2	114.7	110.8	117.4	111.1
124.6	117.1	106.9	114.3	122.5	114.6	110.6
112.6	119.9	111.3	110.8	110.0	109.7	109.2
109.9	110.9	111.5	110.1	112.8	104.4	116.8
111.4	108.7	109.5	107.2	126.1	105.0	110.4
111.6	107.7	110.2	104.6	115.3	109.9	112.6
110.9	107.6	109.3	106.4	114.7	106.6	112.3
106.1	107.8	104.4	107.1	130.7	106.5	108.9
107.8	105.7	103.5	106.9	123.6	108.1	109.8
106.2	106.5	106.9	106.4	109.0	113.3	110.6
104.2	106.5	105.1	106.1	105.0	106.3	116.2
105.8	105.3	109.4	108.5	107.1	102.5	112.0
92.0	91.3	83.1	75.8	107.0	90.6	102.6
109.1	118.3	122.9	119.9	104.5	109.3	112.4

5-49　1993-2021年

年份	地区生产总　值	第一产业	第二产业	第三产业	农、林、牧、渔业	工业
1993	112.4	104.3	118.2	114.7	104.3	120.0
1994	110.6	105.4	115.4	110.1	105.4	115.9
1995	110.3	106.5	113.5	110.0	106.5	113.4
1996	112.1	106.2	116.3	112.2	106.2	116.8
1997	110.6	106.1	113.3	111.0	106.1	114.3
1998	108.5	100.9	111.5	110.9	100.9	111.2
1999	108.4	103.3	109.3	111.1	103.3	109.0
2000	109.0	103.9	110.6	110.5	103.9	110.5
2001	109.0	104.0	110.3	110.5	104.0	109.9
2002	109.0	102.6	110.9	110.5	102.6	111.0
2003	109.6	103.4	112.7	109.7	103.6	112.7
2004	111.1	107.3	114.5	109.7	107.4	114.0
2005	112.2	105.7	113.1	114.1	105.7	113.6
2006	112.8	104.7	117.3	111.8	104.7	118.2
2007	115.1	103.9	118.9	115.5	103.9	119.8
2008	114.1	105.1	115.6	115.4	105.2	116.3
2009	113.9	105.0	119.3	111.3	105.0	118.6
2010	114.6	104.2	120.3	111.5	104.3	121.2
2011	112.8	104.2	117.0	111.0	104.2	118.2
2012	111.4	102.8	113.0	112.1	103.0	113.7
2013	110.1	102.7	111.0	111.0	102.8	111.2
2014	109.5	104.5	109.6	110.7	104.6	109.3
2015	108.5	103.6	107.6	110.8	103.5	107.4
2016	108.0	103.3	106.8	110.1	103.5	106.5
2017	108.0	103.6	106.9	109.8	103.9	107.0
2018	107.8	103.5	107.4	109.1	103.7	107.4
2019	107.6	103.2	107.8	108.1	103.5	108.3
2020	103.8	103.7	104.6	103.1	103.9	104.5
2021	107.7	109.3	106.9	107.9	109.2	108.3

湖南地区生产总值指数

上年=100

建筑业	批发和零售业	交通运输、仓储和邮政业	住宿和餐饮业	金融业	房地产业	其他
106.1	110.9	125.2	110.4	121.3	124.0	107.1
111.6	107.1	110.6	119.9	105.7	112.0	113.2
114.3	108.7	116.3	111.1	106.0	114.7	108.1
112.4	109.2	117.8	108.2	110.6	117.1	111.2
105.2	109.1	115.0	111.6	110.3	110.2	110.2
114.1	109.4	113.4	114.9	105.2	113.3	112.2
111.9	110.7	108.0	109.5	105.1	117.3	115.5
111.4	111.4	114.5	111.3	106.0	109.2	109.7
112.5	111.3	110.2	114.9	103.5	109.3	111.1
110.4	111.5	109.9	116.5	103.2	111.2	110.6
112.9	110.4	110.0	110.5	105.8	110.0	109.4
117.0	109.7	113.6	116.9	102.5	106.6	108.5
110.5	118.0	112.8	120.0	113.0	108.3	113.5
112.5	112.5	111.0	113.7	115.6	112.7	111.0
114.1	117.7	115.9	119.8	121.3	111.1	114.0
111.8	119.7	116.0	119.2	118.5	107.8	113.7
123.1	115.8	106.8	106.7	118.4	111.1	110.1
115.6	112.5	112.9	111.8	109.5	110.3	111.1
110.9	109.2	112.2	108.1	106.0	105.1	114.9
109.4	108.8	111.1	109.0	114.0	107.9	115.6
110.5	108.9	105.6	105.3	119.2	109.4	113.5
111.2	108.4	104.6	107.2	124.3	103.9	113.3
108.7	105.9	104.7	109.8	115.3	113.2	113.9
108.0	106.8	102.7	107.2	108.0	110.0	114.5
106.5	106.7	106.1	107.9	111.2	104.7	113.4
107.1	104.8	102.3	106.7	102.9	106.5	114.5
104.8	106.2	103.9	108.1	107.8	105.0	110.6
105.0	100.6	98.6	89.9	108.0	103.4	105.0
102.0	109.4	108.0	113.3	104.5	102.4	109.2

5-50 1993-2021年

年份	地区生产总值	第一产业	第二产业	第三产业	农、林、牧、渔业	工业
1993	123.0	102.6	136.4	116.8	102.7	140.4
1994	119.7	103.2	125.8	118.5	103.2	127.4
1995	115.7	105.4	119.0	114.7	105.4	119.9
1996	111.3	104.9	112.7	111.5	104.8	114.2
1997	111.2	104.7	113.0	110.7	104.7	114.7
1998	110.9	103.8	112.5	110.4	103.9	113.1
1999	110.3	103.9	110.8	111.3	104.0	111.2
2000	111.7	102.3	112.3	113.5	102.3	113.8
2001	110.5	102.2	110.8	112.0	102.4	111.3
2002	112.4	104.3	113.7	112.5	104.3	114.8
2003	114.8	102.2	120.2	111.3	102.3	120.9
2004	113.2	103.8	116.8	110.5	104.1	118.4
2005	114.2	104.8	115.3	114.3	104.9	116.0
2006	114.9	103.9	117.2	113.8	104.2	117.8
2007	115.0	103.1	117.3	113.9	103.2	118.0
2008	110.5	103.8	111.6	110.0	103.9	112.3
2009	109.9	105.1	109.1	111.4	105.1	108.6
2010	112.5	104.5	114.5	110.9	104.5	114.7
2011	110.2	104.3	110.4	110.7	104.4	110.7
2012	108.3	103.9	107.3	109.8	103.9	107.5
2013	108.5	102.4	108.0	109.7	102.5	107.9
2014	107.8	103.3	108.0	108.0	103.3	108.1
2015	108.0	103.4	107.0	109.6	103.4	107.1
2016	107.5	103.1	106.1	109.2	103.2	106.3
2017	107.5	103.6	106.5	108.6	103.7	106.8
2018	106.8	103.8	104.2	107.9	104.1	104.0
2019	106.2	103.8	104.2	107.9	104.1	104.0
2020	102.3	103.7	101.9	102.5	103.9	101.4
2021	108.0	107.9	108.7	107.5	108.1	109.3

广东地区生产总值指数

上年=100

建筑业	批发和零售业	交通运输、仓储和邮政业	住宿和餐饮业	金融业	房地产业	其他
117.5	122.0	122.6	122.0	102.5	128.8	113.3
116.5	119.4	127.4	119.4	107.4	127.3	116.1
112.9	115.9	118.0	115.9	101.8	122.0	114.4
102.8	114.2	109.2	114.2	107.5	115.6	109.9
100.2	113.6	108.5	113.6	109.6	111.2	109.0
107.7	115.0	105.6	115.0	103.1	110.4	109.8
107.5	110.4	105.6	110.4	110.8	119.3	111.5
99.4	109.4	118.4	109.4	122.7	114.8	112.9
106.1	111.6	117.7	109.4	101.7	108.3	114.9
103.5	113.3	108.0	113.3	100.6	111.3	116.5
113.2	111.6	105.6	111.6	110.7	115.0	111.7
101.1	108.0	113.0	109.7	107.6	105.3	113.7
106.6	111.1	118.8	113.0	107.7	122.1	113.9
109.0	113.1	116.1	114.4	124.1	113.6	111.7
107.6	108.0	111.1	111.8	140.6	114.0	113.0
100.6	112.6	108.1	111.9	109.5	94.2	114.4
116.0	117.2	104.9	109.5	117.7	120.5	106.2
112.0	114.8	111.3	109.5	114.2	104.2	109.9
105.3	113.9	111.9	101.8	107.6	105.7	112.5
103.5	110.1	112.5	106.9	110.7	108.6	109.5
109.1	110.6	107.5	101.9	114.7	111.4	108.2
106.3	107.3	110.8	103.3	108.1	103.0	110.2
105.6	106.7	106.1	105.3	117.6	109.2	109.6
104.3	107.1	108.2	105.4	106.4	110.9	111.6
103.0	105.4	108.8	102.6	107.4	107.4	112.0
107.9	103.9	106.7	103.7	109.1	108.1	109.9
107.9	103.9	106.7	103.7	109.1	108.1	109.9
107.3	95.7	96.6	77.5	109.0	104.2	105.4
103.2	110.6	111.8	110.9	105.9	103.2	107.7

5-51 1993-2021年

年份	地区生产总值	第一产业	第二产业	第三产业	农、林、牧、渔业	工业
1993	118.3	99.6	144.9	115.2	99.8	145.1
1994	115.2	106.0	127.3	110.8	106.2	128.3
1995	111.4	115.6	108.6	111.1	115.2	108.2
1996	108.3	107.2	109.3	108.2	107.0	109.4
1997	108.0	111.2	106.3	107.2	111.2	106.4
1998	110.0	106.8	112.8	109.8	106.8	112.7
1999	107.9	107.6	106.6	109.8	107.8	106.1
2000	107.6	100.2	108.3	113.4	100.3	108.2
2001	108.3	103.4	108.0	111.8	103.5	108.0
2002	110.6	107.3	111.3	112.0	107.4	110.9
2003	109.1	104.0	111.5	110.3	104.0	111.1
2004	110.3	104.4	112.6	111.7	104.3	112.0
2005	111.1	107.2	113.8	110.8	107.1	113.8
2006	111.1	106.6	114.2	111.1	106.5	114.7
2007	113.0	104.0	117.6	113.9	105.5	119.0
2008	110.3	104.9	113.2	110.4	104.9	114.2
2009	111.5	105.1	114.7	111.5	105.2	112.6
2010	111.7	104.8	114.9	111.8	104.6	114.3
2011	111.5	104.9	115.3	110.8	104.8	115.3
2012	110.1	105.4	110.4	112.0	105.6	109.5
2013	110.0	104.0	109.4	113.2	104.3	107.6
2014	108.3	103.9	108.0	110.4	104.0	108.0
2015	107.9	103.9	105.6	111.7	104.1	104.7
2016	107.0	103.4	104.9	110.0	103.6	104.3
2017	107.1	104.2	104.1	110.3	104.3	104.0
2018	106.8	105.5	103.8	109.3	105.5	104.2
2019	106.0	105.6	105.5	106.4	105.6	104.0
2020	103.7	105.4	102.1	104.1	105.3	101.2
2021	107.5	108.2	106.7	107.7	108.2	108.1

广西地区生产总值指数

上年=100

建筑业	批发和零售业	交通运输、仓储和邮政业	住宿和餐饮业	金融业	房地产业	其他
143.8	116.9	108.4	116.9	98.7	129.6	120.3
120.0	104.2	111.7	104.3	69.2	112.4	129.2
111.4	111.2	116.0	111.2	117.5	98.2	111.0
108.8	113.3	113.5	113.3	74.4	107.5	108.5
106.1	111.3	106.6	111.3	134.9	109.6	100.3
113.7	117.8	101.9	117.8	70.8	122.7	109.9
109.5	109.6	113.9	109.6	149.0	119.4	102.1
108.9	108.6	112.1	108.6	124.8	112.3	117.8
108.2	109.7	107.2	109.7	116.5	112.5	115.4
113.1	110.1	110.6	110.1	127.0	111.9	113.3
113.9	105.2	112.5	126.0	182.1	120.3	102.9
115.2	102.1	116.8	109.6	111.7	113.7	117.2
113.6	110.7	107.3	108.8	108.7	113.9	112.7
111.8	102.9	104.4	111.4	133.6	125.8	111.1
110.6	103.7	102.1	117.7	138.2	123.8	113.6
107.6	104.8	116.9	102.6	120.0	109.7	110.7
126.8	117.9	107.4	100.1	122.6	122.7	105.7
118.0	110.3	118.7	114.2	108.6	114.8	110.2
115.1	115.7	108.1	114.6	108.8	109.2	110.0
114.7	117.5	100.2	102.0	128.3	108.6	111.1
116.7	110.0	110.3	104.5	129.6	110.1	113.4
108.2	106.2	107.4	102.4	111.2	110.0	114.7
109.4	104.0	109.0	101.6	116.2	116.8	114.5
107.3	107.4	105.9	102.0	108.7	115.8	111.4
105.0	108.7	105.4	104.8	110.7	114.8	110.7
103.1	106.5	106.9	105.5	106.7	112.3	111.2
110.4	105.4	105.8	106.6	106.2	105.4	107.4
104.8	103.4	98.2	86.5	106.1	101.4	107.9
103.1	110.0	114.9	114.8	104.2	101.3	108.8

5-52　1993-2021年

年份	地区生产总值	第一产业	第二产业	第三产业	农、林、牧、渔业	工业
1993	120.6	110.5	150.1	115.1	110.5	138.5
1994	111.2	112.9	117.1	106.9	112.9	114.0
1995	103.8	111.5	94.3	104.0	111.5	94.1
1996	104.7	105.4	102.2	105.5	105.4	106.1
1997	106.8	107.6	105.6	106.9	107.6	109.2
1998	108.4	108.3	109.0	108.3	108.3	109.6
1999	108.5	110.8	108.0	107.0	110.8	109.5
2000	109.0	110.2	107.7	108.8	110.2	110.0
2001	109.1	109.7	108.8	108.7	109.7	110.3
2002	109.6	109.1	112.9	108.5	109.1	115.9
2003	110.6	109.0	119.5	107.8	109.0	123.2
2004	109.7	106.7	113.9	110.0	108.0	114.9
2005	110.5	105.8	116.9	110.9	106.0	116.9
2006	110.6	109.2	111.7	111.1	109.3	111.8
2007	115.8	108.0	123.9	116.7	108.0	128.6
2008	110.3	107.6	105.9	115.2	107.8	104.9
2009	111.7	107.2	112.7	114.1	107.2	108.1
2010	116.0	106.3	119.3	120.1	106.4	118.0
2011	112.2	106.1	116.3	113.2	106.2	116.9
2012	109.4	106.2	111.7	109.7	106.3	109.9
2013	109.6	106.3	108.4	111.9	106.3	105.1
2014	108.6	104.8	109.5	109.9	105.1	110.0
2015	107.8	105.4	105.7	109.9	105.5	106.0
2016	107.5	104.2	104.7	110.2	104.2	101.9
2017	107.0	103.6	102.6	110.2	103.8	100.6
2018	105.8	103.8	104.1	107.1	104.1	105.9
2019	105.8	102.5	104.1	107.5	102.7	104.2
2020	103.5	102.0	99.0	105.6	102.1	95.1
2021	111.2	103.9	106.0	115.3	104.1	109.6

海南地区生产总值指数

上年=100

建筑业	批发和零售业	交通运输、仓储和邮政业	住宿和餐饮业	金融业	房地产业	其他
169.4	108.7	121.1	108.7	124.2	123.0	112.0
121.3	112.2	113.1	112.1	108.2	82.6	112.5
94.6	103.8	105.8	103.7	108.1	88.4	108.9
97.3	107.0	110.0	107.1	104.2	90.5	107.8
100.7	107.9	113.7	108.0	102.8	100.8	105.8
108.1	108.6	113.6	108.5	105.6	113.1	104.7
105.6	107.2	109.8	107.2	106.3	104.5	106.2
104.1	108.5	111.2	108.5	106.6	109.5	108.3
105.8	108.1	110.6	109.6	104.2	107.2	108.5
106.2	108.2	109.2	112.5	104.1	107.8	108.1
110.6	98.6	97.9	99.0	106.8	108.5	123.2
111.4	120.2	93.0	142.6	103.1	108.1	106.4
116.7	109.6	106.3	115.3	111.3	116.1	111.7
111.4	110.1	110.9	107.4	108.0	107.5	113.8
111.0	116.0	110.2	114.6	134.8	122.8	117.1
110.1	113.5	105.3	118.8	129.3	124.8	115.0
126.9	116.4	103.2	118.1	125.9	125.6	111.5
123.1	123.1	111.0	118.1	117.7	123.0	121.2
115.2	110.4	119.4	110.7	111.0	113.5	114.4
115.1	106.1	105.7	103.8	113.3	106.9	115.6
115.1	116.0	100.2	118.1	119.4	112.8	109.1
109.0	111.3	107.0	107.4	112.4	109.7	109.3
105.7	109.8	107.5	109.0	118.3	105.2	110.7
108.3	105.3	106.5	107.3	114.9	111.3	112.8
105.2	103.3	109.4	104.4	111.1	121.9	110.0
102.5	102.6	108.7	106.1	104.9	90.1	119.0
103.9	112.9	114.3	104.4	100.9	100.0	109.3
103.6	118.2	98.2	83.9	100.8	98.8	109.8
102.4	135.6	129.7	110.8	103.6	109.4	108.5

5-53 1993-2021年

年份	地区生产总值	第一产业	第二产业	第三产业	农、林、牧、渔业	工业
1993	115.6	105.0	122.1	115.5	105.0	122.5
1994	113.5	102.9	116.3	117.6	102.9	117.6
1995	112.3	104.5	114.1	115.0	104.5	114.0
1996	111.4	104.8	112.1	114.5	104.8	112.2
1997	111.2	103.2	112.3	114.1	103.2	111.6
1998	108.6	102.1	107.2	114.0	102.1	105.2
1999	107.8	100.4	110.5	107.6	100.4	110.9
2000	108.7	101.4	110.7	109.1	101.4	110.7
2001	109.2	102.1	112.0	109.0	102.2	111.4
2002	110.5	104.2	114.1	108.9	104.2	114.0
2003	111.7	104.4	116.4	109.0	104.4	116.7
2004	112.5	104.8	116.9	109.8	104.8	117.4
2005	111.8	104.5	113.4	112.1	104.5	114.6
2006	112.5	94.2	117.2	113.2	94.5	118.3
2007	116.0	109.5	121.0	112.1	109.5	122.5
2008	114.6	106.7	118.3	112.2	106.8	119.9
2009	115.1	105.4	118.1	113.6	105.5	117.7
2010	117.2	106.1	122.7	112.4	106.1	122.9
2011	116.4	105.1	121.0	114.0	105.1	121.3
2012	113.6	105.4	116.6	111.9	105.3	117.2
2013	112.3	104.7	112.9	112.8	104.7	112.5
2014	110.9	104.4	112.7	109.9	104.4	112.4
2015	111.0	104.8	111.2	111.6	104.8	110.4
2016	110.7	104.7	111.3	111.0	104.7	110.3
2017	109.3	104.0	109.3	110.0	104.1	109.4
2018	106.0	104.4	103.0	109.0	104.5	101.1
2019	106.3	103.6	106.4	106.4	103.7	106.4
2020	103.9	104.6	104.8	102.9	104.7	105.3
2021	108.3	107.8	107.3	109.0	107.8	109.6

重庆地区生产总值指数

上年=100

建筑业	批发和零售业	交通运输、仓储和邮政业	住宿和餐饮业	金融业	房地产业	其他
118.8	138.5	102.8	124.4	109.3	109.4	109.5
105.8	104.1	109.1	133.3	115.3	102.8	135.9
114.3	111.2	123.1	137.0	116.5	114.5	108.5
111.3	115.9	115.6	120.3	104.0	131.5	118.7
118.5	113.5	114.7	126.3	109.6	124.5	112.6
122.8	115.0	104.1	104.4	110.4	122.4	121.9
107.7	108.3	101.9	108.2	89.7	110.2	121.5
110.7	112.2	104.0	108.1	101.8	111.6	112.4
114.7	108.9	116.2	106.2	101.5	112.6	109.2
114.7	110.1	105.2	109.5	107.9	113.8	108.6
115.1	109.3	104.8	110.1	107.9	116.1	108.7
114.9	110.8	114.6	118.0	105.9	103.7	109.7
107.3	114.0	112.4	113.7	109.9	109.8	112.0
111.9	111.4	120.3	115.2	112.4	107.7	112.6
113.4	112.3	112.5	112.0	109.7	116.8	111.5
109.2	116.9	113.7	113.0	112.9	89.1	114.8
121.2	119.9	103.3	115.6	131.2	120.3	107.6
121.4	117.5	113.8	101.4	119.8	107.3	108.6
119.6	114.6	114.1	110.6	105.7	110.6	117.7
113.9	112.6	109.2	107.7	120.6	111.5	110.2
114.9	110.3	110.8	108.2	116.5	111.4	114.0
114.2	109.1	107.4	107.5	112.3	107.6	110.9
114.7	109.2	108.7	109.1	115.4	105.5	113.5
114.8	107.9	105.8	107.7	110.3	107.5	115.7
109.0	107.6	108.7	108.4	108.1	104.1	114.2
109.5	105.9	106.5	105.3	106.9	100.6	114.4
106.6	106.6	106.9	107.5	108.0	102.7	106.3
103.3	102.8	99.8	93.9	103.9	100.5	104.6
101.9	113.4	109.9	114.1	104.0	104.1	110.0

5-54 1993-2021年

年份	地区生产总值	第一产业	第二产业	第三产业	农、林、牧、渔业	工业
1993	112.9	105.0	120.1	113.0	105.1	120.1
1994	110.6	104.4	117.3	108.2	104.4	118.4
1995	112.3	105.5	111.5	120.1	105.6	110.7
1996	111.6	107.3	109.2	118.6	107.4	108.3
1997	110.5	106.2	111.6	112.8	106.2	111.4
1998	109.6	104.6	110.8	111.8	104.7	109.8
1999	106.5	105.0	106.0	108.2	105.0	105.8
2000	109.0	102.3	108.2	114.6	102.3	108.0
2001	109.0	105.7	110.2	110.0	105.1	111.6
2002	110.5	105.6	111.9	112.2	105.6	112.1
2003	111.0	103.9	116.3	110.0	104.0	117.2
2004	111.9	106.1	116.0	110.8	106.2	116.6
2005	112.7	105.4	118.6	110.4	105.4	120.3
2006	113.5	102.6	117.7	114.6	102.6	121.6
2007	114.5	104.8	120.9	112.0	104.8	121.6
2008	111.0	101.0	114.0	111.7	101.0	115.7
2009	114.5	104.0	116.4	116.2	104.0	115.0
2010	115.1	104.3	122.8	109.7	104.4	123.5
2011	115.0	104.4	121.6	110.5	104.5	122.8
2012	111.7	104.6	115.9	108.3	104.5	115.8
2013	110.0	103.5	112.0	109.2	103.6	111.3
2014	108.5	103.8	109.0	109.2	103.9	108.8
2015	107.9	103.8	107.7	109.4	103.9	107.3
2016	107.8	103.8	107.6	109.2	104.0	107.5
2017	108.1	103.8	107.5	109.7	103.9	108.1
2018	108.0	103.6	107.5	109.5	103.8	108.0
2019	107.4	102.8	107.4	108.4	103.0	107.8
2020	103.8	105.1	103.8	103.4	105.2	103.8
2021	108.2	107.0	107.4	108.9	107.0	109.5

四川地区生产总值指数

上年=100

建筑业	批发和零售业	交通运输、仓储和邮政业	住宿和餐饮业	金融业	房地产业	其他
118.8	104.5	114.5	113.0	112.0	129.1	115.4
110.1	107.8	100.2	111.7	109.0	164.2	100.2
117.0	129.8	117.4	112.8	103.6	113.3	126.2
115.2	121.5	112.0	121.5	105.3	120.0	123.2
112.7	105.7	109.0	105.7	109.7	125.5	118.1
116.6	109.3	110.3	109.2	113.2	116.7	112.8
106.8	106.4	103.7	109.9	106.1	113.4	109.5
109.2	107.0	122.7	113.1	129.5	105.5	116.3
110.1	109.3	109.6	110.3	108.3	108.6	109.6
110.9	110.0	109.0	114.1	108.4	105.1	117.5
111.8	111.4	107.3	110.5	109.5	110.1	110.1
112.8	112.4	107.4	111.3	107.9	111.5	111.5
109.2	113.4	108.2	112.3	106.9	107.2	111.4
103.9	113.0	109.5	112.5	110.3	114.2	116.6
115.5	112.5	110.7	108.4	112.8	111.1	113.4
103.4	114.3	105.2	101.1	104.5	105.3	117.9
124.0	126.2	95.5	121.0	129.5	129.6	112.0
117.5	113.5	106.5	110.6	107.7	100.1	111.5
116.0	114.0	106.0	109.2	126.6	106.8	107.1
115.2	111.6	105.8	105.2	118.8	108.5	105.8
115.7	110.2	104.0	104.9	118.3	109.8	107.7
109.7	109.8	106.3	106.2	112.4	112.9	108.3
110.1	108.0	104.8	103.8	112.1	109.9	110.6
107.8	107.6	104.3	106.1	108.3	110.7	110.9
105.0	109.0	104.8	106.8	106.8	109.3	112.1
105.4	107.4	105.9	107.7	100.7	110.4	113.4
106.1	106.5	107.0	108.1	106.1	105.6	110.4
103.1	100.3	99.4	89.3	106.1	102.1	106.4
101.7	111.6	109.6	117.8	105.3	103.5	109.4

5-55 1993-2021年

年份	地区生产总值	第一产业	第二产业	第三产业	农、林、牧、渔业	工业
1993	110.4	103.9	113.5	114.8	103.9	115.8
1994	108.4	103.7	111.8	109.8	103.7	112.4
1995	107.5	102.4	110.5	109.3	102.4	111.1
1996	108.9	103.8	112.6	109.2	103.8	112.1
1997	109.0	104.2	112.3	109.3	104.2	111.8
1998	108.5	101.5	111.8	110.5	101.5	110.4
1999	108.8	103.4	113.2	107.3	103.4	111.8
2000	108.4	103.6	107.6	113.7	103.6	107.5
2001	108.8	101.1	109.4	113.6	101.1	109.2
2002	109.1	102.2	113.2	109.3	102.2	111.0
2003	110.1	103.0	113.3	111.0	104.6	113.3
2004	110.4	105.3	113.3	110.1	105.3	114.8
2005	112.7	105.2	112.0	117.6	105.2	113.0
2006	112.8	102.9	113.4	116.8	104.6	113.8
2007	114.8	103.3	113.2	121.2	103.3	114.0
2008	111.3	106.8	108.1	115.9	106.8	108.6
2009	111.4	104.3	112.1	113.2	104.3	110.1
2010	112.8	104.7	116.6	112.0	104.7	115.7
2011	115.4	101.2	118.8	116.5	101.2	118.9
2012	113.0	108.6	116.1	111.3	108.2	115.1
2013	112.4	105.8	114.1	112.5	105.8	113.1
2014	110.8	106.6	112.3	110.3	106.5	111.0
2015	110.7	106.5	111.4	111.1	106.4	109.7
2016	110.5	106.0	111.3	111.4	105.9	109.9
2017	110.2	106.3	110.1	111.4	106.2	109.0
2018	109.1	106.8	109.5	109.4	106.7	109.0
2019	108.3	105.7	108.8	108.5	105.7	108.3
2020	104.5	106.3	104.2	104.1	106.3	103.6
2021	108.1	107.7	109.4	107.3	107.7	112.3

贵州地区生产总值指数

上年=100

建筑业	批发和零售业	交通运输、仓储和邮政业	住宿和餐饮业	金融业	房地产业	其他
95.2	119.7	115.1	119.2	121.6	119.7	107.4
105.8	107.4	111.9	114.5	113.6	79.8	113.6
104.0	102.2	107.8	109.3	107.2	121.9	114.3
117.8	111.2	111.1	108.7	112.3	104.2	106.4
118.0	114.6	112.5	113.2	117.2	94.8	101.9
126.4	109.6	117.5	115.4	90.3	112.3	117.7
125.1	106.4	114.5	106.3	83.6	146.7	109.6
108.3	109.1	117.5	106.3	110.0	135.3	112.9
110.7	113.6	105.3	120.2	109.1	111.4	118.6
124.5	109.4	103.6	112.5	107.0	111.1	111.4
113.5	104.8	103.8	139.9	109.1	115.4	111.3
106.5	109.3	116.0	109.3	114.9	101.1	109.9
107.4	113.5	126.5	151.3	118.6	104.3	115.9
111.2	113.6	129.6	115.8	114.7	102.9	115.8
108.6	117.7	129.4	125.7	119.2	110.3	122.0
104.7	116.9	119.4	112.4	114.7	103.6	117.3
124.9	120.8	105.3	116.0	126.4	117.6	110.0
122.1	121.6	115.2	116.6	112.4	100.9	108.1
118.5	114.4	115.3	110.7	117.0	106.0	121.3
120.8	110.9	113.8	107.8	114.3	108.4	111.4
118.7	111.5	112.4	106.5	116.5	112.5	112.9
117.8	109.4	109.3	106.8	114.2	106.0	111.1
117.8	108.4	109.4	109.7	119.2	106.6	110.9
116.6	110.4	110.1	110.9	113.5	107.2	112.3
114.1	110.0	110.6	109.6	113.4	106.0	112.7
111.2	106.8	108.3	108.0	106.9	107.8	111.7
110.6	105.7	106.8	107.7	106.2	105.5	111.0
106.4	104.4	101.9	92.2	104.0	103.9	105.6
101.0	109.3	112.3	118.8	104.0	102.8	106.4

5-56 1993-2021年

年份	地区生产总值	第一产业	第二产业	第三产业	农、林、牧、渔业	工业
1993	111.1	102.5	113.7	117.0	102.5	113.2
1994	112.2	103.0	117.3	114.7	103.0	117.7
1995	111.7	105.0	113.4	115.2	105.0	114.2
1996	111.1	105.2	111.5	115.1	105.2	112.0
1997	109.7	104.6	110.6	112.3	104.6	109.6
1998	108.1	103.0	109.2	110.3	103.0	107.2
1999	107.3	104.5	107.0	109.3	104.5	106.5
2000	107.5	105.6	105.8	110.4	105.6	107.0
2001	106.8	103.9	104.0	111.5	103.9	104.0
2002	109.0	103.9	109.4	111.4	103.9	110.0
2003	108.8	105.5	110.0	109.2	105.5	110.2
2004	110.3	105.4	111.3	111.6	105.4	110.5
2005	108.9	104.8	108.5	111.2	104.8	107.6
2006	111.8	105.3	117.5	109.2	105.5	117.4
2007	112.2	104.1	115.5	112.4	104.2	117.3
2008	110.6	106.2	112.0	110.9	106.3	113.4
2009	112.1	105.3	113.6	113.2	105.2	111.3
2010	112.3	104.2	115.6	111.6	104.2	114.5
2011	113.7	105.9	117.9	112.1	106.0	117.2
2012	112.0	106.6	115.3	110.3	106.7	115.2
2013	112.2	106.8	112.6	113.2	106.8	110.8
2014	108.1	106.2	108.8	107.9	106.2	107.2
2015	108.7	105.9	108.5	109.7	106.0	106.7
2016	108.7	105.6	109.1	109.4	105.7	107.1
2017	109.5	106.1	110.8	109.5	106.1	110.5
2018	108.9	106.3	111.6	107.6	106.3	112.0
2019	108.1	105.5	108.5	108.4	105.5	107.7
2020	104.0	105.7	103.7	103.7	105.7	102.6
2021	107.3	108.4	106.1	107.7	108.5	107.9

云南地区生产总值指数

上年=100

建筑业	批发和零售业	交通运输、仓储和邮政业	住宿和餐饮业	金融业	房地产业	其他
117.8	112.3	118.1	112.3	131.6	131.8	112.5
114.0	114.3	121.1	114.3	108.0	135.9	114.2
107.1	109.3	116.8	109.3	124.0	111.3	117.3
106.6	111.3	121.5	111.3	119.8	109.1	114.6
120.4	104.7	119.1	104.6	116.9	107.7	115.7
126.6	109.4	108.8	109.4	102.1	108.8	117.9
110.8	107.9	116.6	107.9	75.8	202.2	116.3
97.2	114.8	107.5	114.8	102.5	130.1	106.5
103.9	103.2	114.7	109.4	106.5	110.5	117.8
105.8	110.1	110.1	103.4	119.1	106.2	113.3
109.0	102.4	108.7	108.8	101.8	108.0	115.5
116.0	119.7	109.5	102.8	108.0	104.8	112.1
113.4	116.3	104.8	117.9	108.3	114.4	109.6
118.0	110.6	103.8	104.7	116.4	105.4	110.3
107.0	110.7	115.1	108.1	116.7	106.4	114.3
105.2	111.6	103.4	105.7	116.7	106.7	113.3
126.0	121.4	108.8	107.9	125.4	108.9	109.4
120.9	112.9	109.8	116.6	105.7	107.3	113.8
121.1	114.0	108.9	110.1	106.4	106.2	115.6
116.1	107.0	110.9	111.3	126.5	106.2	108.8
120.7	106.0	110.8	104.4	134.6	106.1	114.5
115.2	106.8	107.9	105.1	113.4	105.5	107.3
114.3	107.6	108.8	106.5	113.5	106.2	111.3
114.7	107.2	106.4	107.2	110.6	107.8	111.5
111.6	107.5	110.0	107.9	106.5	108.7	111.9
110.7	106.9	106.8	107.5	103.3	107.7	109.6
110.4	107.6	108.4	106.6	106.4	105.9	110.1
106.4	103.5	99.7	87.5	103.3	103.6	106.6
102.8	110.8	114.1	112.7	100.9	101.5	108.0

5-57 1993-2021年

年份	地区生产总值	第一产业	第二产业	第三产业	农、林、牧、渔业	工业
1993	115.5	106.6	119.7	126.7	108.6	108.6
1994	115.7	104.0	128.8	124.9	102.8	108.6
1995	117.9	104.0	167.5	112.9	104.0	109.1
1996	113.2	104.2	90.8	134.1	104.2	106.9
1997	111.8	104.0	114.4	116.5	104.0	108.9
1998	112.1	101.7	121.1	115.4	101.7	107.8
1999	112.3	105.3	120.2	113.1	105.3	106.1
2000	110.4	102.1	116.1	112.4	102.1	106.7
2001	112.7	103.1	117.6	116.5	102.9	106.7
2002	112.9	104.4	120.5	113.9	104.2	105.7
2003	112.0	103.4	113.4	115.7	103.3	110.5
2004	112.1	105.5	111.4	115.5	104.8	116.4
2005	112.1	105.5	120.4	110.8	104.5	110.9
2006	113.3	103.1	121.9	112.8	102.1	117.4
2007	114.0	104.2	115.1	116.4	104.1	117.8
2008	110.1	106.2	107.0	112.7	106.0	108.9
2009	112.4	103.0	120.6	111.0	102.8	113.3
2010	112.3	103.2	113.1	114.0	103.1	113.5
2011	112.7	103.4	117.4	112.3	102.8	118.4
2012	111.8	103.4	113.5	112.6	102.4	115.0
2013	112.1	103.8	119.2	109.7	104.2	112.8
2014	110.8	104.2	113.7	110.2	103.8	109.7
2015	111.0	103.7	115.0	109.8	103.7	113.8
2016	110.1	104.5	111.6	110.1	104.5	113.0
2017	110.0	104.1	110.8	110.4	104.1	109.9
2018	108.9	102.7	116.8	105.3	103.0	112.8
2019	108.1	104.6	107.0	109.2	104.1	105.1
2020	107.8	107.7	116.1	102.6	107.7	111.1
2021	106.7	107.3	99.1	111.8	107.3	116.2

西藏地区生产总值指数

上年=100

建筑业	批发和零售业	交通运输、仓储和邮政业	住宿和餐饮业	金融业	房地产业	其他
132.9	135.0	103.2	134.0	148.1	115.4	121.9
148.4	119.4	108.8	119.7	118.8	166.7	138.7
208.8	135.9	116.7	130.0	103.2	112.0	100.6
84.8	109.2	116.7	117.6	114.3	128.6	161.2
117.0	127.0	116.0	123.1	128.6	116.7	110.7
126.9	116.3	116.7	116.6	109.7	133.3	115.0
125.4	105.2	148.3	104.8	116.5	148.2	110.6
119.0	108.3	111.8	116.6	113.6	121.7	113.1
124.1	108.9	105.6	115.1	113.3	116.5	123.7
128.1	119.4	101.6	138.6	108.9	104.8	113.2
114.7	110.5	115.1	105.8	140.1	131.0	116.8
109.3	111.3	111.6	133.8	116.2	116.9	115.4
124.6	105.9	105.2	118.5	121.7	118.8	111.3
123.6	107.2	110.9	111.8	117.7	112.9	115.0
114.0	112.8	119.7	102.1	110.4	113.3	120.0
106.2	102.8	103.7	101.1	150.8	110.9	114.6
123.6	111.1	110.0	105.3	126.4	101.8	111.2
113.0	117.9	113.1	101.3	123.1	103.4	114.9
117.0	105.9	107.5	105.0	111.8	110.8	115.3
113.0	119.3	106.7	114.8	101.9	116.7	113.6
121.5	110.4	110.7	110.1	115.5	108.9	108.7
115.0	116.3	104.5	105.5	120.6	123.8	107.6
115.3	111.9	104.4	106.3	117.0	101.3	110.1
111.2	103.3	101.5	103.3	134.5	110.8	108.6
111.0	106.2	105.9	102.9	117.5	101.0	111.6
117.9	104.8	107.4	101.1	103.5	115.8	104.9
107.5	107.3	105.0	102.7	102.1	114.7	111.7
117.4	94.1	99.0	84.4	101.3	103.6	105.8
94.2	110.8	101.0	105.0	111.7	119.3	112.2

5-58　1993-2021年

年份	地区生产总值	第一产业	第二产业	第三产业	农、林、牧、渔业	工业
1993	112.1	108.1	115.0	111.5	108.1	116.1
1994	108.6	97.0	116.4	106.9	97.0	118.1
1995	110.4	104.0	115.2	108.0	104.0	116.4
1996	110.9	109.6	112.8	108.9	109.6	113.8
1997	110.7	99.7	112.6	114.8	99.7	112.7
1998	111.6	107.3	113.8	110.7	107.3	113.6
1999	110.3	97.7	112.4	113.7	97.7	111.6
2000	110.4	104.0	111.1	112.1	104.0	111.3
2001	109.8	101.9	111.2	111.2	101.9	111.8
2002	111.1	103.5	113.4	110.9	103.5	115.2
2003	111.8	104.1	115.8	109.8	104.1	116.8
2004	113.0	108.6	115.4	111.5	108.6	117.4
2005	112.1	107.8	112.6	112.5	107.7	112.4
2006	112.3	107.5	111.1	115.0	107.4	111.0
2007	114.3	105.0	114.1	116.8	105.0	114.8
2008	114.7	107.7	115.1	115.8	107.6	115.4
2009	112.2	104.9	110.3	115.7	104.9	108.4
2010	113.9	105.8	117.1	112.2	105.8	117.8
2011	113.1	105.8	115.0	112.4	105.9	115.8
2012	112.2	105.9	113.4	112.0	106.0	114.4
2013	110.5	104.6	110.9	111.3	104.7	111.6
2014	109.6	105.1	110.5	109.3	105.2	110.5
2015	107.7	105.1	105.9	110.7	105.1	105.3
2016	107.5	104.0	106.6	109.3	104.1	106.4
2017	107.8	104.6	107.1	109.3	104.7	107.7
2018	108.1	103.3	108.0	109.0	103.3	108.5
2019	106.0	104.4	105.0	107.2	104.5	104.6
2020	102.1	103.3	101.3	102.6	103.3	100.7
2021	106.5	106.3	105.6	107.3	106.2	108.3

陕西地区生产总值指数

上年=100

建筑业	批发和零售业	交通运输、仓储和邮政业	住宿和餐饮业	金融业	房地产业	其他
107.8	115.6	115.9	117.2	103.4	115.6	108.3
104.9	101.7	113.9	103.2	100.9	113.4	106.2
106.2	106.8	109.1	108.1	105.2	110.3	108.0
104.5	107.3	108.2	108.9	106.3	111.2	109.9
111.5	116.8	111.2	118.3	110.2	112.6	116.7
115.4	109.8	109.9	111.3	115.8	118.1	109.6
119.7	110.5	110.2	112.0	116.4	113.9	116.4
109.3	113.1	111.1	114.6	114.1	116.6	111.0
108.6	113.3	113.5	114.8	113.8	114.2	108.3
106.0	111.1	112.5	112.5	115.6	114.0	108.9
111.2	111.7	109.2	113.1	113.8	107.1	108.6
105.7	114.1	110.0	114.6	110.2	102.0	112.4
113.6	110.7	111.8	114.2	110.8	109.5	114.4
111.2	115.8	111.9	116.9	118.5	113.8	115.2
110.3	113.6	112.4	114.6	120.5	118.4	119.4
113.3	115.0	110.5	109.2	113.4	111.7	120.1
122.0	121.1	110.5	106.5	118.2	121.8	114.8
113.3	112.7	109.7	113.2	111.1	122.8	111.3
110.7	114.6	111.4	111.3	106.9	120.4	111.4
108.1	109.2	109.0	108.7	123.9	111.3	112.2
111.2	107.8	102.1	101.3	129.9	113.1	109.5
110.7	108.0	108.6	101.7	117.8	109.2	108.2
108.1	106.6	103.6	111.7	115.1	110.8	114.2
108.3	105.6	108.0	101.9	112.2	107.3	111.3
105.2	107.7	108.1	105.2	107.1	107.8	111.8
106.4	105.7	107.0	103.8	106.1	106.4	113.1
106.6	107.1	106.8	104.9	106.3	106.7	108.2
104.5	99.2	102.7	85.0	106.2	101.9	104.1
96.5	105.6	107.6	108.0	106.0	104.6	109.0

5-59 1993-2021年

年份	地区生产总值	第一产业	第二产业	第三产业	农、林、牧、渔业	工业
1993	111.6	108.8	113.6	111.1	108.8	114.2
1994	110.8	106.1	111.0	113.7	106.1	111.3
1995	110.4	103.1	110.0	115.5	103.1	110.1
1996	112.0	109.9	110.4	114.9	109.9	110.5
1997	109.1	98.1	110.0	114.1	98.1	110.3
1998	109.7	105.1	108.8	112.9	105.1	107.3
1999	109.0	99.5	108.5	113.8	99.5	96.3
2000	109.7	101.6	110.1	112.5	101.6	110.2
2001	109.8	107.6	109.5	111.0	107.6	110.0
2002	109.9	105.9	110.2	111.3	105.9	110.9
2003	111.3	105.5	111.8	113.2	105.5	113.9
2004	110.9	106.3	112.5	111.2	105.9	115.1
2005	111.8	105.8	113.4	112.6	105.9	116.1
2006	112.0	105.1	114.6	112.1	105.2	116.4
2007	112.3	99.7	117.4	111.8	106.1	117.9
2008	110.1	107.5	108.7	112.5	107.1	110.3
2009	110.2	105.2	111.3	110.7	105.1	111.5
2010	111.8	105.8	114.8	110.3	105.6	115.8
2011	113.2	105.9	116.0	111.9	105.9	117.6
2012	111.8	106.8	112.6	112.1	106.8	113.1
2013	111.3	105.4	110.5	114.0	105.6	111.4
2014	109.0	105.5	107.9	111.3	105.6	107.8
2015	108.2	105.3	107.5	109.6	105.4	107.8
2016	107.6	105.5	106.8	108.8	105.5	107.4
2017	103.5	105.4	99.2	106.3	105.3	99.4
2018	106.1	104.9	104.2	107.8	104.6	105.2
2019	106.2	105.8	104.7	107.2	105.6	104.9
2020	103.8	105.3	105.6	102.2	105.1	105.9
2021	106.9	110.1	106.4	106.5	109.9	107.8

甘肃地区生产总值指数

上年=100

建筑业	批发和零售业	交通运输、仓储和邮政业	住宿和餐饮业	金融业	房地产业	其他
110.2	116.2	109.6	118.1	109.4	111.4	104.7
109.4	119.6	121.1	103.8	111.1	114.6	109.2
109.3	108.4	122.9	139.0	115.8	117.4	110.5
109.9	115.3	121.8	115.6	114.8	117.3	110.0
108.3	110.8	124.6	105.9	119.9	115.4	113.0
118.6	108.0	119.0	113.6	105.5	117.3	118.3
178.7	109.8	116.6	114.6	107.0	115.1	119.7
109.8	109.7	119.8	104.9	103.1	113.1	118.0
107.8	108.4	114.4	108.7	103.8	113.0	113.3
107.9	114.1	121.8	96.5	72.9	152.9	113.8
104.3	111.4	123.8	114.4	101.4	116.2	110.4
102.2	108.6	95.0	104.2	132.2	89.5	124.7
101.2	110.7	116.2	103.9	110.4	108.2	114.3
106.3	109.9	109.4	109.2	165.1	75.0	114.7
114.8	109.2	108.2	109.4	112.8	101.4	110.6
100.5	109.1	109.8	111.3	103.9	95.8	119.4
110.2	115.0	102.5	122.2	109.6	105.3	112.0
109.2	112.4	105.5	121.7	110.9	100.3	110.9
107.2	113.0	105.9	207.8	125.1	55.6	112.8
109.6	110.1	105.5	127.0	116.3	105.0	112.4
110.2	112.0	101.2	129.3	119.1	102.8	113.6
108.2	105.7	98.0	128.6	114.0	102.6	113.4
105.7	102.0	101.4	123.6	108.2	103.8	111.3
104.4	104.4	101.0	103.5	116.4	109.0	109.7
98.2	103.2	109.9	102.4	107.1	104.4	107.2
99.5	106.9	107.7	101.7	104.4	106.5	110.6
103.6	107.9	108.0	109.3	110.6	104.7	106.0
104.2	104.0	94.9	89.7	102.4	106.0	103.5
100.9	109.2	111.4	112.1	100.5	105.8	107.0

5-60 1993-2021年

年份	地区生产总值	第一产业	第二产业	第三产业	农、林、牧、渔业	工业
1993	109.6	99.3	114.7	111.5	99.3	115.4
1994	108.1	103.6	107.9	111.0	103.6	110.6
1995	108.0	99.5	109.1	111.6	99.5	109.5
1996	108.7	103.7	110.3	109.7	103.7	107.0
1997	109.0	103.5	109.8	110.9	103.5	109.0
1998	108.9	103.5	111.3	108.9	103.5	109.0
1999	108.1	101.0	109.3	109.9	101.0	109.0
2000	108.9	96.0	111.3	111.5	96.0	110.0
2001	111.7	105.8	115.1	111.4	105.8	111.0
2002	112.1	104.5	116.5	111.4	104.5	115.1
2003	110.9	103.8	116.2	109.3	103.8	117.1
2004	111.3	103.8	116.1	109.9	103.8	122.1
2005	111.2	105.0	114.9	110.0	105.0	121.0
2006	112.3	103.5	114.9	112.5	103.5	118.7
2007	112.5	104.4	114.2	113.0	104.4	117.3
2008	112.5	103.9	115.5	112.0	103.9	119.5
2009	110.1	105.0	111.3	110.2	105.0	110.2
2010	113.3	105.9	119.0	109.9	105.9	119.3
2011	112.5	104.8	117.2	110.6	104.8	117.7
2012	111.2	105.2	113.7	110.5	105.2	113.9
2013	110.8	105.3	111.9	111.0	105.3	111.9
2014	109.2	105.2	110.0	109.3	105.2	108.8
2015	108.2	105.1	108.2	108.7	105.1	107.4
2016	107.8	105.4	108.3	108.0	105.4	107.4
2017	107.2	104.9	107.1	107.8	104.8	106.6
2018	107.1	104.5	107.5	107.4	104.5	108.4
2019	106.1	104.6	106.3	106.1	104.6	106.9
2020	101.5	104.6	102.6	100.1	104.6	100.5
2021	105.7	104.5	106.5	105.4	104.4	108.8

青海地区生产总值指数

上年=100

建筑业	批发和零售业	交通运输、仓储和邮政业	住宿和餐饮业	金融业	房地产业	其他
112.0	108.7	103.9	108.7	123.8	128.0	110.5
97.2	98.1	105.6	98.1	121.4	126.6	116.0
107.3	102.7	107.4	92.9	116.0	121.0	116.4
125.3	102.2	112.6	100.5	112.2	134.7	109.6
113.0	101.4	108.5	137.6	106.3	120.5	115.7
120.2	102.4	106.4	130.4	102.3	120.1	113.0
110.3	103.6	124.2	115.6	97.2	119.4	111.6
115.7	110.3	111.0	109.6	94.0	113.6	119.1
122.0	107.7	112.0	113.0	92.9	106.1	116.7
118.7	108.2	105.7	116.5	100.7	122.7	114.2
115.0	110.9	113.8	110.6	104.1	109.0	108.9
107.0	109.4	105.8	109.3	102.3	104.0	112.5
104.2	112.4	106.3	108.4	105.4	106.3	111.3
106.1	109.1	103.1	114.9	113.4	103.1	116.2
106.1	112.0	113.9	104.6	110.1	107.7	114.7
104.2	110.4	103.8	97.8	115.7	109.2	114.5
114.9	116.6	109.0	101.8	122.7	113.8	107.6
118.4	117.9	109.9	105.9	114.4	105.3	108.2
115.5	109.7	111.4	109.2	110.7	109.5	110.8
113.0	114.4	107.4	100.8	118.1	105.2	109.6
112.0	112.5	105.3	102.9	122.5	111.2	109.6
113.2	106.7	108.8	102.4	119.3	109.1	107.9
110.6	97.5	102.9	108.1	119.7	110.9	109.7
110.2	106.1	105.5	107.7	111.1	107.3	107.8
108.1	102.5	107.8	105.1	107.2	111.1	109.2
105.8	102.6	104.7	102.6	97.0	107.6	114.1
105.2	104.5	100.9	103.2	100.6	103.9	110.2
107.0	104.3	96.9	84.6	96.2	102.5	101.7
101.3	109.5	117.1	107.1	98.8	100.6	105.7

5-61 1993-2021年

年份	地区生产总值	第一产业	第二产业	第三产业	农、林、牧、渔业	工业
1993	110.3	106.5	113.4	109.2	106.5	113.9
1994	107.7	102.1	108.8	109.6	102.1	110.0
1995	109.5	101.1	113.3	109.9	101.1	114.4
1996	110.9	118.1	109.3	109.0	118.1	111.1
1997	107.9	103.3	108.4	109.9	103.3	107.8
1998	108.8	109.8	107.9	109.2	109.8	106.5
1999	109.1	104.3	109.8	110.7	104.3	108.3
2000	110.2	98.1	114.8	111.1	98.1	114.4
2001	110.1	106.4	111.3	110.3	106.4	110.2
2002	110.2	106.1	112.7	109.3	106.1	113.5
2003	111.7	102.4	115.3	111.1	102.4	114.1
2004	110.2	103.8	112.4	110.0	103.8	116.5
2005	109.9	103.2	112.9	108.8	103.2	114.7
2006	111.7	106.1	114.4	110.3	106.4	115.1
2007	111.7	106.4	114.0	110.7	106.5	114.5
2008	111.6	107.2	112.9	111.4	107.4	113.0
2009	110.9	107.1	112.7	109.9	107.3	112.1
2010	112.5	107.4	114.1	111.8	107.4	113.2
2011	112.1	104.9	113.4	112.2	105.1	113.3
2012	110.5	105.6	112.0	110.0	105.9	112.2
2013	109.8	104.3	110.7	109.9	104.6	111.0
2014	108.0	105.5	108.1	108.3	105.7	108.0
2015	108.0	104.6	107.4	109.4	104.8	107.0
2016	107.4	104.5	106.5	108.9	104.5	106.8
2017	107.3	104.4	106.7	108.4	104.4	108.2
2018	106.8	104.0	106.8	107.4	104.0	108.0
2019	106.5	103.2	106.7	106.8	103.2	107.4
2020	103.9	103.3	104.1	103.8	103.2	104.3
2021	106.7	104.7	106.6	107.1	104.6	107.9

宁夏地区生产总值指数

上年=100

建筑业	批发和零售业	交通运输、仓储和邮政业	住宿和餐饮业	金融业	房地产业	其他
111.5	112.6	111.7	112.7	108.6	115.7	105.1
103.3	104.3	109.4	103.9	108.6	117.0	115.0
108.4	105.9	115.5	105.6	110.6	123.8	109.0
100.0	111.8	122.6	111.9	96.8	105.8	108.1
111.5	107.3	118.4	107.3	99.8	130.0	111.4
115.3	108.9	115.4	109.4	95.1	121.7	111.8
117.1	107.1	118.7	107.1	95.0	130.0	113.2
116.4	108.1	115.1	107.9	99.7	116.8	114.3
115.2	109.3	111.2	106.5	93.5	135.3	114.5
109.6	110.8	113.2	104.7	96.3	94.2	116.3
120.1	111.8	110.9	105.7	107.0	115.5	112.6
97.5	109.1	108.7	108.2	103.6	109.5	114.0
105.0	110.5	108.9	109.5	108.0	107.1	108.6
111.1	106.9	112.3	110.9	112.0	110.4	110.0
111.5	107.8	110.9	111.2	117.1	112.5	109.4
112.4	107.9	111.1	107.8	113.3	111.1	112.7
115.8	108.8	104.3	109.0	120.7	117.1	107.7
118.2	110.4	110.6	107.5	109.2	104.0	116.4
114.0	111.0	110.3	104.5	117.8	110.5	112.8
110.8	112.5	109.4	104.3	119.8	107.8	107.2
109.9	105.9	105.4	101.2	116.7	115.1	110.2
108.5	105.0	102.4	106.1	112.5	110.2	110.3
108.9	99.8	97.5	104.6	113.6	95.2	119.6
105.6	105.9	101.2	105.4	109.6	107.1	112.8
101.2	110.7	99.8	106.0	107.0	105.5	112.0
102.5	106.5	93.6	107.2	104.4	105.5	113.0
103.9	104.4	105.3	104.8	106.2	103.3	108.6
103.4	96.7	104.2	89.8	103.1	104.2	106.4
101.3	106.7	112.1	110.8	101.3	101.4	108.9

5-62 1993-2021年

年份	地区生产总值	第一产业	第二产业	第三产业	农、林、牧、渔业	工业
1993	110.2	101.1	113.4	116.6	101.1	111.4
1994	112.1	111.2	110.1	115.0	111.2	111.3
1995	109.1	104.9	111.5	110.7	104.9	113.3
1996	106.5	103.5	107.8	107.8	103.5	107.4
1997	108.4	110.8	105.3	109.6	110.8	103.4
1998	107.5	107.2	105.8	109.3	107.2	103.0
1999	107.4	102.7	106.8	111.8	102.7	106.5
2000	108.7	104.8	108.6	111.8	104.8	109.1
2001	108.6	102.8	108.1	111.8	102.8	107.8
2002	108.2	105.0	107.4	110.3	105.0	107.7
2003	111.2	108.2	111.2	112.5	108.2	111.3
2004	111.4	109.5	113.6	110.2	109.5	114.5
2005	110.9	106.5	114.5	109.5	106.5	115.7
2006	111.0	105.7	111.2	113.5	105.7	112.5
2007	112.2	107.0	112.7	114.3	107.0	114.1
2008	111.0	106.4	114.3	109.1	106.4	114.3
2009	108.1	104.5	108.4	109.3	104.5	106.2
2010	110.6	105.7	112.6	110.3	104.5	113.5
2011	112.3	106.4	112.4	115.2	106.4	111.9
2012	111.0	107.0	113.6	109.7	106.9	112.8
2013	111.0	107.7	112.6	110.5	106.9	112.0
2014	110.0	105.7	111.2	110.5	105.7	110.1
2015	108.8	106.1	107.2	112.3	106.2	105.9
2016	107.5	104.9	106.0	109.5	105.2	104.0
2017	107.6	104.6	106.0	109.7	105.0	106.1
2018	106.1	104.7	104.2	108.0	105.0	103.9
2019	106.2	105.2	103.5	108.3	105.2	103.7
2020	103.4	104.3	107.8	100.1	104.5	105.9
2021	107.0	107.9	106.7	106.9	107.9	107.2

新疆地区生产总值指数

上年=100

建筑业	批发和零售业	交通运输、仓储和邮政业	住宿和餐饮业	金融业	房地产业	其他
120.3	127.2	118.3	110.1	124.2	125.7	111.4
106.3	108.8	109.7	98.5	121.7	167.2	120.0
105.0	107.1	119.5	113.5	118.3	113.2	102.5
109.5	107.7	113.0	114.0	92.3	104.7	112.6
112.0	107.8	119.6	101.4	89.7	104.7	114.8
115.0	104.8	117.5	105.1	100.6	123.6	108.5
107.7	108.6	114.7	106.5	100.5	116.3	116.7
107.3	116.0	106.5	100.0	80.0	141.9	124.5
109.0	106.7	111.1	106.4	112.1	127.4	113.7
106.3	117.4	102.4	105.2	107.8	106.9	114.4
111.0	112.8	116.7	113.4	125.3	111.2	108.2
110.5	105.6	98.5	119.6	110.2	109.8	117.8
110.3	111.5	109.6	111.1	112.7	104.3	108.4
105.0	110.5	107.2	112.6	121.3	121.2	114.6
105.4	109.1	106.1	105.5	140.9	124.9	113.0
114.1	110.3	108.7	115.2	106.6	89.5	112.1
120.9	113.4	107.0	85.1	111.8	123.3	109.1
108.3	108.3	107.9	105.8	113.6	119.0	111.0
115.1	116.5	117.3	109.0	113.0	109.1	117.3
118.2	107.8	124.1	105.9	123.9	96.7	105.5
117.2	108.8	111.8	104.0	118.4	115.6	107.6
115.3	97.1	116.1	104.5	112.6	95.0	116.8
113.0	103.2	114.1	107.3	112.4	94.9	117.9
109.6	111.8	113.7	101.8	108.2	104.5	111.5
105.6	116.6	118.2	105.8	112.6	105.2	106.3
103.5	104.5	120.1	102.8	104.9	105.0	108.6
102.6	102.5	105.8	105.2	104.6	106.4	112.5
114.6	91.3	85.7	77.6	104.8	106.8	104.0
105.8	109.2	114.5	115.1	101.2	108.5	106.1

5-63　北京地区生产总值分时期年均指数

单位：%

时　　期	"九五"时期(1996-2000)	"十五"时期(2001-2005)	"十一五"时期(2006-2010)	"十二五"时期(2011-2015)	"十三五"时期(2016-2020)
地区生产总值	110.5	112.1	111.3	107.6	105.5
第一产业	101.3	100.6	101.5	99.1	94.2
第二产业	109.2	110.4	109.0	106.1	104.0
第三产业	112.8	113.1	112.2	108.0	105.9
农、林、牧、渔业	101.3	100.5	101.4	99.2	94.4
工业	109.5	111.1	108.5	105.4	103.7
建筑业	107.5	108.1	111.4	108.8	104.6
批发和零售业	107.4	112.3	119.2	104.3	102.1
交通运输、仓储和邮政业	111.4	103.8	105.6	104.8	101.8
住宿和餐饮业	107.6	111.2	106.7	99.9	94.7
金融业	117.4	111.1	111.3	112.9	107.8
房地产业	125.6	120.5	106.0	103.0	102.4
其他	112.6	114.8	112.8	109.2	107.2

注：本表按不变价格计算，下表同。

5-64　天津地区生产总值分时期年均指数

单位：%

时　　期	"九五"时期(1996-2000)	"十五"时期(2001-2005)	"十一五"时期(2006-2010)	"十二五"时期(2011-2015)	"十三五"时期(2016-2020)
地区生产总值	109.8	111.6	113.3	109.8	103.8
第一产业	105.2	105.6	102.9	102.8	101.1
第二产业	109.7	113.8	114.7	109.8	101.9
第三产业	110.7	109.5	112.4	110.1	105.1
农、林、牧、渔业	105.2	105.6	102.9	103.2	101.3
工业	109.9	114.3	115.2	110.1	103.4
建筑业	106.5	108.6	110.5	108.7	97.8
批发和零售业	109.0	110.9	113.5	108.3	101.8
交通运输、仓储和邮政业	113.1	108.6	110.2	108.2	102.6
住宿和餐饮业	109.6	107.7	104.6	100.8	98.5
金融业	105.4	112.1	115.1	116.4	104.8
房地产业	125.2	111.3	112.1	107.9	101.2
其他	109.4	108.1	113.2	110.2	108.5

5-65 河北地区生产总值分时期年均指数

单位：%

时　　期	“九五”时期(1996-2000)	“十五”时期(2001-2005)	“十一五”时期(2006-2010)	“十二五”时期(2011-2015)	“十三五”时期(2016-2020)
地区生产总值	111.1	109.4	109.0	108.1	106.1
第一产业	105.3	106.5	104.0	103.5	103.0
第二产业	112.8	109.6	109.3	108.1	103.7
第三产业	111.1	110.5	110.6	109.4	108.8
农、林、牧、渔业	105.3	106.5	104.1	103.6	103.3
工业	113.1	109.5	109.4	108.3	103.5
建筑业	110.7	110.3	108.4	107.1	105.5
批发和零售业	111.2	108.3	110.5	108.9	106.1
交通运输、仓储和邮政业	113.6	109.7	110.7	106.1	103.7
住宿和餐饮业	110.3	108.1	104.2	108.9	103.0
金融业	102.6	105.5	115.8	118.7	110.5
房地产业	113.1	106.8	108.1	106.8	106.7
其他	113.6	114.7	110.9	110.5	113.4

5-66 山西地区生产总值分时期年均指数

单位：%

时　　期	“九五”时期(1996-2000)	“十五”时期(2001-2005)	“十一五”时期(2006-2010)	“十二五”时期(2011-2015)	“十三五”时期(2016-2020)
地区生产总值	109.9	111.5	109.5	107.2	105.4
第一产业	101.6	103.0	104.1	104.6	103.3
第二产业	110.4	113.4	110.0	106.8	104.6
第三产业	111.8	111.1	109.7	108.4	106.4
农、林、牧、渔业	101.6	103.0	104.4	104.7	103.4
工业	109.9	113.6	109.9	107.0	104.4
建筑业	115.5	111.7	110.8	105.4	106.2
批发和零售业	112.4	111.5	111.4	106.7	100.8
交通运输、仓储和邮政业	113.1	113.4	109.6	106.2	107.8
住宿和餐饮业	112.4	110.8	106.7	104.0	103.2
金融业	105.3	100.7	110.4	111.8	106.2
房地产业	122.0	112.0	106.7	114.3	107.6
其他	113.8	113.2	109.4	108.0	108.3

5-67　内蒙古地区生产总值分时期年均指数

单位：%

时　　期	“九五”时期 (1996–2000)	“十五”时期 (2001–2005)	“十一五”时期 (2006–2010)	“十二五”时期 (2011–2015)	“十三五”时期 (2016–2020)
地区生产总值	111.1	115.3	116.5	109.7	104.3
第一产业	106.4	106.6	104.5	104.3	102.8
第二产业	111.3	119.7	119.9	111.1	104.0
第三产业	113.7	115.0	117.0	109.8	104.9
农、林、牧、渔业	106.4	106.6	104.5	104.7	102.8
工业	112.6	118.9	121.1	111.5	104.8
建筑业	105.3	123.2	114.9	109.2	100.9
批发和零售业	115.7	116.7	114.8	109.8	102.7
交通运输、仓储和邮政业	116.0	117.0	113.3	107.7	104.2
住宿和餐饮业	115.7	113.8	112.1	106.1	100.2
金融业	108.0	114.2	123.4	114.0	105.5
房地产业	116.7	116.6	113.3	109.3	103.6
其他	111.2	111.2	120.4	110.2	107.0

5-68　辽宁地区生产总值分时期年均指数

单位：%

时　　期	“九五”时期 (1996–2000)	“十五”时期 (2001–2005)	“十一五”时期 (2006–2010)	“十二五”时期 (2011–2015)	“十三五”时期 (2016–2020)
地区生产总值	108.6	109.8	111.2	107.2	103.2
第一产业	105.9	107.6	105.2	104.2	102.4
第二产业	109.0	110.3	113.5	106.5	102.6
第三产业	108.8	109.8	109.8	109.0	103.9
农、林、牧、渔业	105.9	107.6	105.2	104.2	102.1
工业	109.3	110.1	113.6	106.2	102.8
建筑业	105.8	112.1	112.1	107.8	101.2
批发和零售业	111.3	110.2	108.8	108.0	101.6
交通运输、仓储和邮政业	107.9	108.7	108.2	106.3	102.1
住宿和餐饮业	111.3	109.0	108.5	107.1	98.2
金融业	108.8	107.4	115.6	116.2	104.9
房地产业	108.8	110.2	113.4	105.6	104.2
其他	106.1	110.4	109.3	109.8	105.6

5-69 吉林地区生产总值分时期年均指数

单位：%

时　　期	“九五”时期 (1996-2000)	“十五”时期 (2001-2005)	“十一五”时期 (2006-2010)	“十二五”时期 (2011-2015)	“十三五”时期 (2016-2020)
地区生产总值	109.8	108.4	111.0	108.0	104.3
第一产业	105.3	106.9	104.2	104.7	102.6
第二产业	110.7	109.2	112.2	108.2	104.2
第三产业	111.4	108.5	113.0	108.9	104.7
农、林、牧、渔业	105.3	107.2	104.2	104.7	102.6
工业	110.9	109.0	112.3	108.6	105.0
建筑业	109.7	110.5	111.9	107.3	100.8
批发和零售业	110.7	110.0	110.7	105.7	102.5
交通运输、仓储和邮政业	112.2	106.8	108.6	105.6	102.8
住宿和餐饮业	111.6	107.0	119.9	106.7	98.2
金融业	103.7	101.4	121.1	121.6	105.3
房地产业	114.0	107.5	113.4	114.3	103.7
其他	113.9	111.1	113.4	107.2	106.3

5-70 黑龙江地区生产总值分时期年均指数

单位：%

时　　期	“九五”时期 (1996-2000)	“十五”时期 (2001-2005)	“十一五”时期 (2006-2010)	“十二五”时期 (2011-2015)	“十三五”时期 (2016-2020)
地区生产总值	108.4	109.9	110.5	107.6	103.9
第一产业	103.1	108.0	106.3	105.7	103.5
第二产业	109.2	111.1	111.8	106.5	102.4
第三产业	110.1	108.2	109.8	109.8	105.2
农、林、牧、渔业	103.0	107.9	106.4	105.8	103.6
工业	109.1	111.3	111.7	106.6	102.6
建筑业	111.5	109.3	110.9	103.9	100.2
批发和零售业	107.7	108.6	112.2	109.0	104.4
交通运输、仓储和邮政业	114.8	104.1	106.0	104.4	102.7
住宿和餐饮业	107.4	108.2	108.2	108.2	100.4
金融业	104.2	103.2	113.2	118.2	105.6
房地产业	110.9	107.1	110.9	106.2	102.7
其他	112.9	111.1	109.6	110.5	107.0

5-71 上海地区生产总值分时期年均指数

单位：%

时　　期	“九五”时期(1996-2000)	“十五”时期(2001-2005)	“十一五”时期(2006-2010)	“十二五”时期(2011-2015)	“十三五”时期(2016-2020)
地区生产总值	111.5	111.8	111.2	107.6	105.6
第一产业	103.4	98.6	99.7	99.1	92.8
第二产业	109.8	112.9	110.2	104.2	102.8
第三产业	115.4	111.1	112.3	109.8	106.9
农、林、牧、渔业	103.4	98.6	99.9	99.1	93.5
工业	109.7	113.7	110.5	104.5	102.9
建筑业	111.4	103.7	105.4	100.4	100.9
批发和零售业	113.3	113.0	118.0	108.0	103.0
交通运输、仓储和邮政业	112.5	110.8	104.0	105.3	104.7
住宿和餐饮业	113.3	110.8	106.0	100.8	97.1
金融业	118.4	103.2	118.7	114.0	110.1
房地产业	118.9	115.2	102.9	107.6	101.4
其他	115.2	113.8	112.4	111.0	109.5

5-72 江苏地区生产总值分时期年均指数

单位：%

时　　期	“九五”时期(1996-2000)	“十五”时期(2001-2005)	“十一五”时期(2006-2010)	“十二五”时期(2011-2015)	“十三五”时期(2016-2020)
地区生产总值	111.2	112.8	113.5	109.6	106.2
第一产业	104.7	101.8	103.9	104.7	101.4
第二产业	112.0	114.7	114.0	109.9	105.7
第三产业	112.5	113.0	114.5	109.9	107.2
农、林、牧、渔业	104.6	102.9	104.3	104.8	101.6
工业	111.3	115.3	114.4	110.1	106.2
建筑业	117.8	111.1	110.6	108.5	103.0
批发和零售业	111.3	114.9	114.4	107.2	105.0
交通运输、仓储和邮政业	115.2	111.2	111.9	105.1	105.6
住宿和餐饮业	105.5	107.3	112.2	105.8	102.4
金融业	109.4	108.2	123.1	114.4	109.0
房地产业	117.3	113.5	116.2	106.1	103.8
其他	114.0	113.3	112.9	113.6	109.7

5-73 浙江地区生产总值分时期年均指数

单位：%

时　　期	"九五"时期 (1996-2000)	"十五"时期 (2001-2005)	"十一五"时期 (2006-2010)	"十二五"时期 (2011-2015)	"十三五"时期 (2016-2020)
地区生产总值	111.0	112.8	111.9	108.2	106.5
第一产业	104.0	103.6	102.2	101.6	102.0
第二产业	112.5	113.8	111.8	107.6	105.4
第三产业	111.0	113.5	113.3	109.5	107.9
农、林、牧、渔业	104.0	103.7	102.4	101.7	102.1
工业	112.9	113.9	111.8	107.5	106.0
建筑业	108.2	113.6	111.3	108.8	101.2
批发和零售业	109.8	111.0	113.0	111.9	105.2
交通运输、仓储和邮政业	105.7	114.6	110.3	106.4	104.8
住宿和餐饮业	109.8	106.2	110.3	106.6	101.0
金融业	106.9	118.3	120.5	105.8	109.8
房地产业	112.9	114.6	111.0	105.0	109.6
其他	117.1	114.7	112.5	112.4	109.6

5-74 安徽地区生产总值分时期年均指数

单位：%

时　　期	"九五"时期 (1996-2000)	"十五"时期 (2001-2005)	"十一五"时期 (2006-2010)	"十二五"时期 (2011-2015)	"十三五"时期 (2016-2020)
地区生产总值	110.3	110.4	113.3	110.5	107.2
第一产业	105.7	101.4	104.8	104.3	103.1
第二产业	110.6	112.7	118.1	111.9	107.3
第三产业	113.0	112.6	111.6	110.6	108.1
农、林、牧、渔业	105.7	101.4	104.8	104.4	103.3
工业	110.4	112.3	119.4	112.7	107.3
建筑业	111.7	114.3	113.6	109.1	106.9
批发和零售业	112.2	110.6	114.7	110.7	105.9
交通运输、仓储和邮政业	118.1	111.3	108.6	108.0	104.5
住宿和餐饮业	111.9	110.0	110.8	108.8	104.1
金融业	96.8	107.8	121.5	119.5	109.1
房地产业	117.4	110.1	112.7	105.6	106.3
其他	113.5	116.6	109.5	111.3	111.1

5-75 福建地区生产总值分时期年均指数

单位：%

时　　期	“九五”时期 (1996-2000)	“十五”时期 (2001-2005)	“十一五”时期 (2006-2010)	“十二五”时期 (2011-2015)	“十三五”时期 (2016-2020)
地区生产总值	111.4	110.7	113.8	110.7	107.1
第一产业	106.3	103.3	102.8	103.3	103.3
第二产业	112.9	113.5	116.4	112.9	106.1
第三产业	111.8	110.1	113.3	109.2	108.8
农、林、牧、渔业	106.3	103.3	102.8	103.4	103.4
工业	113.6	114.0	116.2	112.8	106.2
建筑业	106.9	110.0	118.3	113.3	106.0
批发和零售业	114.5	110.1	113.1	107.5	107.8
交通运输、仓储和邮政业	115.7	107.1	109.4	108.0	106.9
住宿和餐饮业	114.0	111.0	112.8	105.6	101.5
金融业	103.0	108.5	121.3	115.1	108.4
房地产业	110.8	115.2	110.0	105.1	106.7
其他	109.4	110.9	114.7	110.3	111.7

5-76 江西地区生产总值分时期年均指数

单位：%

时　　期	“九五”时期 (1996-2000)	“十五”时期 (2001-2005)	“十一五”时期 (2006-2010)	“十二五”时期 (2011-2015)	“十三五”时期 (2016-2020)
地区生产总值	109.4	111.7	113.2	110.4	107.6
第一产业	104.8	104.9	104.7	105.1	103.4
第二产业	110.3	118.2	117.2	112.1	107.6
第三产业	112.2	108.7	111.0	109.4	108.6
农、林、牧、渔业	104.8	105.1	104.8	104.8	103.5
工业	110.8	117.4	119.6	112.5	107.7
建筑业	108.3	120.9	105.4	109.9	107.0
批发和零售业	116.2	112.1	113.7	108.6	106.0
交通运输、仓储和邮政业	117.1	110.7	108.6	105.4	104.0
住宿和餐饮业	115.7	111.1	113.4	105.7	101.2
金融业	103.8	95.2	112.3	118.0	111.5
房地产业	114.7	109.0	106.4	105.4	109.2
其他	110.4	108.6	111.9	110.3	110.5

5-77 山东地区生产总值分时期年均指数

单位：%

时　　期	"九五"时期(1996-2000)	"十五"时期(2001-2005)	"十一五"时期(2006-2010)	"十二五"时期(2011-2015)	"十三五"时期(2016-2020)
地区生产总值	110.7	111.3	110.8	109.2	105.9
第一产业	103.9	104.6	104.1	103.9	102.8
第二产业	112.3	113.6	111.8	109.5	104.4
第三产业	111.6	110.4	111.3	110.1	107.9
农、林、牧、渔业	104.2	104.8	104.4	104.2	103.2
工业	112.3	114.0	111.8	109.7	104.4
建筑业	112.0	110.3	111.5	108.1	104.5
批发和零售业	113.2	110.4	113.9	111.3	107.6
交通运输、仓储和邮政业	111.2	109.8	110.8	105.6	107.3
住宿和餐饮业	112.7	108.0	105.0	107.8	103.4
金融业	107.4	105.0	114.0	115.4	108.0
房地产业	108.9	111.7	109.2	106.4	105.7
其他	113.1	112.2	110.4	110.5	109.1

5-78 河南地区生产总值分时期年均指数

单位：%

时　　期	"九五"时期(1996-2000)	"十五"时期(2001-2005)	"十一五"时期(2006-2010)	"十二五"时期(2011-2015)	"十三五"时期(2016-2020)
地区生产总值	110.1	111.1	112.9	109.7	106.3
第一产业	107.4	105.5	105.1	104.1	103.3
第二产业	111.1	114.4	115.3	110.3	105.6
第三产业	110.3	109.8	112.8	110.8	107.8
农、林、牧、渔业	107.4	105.5	105.1	104.2	103.6
工业	110.6	114.1	115.5	110.3	105.4
建筑业	115.0	116.4	113.7	109.9	106.3
批发和零售业	115.0	106.3	112.8	111.8	107.0
交通运输、仓储和邮政业	112.3	107.7	106.8	107.5	106.1
住宿和餐饮业	115.0	109.4	107.5	102.8	102.1
金融业	98.1	100.9	124.4	119.0	108.1
房地产业	111.3	108.5	113.6	107.5	105.4
其他	110.6	115.5	114.4	111.7	109.8

5-79 湖北地区生产总值分时期年均指数

单位：%

时　　期	“九五”时期 (1996-2000)	“十五”时期 (2001-2005)	“十一五”时期 (2006-2010)	“十二五”时期 (2011-2015)	“十三五”时期 (2016-2020)
地区生产总值	109.7	110.1	113.9	110.7	105.0
第一产业	103.0	104.4	105.1	104.7	102.6
第二产业	111.5	111.7	117.2	112.0	103.8
第三产业	111.8	110.9	113.4	110.9	106.6
农、林、牧、渔业	103.0	104.4	105.1	104.8	103.1
工业	111.4	111.9	117.1	112.4	103.9
建筑业	112.2	110.5	117.6	110.0	103.0
批发和零售业	110.7	108.3	114.1	108.5	102.9
交通运输、仓储和邮政业	114.6	108.6	110.8	109.0	101.1
住宿和餐饮业	111.7	108.8	113.4	107.1	99.9
金融业	105.4	107.0	127.5	119.7	110.1
房地产业	113.4	115.4	120.2	106.5	103.9
其他	113.4	113.4	110.6	112.2	110.2

5-80 湖南地区生产总值分时期年均指数

单位：%

时　　期	“九五”时期 (1996-2000)	“十五”时期 (2001-2005)	“十一五”时期 (2006-2010)	“十二五”时期 (2011-2015)	“十三五”时期 (2016-2020)
地区生产总值	109.7	110.2	114.1	110.5	107.0
第一产业	104.1	104.6	104.6	103.6	103.5
第二产业	112.2	112.3	118.3	111.6	106.7
第三产业	111.1	110.9	113.1	111.1	108.0
农、林、牧、渔业	104.1	104.6	104.6	103.6	103.7
工业	112.3	112.2	118.8	111.9	106.7
建筑业	111.0	112.6	115.4	110.1	106.3
批发和零售业	110.0	112.1	115.6	108.2	105.0
交通运输、仓储和邮政业	113.7	111.3	112.5	107.6	102.7
住宿和餐饮业	111.1	115.7	114.1	107.9	103.7
金融业	107.4	105.5	116.6	115.6	107.5
房地产业	113.4	109.1	110.6	107.9	105.9
其他	111.7	110.6	112.0	114.2	111.5

5-81 广东地区生产总值分时期年均指数

单位：%

时　期	"九五"时期 (1996-2000)	"十五"时期 (2001-2005)	"十一五"时期 (2006-2010)	"十二五"时期 (2011-2015)	"十三五"时期 (2016-2020)
地区生产总值	111.1	113.0	112.5	108.6	106.0
第一产业	103.9	103.5	104.1	103.5	103.7
第二产业	112.3	115.3	113.9	108.1	104.9
第三产业	111.5	112.1	112.0	109.6	107.2
农、林、牧、渔业	103.9	103.6	104.2	103.5	103.9
工业	113.4	116.2	114.2	108.3	104.8
建筑业	103.5	106.0	108.9	105.9	105.6
批发和零售业	112.5	111.1	113.1	109.7	103.3
交通运输、仓储和邮政业	109.4	112.5	110.2	109.7	105.2
住宿和餐饮业	112.5	111.4	111.4	103.8	97.7
金融业	110.6	105.6	120.8	111.7	108.0
房地产业	114.2	112.3	108.9	107.5	106.7
其他	110.6	114.1	111.0	110.0	110.1

5-82 广西地区生产总值分时期年均指数

单位：%

时　期	"九五"时期 (1996-2000)	"十五"时期 (2001-2005)	"十一五"时期 (2006-2010)	"十二五"时期 (2011-2015)	"十三五"时期 (2016-2020)
地区生产总值	108.4	109.9	111.5	109.6	106.1
第一产业	106.5	105.2	105.1	104.4	104.8
第二产业	108.6	111.4	114.9	109.7	104.1
第三产业	109.7	111.3	111.7	111.6	108.0
农、林、牧、渔业	106.6	105.2	105.4	104.5	104.9
工业	108.5	111.1	115.0	109.0	103.5
建筑业	109.4	112.8	114.8	112.7	106.1
批发和零售业	112.1	107.5	107.8	110.6	106.3
交通运输、仓储和邮政业	109.5	110.8	109.7	106.9	104.4
住宿和餐饮业	112.1	112.7	109.0	104.9	100.8
金融业	105.7	126.7	124.2	118.5	107.7
房地产业	114.2	114.4	119.2	110.9	109.8
其他	107.5	112.2	110.2	112.7	109.7

5-83　海南地区生产总值分时期年均指数

单位：%

时　　期	“九五”时期 (1996-2000)	“十五”时期 (2001-2005)	“十一五”时期 (2006-2010)	“十二五”时期 (2011-2015)	“十三五”时期 (2016-2020)
地区生产总值	107.5	109.9	112.8	109.5	105.9
第一产业	108.4	108.0	107.6	105.8	103.2
第二产业	106.5	114.3	114.5	110.3	102.9
第三产业	107.3	109.2	115.4	110.9	108.1
农、林、牧、渔业	108.4	108.4	107.7	105.9	103.4
工业	108.9	116.2	114.0	109.5	101.5
建筑业	103.1	110.1	116.3	111.9	104.7
批发和零售业	107.8	108.7	115.7	110.7	108.3
交通运输、仓储和邮政业	111.6	103.2	108.1	107.8	107.3
住宿和餐饮业	107.9	115.0	115.3	109.7	100.8
金融业	105.1	105.9	122.8	114.8	106.4
房地产业	103.4	109.5	120.5	109.6	103.9
其他	106.6	111.4	115.7	111.8	112.1

5-84　重庆地区生产总值分时期年均指数

单位：%

时　　期	“九五”时期 (1996-2000)	“十五”时期 (2001-2005)	“十一五”时期 (2006-2010)	“十二五”时期 (2011-2015)	“十三五”时期 (2016-2020)
地区生产总值	109.5	111.1	115.1	112.8	107.2
第一产业	102.4	104.0	104.3	104.9	104.2
第二产业	110.5	114.5	119.5	114.8	106.9
第三产业	111.8	109.7	112.7	112.0	107.8
农、林、牧、渔业	102.4	104.0	104.3	104.9	104.3
工业	110.1	114.8	120.2	114.7	106.5
建筑业	114.1	113.3	115.3	115.4	108.6
批发和零售业	112.9	110.6	115.6	111.1	106.1
交通运输、仓储和邮政业	107.9	110.5	112.6	110.0	105.5
住宿和餐饮业	113.2	111.4	111.3	108.6	104.4
金融业	102.8	106.6	117.0	114.0	107.4
房地产业	119.8	111.1	107.7	109.3	103.1
其他	117.3	109.6	111.0	113.2	110.9

5-85 四川地区生产总值分时期年均指数

单位：%

时　　期	“九五”时期 (1996–2000)	“十五”时期 (2001–2005)	“十一五”时期 (2006–2010)	“十二五”时期 (2011–2015)	“十三五”时期 (2016–2020)
地区生产总值	109.4	111.0	113.7	110.6	107.0
第一产业	105.1	105.3	103.3	104.0	103.8
第二产业	109.1	114.6	118.3	113.1	106.8
第三产业	113.1	110.7	112.8	109.3	108.0
农、林、牧、渔业	105.1	105.3	103.4	104.1	104.0
工业	108.6	115.5	119.4	113.1	107.0
建筑业	112.0	111.0	112.6	113.3	105.5
批发和零售业	109.8	111.3	115.8	110.7	106.1
交通运输、仓储和邮政业	111.4	108.3	105.3	105.4	104.2
住宿和餐饮业	111.8	111.7	110.5	105.8	103.3
金融业	112.4	108.2	112.6	117.5	105.6
房地产业	116.0	108.5	111.6	109.6	107.6
其他	115.9	112.0	114.3	107.9	110.6

5-86 贵州地区生产总值分时期年均指数

单位：%

时　　期	“九五”时期 (1996–2000)	“十五”时期 (2001–2005)	“十一五”时期 (2006–2010)	“十二五”时期 (2011–2015)	“十三五”时期 (2016–2020)
地区生产总值	108.7	110.2	112.6	112.5	108.5
第一产业	103.3	103.4	104.4	105.7	106.2
第二产业	111.5	112.3	112.7	114.5	108.8
第三产业	110.0	112.3	115.8	112.3	108.9
农、林、牧、渔业	103.3	103.7	104.7	105.6	106.2
工业	110.7	112.2	112.4	113.5	107.9
建筑业	118.9	112.3	114.0	118.7	111.7
批发和零售业	110.1	110.1	118.1	110.9	107.4
交通运输、仓储和邮政业	114.6	110.7	119.4	112.0	107.5
住宿和餐饮业	109.9	125.6	117.2	108.3	105.4
金融业	101.8	111.7	117.4	116.2	108.7
房地产业	117.1	108.5	106.9	107.9	106.1
其他	109.6	113.4	114.5	113.5	110.6

5-87　云南地区生产总值分时期年均指数

单位：%

时　　期	“九五”时期(1996-2000)	“十五”时期(2001-2005)	“十一五”时期(2006-2010)	“十二五”时期(2011-2015)	“十三五”时期(2016-2020)
地区生产总值	108.7	108.7	111.8	110.9	107.8
第一产业	104.6	104.7	105.0	106.3	105.8
第二产业	108.8	108.6	114.8	112.6	108.7
第三产业	111.5	111.0	111.5	110.6	107.7
农、林、牧、渔业	104.6	104.7	105.1	106.3	105.8
工业	108.4	108.4	114.8	111.3	107.9
建筑业	111.8	109.5	115.1	117.4	110.7
批发和零售业	109.6	110.1	113.4	108.2	106.5
交通运输、仓储和邮政业	114.6	109.5	108.1	109.5	106.2
住宿和餐饮业	109.5	108.3	108.5	107.4	103.0
金融业	102.1	108.6	116.0	118.5	106.0
房地产业	127.5	108.7	106.9	106.0	106.7
其他	114.1	113.6	112.2	111.5	109.9

5-88　西藏地区生产总值分时期年均指数

单位：%

时　　期	“九五”时期(1996-2000)	“十五”时期(2001-2005)	“十一五”时期(2006-2010)	“十二五”时期(2011-2015)	“十三五”时期(2016-2020)
地区生产总值	112.0	112.4	112.4	111.7	109.0
第一产业	103.5	104.4	103.9	103.7	104.7
第二产业	111.9	116.6	115.4	115.7	112.4
第三产业	118.0	114.5	113.4	110.9	107.5
农、林、牧、渔业	103.5	103.9	103.6	103.4	104.7
工业	107.3	110.0	114.1	113.9	110.3
建筑业	113.4	120.0	115.9	116.3	112.9
批发和零售业	112.9	111.1	110.2	112.7	103.0
交通运输、仓储和邮政业	121.2	107.7	111.4	106.7	103.7
住宿和餐饮业	115.6	121.8	104.2	108.3	98.6
金融业	116.4	119.6	125.0	113.2	111.1
房地产业	129.3	117.3	108.3	112.0	109.0
其他	120.7	116.0	115.1	111.0	108.5

5-89 陕西地区生产总值分时期年均指数

单位：%

时　期	"九五"时期 (1996-2000)	"十五"时期 (2001-2005)	"十一五"时期 (2006-2010)	"十二五"时期 (2011-2015)	"十三五"时期 (2016-2020)
地区生产总值	110.8	111.5	113.5	110.6	106.3
第一产业	103.6	105.1	106.1	105.3	103.9
第二产业	112.5	113.7	113.5	111.1	105.6
第三产业	112.0	111.2	115.1	111.1	107.5
农、林、牧、渔业	103.6	105.1	106.1	105.4	104.0
工业	112.6	114.7	113.4	111.5	105.5
建筑业	112.0	109.0	113.9	109.8	106.2
批发和零售业	111.5	112.2	115.6	109.2	105.0
交通运输、仓储和邮政业	110.1	111.4	111.0	106.9	106.5
住宿和餐饮业	113.0	113.8	112.0	106.8	99.8
金融业	112.5	112.8	116.3	118.5	107.5
房地产业	114.5	109.3	117.6	112.9	106.0
其他	112.7	110.5	116.1	111.1	109.7

5-90 甘肃地区生产总值分时期年均指数

单位：%

时　期	"九五"时期 (1996-2000)	"十五"时期 (2001-2005)	"十一五"时期 (2006-2010)	"十二五"时期 (2011-2015)	"十三五"时期 (2016-2020)
地区生产总值	109.9	110.7	111.3	110.7	105.4
第一产业	102.8	106.2	104.6	105.8	105.4
第二产业	109.6	111.5	113.3	110.9	104.1
第三产业	113.6	111.9	111.5	111.8	106.4
农、林、牧、渔业	102.8	106.2	105.8	105.9	105.2
工业	106.8	113.2	114.3	111.5	104.5
建筑业	122.6	104.6	108.1	108.2	101.9
批发和零售业	110.7	110.6	111.1	108.5	105.3
交通运输、仓储和邮政业	120.3	113.7	107.0	102.4	104.1
住宿和餐饮业	110.8	105.4	114.6	140.2	101.1
金融业	109.9	102.3	118.7	116.4	108.1
房地产业	115.6	114.2	94.9	91.4	106.1
其他	115.7	115.2	113.5	112.7	107.4

5-91 青海地区生产总值分时期年均指数

单位：%

时　　期	“九五”时期 (1996-2000)	“十五”时期 (2001-2005)	“十一五”时期 (2006-2010)	“十二五”时期 (2011-2015)	“十三五”时期 (2016-2020)
地区生产总值	108.7	111.4	112.1	110.4	105.9
第一产业	101.5	104.6	104.5	105.1	104.8
第二产业	110.4	115.8	115.0	112.1	106.4
第三产业	110.2	110.4	111.5	110.0	105.8
农、林、牧、渔业	101.5	104.6	104.5	105.1	104.8
工业	108.8	117.2	116.9	111.9	105.9
建筑业	116.8	113.2	109.8	112.8	107.2
批发和零售业	103.9	109.7	113.1	108.0	104.0
交通运输、仓储和邮政业	112.4	108.7	107.9	107.1	103.1
住宿和餐饮业	118.0	111.5	104.8	104.6	100.3
金融业	102.2	101.0	115.2	118.0	102.3
房地产业	121.5	109.4	107.8	109.2	106.4
其他	113.8	112.7	112.2	109.5	108.5

5-92 宁夏地区生产总值分时期年均指数

单位：%

时　　期	“九五”时期 (1996-2000)	“十五”时期 (2001-2005)	“十一五”时期 (2006-2010)	“十二五”时期 (2011-2015)	“十三五”时期 (2016-2020)
地区生产总值	109.4	110.4	111.7	109.7	106.4
第一产业	106.5	104.4	106.8	105.0	103.9
第二产业	110.0	112.9	113.6	110.3	106.2
第三产业	110.0	109.9	110.8	109.9	107.0
农、林、牧、渔业	106.5	104.4	107.0	105.2	103.9
工业	109.6	113.8	113.6	110.3	106.9
建筑业	111.9	109.2	113.8	110.4	103.3
批发和零售业	108.6	110.3	108.4	106.7	104.7
交通运输、仓储和邮政业	118.0	110.6	109.8	104.9	100.7
住宿和餐饮业	108.7	106.9	109.3	104.1	102.4
金融业	97.3	101.5	114.4	116.0	106.0
房地产业	120.5	111.5	110.9	107.5	105.1
其他	111.7	113.2	111.2	111.9	110.5

5-93 新疆地区生产总值分时期年均指数

单位：%

时 期	"九五"时期 (1996-2000)	"十五"时期 (2001-2005)	"十一五"时期 (2006-2010)	"十二五"时期 (2011-2015)	"十三五"时期 (2016-2020)
地区生产总值	107.7	110.0	110.6	110.6	106.1
第一产业	105.8	106.4	105.9	106.6	104.7
第二产业	106.8	110.9	111.8	111.4	105.5
第三产业	110.0	110.8	111.3	111.6	107.1
农、林、牧、渔业	105.8	106.4	105.6	106.4	105.0
工业	105.8	111.4	112.1	110.5	104.7
建筑业	110.3	109.4	110.6	115.7	107.1
批发和零售业	108.9	110.7	110.3	106.5	105.0
交通运输、仓储和邮政业	114.2	107.5	107.4	116.6	107.9
住宿和餐饮业	105.3	111.0	104.3	106.1	98.0
金融业	92.3	113.5	118.3	116.0	107.0
房地产业	117.5	111.6	114.7	101.9	105.6
其他	115.3	112.4	111.9	112.9	108.5

附　录

主要指标解释

国内生产总值(GDP) 指一个国家所有常住单位在一定时期内生产活动的最终成果。国内生产总值有三种表现形态，即价值形态、收入形态和产品形态。从价值形态看，它是所有常住单位在一定时期内生产的全部货物和服务价值与同期投入的全部非固定资产货物和服务价值的差额，即所有常住单位的增加值之和；从收入形态看，它是所有常住单位在一定时期内创造的各项收入之和，包括劳动者报酬、生产税净额、固定资产折旧和营业盈余；从产品形态看，它是所有常住单位在一定时期内最终使用的货物和服务价值与货物和服务净出口价值之和。在实际核算中，国内生产总值有三种核算方法，即生产法、收入法和支出法。三种方法分别从不同的方面反映国内生产总值及其构成。

对于一个地区来说，称为地区生产总值或地区 GDP。

国民总收入（GNI） 指一个国家所有常住单位在一定时期内通过投入生产要去与生产活动而获得的收入总和。一国常住单位从事生产活动所创造的增加值在初次分配中主要分配给该国的常住单位，但也有一部分以生产税 (扣除生产补贴)、劳动者报酬和财产收入等形式分配给非常住单位；同时，国外生产所创造的增加值也有一部分以生产税 (扣除生产补贴)、劳动者报酬和财产收入等形式分配给该国的常住单位，从而产生了国民总收入的概念。它等于国内生产总值加上来自国外的初次分配收入净额。与国内生产总值不同，国民总收入是个收入概念，而国内生产总值是个生产概念。

三次产业 根据《国民经济行业分类》（GB/T 4754—2017）和国家统计局 2018 年修订的《三次产业划分规定》，第一产业是指农、林、牧、渔业（不含农、林、牧、渔专业及辅助性活动）；第二产业是指采矿业（不含开采专业及辅助性活动），制造业（不含金属制品、机械和设备修理业），电力、热力、燃气及水生产和供应业，建筑业；第三产业即服务业，是指除第一产业、第二产业以外的其他行业（不含国际组织）。

支出法国内生产总值 是从最终使用的角度反映一个国家(或地区)一定时期内生产活动最终成果的一种方法，包括最终消费支出、资本形成总额及货物和服务净出口三部分。

最终消费支出 指常住单位为满足物质、文化和精神生活的需要，从本国经济领土和国外购买的货物和服务的支出。它不包括非常住单位在本国经济领土内的消费支出。最终消费支出分为居民消费支出和政府消费支出。

居民消费支出 指常住住户在一定时期内对于货物和服务的全部最终消费支出。居民消费支出除了直接以货币形式购买的货物和服务的消费支出外，还包括以其他方式获得的货物和服务的消费支出，后者称为虚拟消费支出。居民虚拟消费支出主要包括：单位以实物报酬及实物转移的形式提供给劳动者的货物和服务；住户生产用于自身消费的货物（如自产自用的农产品），以及纳入生产核算范围并用于自身消费的服务（如住户的自有住房服务）；银行和保险机构提供的间接计算的金融中介服务。

政府消费支出 指广义政府部门为全社会提供的公共服务的消费支出和免费或以较低的价格向居民住户提供的货物和服务的净支出，前者等于政府服务的产出价值减去政府单位所获得的经营收入的价值，后者等于广义政府部门免费或以较低价格向居民住户提供的货物和服务的市场价值减去向住户收取的价值。

实际最终消费 指核算期内常住单位实际获得的用于满足他们个人或公共需要或需求而使用的货物和服务。分为居民实际最终消费和政府实际最终消费。实际最终消费在数值上等于最终消费支出。

实物社会转移 指广义政府部门免费或以没有显著经济意义的价格向居民提供消费性货物和服务的支出。

居民实际最终消费 指常住住户获得的用于消费的货物和服务价值，它等于居民自身承担的消费性货物和服务支出加上广义政府部门以实物社会转移形式向居民提供的消费性货物和服务支出。

政府实际最终消费 指广义政府部门向全社会提供的公共服务的价值，它等于政府最终消费支出减去以实物转移形式向居民提供的消费性货物和服务支出。

资本形成总额 指常住单位在一定时期内获得减去处置的固定资产和存货的净额，包括固定资本形成总额、存货变动和贵重物品获得减处置三部分。目前，在我国支出法 GDP 中，没有核算贵重物品获得减处置的价值。

固定资本形成总额 指常住单位在一定时期内获得的固定资产减处置的固定资产的价值总额。固定资产是通过生产活动生产出来的，且其使用年限在一年以上、单位价值在规定标准以上的资产，不包括自然资产、耐用消费品、小型工器具。固定资本形成总额包括住宅、其他建筑和构筑物、机器和设备、培育性生物资源、知识产权产品（研发支出、矿藏的勘探、计算机软件）的价值获得减处置。

存货变动 指常住单位在一定时期内存货实物量变动的市场价值，即期末价值减期初价值的差额，再扣除当期由于价格变动而产生的持有收益。存货变动可以是正值，也可以是负值，正值表示存货上升，负值表示存货下降。存货包括生产单位购进的原材料、燃料和储备物资等存货，以及生产单位生产的产成品、在制品和半成品等存货。

货物和服务净出口 指货物和服务出口减货物和服务进口的差额。出口指常住单位向非常住单位出售或无偿转让的各种货物和服务的价值；进口指常住单位从非常住单位购买或无偿得到的各种货物和服务的价值。货物的出口和进口都按离岸价格计算。